음성 인터페이스 디자인 기본 원칙

음성 인터페이스 디자인 기본 원칙

효과적인 VUI 디자인

마이클 코헨 · 제임스 지앤골라 · 제니퍼 발로 지음 박은숙 옮김

i!i
에이콘

에이콘출판의 기틀을 마련하신 故 정완재 선생님 (1935-2004)

베스, 애니카, 토바이어스 테일러-코헨과

짐과 캐롤 지앤골라

그리고

일레인 클로우와 앤서니 볼로그에게

이 책에 쏟아진 찬사

마이클 코헨은 음성 기술 분야의 거물이다. 저자들은 수년간 쌓아 온 VUI 디자인의 소중한 경험을 이 책에 담았다. 사용자 인터페이스를 디자인한다면 반드시 읽어야 할 책이다.

― 존 켈리^{John Kelly}
「Speech Technology Magazine」 편집장

VUI 디자인은 예술, 과학, 프로세스의 도전적인 조합이다. 저자들은 VUI 디자인에 관한 깊은 견해로 광범위한 실제 경험을 늘려 나가며, 효과적인 음성 인터페이스에 필요한 사항을 알려준다. 이 책은 새롭고도 중요한 학문 뒤에 숨겨진 많은 미스터리를 풀었다.

― 빌 마이젤^{Bill Meisel}
「Speech Recognition Update」 발행인이자 편집자

이 책이 갖는 강점은 연구 문헌의 깊이와 기반이다. 음성 사용자 인터페이스 디자인에 관해 설명을 제공하는 시늉만 내는 게 아니라, 정보에 입각해 상세한 디자인 원칙을 제공하고 이를 특정 문제에 적용하도록 신뢰성 있는 정보를 제공한다.

― 크리스 슈만드^{Chris Schmandt}
MIT 미디어랩 수석 과학자

현재의 음성 인식 시스템은 인간보다 나은 것은 아니지만 한 단어를 인식할 수 있다. 효과적인 음성 시스템을 구축하는 것은 여전히 중요한 도전 과제다. 이 책은 효과적인 음성 사용자 인터페이스를 생성하는 데 필요한 배경과 단계를 제공해 문제를 해결한다. 금융 중개업 디자인 사례를 중심으로 구성된 이 책은 성공적인 음성 애플리케이션을 구축하는 데 필요한 모든 접근 방식을 다룬다. 문어와 구어 간의 차이를 분석하는 것에서 부터 프롬프트 디자인과 운율 체계 계획까지, 이 책은 음성 애플리케이션 디자인과 관련해 연구하는 모든 사람의 표준이 돼야 한다.

– 해리 M. 허쉬Harry M. Hersh

Users Voice

지은이 소개

마이클 코헨 Michael Cohen

1994년 뉘앙스 커뮤니케이션즈 Nuance Communications를 공동 설립했으며 다이얼로그 R&D 그룹의 부사장을 비롯해 다양한 직책을 맡았다. 고객과 협력해 애플리케이션 디자인과 전문 서비스 팀을 구성해 뉘앙스 초기 기술 22건을 배포하며 그룹을 이끌었다. 음성 사용자 인터페이스 연구, 세이 애니씽 Say Anything과 아쿠루트 Accuroute를 포함해 뉘앙스의 자연어 이해 기술과 보이저 Voyager, 뉘앙스 음성 브라우저와 같은 제품 인터페이스 디자인을 담당하는 다이얼로그 R&D 그룹을 만들었다.

뉘앙스 설립 전에는 SRI 인터내셔널에서 10년 이상 일하며 음향 모델링과 음성 기술 개발 분야의 수많은 프로젝트를 이끌었다. 음성 인식과 자연어 이해 기술을 결합한 SRI ATIS 프로젝트를 맡아 언어 이해 시스템을 개발했다.

70건 이상의 논문을 발표하고 음성 및 VUI 기술 관련 8건의 특허를 보유하고 있으며, 학회와 산업 무역 박람회에서 주로 발표한다. 스탠포드대학교의 컨설팅 교수로 AVIOS Application Voice Input Society의 이사회를 맡고 있으며, UC 버클리에서 컴퓨터 공학 박사 학위를 받았다.

제임스 지앤골라 James Giangola

운율에서부터 담화 단계까지 자연스러운 대화의 원칙을 적용하려는 '산업 언어학자'다. 다이얼로그 디자인 외에도 음성 합성, 연계 계획, 제작, 음성 코칭 등의 전문 기술을 지니고 있다. 사용자에게 친숙하며 편안하고 이해하기 쉬운 언어 경험을 제공하는 것에 가장 관심 갖고 있다. 디자인 철학은 영어 인터페이스에 국한되지 않는다. 프랑스어, 포르투갈어, 독일어, 일본어로 자연스러운 음색과 개성이 풍부한 인터페이스를 만드는 것을 도왔다.

브라운대학교, 몬터레이국제학원, UC 샌디에이고에서 언어학 학위를 받았으며, 고등학교와 대학교에서 10년 동안 언어를 가르친 경험이 있다. 『Pronunciation of Brazilian Portuguese』(LINCOM, 2001)의 저자다.

브라질 살바도르에 살면서 미국과 브라질 회사의 인터페이스 디자인과 브랜드 네이밍을 돕는 언어 컨설팅 사업을 하고 있다.

제니퍼 발로 Jennifer Balogh

뉘앙스 커뮤니케이션즈의 음성 컨설턴트다. 음성 언어 시스템의 인터페이스를 디자인하고 평가한다. AT&T, 찰스 슈왑 앤 컴퍼니 Charles Schwab & Company, TD 워터하우스와 같은 고객을 위해 애플리케이션을 연구했으며 뉘앙스 전화 운영 Nuance Call Steering, Vocalizer TTS 엔진, 음성 브라우저 보이저 및 스피치 오브젝트 SpeechObjects를 비롯한 여러 제품에 기여했다. 사용자 만족도를 최적화하고 여러 건의 특허를 보유한 다이얼로그 디자인 기술도 연구했다.

컨설턴트 업무 이전에는 보스턴 VA 병원의 실어증 연구 센터에서 언어 장애를 연구했으며 기업과 의료 기관 웹 솔루션 공급업체 페이드러스 인터넷 개발 Phaedrus Internet Development, Inc.을 공동 설립했다. 컴퓨터 시스템의 인적 요인에 관한 CHI 콘퍼런스와 인간 문장 처리에 관한 CUNY 콘퍼런스에서 발표를 했으며, 스탠포드대학교, UC 샌디에이고, 샌프란시스코대학교, 샌디에이고대학교에서도 강의했다. 「Brain and Language」와 「International Journal of Speech Technology」 등에서 여러 논문을 발표했다. UC 샌디에이고에서 심리학 박사 학위를 받았고 브랜다이스대학교에서 학사 학위를 받았다.

감사의 글

이 책에 축적된 지식은 저자들과 뉘앙스 프로페셔널 서비스, 뉘앙스 다이얼로그 R&D 팀, 뉘앙스 음성 R&D 팀, 뉘앙스 스피치 대학이 수년 동안 협력한 결과다. 라지프 아가왈, 산드라 알렌, 고먼 아만드, 케리 바틀렛, 마르 베르제론, 캐롤 블레이, 윌리 브릴, 캐시 브라운, 댄 버넷, 캔디스 카디나, 아리 채넌, 필리프 샤레스트, 홍 첸, 마이크 코스키, 캐롤 커트, 제니 드 그루트, 그렉 데한, 멜리사 도허티, 베누아 두물린, 케빈 얼러, 리사 포크슨, 다니엘 페레로, 말란 간디, 알바로 가르시아, 프랭크 게크, 데바지트 고시, 레베카 노플린 그린, 레오 하스브로크, 마이크 호크버그, 로렌 호지슨, 주디 움베르그, 비탈리 이우르첸코, 에릭 잭슨, 데이비드 제임스, 찰스 얀코스키, 캐시 카레이, 카렌 카우산스키, 브라이언 크라우스, 비자야 쿠라다, 레미 콴, 루스 랭, 윌 레이버리, 도미닉 라보이, 니콜 리디아, 소피아 리, 멜라니 레바수르, 행크 리아오, 아리 리먼, 크리스틴 마, 마이크 마벤, 마르셀로 마사노, 무니브 마스터, 제인 매더, 이언 멘지스, 아트 모건, 밥 모겐, 이딜 모스카텔, 알리 물랭, 레슬리 마이어스, 하이 머빗, 크리스틴 나카타니, 클라우디오 파테라스, 캐시 펄, 더그 피터스, 마르코 페트로니, 토니 라자쿠마르, 비제이 라만, 파드마 라메시, 리즈 레디, 데이브 레스닉, 키스 롤, 엘리엇 루비노프, 마리크카 리파, 마사 센투리아, 벤 샤샤니, 토니 셰더, 샤미타 소마셰카르, 크리슈난 스리니바산, 엘리자베스 스트랜드, 재러드 스트로더먼, 브라이언 스트로프, 앤 티메고벨, 리얼 트레블레이, 에이미 울그, 마가렛 어번, 린다 발돈, 니노 워커, 트레이스 왁스, 짐 화이트, 토드 얌볼, 토르스텐 제펜펠드를 포함한 많은 사람들이 지식을 축적하는 데 기여했다.

뉴앙스의 스티브 얼리히, 론 크로엔, 척 버거, 맷 레니그, 브루스 더거티, 폴 스콧, 더그 샤프 등 많은 사람이 이 프로젝트를 격려했다. 토니 셰더와 레베카 노플린 그린은 VWorld 2001에서 발표한 샘플 애플리케이션의 기초가 되는 내용을 제시한 바 있다. 해리 허시, 제니퍼 라이, 로저 채프먼, 크리스 슈만트, 나다니엘 보렌슈타인 그리고 수많은 익명의 검토자들은 초안에 피드백을 줘 상당한 개선을 이뤘다.

애디슨 웨슬리 팀의 피터 고든, 커트 존슨, 헤더 멀레인, 존 풀러, 버나드 개프니, 베시 하딩거, 에이미 플라이셔, 재클린 더케트 등 많은 이가 이 프로젝트를 통해 엄청난 도움을 줬다.

마지막으로 우리 가족의 사랑, 지지, 관용에 감사드린다. 마이클 코헨의 아내 베스 테일러는 원고를 훨씬 명확하고 읽기 쉽도록 편집에 중요한 도움을 줬다.

옮긴이 소개

박은숙 (ee.glow2644@gmail.com)

시각디자인을 전공하고 IT 회사 선행연구소에서 UX 디자이너로 일하고 있다. Non-screen device UX와 디바이스 컨트롤 UX 디자인 과제를 담당했다.

옮긴이의 말

IoT 기술의 발전으로 다양한 제품이 인터넷으로 연결되고 AI 스피커의 보급률이 높아지면서 음성 사용자 인터페이스 즉, VUI^{Voice User Interface}를 사용하는 제품과 서비스가 늘고 있다. VUI가 점차 삶의 일부로 성장하면서 사용자는 잠자리에서 일어날 때부터 음성 에이전트에게 날씨를 물어보고 집안의 가전 기기를 제어하는 일들에 익숙해지고 있다.

하지만 나와 같은 UX 실무자에게는 새롭고 많은 고민거리가 생겨났다. VUI의 확산은 기존의 그래픽 중심이던 사용자 경험을 디자인을 넘어 음성 에이전트 활성화 방식, 사용자 명령 인식, 음성 에이전트의 응답과 같은 VUI 인터랙션 방식과 지속해서 사용성을 향상할 수 있는 음성 에이전트의 아이덴티티 전략에 관한 많은 고민이 필요하다. 또한 VUI 디자인은 사람들에게 가장 익숙한 커뮤니케이션 시스템인 '대화'로 시작하지만 인간의 '대화'는 상당히 복잡한 영역이다.

미묘한 뉘앙스로 인해 한순간에 호감도가 달라질 수 있을 뿐만 아니라 인터랙션 과정 전반에 걸쳐 더욱더 감성적이고 디테일한 피드백이 제공돼야 하기 때문에 인간의 언어와 감정 체계에 많은 이해가 필요하다.

이 책의 저자들은 세계 최고의 음성 인식 전문가다. 실제로 오랜 시간 VUI 디자인을 하며 터득한 노하우와 시행착오를 이 책에 담았기 때문에 VUI 실무자들의 많은 고민을 해결해줌과 동시에 훌륭한 가이드라인이 될 것이다. 이 책이 사용성 높은 VUI를 디자인하는 데 실질적인 도움이 되기를 바란다.

의미 있는 기회와 많은 도움을 주신 선화 선배님과 에이콘출판사에 감사의 말을 전한다.

차례

1부 | 소개

3장   방법론 개요   69

2부 | 정의 단계: 요구 사항 수집과 상위 디자인

3부 | 디자인 단계: 상세 디자인

4부 | 구현 단계: 개발, 테스트, 튜닝

들어가며

지난 10년 동안 전화를 사용한 음성 사용자 인터페이스^{VUI, Voice User Interface}의 생성과 상용 배포가 폭발적으로 증가했다. VUI는 음성 기술을 사용해 호출자에게 정보에 대한 액세스 권한을 제공하고 거래를 수행할 수 있게 하며 통신을 지원한다.

VUI의 확산은 터치톤^{touchtone} 인터랙션에 대한 고객의 불만족, 모바일 액세스에 대한 욕구 증가, 기업의 고객 니즈를 많은 비용을 들이지 않으면서도 좀 더 효과적으로 충족시켜야 하는 필요성, 무엇보다도 견고하고 명확한 도메인에서 신뢰할 수 있는 음성 기술의 개발 등 여러 요인에 의해 좌우된다.

1994년부터 기술 성장 초기 10년 동안 극복해야 할 가장 큰 장애물은 기술력에 대한 회의적인 태도였다. 음성 기술은 수십 년 동안 그 성장을 약속해왔지만 사람들을 여러 번 실망시켰다. 잠재적으로 고객 서비스를 개선하고, 그 비용을 절약할 수 있는 기업뿐만 아니라 벤처 캐피털 회사도 음성 기술을 입증해야 했다. 몇 년 사이에 매일 수백만 통의 전화가 음성 기술을 이용해 성공적으로 처리하면서 기술력은 꽤 입증됐다. 기술 향상은 최종 사용자에게 더 나은 경험을 제공하고, 기업 비즈니스 가치를 높이며, 새로운 유형의 애플리케이션을 만들 수 있도록 신선한 기능을 유지하는 데 핵심적인 역할을 수행할 것이다. 음성 기술은 더 이상 음성 산업을 막는 훼방꾼이 아니다.

이제 가장 큰 도전은 사용자 인터페이스 디자인이다. 신기술이 새로운 기능을 실현할 때, 필요한 모든 시스템을 구축하고 이해를 증진시키는 지식과 기술을 가진 실무자가 너무 적다. 현재 실무자는 음성 기술, 사용자 인터페이스 디자인, 인지 심리학, 언어학, 소프트웨어 개발 등 다양한 배경지식이 있다. 이 모든 분야는 VUI 디자인이 현재 이해 수준까지 올 수 있도록 기여했다. 사실 사용자 인터페이스 디자인은 다양한 분야로부터 상당한 영향과 도움을 받았다. 그러나 방대한 분야에서 정보를 수집하기 때문에 디자인의 이론적 근거를 체계화하고 가르치기 어려운 측면도 있다.

우리는 이 책을 통해 실무자가 특정 애플리케이션을 디자인하고 분야의 발전에 기여하는 데 필요한 많은 배경 정보를 제공하는 것을 목표로 한다. 또한 디자이너가 새로운 디자인 상황과 기술에 접근할 수 있는 기반을 갖기를 희망하면서 모범 사례를 도출하고자 원칙적으로 접근했다.

이 책의 구성

VUI 디자인을 가르치는 것을 목표로, 권장하는 디자인 방법에 따라 다음과 같이 구성했다.

1부, 소개: 1장부터 3장에서는 음성 사용자 인터페이스 및 디자인 문제의 개요, 기술 설명과 책 전반에 걸쳐 설명할 디자인 방법론에 관한 고차원적 관점을 제시하고 입문 자료를 제공한다.

2부, 정의 단계: 4장부터 7장에서는 요구 사항을 파악하고, 상세 디자인을 하기 전에 상위 수준의 디자인 결정과 같은 프로젝트의 정의 단계를 다룬다.

3부, 디자인 단계: 8장부터 14장에서는 상세 디자인 단계를 다룬다. 디자인 원리는 실제 애플리케이션에 적용하는 방법을 많은 예제를 들어 자세히 설명한다.

4부, 실현 단계: 15장부터 18장에서는 실현 단계인 개발, 테스트, 조정을 다룬다. 문법 개발과 같은 음성 사용자 인터페이스 디자인만의 고유한 여러 문제를 설명한다.

각 부는 해당 디자인 단계의 방법론적 세부 사항을 다루는 장으로 시작한다. 그다음에는 해당 단계와 관련된 디자인 원칙과 접근법을 설명하며, 각 절의 마지막 장에서는 디자인 예제를 제시한다.

이 책의 대상 독자

- **실무자**: 주요 독자는 현직 실무자이거나 미래에 실무자가 될 사람들이다. 초보자가 봐도 모든 자료를 이해할 수 있도록 토대를 마련하려고 노력했다. 이 책은 경험이 풍부한 디자이너와 경험이 없는 디자이너 모두에게 가치를 제공한다. 실무자라면 모든 장의 내용을 읽고 필요한 도움을 얻을 수 있을 것이다.
- **HCI**^{Human-Computer Interfaces} **학생**: 학생들은 VUI가 다른 유형의 사용자 인터페이스와 많은 공통점이 있음을 알게 될 것이다. 반면 다수의 문제와 디자인 접근 방식은 음성 사용자 인터페이스에서만 발견할 수 있는 고유한 것이다. 전반적으로 유용하지만 특히 1~4장, 6장, 8~13장, 15~16장에서 많은 도움을 얻을 수 있다.
- **비즈니스 관리자**: 음성 기술로 조직의 니즈를 충족할 수 있는 방법을 결정하는 이들로, 1~4장과 6장에서 많은 도움을 얻을 수 있다.
- **프로젝트 관리자**: 애플리케이션을 디자인하고 배포하는 단계를 알아야 하는 이들은 1~4장, 6~8장, 14~15장, 18장에서 많은 도움을 얻을 수 있다.

웹사이트

책 속 예제의 오디오 버전을 제공하는 웹사이트(http://www.VUIDesign.org)[1]를 참고할 수 있다.

한국어판의 정오표는 에이콘출판사의 도서정보 페이지 http://www.acornpub.co.kr/book/voice-ui-design에서 찾아볼 수 있으며, 이 책과 관련해 질문이 있다면 이 책의 옮긴이나 에이콘출판사 편집 팀(editor@acornpub.co.kr)으로 문의해주길 바란다.

표지 설명

라디오 렉스^{Radio Rex}

원서 표지에 그려져 있는 최초의 자동 응답 언어 이해 시스템이다. 라디오 렉스는 1911년 처음 제작됐다. 이후 80년 동안 개발된 많은 대화 시스템과 달리 상업적인 성공을 거뒀다! 라디오 렉스는 아이들의 장난감이었다. 렉스는 아이가 "렉스"라고 말할 때까지 개집에 앉아 있다가, 아이가 이름을 부른 순간 펄쩍 뛰었다. 렉스의 기술은 2장 초반에 간략하게 설명돼 있다.

라디오 렉스의 사진은 하이 머빗^{Hy Murveit}이 기증했다. 렉스는 마이클 코헨의 개인 장난감 컬렉션에 기증됐다.

---

1   원서에서는 해당 웹사이트에서 영문 예제를 들을 수 있도록 오디오 클립을 제공했으나 번역서 출간 시점에서는 유효하지 않다. - 옮긴이

1부

소개

1

음성 사용자 인터페이스 소개

다음은 상용 음성 언어 시스템을 구축한 저자 중 마이클 코헨의 경험담이다.

뉘앙스에서 처음 배포한 애플리케이션은 찰스 슈왑 앤 컴퍼니Charles Schwab & Company의 음성 인식 기반 주식 시세 시스템이었다. 시작부터 배포까지 이어지는 몇 달은 매우 흥미로웠다. 나는 음성 언어 기술을 개발하는 SRI 연구실에서 10년 이상 지냈고, 음성 인식 기술을 상용화하기 위해 회사를 설립했다. 첫 번째 고객과 계약을 맺었고, 시스템을 배포할 준비를 거의 마쳤다. 아울러 음성 인식 기술이 '출시 시기'를 맞을 준비가 됐다는 것을 세계에 증명하려고 했다.

나는 단방향 투과 거울 뒤에서 초기 사용성 테스트를 관찰했다. 피실험자들은 전화로 주가 정보를 얻고, 관심 목록을 설정했다. 그 후에는 피실험자들에게 사용성이 어땠는지 물었다.

첫 번째 피실험자가 도착했다. 샌프란시스코 출신의 83세 남성인 그는 문으로 들어와 머뭇거리면서 말했다. "아, 이런, 보청기를 챙겨 오는 걸 잊어버렸어!" 아, 첫 번째 실사용자 테스트를 시작한 지 5초 만에, 10년 동안 전혀 예상치 못했던 문제에 부딪혔다!

실험은 계속 진행됐다. 피실험자는 시스템을 사용하는 데 많은 어려움을 겪었다.

안내문을 듣는 데 힘들어했고 무슨 말을 해야 할지 혼란스러워했으며, 애플리케이션을 사용하는 방법을 제대로 파악하지 못했다. 결국 피실험자는 실험이 끝날 때까지 주식 시스템 관심 목록 설정에 성공하지 못했으며, 그 어떤 회사 정보도 받지 못했다.

실험이 끝난 뒤 실험자는 피실험자에게 애플리케이션에 대한 의견과 이후에도 시스템을 사용할 의향 등을 물었다. 그는 애플리케이션을 사용하는 것을 좋아했다. 몇 년 만에 처음으로 충분히 참을성이 있고, 자신이 했던 말을 반복하기를 개의치 않는 대상과 대화했다고 대답했다. 또한 상대방이 기꺼이 자신과 이야기하기를 원했고 대화가 제대로 이뤄지지 않는다고 좌절하지도 않았다고 했다. 무엇보다 피실험자는 이 시스템을 매일 사용하겠다고 약속했다!

이 일화는 이 책에서 다루고자 하는 두 가지 주제를 보여준다.

1. 기본적인 인간의 능력을 이해하는 것이 효과적인 사용자 인터페이스 디자인의 핵심이다.

2. 비즈니스 목표 측면에서 사용자의 요구 사항과 목표를 이해하는 것이 성공적인 애플리케이션 디자인의 핵심이다.

두 가지 주제의 가장 큰 차이는 첫 번째 주제가 일반적인 인간의 능력을 다룬다는 점이다. 즉, 첫 번째 주제는 대부분의 사람들이 쉬워하는 것과 어려워하는 것이 무엇인지 이해하고 이 지식을 활용해 최적화된 디자인을 선택하는 방법이다(여기서 우리는 앞서 소개한 이야기와 같이 청력 같은 개인적 신체 능력보다는 인간의 인지 능력과 언어 행동을 고려한다).

반면 두 번째 주제는 사용자와 비즈니스적 니즈를 동시에 충족시키는 디자인을 위해 사용자의 의도나 작업, 비즈니스 목표에 관해 알아야 할 사항을 구체적으로 다룬다. 실험 목적이 단지 전자 대화 파트너를 제공하는 것이었다면, 이 실험이 성공이라고 생각했을 것이다. 그러나 이 실험 결과는 증권 계좌 처리와 관련된 가치를 제공한다는 비즈니스 목표를 달성하지는 못했다.

『Humane Interface』(Addison-Wesley Professional, 2000)에서 제프 래스킨^{Jef Raskin}은 사용자 중심 디자인과 인간 중심 디자인을 구분 짓는다. 사용자 중심 디자인은 특정 애플리케이션이 의도를 가진 사용자의 업무 관련 니즈를 연구하는 데 초점을 맞춘 디자인 프로세스라고 설명한다. 이어서 '인터페이스 디자인이란 보편적인 심리적 사실에 부합하는지 확인하는 것'에 중점을 둔 인간 중심 디자인의 중요성을 강조한다. 래스킨은 일반적인 인간의 인지 능력과 한계를 이해하고, 이해한 내용을 인터페이스 디자인 문제에 적용하는 것이 중요하다고 주장한다.

이 책은 인간 중심 디자인과 사용자 중심 디자인 모두 성공적인 사용자 인터페이스를 창조의 핵심이라고 주장한다. 이제까지 인간의 언어 인식 능력과 언어 행동에 관한 이해를 바탕으로 디자인의 핵심 원리를 설명하는 데 상당한 시간을 썼다. 그럼에도 사용자에게 만족스럽고 성공적인 경험을 제공하는 효과적인 인터페이스를 만드는 시스템의 비즈니스 목표, 애플리케이션 작업, 의도를 가진 사용자를 이해하고 이들을 통합할 수 있는 방법론도 자세하게 검토한다.

우리는 주로 음성 사용자 인터페이스를 다룬다. 전화는 어디서나 접할 수 있고 수많은 음성 언어 시스템은 전화를 통해 사용되도록 오늘날 배포되고 있기 때문에 특히 전화용으로 디자인된 음성 사용자 인터페이스에 초점을 맞출 것이다.

1.1 음성 사용자 인터페이스란?

음성 사용자 인터페이스, 줄여서 VUI란 사용자가 음성 언어 애플리케이션과 통신할 때 사용하는 인터페이스다. VUI의 요소에는 프롬프트, 문법, 대화 로직(통화 흐름이라고도 한다)이 있다. 프롬프트 또는 시스템 메시지란 대화 중에 사용자에게 재생되는 모든 녹음 또는 합성된 음성을 말한다. 문법은 각각의 프롬프트에 관해 호출자가 말할 수 있는 것을 정의한다. 시스템은 오직 문법에 포함된 단어와 문장 또는 구절만 이해할 수 있다.

다음으로 대화 로직은 시스템에서 수행한 작업을 정의한다. 그 예로 시스템은 호출자가 방금 말한 내용에 응답하거나 데이터베이스에서 검색된 정보를 읽어온다.[1]

다음은 호출자와 비행 정보 애플리케이션 간 인터랙션이다.

(1)

SYSTEM^{시스템}: Hello, and thanks for calling BlueSky Airlines. Our new automated system lets you ask for the flight information you need. For anything else, including reservations, just say "more options." Now do you know what the flight number is?
안녕하세요. 블루스카이 에어라인에 전화해주셔서 감사합니다. 새로운 자동화 시스템을 통해 필요한 비행 정보를 요청하실 수 있습니다. 예약을 포함한 다른 모든 사항은 '추가 옵션'이라고만 말하세요. 비행 번호가 몇 번인지 아십니까?

CALLER^{호출자}: No, I don't.아니요. 모릅니다.

SYSTEM^{시스템}: No problem. What's the departure city?그럼 출국 도시는 어디입니까?

CALLER^{호출자}: San Francisco.샌프란시스코입니다.

...

이 애플리케이션은 성우가 시스템이 말하는 모든 것을 미리 녹음했다. "Now do you know what the flight number is?(비행 번호가 몇 번인지 아십니까?)"라는 프롬프트에 이어 시스템은 "No(아니요)", "No, I don't(아니요. 모릅니다)", "Yes(예)", "Yeah, it's flight two twenty seven(네, 2시 27분 비행기입니다)" 등과 같이 대답하는 호출자의 문법을 이해할 수 있다. 여기에서 대화 로직은 호출자의 응답에 따라 다음에 수행할 작업을 결정한다. 이 경우 호출자에게 출발 도시를 입력하라는 메시지가 나타난다. 다이얼로그가 성공하는 경우 시스템은 호출자가 원하는 비행 정보를 제공한다.

VUI 디자인의 방법론과 디자인 원칙은 다른 유형의 사용자 인터페이스 디자인에 사용되는 방법론과 상당히 유사하다. 고유한 디자인 문제와 기회를 제기하는 음성 사용자

---

1 이 책에서 쓰는 '다이얼로그'라는 단어는 일부 소프트웨어 디자이너가 문자가 포함된 박스를 참조하기 위해 사용하는 다이얼로그가 아니라 '대화'를 의미한다. – 지은이

인터페이스에는 여러 가지 특성이 있지만, 두 가지 주요 특징이 두드러진다. 바로 청각적 양상이라는 점과 인터랙션은 대화를 통해 이뤄진다는 점이다.

1.1.1 청각 인터페이스

청각 인터페이스는 일반적으로 사용자의 말하는 소리를 통한 입력과 출력, 시스템의 비음성 출력과 같이 주로 소리를 통해 사용자와 상호작용하는 것을 말한다. 비음성 출력(종종 비언어적 소리, 혹은 NVA[NonVerbal Audio 2]라고도 함)은 이어콘[earcons](청각 아이콘, 즉 특정 의미로 전달되도록 설계된 소리), 배경음악 그리고 주변 환경이나 다른 배경 소리를 포함하기도 한다.

청각 인터페이스는 일시적이거나 비지속적인 메시지를 통해 사용자와 의사소통해야 하는 어려움이 있다. 사용자가 무언가 듣고 나면, 들은 내용은 사라진다. 언제든 원하는 항목에 접근할 수 있는 시각 웹 인터페이스와 같이 지시어나 설명, 정보를 보여주는 스크린이 없다. 사용자는 시스템의 소리를 통한 안내나 진행 상태를 자신이 원하는 대로 재확인할 수 없다. 오히려 시스템 환경에 맞춰 확인해야 한다.

일시적인 특성을 지닌 청각 인터페이스의 출력은 사용자에게 상당한 인지 요구를 부여한다. 인터페이스 디자인은 사용자에게 부담이 되지 않는다. 단기 기억력이나 학습 능력을 지나치게 벗어나지 않는다. 사용자와의 인터랙션 속도에 영향을 미치는 방법에 관한 수많은 가이드라인이 있다. 이는 9장에서 다룬다.

음성을 다른 양식과 결합하는 멀티모달 인터페이스[Multimodal Interface]는 이런 문제 중 일부를 완화시킬 수 있는 잠재력을 지니고 있다. 음성 인터페이스와 작은 화면까지도 효과적으로 결합한다면 사용자의 인지 요구를 현저하게 줄여 디자인 기준과 절충 사항 일부를 변경할 수 있다.[3] 그러나 멀티모달 디바이스 산업의 미숙한 상태와 현재 전통적인 전

---

2   월리 브릴(Wally Brill)이 도입한 용어다. – 지은이

3   언어 및 기타 형식의 상호보완성을 보여주는 연구 리뷰는 오비아트(Oviatt 1996)를 참조하라. – 지은이

화 통신망 사용을 위해 디자인된 수많은 음성 언어 시스템을 고려해, 이 책은 오직 청각 인터페이스에만 초점을 맞추고 있다. 동일한 디자인 원리 중 많은 부분을 적절히 개선해 멀티모달 디자인에 적용할 수 있다. 음성을 포함하는 멀티모달 인터페이스는 뒤에서 다루겠다.

여러 어려움에도 청각 인터페이스는 수많은 디자인 기회를 제공한다. 사람들은 여러 의사소통 단계를 자신들의 청각 시스템에 의존한다. 청취자들은 단어 선택과 문장 구조, 메시지가 전달되는 방식에서 의미와 다른 정보를 얻는다. 즉 운율, 강세, 리듬, 음질이나 기타 특징에서 영향을 받으므로 사용자에게 재생될 메시지를 녹음할 성우를 신중하게 선택하고 프롬프트가 표시되는 방식을 효과적으로 지도한다면 일관된 시스템 페르소나를 만들 수 있다. 또한 브랜딩과 애플리케이션 및 사용자 집단에 적합한 사용자 경험을 제공할 것이다.[4] 6장에서 페르소나 제작을 다룬다.

청각 인터페이스는 비언어적 오디오를 효율적으로 활용해 추가적인 기회를 제공한다. 애플리케이션의 흐름을 방해하지 않고 "음성 메일이 도착했습니다"와 같은 정보를 전달하기 위해 이어콘을 사용할 수 있다. 독특한 사운드를 사용해 애플리케이션의 다른 부분을 표시할 수 있어 탐색하기 쉽다. 또한 배경음악이나 자연음 같은 비언어적 오디오는 사용자의 청각 환경을 형성해 특정 업무나 메시지에 관련된 독특한 사운드와 느낌을 만들 수 있다. 디자이너는 비언어적 오디오를 효과적으로 사용해 사용자 인터페이스 문제를 해결할 수 있으며 부가가치를 창출할 수 있다.

1.1.2 대화 인터페이스

음성 사용자 인터페이스는 대화를 기반으로 한다는 점이 중요하다. 대화는 일상생활에서 큰 역할을 한다. 어린 시절부터 우리는 깨어 있는 대부분의 시간에 대화를 한다. 인

---

4   분명히 프롬프트의 문구와 같은 다른 기능도 페르소나 제작에 중요한 역할을 한다. – 지은이

간 대 인간의 대화에 관한 이해는 인간 대 기계의 대화를 향상시키는 데 도움이 될 수 있다.

인간은 대화를 지원하는 많은 대화 규칙과 가정, 기대를 공유한다. 일부는 보편적이며 또 다른 일부는 특정 언어 커뮤니티에 적용된다. 이러한 규칙과 가정, 기대는 발음, 의미, 단어의 사용에서 대화의 전환과 같은 것들에 대한 기대에 이르기까지 다양한 수준에서 작용한다. 사람들이 대화에 가져다주는 어떤 기대는 의식적으로 작용하지만 대부분의 기대는 우리의 인식 밖에 작용한다. 비록 무의식적이지만 이러한 공통적으로 작용하는 기대는 효과적인 의사소통의 핵심이다.

공통된 기대치에 대한 이해는 성공적인 대화 인터페이스 디자인에 필수적이다. 기대치를 벗어나면 불편함을 느끼고, 흐름이 매끄럽지 않으며, 이해하기 어렵고, 오류를 유도하기 쉽다. 공통된 기대치의 효과적인 활용은 더 풍부한 의사소통과 간소화된 인터랙션으로 이어질 수 있다. 10장과 11장에서 화자가 대화에 가져오는 많은 기대치를 다루고 VUI 디자인에서 활용하는 방법을 보여준다.

대화의 다른 두 가지 현실은 VUI 디자인의 선택과 방법론에 큰 영향을 미친다. 첫째, 인간은 언어를 명확한 교육을 통해서가 아니라 아주 어린 나이에 암묵적으로 배운다. 대조적으로 다른 사용자 인터페이스의 대부분은 당면한 작업을 수행하도록 디자인돼, 도구 모음에서 작업 선택, 아이콘 드래그 앤 드롭과 같은 특정 학습된 동작에 의존한다. 그러므로 VUI 디자이너는 사용자의 대화 규칙을 이해하고 그 조건에 따라 작업해야 하기 때문에 디자이너는 대화의 근본적인 요소를 만들 수 없다.

둘째, 화자가 일반적으로 단어 선택, 발음, 문장 구조 또는 대화 전환에 대해 명시적으로 생각하지 않기 때문에 언어를 통한 커뮤니케이션은 무의식적인 활동이다. 의식적인 관심은 전달하고자 하는 메시지의 의미에 달려 있다. 따라서 우리 모두가 대화에 관여하고 있음에도 디자이너들은 대화 구조에 대한 명백한 지식이 없으면 사용자의 대화 기대치에서 벗어날 위험이 있다. 더욱이 대화형 맥락에서 각 프롬프트의 역할을 명시적으로 만드는 디자인 접근 방식은 디자이너가 다이얼로그를 디자인할 때 자신의 무의식적인 대화 기술을 사용하는 능력을 최대화한다. 8장의 세부적인 디자인 방법론이 어떻게 수행되는지 보여준다.

1.2 왜 음성인가?

우리가 인용한 모든 어려움을 감안해볼 때, 왜 음성 인터페이스를 사용해야 하는가?

이 질문에 답하기 위해 서두에서 언급한 슈왑에서 배치한 애플리케이션을 살펴보겠다. 슈왑의 애플리케이션은 비즈니스와 최종 사용자의 관점에서 큰 성공을 거뒀다. 주식 시세를 위해 음성 시스템을 배치한 슈왑의 원래 동기는 상당수의 호출자들이 실시간 상담원 연결을 위해 터치톤 키패드에서 즉시 0을 누르게 하는 것이었다. 그 호출자들이 새로운 음성 시스템의 주요 타깃이다.

대부분의 호출자들은 터치톤 시스템을 사용하기를 꺼려 했지만 자동 음성 애플리케이션 사용에 매우 만족해했다. 주된 이유는 더 이상 터치톤 시스템처럼 각 문자마다 복잡한 두 개의 키 입력 시퀀스를 사용해 주식 기호를 입력할 필요가 없기 때문이다. 이제 호출자들은 회사 이름만 간단히 말하고 견적을 받는다. 실제로 많은 고객이 실시간 상담원보다 음성 시스템과 대화하는 것을 선호했다. 호출자들은 더 이상 많은 견적을 요구하는 것을 주저하지 않았고, 심지어 결과를 잊어버렸거나 가격에 변동이 있었는지 궁금하다면 같은 회사에 두 번 전화하는 것도 주저하지 않았다.

찰스 슈왑 앤 컴퍼니도 그 결과에 만족했다. 회사는 비용을 절감했고 더 복잡한 사용자 요청을 처리하기 위해 실시간 상담원들을 재배치할 수 있었다. 호출자 만족도 또한 높았다. 슈왑은 고객에게 가치를 제공하는 혁신적인 선두주자의 명성을 다졌다.

슈왑의 배치 이후에 수천 개의 음성 시스템이 더 배치됐다.[5] 이제 자동화된 대화 시스템

---

5   모든 주요 공급업체의 시스템 수 - 지은이

으로 주식 거래, 항공사 일정 및 예약, 은행 계좌 접속, 패키지 배송 추적, 자동차 임대, 날씨 및 교통 상황, 운전 경로, 버스 운행 정보 확인, 근처에서 상영 중인 영화 확인, 레스토랑 예약 등을 한다. 그리고 전화, 달력, 이메일, 음성 메일을 처리할 수 있는 자신만의 자동화된 에이전트를 가질 수 있다. 또한 다양한 음성 서비스를 제공하는 음성 포털에 접속할 수 있으며 경우에 따라 필요에 맞게 개인화할 수 있다. 이 목록은 정보와 거래를 제공하고, 사람과 사람 사이의 의사소통을 활성화하는 새로운 방법으로 계속 이어지고 있다.

음성 시스템을 구축하는 회사들은 다음과 같은 요인에 의해 동기부여가 됐다.

- **비용 절감**: 음성 시스템을 사용하면 일반적으로 회사에서 몇 달 안에 지불해야하는 상당한 비용을 줄일 수 있다. 그리고 회사가 터치톤 서비스를 교체할 때 일반적으로 포기율이 크게 떨어지고 자동화 비율이 크게 높아지는 경우가 많다. 감소된 통화 시간도 요인으로 작용해 회사의 수신자 부담 전화 요금이 절약된다.

- **접근성 향상**: 회사는 언제 어디서나 (자택과 모바일에서) 고객이 언제든지 이용할 수 있기를 원한다(24×7×365). 어떤 경우 웹을 통해 이미 제공된 셀프 서비스를 보완하기 위해 시스템을 구축한다. 이러한 방식으로 회사는 사무실이나 차에서 떨어져 있을 때 웹 액세스 권한이 없거나 동일한 셀프 서비스 액세스를 원하는 고객에게 접근할 수 있다.

- **브랜드 확장**: 대화 인터랙션으로 "단순한 사실" 이상의 것을 얻을 수 있다. 말은 많은 단계로 전달된다. 누군가가 말하는 것을 들을 때 화자의 감정 상태, 사회적 계급, 신뢰, 친근감 등 수많은 속성에 대해 판단한다(소우쿠프 Soukup 2000, 자일스와 파우즐런 Giles and Powesland 1975). 이러한 사항을 염두에 두고 대화 애플리케이션을 디자인한다면 새로운 방식으로 고객과 교감할 수 있고 회사의 브랜드와 이미지를 확장하게 된다. 우리는 원하는 목소리, 원하는 성격적 특징, 원하는 기분, 고객의 니즈와 문제를 다루는 바람직한 방법으로 "이상적인 직원"을 디자

인할 수 있다. 계속된 전화 통화에도 신뢰할 수 있는 이미지를 유지할 수 있다.

- **새로운 문제 해결**: 과거에는 불가능했던 음성 애플리케이션을 통해 많은 종류의 문제들을 해결할 수 있다.

- **고객 만족도 증가**: 수많은 설문 조사와 배치 연구가 음성 시스템에 대한 높은 사용자 만족도를 보여줬다.

오래된 문제를 해결하는 새로운 방법

음성 애플리케이션을 사용하면 조직에서 새로운 방식으로 문제를 해결할 수 있다. 하나는 통화 라우팅이다. 많은 회사들은 고객의 요구에 부응하기 위해 다양한 전화번호를 하나의 편리한 진입 지점으로 결합하기를 원한다. 그러나 이용 가능한 다양한 서비스의 이름과 같이 호출자가 선택해야 하는 항목 집합은 엄청나다. 또한 선택 세트는 종종 호출자가 쉽게 탐색할 수 있는 직관적인 메뉴 계층 구조에 적합하지 않다. 그 결과 터치톤 기술 또는 이전 세대의 음성 기술로도 하나의 진입 지점으로 결합한 시스템을 만들 수 없었다.

최근 자연어 이해(단어의 의도된 의미를 파악하는 기술)의 발전은 호출자가 요구 사항을 말하면 자동으로 적절한 서비스로 전달하는 것을 가능하게 했다. 예를 들어 최근에 스프린트 PCS가 배포한 40가지 '경로'나 서비스를 갖춘 시스템을 사용하면 호출자는 다음과 같은 사항을 말할 수 있다. "방금 전화가 끊겼는데, 그에 대한 신용을 받고 싶어", "락빌 파이크(Rockville Pike)의 락빌 상점을 원해", "내 음성사서함에 문제가 있어. 전화기가 잠겨서 메시지를 확인할 수 없어."(실제 통화 녹음 내용)

음성 기술의 또 다른 새로운 애플리케이션은 개인 에이전트다. 대부분 사람들은 자동차, 사무실, 집에서 옆에 앉아 있거나 동행하면서 전화를 받고, 이메일을 읽고, 달력을 관리하며, 전 세계의 인명과 업종별 주소록을 지니고 다닐 누군가를 고용할 만큼 충분히 부유하지 않다. 그래서 현재 많은 회사가 음성 기술을 사용해 사용자의 전화에 자동화된 개인 에이전트를 제공하고 있다.

최종 사용자 관점에서 볼 때, 음성 시스템을 사용하면 다른 액세스 모드와 비교해 많은 이점이 있다.

- **직관성과 효율성**: 대화 시스템은 사용자의 선천적인 언어 능력을 이용한다. 대화 시스템의 많은 작업은 터치톤보다 더 간단하고 효율적으로 만들 수 있다. 예를

들어 여행 애플리케이션에서 호출자는 장황한 설명을 들은 뒤 불편하고 직관적이지 않은 터치톤 시퀀스(예: 0605)를 입력하는 대신 "6월 5일에 떠나고 싶다"와 같은 말을 할 수 있다. 터치톤 키패드에 도시 이름을 입력하기보다는 목적지 이름을 말하는 것처럼 간단한 일도 최종 사용자에게 상당한 편리함을 가져다 준다.

- **유비쿼터스**: 전화는 도처에 존재한다. 사람들은 웬만하면 휴대폰을 가지고 다닌다. 음성 액세스는 사용자가 데스크톱과 멀리 떨어져 있더라도 어디서나 시스템을 사용할 수 있게 해준다.
- **즐거움**: 잘 디자인된 음성 시스템은 사용자의 니즈를 효율적으로 충족하는 동시에 흥미롭고 즐거운 사용자 경험을 제공할 수 있다.

1.3 앞으로 어떻게 해야 하는가?

이 책의 주된 목표는 VUI 디자인에 관한 사고방식을 가르치는 것이다. 기술 기초, 기본 디자인 원칙, 디자인 방법 등에 초점을 맞췄다. 그동안 많은 예를 제시하고 특정한 디자인 문제를 해결하기 위해 원칙을 적용하는 방법을 보여줬지만, 결국 많은 디자인 상황에 적용할 수 있는 툴박스가 있어야 한다.

그러나 툴박스 자체는 위험할 수 있다. 경험의 의한 법칙을 맹목적으로 적용하면 호출자의 참여 유도와 니즈를 충족시킬 수 없으며 비즈니스 목표를 만족시키는 효과적인 디자인을 만들 수 없다. 보다시피 디자인 프로세스의 모든 단계에서 디자인 결정과 관련해 발생하는 2가지 반복적 문제가 있다. 즉, 최종 사용자의 맥락과 이해다. 맥락상 비즈니스 목표와 같은 높은 수준의 제약에서부터 바로 앞의 프롬프트와 응답의 맥락에서 프롬프트의 표현이 어떻게 작용하는지와 같은 낮은 수준의 고려 사항까지 모든 것을 의미한다. 최종 사용자를 이해하는 것은 사용자가 어떻게 반응할 것인지, 사용자의 니즈가 무엇인지, 각 시점에 사용자의 선입견이 무엇인지 평가하는 것을 포함한다. 이러한 고려 사항은 원칙 적용, 특정 기술 사용, 수정, 새로운 것을 발명하는 결정이든 상관없이 사용자가 수행하는 모든 디자인 결정에 작용해야 한다.

또한 기술이 급속하게 발전하면서 때로는 예기치 않은 가능성을 야기한다. 새로운 기술 기능 활용은 VUI 디자이너에게 과제를 안겨줄 것이다. 새로운 상황에 접근할 때는 기본 원칙과 디자인 원리를 이해해야 한다. 한 예로, 최근의 기술 발전은 앞에서 언급한 유형의 통화 라우팅 애플리케이션 구현을 가능하게 했다. 이러한 시스템으로 성공을 거두기 위해 프롬프트를 조작하는 신규 접근법과 호출자를 위한 적절한 멘탈 모델을 만드는 방법을 배워야 했다. 멘탈 모델은 시스템과 상호작용하는 방법에 관한 호출자의 내부 모델이다(노르만 2002; 프리스, 로저스, 샤프 2002. 통화 라우터 디자인에 관한 자세한 내용은 12장에서 설명할 예정이다).

VUI 디자인의 기본 요소는 많은 지식 분야의 영향을 받는다. 이 책에서는 네 가지 주요 사항이 나오는데, 앞서 언급한 세 가지는 다음과 같다.

- **인간의 인지 능력**: 오직 청각 인터페이스를 다룰 때 직면하는 디자인 과제의 이해
- **인간의 대화 형식 사용**: 인간이 모든 대화에서 가져오는 무의식적인 기대와 가정
- **방법론**: 방법론적 원칙과 목표(예: 사용자 중심 디자인)를 이해하고, 그 이해를 사용자 니즈와 비즈니스 목표를 충족하는 효과적인 시스템을 디자인할 수 있는 세부 방법론의 개발에 적용

네 번째 사항은 기술이다. 효과적인 디자인 결정을 내리기 위해서는 음성 기술을 어느 정도 이해할 필요가 있다. 기술에 대한 설명은 당신에게 기술의 가능성을 어떻게 활용하고 그 한계를 어떻게 보완할지 이해하는 데 필요한 배경을 제공한다. 오류 복구와 문법 개발 및 조정 성능을 최적화하기 위한 디자인 결정뿐만 아니라 기본적인 다이얼로그 전략을 선택할 때에도 기술 이해가 필요하다는 것을 알게 될 것이다.

이 책은 우리가 추천하는 디자인 방법에 따라 정리돼 있다. 많은 사람은 이 방법론을 수백 개의 성공적인 음성 시스템 구축에 적용했다.

이 책의 각 주요 부는 디자인의 중요한 한 단계를 설명한다. 각 부의 첫 장은 방법론과 관련 단계를 설명하며, 여러 장에 걸쳐 디자인 원칙과 단계와 관련된 이슈를 논의한다. 각 부는 프로세스 단계와 원칙을 적용하는 방법을 구체적으로 보여주는 상세한 예를 포함하는 장으로 끝난다.

방법론으로 들어가기 전 소개 자료가 더 필요하다. 2장은 음성 기술 개요를 제공하고 VUI 디자인 결정에 영향을 미치는 몇 가지 이슈를 소개한다. 3장에서는 이 책의 나머지 부분에서 다루고 있는 일반적인 방법론을 소개한다.

2

음성 언어 기술 개요

효과적인 디자인 결정을 내리기 위해서는 기본 기술의 강점과 약점, 가능성을 이해해야 한다. 2장에서는 VUI 디자이너에게 필요한 이해 수준의 음성 기술을 소개하고, 디자인 결정을 내릴 때 음성 기술을 이해하는 방향성에 관해서도 살펴본다.

음성 인식 기술은 거의 1세기 동안 우리와 함께해왔지만, 이제서야 보편화돼 가고 있다. 최초의 성공 스토리는 1911년 제작된 '라디오 렉스Radio Rex'라는 어린이 장난감이었다. 라디오 렉스는 깡통 지붕이 달린 개집에 앉아 있는 작은 셀룰로이드 강아지였다. 그 강아지는 개집 안에서 전자석 스프링이 장착된 레버를 잡고 있었으며, 회로에는 전자석으로 전력을 공급하는 금속 브리지가 있었다. 이 브리지는 초당 500회의 공명을 갖도록 조정됐다. 이는 "렉스"라는 단어의 모음 소리의 공명과 일치했다. 개의 이름을 부르자 모음 속의 에너지가 브리지를 진동시켜 회로를 끊었다. 자석이 정지하면 스프링으로 장전된 레버를 풀어 주인의 부름에 따라 개를 집 밖으로 날려보냈다.

렉스는 한 단어 정도의 어휘에만 반응할 정도로 단순했지만 상업적인 성공을 거뒀다. 더 좋은 기술을 40년 동안 사용할 수 없었던 것을 감안하면 운이 좋았다. 오늘날의 상업 시스템은 곧 2장에서 설명하는 바와 같이 더욱 정교해져야 한다.

2.1 음성 언어 시스템의 구조

음성 언어 시스템 요소의 개요부터 인식기 내부에서 일어나는 일을 자세히 살펴본다. 더불어 음성 애플리케이션에 사용되는 텍스트 대 음성 합성 기술과 화자 검증 기술을 다룬다.

2.1.1 음성 언어 시스템의 요소

VUI를 디자인할 때 실제로 사람과 컴퓨터 간의 잠재적 대화 세트를 정의하게 된다. 각각의 대화는 기계와 인간이 교대로 말하는 일련의 교환으로 구성돼 있다. 사용자의 니즈를 충족시키기 위해 기계는 사용자가 말하는 것을 "이해"하고 필요한 계산이나 거래를 수행하고 대화를 진전시키며 호출자의 목표를 충족시키는 방식으로 응답해야 한다.

그림 2-1은 음성 언어 시스템의 기본 구조를 보여준다. 음성 입력(사용자의 발화)을 청취하고, 이를 이해하고, 필요한 계산과 거래를 수행하고, 적절히 응답하도록 디자인된 일련의 처리 모듈로 구성된다. 응답 후 시스템은 사용자의 다음 발언을 기다리고 호출이 종료될 때까지 시퀀스를 반복한다. 해당 절에서는 다양한 처리 모듈의 활동을 설명한다.

그림 2-1 음성 언어 이해 시스템의 구조

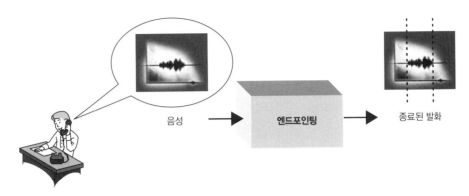

그림 2-2 엔드포인터는 음성 파형의 시작과 종료 위치를 결정한다.

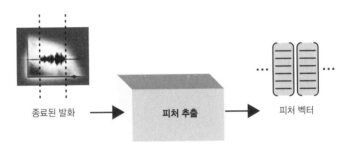

그림 2-3 피처 추출기는 종료된 발화를 일련의 피처 벡터로 변환하는데, 이는 시간에 따라 발생하는 발화의 피처를 나타낸다.

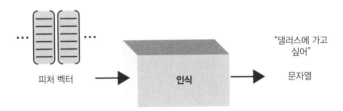

그림 2-4 인식기는 피처 벡터의 문자열을 사용해 호출자가 어떤 단어를 검색했는지 확인한다.

그림 2-2는 음성의 시작과 끝을 감지하는 첫 번째 단계인 엔드포인팅을 보여준다. 시스템은 호출자의 입력을 수신한다. 엔드포인터는 호출자의 말소리의 진동을 나타내는 파형

이 언제 시작됐는지 확인한 다음 호출자가 발화를 마쳤다는 것을 나타내는 충분한 긴 침묵을 듣는다. 파형은 패키징돼 다음 처리 모듈로 전송되며, 이 모듈에서 기능 피처 추출이 수행된다.

피처 추출 모듈(그림 2-3)은 종료된 발화를 일련의 피처 벡터로 변환한다. 피처 벡터는 인식에 유용한 음성의 측정 가능한 특성을 나타내는 숫자 목록이다. 숫자는 다양한 주파수에서의 에너지 양과 관련된 발화의 특성을 나타낸다. 일반적인 시스템은 엔드포인팅된 파형을 각각의 작은 시간 주기 동안 하나의 벡터로 나눈다(예를 들어 음성의 연속 10밀리초 세그먼트마다 하나의 피처 벡터로 나누는 식이다).

그림 2-4의 인식기는 피처 벡터를 사용해 호출자가 말한 단어를 결정한다. 이 프로세스는 2장 후반부에 자세히 설명돼 있다.

인식에 이어 자연어 이해가 일어난다. 자연어 이해 임무는 말한 단어에 의미를 부여하는 것이다. 그 의미를 표현하는 데는 여러 가지 방법이 있다. 일반적인 표현은 값이 있는 일련의 슬롯이다. 슬롯은 애플리케이션과 관련된 각 정보 항목에 대해 정의된다. 예를 들어 항공편 신청 관련 정보에는 호출자의 출발지, 도착지, 여행 날짜 및 선호 출발 시간이 포함될 수 있다. 자연어 이해 시스템은 인식기에서 전달된 문자열을 분석하고 적절한 슬롯에 값을 할당한다. 그림 2-5를 보자. 호출자는 "댈러스에 가고 싶어"라고 말하면 도착지가 댈러스임을 전달한다. 자연어 이해 시스템은 〈도착지〉 슬롯의 값을 "댈러스"로 설정한다.

호출자 입력의 의미가 정해지면 다이얼로그 관리자(그림 2-6)가 처리한다. 다이얼로그 관리자는 시스템이 다음에 수행할 작업을 결정한다. 시스템은 데이터베이스 액세스(예: 이용 가능한 항공편), 정보를 호출자에게 재생(예: 호출자의 니즈를 충족시키는 항공편 나열), 거래 수행(예: 항공편 예약) 등의 조치를 취할 수 있다. 또는 호출자에게서 더 많은 정보를 요청하는 프롬프트를 재생할 수 있다(예: "네, 무슨 요일에 떠나시겠습니까?" 현재 상용 시스템에서 다이얼로그 관리는 애플리케이션의 흐름을 제어하기 위해 작성된 명시적 프로그램의 결과다(종종 플랫폼 제조업체가 제공하는 특수 도구 또는 VoiceXML과 같은 특수 목적 언어로 제공됨). 일부 연구 시스템(주라프스키와 마틴^{Jurafsky and Martin}, 2000)은 특정 애플리케이션을 구성할 수 있는 일반적인 다이얼로그 관리 모듈을 제공한다.

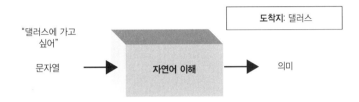

그림 2-5 자연어 이해 모듈은 문자열의 의미를 나타내기 위해 슬롯에 값을 할당한다. 여기에서 〈도착지〉 슬롯에 "댈러스" 값이 할당됐다.

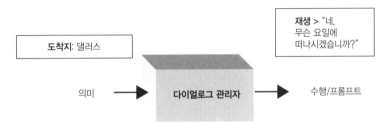

그림 2-6 다이얼로그 관리자는 시스템이 다음에 수행할 작업을 결정한다.

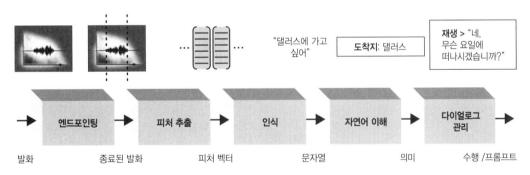

그림 2-7 호출자의 음성 입력 하나를 처리하기 위한 처리 순서

그림 2-7은 각 모듈의 입력과 출력을 보여주는 전체 프로세스를 보여준다. 전체 처리 시퀀스는 호출이 끝날 때까지 호출자의 각 입력 발언에 의해 실행된다.

2.1.2 인식

이제 인식기 내부에서 일어나는 일을 자세히 살펴보겠다(그림 2-8 참조). 인식기의 역할은 피처 벡터의 시퀀스가 주어지면 검색된 단어 열을 파악하는 것이다. 이는 호출자가 말할 수 있는 모든 문자열과 가능한 발음을 나타내는 인식 모델을 검색해 수행한다. 인식기는 모든 가능성을 검색해 어떤 피처 벡터의 순서와 가장 잘 일치하는지 확인한다. 아울러 가장 일치하는 문자열을 출력한다. 인식 모델을 만들려면 음향 모델, 사전, 문법이 세 가지가 필요하다.

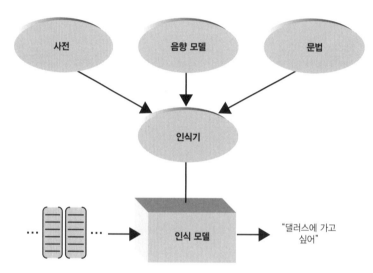

그림 2-8 인식기는 인식 모델을 검색해 가장 일치하는 문자열을 찾는다. 인식 모델은 음향 모델, 사전, 문법으로 구성된다.

음향 모델

음향 모델은 언어에서 가능한 각 음소 또는 기본 사운드[1] 발음에 대한 인식기의 내부 표현이다. 예를 들어 영어에서 하나의 음향 모델은 문자 K와 관련된 소리를 나타낼 수

---

1 좀 더 정확히 말해 음소는 언어에서 최소한의 독특한 소리, 즉 단어를 구별할 수 있는 소리를 포착하는 추상 클래스다. – 지은이

있다(그림 2-9 참조). 대부분의 최신 시스템에 대한 음향 모델은 훈련 과정을 통해 만들어진다. 실제로 말했던 문자열로 표시된 구절과 구의 많은 예가 시스템에 공급된다. 예제 집합을 기반으로, 각 음소에 대한 통계 모델이 작성돼 다양한 발음법을 나타낸다.[2] 모델링된 피처는 피처 추출 모듈에 의해 생성된 피처 벡터의 피처와 동일하다.

이 책에서 개별 음성은 컴퓨터 음성 알파벳[CPA, Computer Phonetic Alphabet]이라는 일련의 기호로 표시된다. 각각의 음소에는 CPA 기호가 하나씩 있다. 부록 A는 영어를 위한 CPA 기호의 전체 집합을 정의한다.

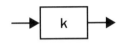

그림 2-9 K의 소리를 위한 음향 모델

사전

사전은 단어와 발음 목록이다. 발음은 단어 모델을 만들기 위해 함께 소리를 내는 음향 모델을 인식기에게 알려준다. 그림 2-10은 "Dallas(댈러스)"와 "Boston(보스턴)"이라는 두 단어 어휘를 가진 시스템의 사전을 보여준다. 그림 2-11은 "Boston(보스턴)"이라는 단어로 만들어진 단어 모델을 보여준다.

많은 단어들은 지역 억양, 문체 변형, 발화 속도(화자가 말하는 속도) 등으로 인해 여러 가지로 발음된다. 사전은 다른 발음을 처리하기 위해 한 단어에 대해 여러 항목을 포함할 수 있다. 그림 2-12는 "economics"의 두 가지 일반적인 발음을 다루기 위한 두 개의 사전 항목을 보여준다.

---

2   현대 시스템은 실제로 발생할 수 있는 다양한 맥락의 영향을 포착하기 위해 많은 버전의 K와 다른 모든 음소에 대한 모델을 만든다. 그러나 VUI 디자이너는 이러한 세부 정보를 이해할 필요는 없다. – 지은이

```
Dallas    d a l * s
Boston    b O s t * n
```

그림 2-10 CPA에서 "Dallas(댈러스)"와 "Boston(보스턴)"의 발음을 보여주는 사전

그림 2-11 Boston(보스턴)의 단어 모델은 사전에서 정의한 대로 단어를 구성하는 기본적인 음소 각각에 관해 일련의 음향 모델로 구성돼 있다.

```
economics   E k * n A m I k s
economics   i k * n A m I k s
```

그림 2-12 "economics"에 관한 두 가지 발음을 보여주는 사전

문법

문법은 호출자가 시스템에서 말하고 이해할 수 있는 모든 것의 정의이다. 인식기가 처리할 수 있는 모든 문자열의 정의와 의미를 연관시키는 규칙(예: 슬롯 채우기)이 포함된다. 다른 문법은 대화 중에 다른 시간에 활성화될 수 있다. 활성 문법은 현재 인식과 자연어 이해를 위해 사용된다. 이 절에서는 오직 가능한 모든 문자열을 정의하는 인식 문법에만 관심을 둔다.

그림 2-13은 "Boston(보스턴)"과 "Dallas(댈러스)"라는 단어를 인식할 수 있는 간단한 문법을 보여준다. 더욱 현실적인 문법은 물론 더 많은 항목을 포함할 것이다. 실제 애플리케이션은 더 긴 도시 목록을 가질 것이며 호출자는 일반적으로 말할 때 많은 추임새와 추임 문구를 포함한다. 호출자는 간단히 "보스턴"보다 "보스턴에 가고 싶어"와 같이 말할 것 같기 때문에 모든 추임새와 추임 문구는 문법에 포함돼야 한다. 그러나 논의를

단순화하기 위해서 현재로서는 추임새 없는 "보스턴"이나 "댈러스"만 인식하는 시스템을 고려한다.

두 가지 유형의 문법을 구별하는 것이 중요하다. 규칙 기반 문법은 완전히 정의하는 일련의 명시적 규칙을 작성해 만들어진다.

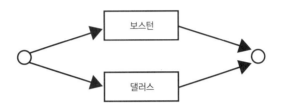

그림 2-13 간단한 문법. 이렇게 하면 호출자가 입력한 "보스턴" 또는 "댈러스" 두 가지 입력만 인식할 수 있다.

또는 통계 언어 모델^{SLM, Statistical Language Model}은 예제에서 자동으로 생성되는 통계 문법이다. 통계 언어 모델을 개발하기 위해 호출자로부터 많은 음성을 수집하고 말한 내용을 기록하며, 정확한 문자열을 표기한다. 그런 다음 주어진 맥락에서 발생하는 단어의 확률을 계산해 문법을 만드는 시스템에 데이터를 제공한다.

예를 들어 시스템은 방금 말한 단어 또는 마지막 두 단어를 고려해 다음에 발생하는 특정 단어의 확률을 할당한다. 통계적 언어 모델은 그림 2-13에 표시된 도표의 더 복잡한 버전을 만든다. 더 많은 단어 조합을 가능하게 하며 한 단어에서 다음 단어로의 전환과 관련된 확률을 정의한다.

훗날 알게 되겠지만 규칙 기반 문법 또는 통계 언어 모델의 선택은 매우 중요하다. SLM의 장점은 일반적으로 호출자가 할 수 있는 말 즉, 호출자가 선택한 단어와 함께 어떻게 표현할 수 있는지 훨씬 큰 유연성을 허용한다는 것이다. 통계 언어 모델은 일반적으로 호출자에게 "자연스러운" 언어 또는 "자유 형식" 음성을 허용할 때 사용된다. 문법 유형의 선택은 VUI 디자인에 큰 영향을 미친다. 프롬프트의 표현, 대화 전략, 통화 흐름에서 전체 애플리케이션 구성에 이르기까지 디자인의 모든 측면에 영향을 준다. 또한 두 가지 유형의 문법은 동일한 애플리케이션의 다른 부분에 포함될 수 있다. 문법 유형의 선택은 5장에서 자세히 논의한다.

인식 검색

그림 2-14는 모든 것을 조합할 때 얻을 수 있는 것을 보여준다. 문법의 각 단어에 대해 적절한 단어 모델을 삽입해 앞에 나왔던 그림 2-8에서와 같이 인식 모델을 만든다.

결과는 문법에서 정의된 바와 같이 인식될 수 있는 전체 단어 문자열의 표현이다. 각 단어는 사전에서 정의한 대로 적절한 음향 모델 els 시퀀스로 구성된 단어 모델을 포함한다. 이 표현은 가능한 모든 단어 문자열과 발음을 포함한다. 이는 인식기가 검색을 통해 표현한 것이다.

인식은 인식 모델을 통한 가능한 경로를 피처 벡터의 시퀀스와 비교하고 최상의 매치를 찾는 것으로 구성된다. 인식기는 모델이 주어지면 호출자의 발화에서 관찰된 피처 벡터를 생성했을 가능성이 가장 높은 경로를 반환한다. 가장 적합한 이 경로는 인식된 특정 단어 또는 문자열과 관련이 있다.

그림 2-14에서는 엔드포인팅의 파형이 0.36초라고 가정한다. 각 피처 벡터가 10ms의 음성 세그먼트에 있는 경우, 전체 입력 문구는 36개의 피처 벡터의 시퀀스로 표시된다. 그림 2-14는 가장 적합한 경로를 따라 음향 모델에 대한 피처 벡터가 예상 일치됨을 보여준다. 이 경로를 따라 음향 모델과 피처 벡터의 일치가 정확한 경우 인식기는 "Dallas (댈러스)"라는 결과를 반환한다.

인식의 세 가지 요소인 신뢰도 조치, N-베스트 처리 및 끼어들기는 VUI 디자인 결정에 영향을 미친다.

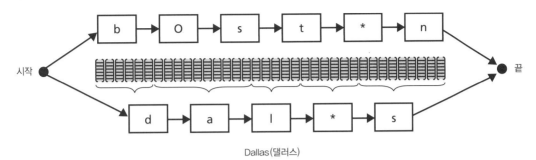

그림 2-14 "Boston(보스턴)"과 "Dallas(댈러스)"를 인식할 수 있는 인식 모델. 최적의 경로를 따라 일치하는 음향 모델과 정렬된 피처 벡터가 표시된다.

신뢰도 측정

대부분의 상업적 인식 시스템은 인식 가설(인식 검색에서 발견된 가장 적합한 경로)을 반환할 뿐만 아니라 신뢰도 측정치를 반환한다. 신뢰도 조치confidence measure는 인식기가 올바른 답을 얻은 방법에 대한 양적 측정의 일종이다. 이는 입력 신호(호출자의 음성)를 나타내는 피처 벡터와 가장 잘 적합한 경로 사이의 근접성에 기초한다.

VUI 디자이너는 여러 가지 방법으로 신뢰도 측정을 사용할 수 있다. 예를 들어 신뢰도가 낮으면 인식 결과에 대한 확인을 즉시 수행할 수 있다(예: "댈러스로 여행가고 싶은 것이 맞나요?"). 신뢰도 측정을 사용하는 다양한 방법은 3부(8~14장)에 설명하는 세부 디자인 프로세스에서 논의한다.

N-베스트 처리

대부분의 상업용 인식기는 N-베스트N-best 모드에서도 실행될 수 있다. 시스템은 최상의 단일 결과를 반환하지 않고 다수의 결과(N-베스트 매칭 패스)와 함께 각 결과의 신뢰도를 반환한다. 가능한 N-베스트 결과 리스트가 주어지면 시스템은 선택을 위해 다른 지식을 받아들일 수 있다. 예를 들어 가장 적합한 두 가지 인식 결과가 "보스턴에 가고 싶어"와 "오스틴에 가고 싶어"라고 말했지만 호출자가 다이얼로그의 이전 단계에서 보스턴을 거부했다면, 보스턴을 제외하고 오스틴을 선택하도록 시스템을 디자인할 수 있기 때문에 실수를 되풀이하지 않는다. N−베스트 처리를 활용하는 데는 여러 가지 방법이 있다. 이는 3부에서 다룬다.

끼어들기

끼어들기[Barge-in]는 호출자가 음성 안내를 중단하고 음성 안내가 끝나기 전에 응답을 제공하는 기능이다. 끼어들기가 활성화되면 인식기가 프롬프트가 끝나는 시점보다는 프롬프트가 시작되는 즉시 청취를 시작한다. 프롬프트가 재생 중일 때 호출자가 말하기 시작하면 프롬프트가 차단되고 인식기가 입력을 처리한다.

음성 언어 기술에 대해 더 많이 배우고 싶다면 훌륭한 참고 자료가 많다. 신호 처리와 피처 추출에 대해서는 골드 앤 모건[Gold and Morgan](2000). 음성 인식을 위해서는 옐리넥[Jelinek](1997), 라비너[Rabiner](1989), 라비너 앤 후앙[Rabiner and Juang](1993), 웨인트라우브 외[Weintraub et al.](1989), 코헨[Cohen](1991), 코헨, 리블린과 브래트[Cohen, Rivlin, Bratt](1995) 등이 있다. 자연어 이해를 위해서는 앨런[Allen](1995), 매닝과 슈츠[Manning and Schutze](1999), 잭슨 외[Jackson et al.](1991)가 있으며, 대화 관리를 위해서는 추−캐롤과 니커슨[Chu-Carroll and Nickerson](2000), 추−캐롤과 브라운[Chu-Carroll and Brown](1998), 루드니키와 쥬[Rudnicky and Xu](1999), 세네프와 폴리프로니[Seneff and Polifroni](2000)를 참조한다.

2.1.3 다른 음성 기술

문자−음성 합성 및 화자 검증과 같은 두 가지 다른 음성 기술이 애플리케이션에 유용할 수 있다.

문자-음성 합성

TTS[Text-to-Speech] 기술은 텍스트에 음성을 합성한다. TTS는 아직 녹음된 실제 사람의 음성 품질을 복제하지는 못했지만 최근 몇 년간 크게 향상됐다. 일반적으로 녹음된 사람의 말을 사용해 호출자에게 프롬프트와 메시지를 보낸다. 그러나 이메일이나 뉴스를 읽어주는 특정 애플리케이션은 호출자가 듣길 원하는 매우 동적인 데이터를 갖고 있다. 이처럼 메시지의 텍스트를 예측할 수 없는 경우, TTS 기술을 사용해 출력 음성을 만들 수 있다.

합성 음성의 주요 척도는 다음과 같다.

- **이해도**: 청자가 무엇을 말하고 있는지 잘 이해할 수 있는가?
- **자연스러움**: 합성된 음성이 실제 인간의 말처럼 들리는가?
- **정확성**: 합성된 내용이 정확한가(예: 입력된 텍스트에 "Dr" 문자열이 있을 때 "닥터"와 "드라이브" 중에서 올바른 선택)
- **가청**: 사용자가 피로 없이 장시간 듣는 것을 잘 견딜 수 있는가?

최근 몇 년 동안 합성 음성의 자연스러움이 크게 향상됐다. 이는 연결 합성 방식이라고 부르는 접근법의 개선으로 가능했다. 연결 합성 방식은 녹음된 음성 세그먼트를 큰 데이터베이스로 사용한다. 출력 신호는 이러한 녹음된 세그먼트의 시퀀스를 연결해 생성된다. 신호 처리는 적절한 타이밍과 음조 곡선을 달성하고, 세그먼트 간의 경계를 부드럽게 하기 위해 연속으로 붙인 부분이 들리지 않도록 적용된다.

11장에서는 TTS 사용 및 TTS와 녹음된 음성을 결합하기 위한 가이드라인을 검토한다. 이 문서에서는 출력의 품질을 최적화하기 위한 여러 가지 접근 방식을 논의한다. TTS 기술을 더 깊이 이해하기 위해 에징턴 외[Edgington et al.](1998a and 1998b), 페이지와 브린[Page and Breen](1998), 뒤트와[Dutoit](1997), 반 산텐 외[Van Santen et al.](1997)를 포함한 여러 우수한 자료를 참조한다.

화자 검증

화자 검증^{Speaker Verification}은 호출자가 자신을 증명하는 데 사용한다. 종종 음성 애플리케이션의 로그인 프로세스의 일부로 다양한 애플리케이션에 배치됐다. 일부 애플리케이션에서는 사용자가 따로 기억해 둘 필요가 없도록 개인 식별 번호^{PIN}를 대체하기 위해 화자 검증을 사용했다. 혹은 계정 및 신용카드 정보에 대한 보안 액세스를 제공하는 데 이용됐다. 자택 감금에 화자 확인을 적용해 가석방자가 실제로 집에 있는지 확인하는 데 이용되는 데 애플리케이션도 있다.

호출자를 확인할 수 있으려면 먼저 호출자를 시스템에 등록해야 한다. 등록에는 사람의 음성 모델(성문, 음성 견본이라고도 함)을 만드는 데 사용되는 소량의 호출자 음성 모음이 포함된다. 이후의 호출에서 호출자는 먼저 계정 번호를 입력해 신원을 확인한다. 그런 다음 음성은 저장된 모델과 협잡꾼 모델^{imposter model}(다른 화자 조합으로 만든 모델)과 비교한다. 호출자를 수락하거나 거부하는 결정은 입력된 음성이 각 모델과 얼마나 잘 일치하는지에 따라 결정된다.

레이놀즈와 헥^{Raynolds and Heck}(2001), 캠벨^{Campbell}(1997), 프루이^{Furui}(1996) 등 화자 검증 기술에 관한 좋은 개요가 있다.

2.2 음성 기술이 디자인 결정에 미치는 영향

왜 우리는 언어 기술을 그렇게 상세히 묘사하기 위해 시간을 들였는가? 이러한 이해는 음성 사용자 인터페이스를 작성하는 과정에서 디자인 결정에 영향을 미친다. 이 절에서는 이 지식을 디자인에 적용할 수 있는 몇 가지 구체적인 방법을 살펴본다.

주요 세 가지 영역은 다음과 같다.

1. **성능 문제**: 기술이 쉽게 처리할 수 있는 부분과 성능에 영향을 주는 부분을 이해한다면, 기술의 장점을 최대한 활용하고 취약점을 보완할 수 있다.

2. **문제 해결**: 호출자가 애플리케이션과 인터랙션하는 동안 인식 오류와 같은 문제가 발생할 수 있다. 잠재적인 문제의 성격과 이를 탐지하는 방법을 이해하면 빠르고 효율적인 복구를 위한 다이얼로그 전략을 디자인하는 데 좋을 뿐만 아니라 문제 방지를 위해 시스템을 조정하는 데 도움이 될 것이다.

3. **정의 파일**: 디자이너는 인식 및 자연어 이해 모듈에서 사용하는 여러 정의 파일(예 : 문법, 사전)을 작성하거나 수정해야 한다. 이러한 정의는 인식 및 이해 프로세스에 어떻게 반영되는지 정의하는 데 도움이 될 것이다.

2.2.1 성능 문제

인식 성능의 가장 큰 3가지 어려움은 모호성과 제한된 음향 정보, 잡음이다.

모호성

앞서 나왔던 그림 2-14에서 알 수 있듯이 인식기가 대화 문자열을 올바르게 결정할 수 있는 능력은 피처 벡터와 음향 모델 사이의 다른 경로보다 정확한 경로를 따라 가장 일치하는 것을 찾는 데 달려 있다. 그래서 비슷한 소리를 내는 경로는 쉽게 혼동될 수 있기 때문에 인식기의 가장 큰 장애물이다.

고전적인 예는 "Wreck a nice beach"와 "Recognize speech"와 같은 두 문장이다. 문자열이 매우 다르게 보일지라도 빠르게 말하면 똑같은 들린다. 어려운 인식 작업의 실질적인 예는 알파벳이다. B와 D처럼 많은 알파벳들은 서로 운이 맞는다. 여기에 "bee"나 "dee"라고 말할 때 초성의 지속 시간이 꽤 짧고 어려운 인식 문제를 갖고 있다. 즉, 대부분의 피처 벡터는 모음을 위한 것이므로 두 단어를 구별하는 데 도움이 되지 않는다. 13장에서는 인식 모호성^{Ambiguity}이 있는 도메인의 디자인 지침을 다룬다.

일반적으로 어휘와 문법이 늘어날수록 모호해질 가능성이 높다. 그러나 단순히 문법을 작게 유지하거나 모호한 항목을 삭제할 수는 없다. 문법은 호출자가 말할 것으로 예상되는 문장까지 포함해야 하기 때문이다. 게다가 가장 최악의 모호함은 종종 명확하지 않고, 실제 데이터의 시스템 성능으로만 판단할 수 있다. 16장에서는 문법 생성과 튜닝에 관한 가이드라인을 제공한다.

제한된 음향 정보

통상 짧은 단어와 구절은 긴 단어보다 알아듣기 어렵다. 긴 단어와 구는 인식 모델을 통해 경로를 구분하는 데 도움이 될 수 있는 더 많은 음향 정보를 제공한다.

전국 디렉터리 보조자의 사례를 살펴보겠다. 이러한 애플리케이션은 전국 각지의 매우 긴 도시 목록을 포함한다. 도시를 인식하는 작업을 쉽게 하기 위해 일반적으로 이 애플리케이션은 도시 이름만을 묻는 것이 아니라 "도시와 주"를 묻는 것으로 시작한다. 결과적으로 시스템은 다른 도시와 관련된 인식 모델을 통해 경로를 구분하는 데 도움이 될 수 있는 많은 음향 정보를 얻는다.

왜 이것이 도움이 되는지 알아보려면 도시 이름인 "Boston(보스턴)"과 "Austin(오스틴)"을 구별하는 문제를 고려해보자. 이 두 도시를 구분할 수 있는 유일한 음향 정보는 Boston(보스턴)의 B이다. 일반적으로 B의 실현은 매우 짧다. 만약 그 발언이 0.75초라고 가정하면(따라서 75개의 특징 벡터를 포함[3]), B가 있을 경우 B가 75개의 벡터 중 3 또는 4로 표시될 가능성이 높다. 다시 말해 전체 점수에서 작은 역할을 했다. 또는 호출자가 "Austin(오스틴)"이라고 말하면, 단어의 시작 부분에 립 스맥^{lip smack}처럼 약간의 왜곡이 있을 경우 쉽게 B 모델과 일치할 수 있다. 그래서 "Boston(보스턴), Massachusetts(매사추세츠)"를 "Austin(오스틴), Texas(텍사스)"와 구분하는 것은 "Boston(보스턴)"을 "Austin(오스틴)"과 구분하는 것보다 훨씬 쉽다.

---

3   10ms의 음성 세그먼트마다 하나의 피처 벡터를 가정한다. – 옮긴이

잡음

잡음[Noise]과 왜곡은 전화선에서 발생하는 환경 잡음과 왜곡을 비롯한 수많은 원인으로부터 발생할 수 있다. 잡음은 인식을 어렵게 만든다. 피처 벡터에 임의의 요소를 추가해 호출자의 실제 발화를 정확하게 나타내지 않으며 올바른 경로를 따라 음향 모델과 근접하게 일치하지 않을 수 있다. 또한 잡음은 매칭을 위해 중요한 피처를 숨길 수 있다. 일반적으로 피처 벡터가 음향 모델을 학습하는 데 사용되는 데이터와 유사하지 않도록 피처 벡터를 변경하는 모든 것이 인식 정확도를 감소시킨다.

간단히 말해 모호성과 제한된 음향 정보, 잡음처럼 우리가 제기한 모든 인식 문제는 그림 2-14를 참조해 이해할 수 있다. 올바른 경로와 다른 경로 모두를 더 잘 구분할수록 인식 성능이 향상된다. 올바른 경로를 따라 음향 모델과 일치하는 피처 벡터가 많을수록 발음을 쉽게 인식할 수 있다. 이 기본 개념을 적용해 새로운 상황에서 인식 문제를 이해하고 개선할 수 있다.

2.2.2 문제 해결

인식이 항상 성공하는 것은 아니다. 인식이 실패할 경우 인식기가 애플리케이션에 반환할 수 있는 많은 메시지가 있다. 일례로 거부는 인식기가 입력과 일치하는 경로를 찾지 못했거나 최상의 경로가 신뢰도가 매우 낮은 경우를 나타낸다. 거부는 잡음이나 호출자가 문법에 포함되지 않은 것을 말한 경우와 같은 여러 원인이 있을 수 있다.

음성 시간 초과는 엔드포인터가 음성을 감지하지 못했음을 나타낸다. 이는 호출자가 아무 말도 하지 않거나 잘못 조정된 엔드포인터 매개변수로 인해 발생할 수 있음을 뜻할 수 있다. 예를 들어 청취를 포기 전에 소리를 대기하는 시간을 1초로 설정한 경우, 호출자는 말하기 전에 1초보다 더 오래 머뭇거렸는지도 모른다.

문제를 복구하기 위한 효과적인 다이얼로그 전략을 디자인하려면 인식기에서 발생할 수 있는 모든 실패 메시지와 문제와 관련해 나타낼 수 있는 내용을 이해해야 한다. 이 메시지는 13장에서 다룬다. 튜닝 단계에서 관찰된 문제의 근본 원인을 추적해 올바른 솔루션을 찾을 수 있어야 한다(예: 엔드포인팅 매개변수 조정 대 호출자 리프롬프트[reprompt]).

2.2.3 정의 파일

그림 2-8은 인식 모델에서 사용하는 세 가지 파일 즉, 음향 모델, 사전, 문법을 보여준다. 앞서 살폈듯이 이 세 파일은 인식기의 작동 방식을 정의하는 데 중요한 역할을 한다. 또한 일반적으로 프로세스의 다양한 매개변수를 설정하는 구성 파일 유형이 있다(예: 엔드포인터가 청취를 포기 전에 소리를 대기하는 시간). 이 절에서는 각 정의 파일과 관련한 VUI 디자이너의 역할을 다룬다.

문법

과거에 VUI 디자인에 대해 쓴 많은 것들은 주로 인터페이스의 출력, 다시 말해 시스템이 호출자에게 말할 내용인 프롬프트 및 호출 흐름을 제어하는 모든 부분을 다뤘다. 그러나 시스템을 배포할 때 호출자가 시스템에 말할 수 있는 모든 문법을 정의하면서 입력 측면을 디자인해야 한다. 이것이 대화의 양면이다. 즉, 입력과 출력, 호출자 음성과 시스템 음성이다.

문법은 아마도 VUI 디자인과 기술이 가장 밀접하게 연관돼 있는 곳일 것이다. 출력은 입력과 분리해 디자인할 수 없다. 사실 프롬프트가 말하는 것과 호출자가 시스템에 대해 말하는 것 사이에는 밀접한 관계가 있다. 많은 사람이 프롬프트의 표현과 호출자가 응답으로 선택한 단어 사이의 상관관계를 언급했다(바버[Baber] 1997). 프롬프트와 호출 흐름에서 디자이너가 다른 사람에게 충분히 문법 작성을 잘할 수 있을 정도로 운이 좋은 경우에도 문법 문제를 이해해야 한다. 한마디로 프롬프트 단어 및 다이얼로그 전략이 문법 요구를 결정하는 방법, 문법에 따라 프롬프트 디자인을 제한할 수 있는 방법 등을 이해해야 한다. 앞에서 논의한 바와 같이 규칙 기반 대 통계 언어 모델과 같은 문법 유형의 선택도 VUI 디자인 결정에 상당한 영향을 미칠 것이다. 최종 사용자와 애플리케이션, 비즈니스 영역 각각의 니즈에 대한 통찰력을 기술 이해와 결합해야만 이러한 선택을 할 수 있다.

5장에서는 문법 유형의 선택을 다룬다. 12장에서는 해당 선택이 프롬프트 디자인의 세부 사항에 미치는 영향을 검토한다. 16장에서는 문법 개발과 튜닝을 다룬다.

사전

대부분의 음성 기술 제조업체는 대다수의 단어와 발음을 취급하는 대형 사전을 제공한다. 웬만한 애플리케이션에서는 디자이너가 사전을 건드릴 필요가 없다. 문법에 있는 단어들은 이미 정확한 발음을 가지고 있을 것이다.

하지만 때에 따라서는 사전을 보완하는 것이 적절하다. 일부 애플리케이션에는 인식해야 하는 비정상적인 단어가 있을 수 있다. 운전 경로를 제공하는 시스템을 예로 들어보자. 이 시스템은 대도시의 모든 거리 이름을 인식해야 한다. 일부 거리 이름은 비정상적인 단어로, 기본 사전에 없을 수 있기 때문에 추가해야 한다. 일부 업체는 맞춤법을 기준으로 새로운 단어의 발음을 자동으로 결정하는 도구를 제공한다. 혹은 호출자가 일부 단어에 예상치 못한 발음을 사용해 사전에 발음을 추가할 수 있다. 이러한 발음 추가는 실제 사용 패턴 관찰을 기반으로 튜닝 단계에서만 수행돼야 한다. 15장에서 사전 항목을 조정하는 방법을 자세히 설명한다.

음향 모델

제조업체가 제공하는 음향 모델^{Acoustic Models}을 변경할 필요는 거의 없다. 일반적으로 제조업체는 여러 도메인에 포괄하는 대규모 데이터 세트에서 음향 모델을 훈련시켰다. 기본 음향 모델은 기본적으로 잘 작동한다. 실제로 제조업체는 디자이너나 개발자가 음향 모델을 변경하거나 재훈련할 수 있는 수단을 제공하지 않는다. 그것은 좋은 것이다. 잘못하면 음향 모델을 변경하면 성능에 도움이 되기보다는 해가 될 가능성이 더 높다.

일부 제조업체는 애플리케이션 디자이너 또는 개발자의 개입 없이 애플리케이션과 도메인의 음향 모델을 자동으로 개선하는 음향 모델 적응 메커니즘을 제공한다. 만약 제공된다면 최적의 성능을 보장하는 가장 좋은 방법이다.

구성 파일

인식 및 이해 프로세스를 제어하기 위해 사용되는 다른 정의 파일이 있을 수 있다. 예를 들어 인식기가 응답을 하지 않고 입력을 거부할 신뢰 수준을 선택할 수 있다. 또한 시간이 초과되기까지 대기해야 하는 시간처럼 엔드포인터의 매개변수를 선택할 수 있다. 일반적으로 기본값은 모든 매개변수에 대해 제공되며 특별한 경우에만 변경해야 한다. 예를 들어 시스템이 주식 거래를 실행하려고 하는 경우 호출자가 주식 거래를 확인하기를 원할 것이다. 이 경우 거부율을 더 높게 설정할 수 있다.

2.3 결론

현대 음성 기술의 기본을 살펴보고 그 기술에 대한 이해가 VUI 디자인 결정을 어떻게 향상시키는지 살펴봤다. 책이 진행될수록 그 결정과 디자인 문제에 관한 많은 세부 사항이 제기될 것이다. 그러나 2장의 가장 중요한 목표는 새로운 디자인 상황을 생각할 수 있는 수준의 이해를 제공하는 것이다. 즉, 책에서 놓칠 수 있는 향후 발생할 수 있는 문제점을 설명한다.

이제 책의 나머지 부분에 걸쳐 자세히 이야기될 디자인 방법론을 소개할 준비가 됐다.

3

방법론 개요

음성 사용자 인터페이스 디자인은 예술이자 과학이다. 세심한 장인 정신과 이데올로기적 판단을 필요로 하는 디자인 활동이라는 점에서 예술이며, 인간의 인지 능력과 언어적 행동에 대한 과학적 이해를 요구한다는 점에서 과학이다. 또한 디자인의 모든 단계에서 적절한 측정 지표와 테스트를 적용할 수 있다는 점에서 공학적 관행이기도 하다.

3장은 책의 전반에 걸쳐 다루는 세부 사항을 이끌어내는 근본적인 방법론을 먼저 살펴본다. 그런 다음 방법론의 주요 단계를 제시한다.

마지막으로 (실제 제약 조건으로) 프로젝트에 방법론을 적용할 때 발생하는 이슈를 논의한다.

3.1 방법론적 원칙

5가지 핵심 원칙은 대부분의 방법론을 차지한다. 이러한 원칙을 이해하면 실제 제약 조건을 가진 프로젝트에 방법론을 더 효과적으로 적용할 수 있다. 게다가 원칙은 새 기술이 새로운 기회와 도전을 만들 때 방법론 확장을 위한 기초를 제공할 것이다.

5가지 주요 원칙은 다음과 같다.

1. **최종 사용자 입력**: 최종 사용자 입력과 함께 디자인 결정을 알린다.
2. **통합 비즈니스와 사용자 니즈**: 비즈니스 목표와 사용자 니즈를 결합한 솔루션을 찾는다.
3. **철저한 초기 작업**: 초기 정의 및 디자인 단계에서 철저한 작업에 집중함으로써 비용이 많이 드는 다운스트림 변경을 방지한다.
4. **대화 디자인**: 디자이너는 적절한 대화 맥락에서 디자인 요소를 경험할 수 있도록 사용자 경험과 유사한 디자인 경험을 제공한다.
5. **맥락**: 모든 디자인은 맥락을 적절히 고려해 결정한다.

이제 각 원칙을 자세히 설명한다.

3.1.1 최종 사용자 입력

어떤 면에서는 사용자 인터페이스 디자이너는 사용성을 평가하기에 최악의 자리에 있는 인물이다. 디자이너는 인터페이스를 제작할 때 무엇을 의도했는지 알고 있다. VUI의 경우 모든 프롬프트와 시스템 동작 뒤에 의도하는 메시지를 정확히 알고 있으며, 존재할 수 있는 모호성을 제대로 보지 않는 경향이 있다. 또한 디자이너는 인터페이스를 사용하는 방법을 알고 있지만 다른 사용자가 배우기 어려워할 수 있다.

이것은 모든 사용자 인터페이스를 디자인할 때의 문제점이다. VUI의 경우, 사용자와 대화체로 소통한다. 맥락에 맞는 언어 기능과 효과적인 의사소통은 선천적이고 학습된 언어 기술뿐만 아니라 사용자의 삶의 경험과 지식에 달려 있다. 결과적으로 VUI 디자이너는 자신이 디자인하는 인터페이스의 사용자가 직면해야 하는 혼란과 복잡함을 알아차리지 못할 위험이 크다.

유일한 해결책은 사용자의 의견을 모아 디자인 결정을 검증하고 개선하는 것이다. 이 개념은 사용자 중심 디자인 방법의 기본 개념이며, 현대 사용자 인터페이스 디자인의 초석이 됐다(노먼과 드래퍼**Norman and Draffer** 1986, 루빈**Rubin** 1994, 코헨**Cohen** 2001 참조). 필요한 사용자 입력 유형은 디자인 단계를 진행함에 따라 달라진다. 예를 들어 프로세스 초기에 활성화하려는 유형의 작업을 수행할 때 사용자의 멘탈 모델을 이해하는 데 초점을 맞출 수 있다. 그리고 세부 디자인이 진행되는 동안 특정 요소에 대한 사용자 테스트를 실행해 사용하기 쉬운 방법을 확인할 수 있다.

우리가 제시하는 방법론의 각 단계와 함께, 단계에 적합한 사용자 입력을 처리하는 방법을 논의한다. 단계별로 이동하면 질문과 사용자 입력 수집 기술이 변경된다.

3.1.2 통합 비즈니스와 사용자 니즈

슈왑 시스템의 첫 번째 테스트 주제에 관한 1장의 첫 번째 이야기는 비즈니스 목표를 달성하지 못한 채 사용자의 니즈만 충족시킨 시스템의 극단적인 예를 보여줬다. 기쁘게도 피험자는 대화 상대를 찾았지만, 중개업은 실행하지 않았다. 디자이너라면 최종 사용자의 니즈를 옹호해야 하지만 비즈니스 맥락 역시 명확하게 이해하고 작업해야 한다.

우리의 방법론은 초기 단계에서 그 이해를 달성하는 데 중점을 둔다. 예를 들어 애플리케이션이 모든 비즈니스의 다른 고객과의 접촉 방식, 브랜딩, 이미지 니즈 등에 어떻게 적용되는지 이해하는 등 비즈니스의 관점을 명확히 해야 한다. 그리고 많은 디자인 결정은 비즈니스 맥락의 영향을 받는다. 비즈니스 목표는 디자인 균형에 영향을 미치고, 브랜딩 니즈는 시스템 페르소나 또는 음성 생성에 영향을 미친다. 디자이너의 과업은 비즈니스와 사용자 니즈를 동시에 충족시키는 것이다.

3.1.3 철저한 초기 작업

소프트웨어 업계에서는 수년 간의 경험을 통해 개발자와 프로젝트 매니저에게 성공적인 소프트웨어를 구축하는 가장 효율적인 방법을 가르쳤다. 그건 바로 개발자가 특정 소프트웨어 모듈의 세부 사항을 파고들기 전에 요구 사항에 관한 철저히 분석하고 상위 기능 디자인을 포함하는 프로세스를 따르는 것이다. 초기 단계를 건너뛰는 것은 많은 소프트웨어에 재해를 가져왔다(맥코넬^{McConnell} 1996).

철저한 초기 작업은 VUI 디자인에도 똑같이 중요하게 적용된다. 디자인 상세 내역을 조사하기 전에 사용자와 비즈니스 관점에서 애플리케이션을 포괄적으로 이해하면 그릇된 디자인 결정을 할 위험을 크게 줄일 수 있다. 디자인 프로세스 후반 또는 구현이 완료된 후 디자인 변경을 하는 것이 훨씬 비용이 많이 든다. 최종 사용자의 니즈에 대한 상세한 이해는 효과적인 디자인 선택을 하는 데 도움이 될 것이다. 초기 사용자 테스트는 초기 디자인 지침을 제공할 수 있으며, 프로세스 후반에 광범위한 변경이 발생할 위험을 방지할 수 있다.

또한 상위 디자인 결정을 선행적으로 수행하면 디자인 전반에 걸쳐 유용성의 핵심 요소 중 하나 인 일관성을 유지할 수 있다. 예를 들어 애플리케이션의 페르소나나 특징을 일찌감치 선택하는 경우 이를 사용해 프롬프트의 조작을 안내할 수 있다. 이렇게 하면 애플리케이션 전체에 걸쳐 일관된 특성을 강화할 수 있다.

우리가 설명한 방법론은 상당히 초기 단계에 초점을 맞추고 있다(2부, '정의 단계' 참조). 아울러 경험은 철저한 초기 작업으로 열악한 사용 편의성과 디자인 재작업의 필요성을 크게 낮출 수 있다는 것을 보여줬다.

3.1.4 대화 디자인

그림을 한 번도 보지 않고 그린다고 상상해보라. 예를 들어 "왼쪽 위 구석에 3인치 크기의 빨간색 사각형 놓기"와 같은 명령을 입력할 수 있는 소프트웨어를 사용하지만 작성 중인 이미지가 표시되지 않는 것이다. 노련한 화가라도 좋은 작품을 만들기 어려울 것이다. 예술 작품을 창조하든 소비자 제품이나 사용자 인터페이스를 창조하든 효과적인 디자인을 창조하기 위해서는 요소를 형성할 때 최종 제품을 구상해야 한다.

VUI 디자이너들은 종종 특정 다이얼로그 상태 메커니즘의 세부 사항에 파묻혀 디자인 결정의 더 큰 맥락(대화)을 보지 못하게 된다.[1] 초기 프롬프트, 인식 거부 시 재생 프롬프트, 시간 초과 시 재생 프롬프트와 같은 다이얼로그 상태의 요소는 실제 대화 흐름과 무관하게 연속적으로 제작되는 경우가 많다. 그 결과는 디자이너가 기대하는 것보다 더 답답하고 부자연스럽고 이해하기 어려운 언어가 된다.

8장에서는 대화 맥락에서 디자인 요소를 고려해 사용자의 경험에 좀 더 가까운 경험을 제공하는 데 도움 되는 여러 가지 디자인 접근 방식을 설명한다. 이 접근 방식으로 더욱 자연스럽게 흐르고 이해하기 쉬운 다이얼로그가 돼야 한다. 관련된 기본 구조 요소를 의식적으로 알지 못하더라도 대화에 관여하는 엄청난 기술과 관례가 있다. 대화 구조에 대한 많은 "지식"이 무의식 상태임을 고려하면, 대화를 상상하는 데 도움이 되는 기법은 여러분이 다른 디자인 결정을 내릴 때 대화에 대한 무의식적인 지식을 더 많이 얻을 수 있도록 도와줄 것이다.

3.1.5 맥락

디자인에 관한 모든 결정은 맥락에 맞게 고려돼야 한다. 관련 맥락은 비즈니스 목표나 사용자 니즈와 같은 상위 수준에서부터 대화를 진전시키는 데 있어서 특정 프롬프트의 역할과 같은 하위 수준의 세부 사항에 이르기까지 다양하다.

---

1   다이얼로그 상태는 호출자와 시스템 간의 단일 교환(즉, 프롬프트 다음에 응답이 오는)과 교환을 지원하는 모든 특수 취급으로 정의된다. 특수 취급의 예로는 인식 거부, 시간 초과, 호출자 도움 요청 등과 같은 문제가 있을 경우 시스템이 호출자를 정상 상태로 되돌리기 위해 말하는 것을 들 수 있다. 8장에서 좀 더 자세히 정의한다. – 옮긴이

단일 디자인 결정에 관련된 상황별 고려 사항을 살펴보겠다. 아직 출시 전 테스트 단계인 여행 애플리케이션 시스템이 호출자에게 여행 날짜를 묻는 GetDate 다이얼로그 상태에서 많은 인식 거부 반응이 발생하는 상황을 생각해보자. 그리고 파일럿 데이터에 예상치 못한 많은 삽입어(예: 수요일 회의 때 화요일 도착해야 함)와 날짜를 명시하기 위한 예상치 못한 형식(예: "화요일부터 일주일 동안 떠나고 싶어요")이 나타난다고 가정한다. GetDate 다이얼로그에서 인식 거부가 발생할 때 다음과 같은 새로운 메시지를 사용하기로 결정했다. "죄송하지만, 이해하지 못했어요. 여행 날짜를 말해 주세요. 예를 들어 당신은 '3월 10일'이나 '6월 6일'이라고 말할 수 있습니다." 이 프롬프트의 맥락과 관련된 고려 사항은 다음과 같다.

- **애플리케이션은 맥락이 필요하다**: 그 시점에서 인식 거부가 있으므로 날짜를 다시 지정해야 한다.

- **사용자 맥락**: 데이터는 사용자가 사용한 삽입어와 문법으로 처리할 수 없는 날짜 형식을 사용하고 있음을 보여준다. 문법에 더 많은 변형을 추가할 수 있다. 하지만 문법적으로 고차원에 도달하기 어렵다고 판단되는 변형이 있으므로 사용자에게 더 많은 지침을 제공하기로 결정했다.

- **언어 사용 상황**: 특히 예시가 제공된 경우 호출자는 프롬프트 후 자신들의 발언을 패턴화하는 경향이 있다는 것을 경험과 발표된 연구를 통해 알고 있다.

- **담화 맥락**: 대화에서 이 새로운 프롬프트의 역할을 고려해보자. 담화 목표는 정보 수집(출발지와 도착지와 같은 여행 세부 정보 요청)에서 정보를 확인할 필요성으로 이동했다. 이것은 담화에서 새로운 역할일 뿐만 아니라 예상치 못한 변화다. 호출자는 여행 계획을 계속 진행할 것으로 예상되지만 시스템을 되돌릴 필요가 있다. 혼란을 피하고 도움을 장려하기 위해 호출자에게 변경 사항을 알리고자 한다. 호출자에게 "죄송하지만 못 알아들었어요"와 같이 모드를 변경하고 있다는 신호를 보내고 그 이유를 설명한다.

- **페르소나(브랜딩) 맥락**: 회사 이미지가 친근하고 도움이 되는 페르소나를 원할 경우 새로운 담화 목표에 신호를 보내고 사용자가 어떻게 반응해야 하는지를 매우 명확히 하고 싶다. 만약 우리가 다른 페르소나를 만들려고 했다면 다른 단어를 선택했을 것이다. 예를 들어 더 정중한 페르소나는 "죄송해요, 이해할 수 없었어요"로 시작할 수도 있었다.

3.2 방법론의 단계

이 절에는 음성 애플리케이션 디자인과 배포를 위한 6단계 방법론이 설명된다. VUI 디자이너가 일반적으로 수행하는 단계에 초점을 맞추고 있지만, 배포의 다른 단계도 다룬다.

디자이너로서 운 좋게도 소프트웨어 개발 같은 일부 단계를 책임지는 팀의 일원이 된다 하더라도 전체 프로세스 내용을 이해해야 한다. 이러한 이해는 팀워크를 촉진하고 프로젝트에 문제를 일으키는 디자인 결정을 피할 것이다.

방법론 6단계는 다음과 같다.

1. 요구 사항 정의
2. 상위 디자인
3. 상세 디자인
4. 개발
5. 테스트
6. 튜닝

3.2.1 요구 사항 정의

요구 사항을 정의하는 목적은 애플리케이션을 제대로 이해하기 위해서다. 목표는 특징과 원하는 기능을 이해하는 데 그치지 않는다. 또한 애플리케이션의 타깃 사용자를 이해해야 한다. 사용자가 시스템을 사용하는 동기는 무엇인가? 사용자는 어떤 기대를 갖고 있을까? 일반적인 사용 시나리오는 무엇인가? 호출자는 보통 운전 중에 시스템을 사용할 것인가? 전화를 거는 가장 일반적인 동기는 무엇인가?

또한 시스템 구축의 주된 목표, 회사가 고객과 소통하는 다른 방법들과 함께 시스템이 작동하는 방식, 이미지 및 브랜딩 목표 등 비즈니스 맥락을 이해해야 한다. 그리고 통합되는 다른 시스템과 모든 가능한 실패 모드를 포함해 전체 애플리케이션의 맥락을 이해해야 한다.

요구 사항을 철저히 이해하면 디자인 특징을 이해하는 데 도움이 될 뿐만 아니라, 적절한 절충을 하고 시스템 특성을 디자인하며 타깃층을 위한 시스템을 만들 수 있다. 요구 사항 프로세스의 한 가지 결과는 일련의 성공 지표로, 성공을 평가하고 조정과 개선을 위한 영역을 식별할 수 있는 특성이다.

3.2.2 상위 디자인

상위 디자인은 요구 사항 단계에서 배운 내용을 사실에 의거한 형식으로 요약해서 프레임워크를 만든다. 또한 수많은 애플리케이션 세부 사항을 살펴보기 전에 상위 디자인을 미리 결정함으로써, 계획 없이 세부 사항에서 절대로 나오지 않는 일관성과 통일된 구조를 달성할 수 있다.

상위 디자인에는 여러 가지 결정 사항이 녹아든다. 기본 대화 구조(단순 메뉴 대 복합 자연어), 문법 요구 사항(규칙 기반 대 SLM), 비언어 오디오 사용 및 시스템 페르소나 등이다. 4장에서는 요구 사항 정의와 상위 디자인의 세부 사항과 접근 방식을 다룬다.

3.2.3 상세 디자인

VUI 디자이너에게 상세 디자인은 많은 노력이 필요한 단계다. 이 단계에서는 호출 흐름의 전체 규격과 모든 프롬프트가 들어간다. 모든 애플리케이션 기능의 세부 사항을 지정하고 가능한 모든 시나리오와 문제(인식 오류, 거부, 시스템 문제 및 운영자와 통화하려는 호출자 요청 등)를 처리하도록 다이얼로그를 디자인한다. 필요한 경우 호출자에게 도움과 지침을 제공하며, 인식 결과를 확인하고, 호출자가 마음을 바꾸고 작업을 다시 시작하거나 다시 수행해야 할 때 지원하는 방법을 정의한다. 상세 디자인 프로세스 초기에 반복 사용성 연구를 통해 사용자를 대표하는 피험자에게 디자인 결정을 테스트해야 한다. 비언어적 오디오를 사용하게 된다면 특정 사운드를 디자인해야 한다.

8장부터 14장은 상세 디자인 프로세스를 다루고 있다. 일련의 기본 디자인 원칙을 제시하고 구체적으로 적용할 수 있는 방법을 보여준다. 또한 다이얼로그에서 발생하는 많은 기본 동작(예: 확인이나 거부로 인한 복구)에 관한 디자인 예를 제시한다.

3.2.4 개발

개발 단계에는 소프트웨어로써의 호출 흐름의 구현, 문법 사양, 음성 녹음과 오디오 제작, 백엔드 데이터베이스, 웹 서비스 및 애플리케이션과 상호작용하는 기타 소프트웨어 시스템의 인터페이스 생성이 포함된다. 경우에 따라서는 대화형 음성 응답IVR, Interactive Voice Response 제조업체가 제공하는 툴을 사용해 특정 IVR 플랫폼에서 실행되는 독점 언어로 소프트웨어를 구현해야 할 수도 있다. 점점 더 많은 시스템이 HTML과 같은 맥락에서 마크업 언어인 VoiceXML을 사용해 구현하고 있다. VoiceXML은 빠르게 표준화되고 있다. 15장에서는 VoiceXML을 자세히 다룬다.

3.2.5 테스트

여기서 말하는 테스트는 개발이 완료된 다음 배포 또는 파일럿 첫 출시 전에 이뤄진다. 이 단계에서는 각기 다른 목표를 가진 다양한 유형의 테스트를 실행한다. 일부는 디자인 사양에 충실히 구현됐는지 확인하고자 실행된다. 혹은 인식 매개변수에 대한 좋은 초깃값을 찾고 시스템이 대중에게 노출되기 전에 인식 성능이 합리적인지 확인하는 데 도움이 된다. 또한 기본적인 사용성 목표를 충족하는지 검증하기 위해 평가적 사용성 테스트를 실행한다. 평가적 사용성 테스트는 완전히 구현된 시스템을 사용하기 전에는 감지할 수 없는 문제를 찾는 데 도움이 될 수 있다(잘못 선택된 엔드포인트 매개변수 또는 대기 시간으로 인한 타이밍 문제 등을 발견할 수 있다).

3.2.6 튜닝

전체 시스템 첫 출시 전에 완전히 구현된 시스템으로 파일럿 테스트를 실행해야 한다. 파일럿 모드에서는 시스템이 호출자 모집단의 일부에 배치된다. 이것은 시스템이 디자인한 실제 작업을 수행하기 위해 시스템을 사용해 실제 호출자를 처리하기 때문에 시스템의 성능을 측정할 수 있는 첫 번째 기회다.

시스템 동작 관련 데이터와 함께 시스템에 대한 모든 오디오 데이터를 포함한 파일럿 데이터를 수집해야 한다. 그런 다음 이 데이터를 사용해 인식 성능을 측정하고, 인식 매개변수를 조정하며, 원래 문법에서 누락된 실제 호출자가 말한 내용을 추가해 문법 적용 범위를 개선하고, VUI 성능을 조정한다. 성능 측정과 조정 절차는 높은 통화 종료 비율을 보이는 다이얼로그 상태를 찾아내고 문제를 추적, 수정하는 일을 포함한다. 그 예로 호출자가 "문법을 벗어난" 말을 자주 하지 않도록 프롬프트의 표현을 개선할 필요가 있을 수 있다. 만약 통계적인 문법에서 어긋나지 않는 말을 사용하고 있다면 문법 훈련 세트에 파일럿 데이터를 추가해야 한다.

전체 시스템 첫 출시 후 데이터 수집과 튜닝 작업을 계속하는 경우가 많다. 통계적인 문법을 사용하는 경우 특히 그렇다. 더 크고 많은 작업별 훈련 데이터는 성과를 향상시킬수 있다.

3.3 실제 애플리케이션에 방법론 적용

6단계 프로세스는 "이상적인" 사례로 간주될 수 있다. 실제 프로젝트에 6단계 프로세스를 적용할 때 유의해야 할 중요 사항이 많다. 첫째, 단계가 부분적으로 중복되는 경우가 많으며, 한 단계 내에서 뿐만 아니라 여러 단계 간에 반복해야 한다. 둘째, 실제 프로젝트는 항상 예산 제약과 빠듯한 마감 시간이 정해져 있다. 따라서 신중하게 계획하고 우선순위를 정하고 효율적으로 실행해야 한다.

3.3.1 단계 조정

앞서 말했듯이 6단계 프로세스 각각에서 일정량의 반복이 예상된다. 상세 디자인 중 사용성 테스트는 디자인 변경으로 이어지고, 추가적인 사용성 테스트로 계속될 수 있다. 마찬가지로 단계 간에도 반복이 있을 수 있다. 튜닝 단계 동안 수행한 측정은 프롬프트의 표현이나 문구에 변화를 가져올 수 있다.

6단계는 정의, 디자인, 실현의 3가지 주요 목표로 분류될 수 있다.

- **정의(요구 사항 정의 및 상위 디자인 포함)**: 모든 애플리케이션 요구 사항을 이해하고 이러한 요구를 캡슐화하는 디자인 프레임워크를 만드는 것이다.
- **디자인(상세 디자인 포함)**: 모든 디자인 세부 사항을 구체화하고 명시하는 것이다.
- **실현(개발, 시험 및 튜닝 포함)**: 디자인을 작동 중인 배치된 시스템으로 전환하는 것이다.

이 책의 나머지 구성은 이 세 가지 목표를 반영한다. 2부는 정의를 다루고, 3부는 디자인을 다루며, 4부는 실현을 다룬다. 각 부는 방법론 관련 부분을 설명하고 디자인 문제와 디자인 원칙의 세부 정보를 다루며, 실제로 작동하는 방법을 보여주기 위한 애플리케이션을 제공한다.

3.3.2 실제 예산과 시간 제약 처리

모든 프로젝트에는 예산 사용에 제약이 있다. 또한 모든 단계를 가속화하는 일정을 갖고 있다. 많은 관리자들이 원하는 애플리케이션 목표를 달성하는 데 있어 실제 예산과 시간 제약의 중요성을 인식하지 못하기 때문에, 요구 사항 수집이나 사용성 테스트와 같은 활동은 많은 압박을 받는다. 디자이너의 업무 중 하나는 시스템을 배치하고 있는 관리자와 회사에게 철저한 초기 작업의 중요성과 사용자 니즈에 초점을 맞추도록 설득하는 것이다. 그리고 프로젝트의 실제 니즈에 맞게 효율적이고 적절하게 활동을 구성하는 것이다.

이 책 전반에 걸쳐 특정 과제를 달성하기 위한 다양한 방법과 접근법을 결정하는 기준을 제시한다. 강하고 차별화된 브랜드를 얻으려는 회사의 인터페이스를 디자인할 때 브랜드를 대표하는 페르소나를 정의하는 데 상당한 노력을 기울일 필요가 있다. 혹은 애플리케이션 전체에 걸쳐 스타일의 일관성을 보장하기 위해 신속하고 단순한 페르소나 정의가 적합할 수 있다.

3장에서는 방법론의 기본 원리와 동기를 이해해야 할 필요성을 강조한다. 이러한 이해는 프로젝트 현실을 고려해 필요에 따라 다양한 작업을 조정하고 효과적인 교환에 도움이 된다. 마찬가지로 각 업무의 가치에 대한 이해는 투자가 보장될 때 시간과 자원에 대해 논쟁하는 데 도움이 될 것이다.

디자이너는 디자인 품질은 물론 비즈니스와 사용자 목표를 달성할 책임이 있다. 최선의 방법론에 대한 지식은 시간과 자원의 배분에 관한 결정의 결과를 평가할 때 매우 중요하다. 한편으로 디자이너는 사용자의 니즈를 충족시키기 위해 필요한 것을 하는 사용자의 옹호자다. 반면 예산과 시간 제약은 비즈니스 현실에 의해 좌우된다는 사실을 명심해야 한다.

3.4 결론

이것으로 입문 자료는 끝났다. 이제 음성 애플리케이션을 만들고 핵심 디자인의 원리와 그 적용 방법을 이해하는 과정을 단계별로 살펴본다.

2부

정의 단계:
요구 사항 수집과 상위 디자인

4

요구 사항과 상위 디자인 방법론

요구 사항 수집과 상위 디자인 단계를 함께 사용해 애플리케이션의 구체적인 정의와 세부 디자인 단계를 설정한다. 정의한 요구 사항이 명확하지 않으면 애플리케이션이 실패할 위험이 커지거나 개발, 또는 배포 후에도 중요한 변경 작업을 수행하는 데 리소스를 낭비하게 된다. 4장에서는 요구 사항을 완전하게 정의하기 위한 단계를 설명하고, 이 요구 사항을 구체적이고 상위 애플리케이션 정의로 바꾸는 방법을 설명한다.

4.1 요구 사항 정의

디자이너와 개발자는 이따금 사용자의 요구 사항을 애플리케이션의 특징과 기능성의 상세한 목록으로 생각한다. 이는 요구 사항 정의의 하나의 목표이기는 하지만, 그것만이 전부는 아니다. 성공적인 애플리케이션을 만들기 위해서는 다른 것들을 이해하고 문서화해야 한다. 요구 사항 정의의 목표는 다음과 같다.

- 비즈니스 목표와 맥락 이해
- 사용자 이해

- 애플리케이션 이해

이러한 요소를 이해한 다음에는 애플리케이션 성공을 판단하고 디자인, 개발, 튜닝 중에 지침을 제공하는 메트릭스를 정의할 수 있다.

4.1.1 비즈니스 이해

다음과 같은 여러 가지 비즈니스 문제를 이해해야 한다.

- **비즈니스 모델**: 시스템 개발을 위한 주요 비즈니스 동기는 무엇인가(예: 비용 절감, 새로운 서비스 창출)? 2차적 동기는 무엇인가? 시스템이 기존 시스템(예: 터치톤)을 교체하고 있는가? 그렇다면 왜 교체하는가?

- **기업의 맥락**: 이 제품이 회사의 다른 제품과 어떻게 들어맞는가? 고객이 동일한 목표를 달성할 수 있는 여러 가지 방법이 있는가(예: 전화상뿐만 아니라 웹상에서)? 만일 그렇다면 이 시스템은 어떤 방식으로 다른 시스템을 보완해야 하는가(조직의 도달 범위를 모바일로 확대)? 이 애플리케이션이 조직의 다른 모든 고객 접점에 어떻게 적합한가?

- **기업 이미지**: 회사에서 어떤 이미지를 투영하려고 하는가? 브랜드 특성은 무엇인가? 회사가 다른 매체(웹, TV 광고, 터치톤 시스템)에서 자신을 어떻게 묘사하고 있는가? 이 애플리케이션은 회사 전체적인 브랜딩 노력에 어떤 영향을 미치는가? 많은 회사에서 음성 시스템을 제공해 브랜딩 및 이미지를 만들 기회를 인식하지 못한다. 그래서 회사를 교육시킬 준비를 해야 하며, 브랜드와 이미지 담당자와 접촉해야 한다.

- **경쟁 환경**: 이 시스템은 어떤 제품과 경쟁할 것인가? 사용자는 동일한 목표를 달성하기 위해 어떤 다른 방법을 사용해야 하는가?

- **일정 및 첫 출시 계획**: 출시 시기는 얼마나 중요한가(이는 기능 세트의 크기에 대한 지침을 제공할 수 있다)? 시스템은 고객에게 어떻게 소개될 것인가? 고객들은 우편

으로 지시를 받을 것인가? 서비스를 이용하기 시작할 수 있는 특별한 인센티브가 있는가? 기능이 향상함과 함께 서비스가 단계적으로 공개될 것인가?

이러한 질문에 대한 답은 디자인 중에 중요한 지침을 제공할 수 있으며 현명한 디자인 균형을 유지하는 데 도움이 될 수 있다. 예를 들어 비즈니스의 주요 목표가 고객 만족도를 향상시키는 것이라면, 비즈니스의 주요 목표가 자동화 비율을 높이는 것보다 실시간 상담원과 연결 방법을 설명하는 다이얼로그에 더 많은 정보를 제공해야 한다.

비즈니스 목표를 이해하면 전반적인 성공 측정 지표를 정의할 수 있다. 측정 지표는 튜닝 중 활동을 가이드하고 디자인 중 절충안에 영향을 미칠 우선순위를 명확히 할 수 있다.

측정 지표에는 작업 완료(몇 명의 호출자가 과제를 성공적으로 완료하는지), 사용자 만족도(호출자가 자신의 경험을 얼마나 만족하는지)와 정확도가 포함될 수 있다. 애플리케이션 목표에 따라 다른 많은 측정이 가능하다. 예를 들어 통화 시간, 작업을 완료하기 위한 다이얼로그 단계 또는 다음 몇 개월 동안 시스템에 반복적으로 전화를 건 고객 비율과 같은 종단 결과를 측정할 수 있다.

야심적인 측정 지표가 달성될 때까지 실제 고객에 대한 파일럿 테스트는 지연시키지 않도록 한다. 파일럿 데이터의 분석은 고성능을 달성하는 데 매우 중요하다.

비즈니스 요건을 수립하는 주된 방법은 배포 회사의 마케팅 그룹으로부터 적절한 사람들과 회의하는 것이다. 그러나 다른 정보 소스를 보완해야 한다. 다음 절에서는 비즈니스 질문에 답변하는 데 사용할 수 있는 기술을 설명한다.

다른 회사 시스템과 고객 접점 평가

대부분의 회사는 다양한 방식으로 고객을 감동시킨다. 어떤 곳은 텔레비전, 라디오, 신문 광고와 같은 단방향 방식을 사용하며 혹은 웹사이트, 터치톤 시스템이나 정보, 거래와 기술 지원을 제공하는 실시간 상담원 서비스에 접근하는 방식을 고객에게 제공할 수 있다.

회사 대표를 만나기 전에는 그 회사의 다양한 고객 접점을 잘 알고 있어야 한다. 웹사이트를 살펴보고, 터치톤 시스템을 호출하고, 고객 서비스 담당자에게 문의할 이유를 찾는다. 제공되는 기능뿐만 아니라 룩 앤드 필$^{Look \& Feel}$에도 주의를 기울인다. 각 미디어 유형별로 어떻게 브랜드를 강화하는가? TV, 라디오, 신문 광고에서 전달하고자 하는 이미지와 메시지는 무엇인가?

담당자와 미팅하기 전에 이러한 소비자가 브랜드를 경험하게 되는 순간$^{touch\ point}$을 조사하면 회의를 더 생산적이고 유익하게 만들 수 있는 질문과 정보를 잘 갖추게 될 것이다.

회사 직원과의 미팅

회사 마케팅 담당자와의 만남은 비즈니스 목표와 맥락을 이해하는 핵심 수단이 될 것이다. 회의가 생산적이고 가장 적절한 담당자를 만날 수 있도록 사전에 질문과 목표 목록을 보낸다. 기능 정의를 담당하는 사람들(마케팅 담당자일 가능성이 있다)뿐만 아니라 브랜딩 노력에 관여하는 사람과도 만나도록 한다. 고객 서비스 교육 책임자를 만나 회사가 상담원에게 주입하는 태도와 스타일이 어떠한지 파악하는 것이 좋다.

그리고 질문과 목표 목록에 언급된 모든 문제를 논의해야 한다. 브랜드 특성에 관한 설명도 요청한다. 그런 다음 고객에게 다가가는 데 사용되는 모든 미디어를 단계별로 실행하고 각 브랜드 속성이 어떻게 나타나는지 확인한다.

경쟁 시스템 평가

타사가 대상 애플리케이션과 유사한 시스템을 구축했다면 이를 평가해야 한다. 최소한 전화를 해봐서 시스템을 철저히 연습한다. 경쟁사 시스템의 사용성 연구를 실시하면 자사 시스템을 개선하고 다른 사람이 수행한 것을 배울 수 있다(물론 시간과 돈은 연구 범위를 결정하는 데 항상 중요한 요인이다).

또한 사용자가 동일한 작업을 수행할 수 있는 다른 방법을 평가해야 한다. 대상 애플리케이션이 완전히 자동화된 전화번호 안내 애플리케이션인 경우, 실시간 운영자를 사용하는 기존 전화번호 안내 애플리케이션을 평가한다.

4.1.2 사용자 이해

시스템에 대한 예상 호출자 수는 두 가지 관점에서 이해해야 한다. 먼저 호출자 프로필을 이해해야 한다. 누가 시스템을 호출할 것인가? 그들의 특성과 요구는 무엇인가? 둘째, 사용 프로필을 이해해야 한다. 사람들은 어떻게 시스템을 사용할 것인가?

호출자 프로필에는 다음 요소가 포함된다.

- **타깃 고객 집합**: 타깃 고객은 누구인가? 특정 인구 통계 그룹을 타깃으로 하는가? 애플리케이션과 관련된 그룹에 대해 알려진 것은? 목표 고객이 세분화됐는가? 부문별로 다른 서비스 등급이 계획돼 있는가?

- **사투리 또는 전문 용어**: 호출자는 특정 업계의 전문가일 수 있다. 산업별 전문 용어를 사용하는가? 특정 방언 지역 출신인가? 애플리케이션은 특정 연령 그룹 또는 사회 집단의 은어에 초점을 맞추고 있는가?

- **기술적 정교함**: 호출자에게 기술이 얼마나 편안한가? 대부분의 호출자는 인터넷 사용자인가? 또 자동화된 시스템과의 대화를 경험이 있는가?

- **호출자의 심리 상태**: 이 시스템을 시간에 중요한 환경에서 사용할 것인가, 아니면 작업 수행이 필수적인 환경에서 사용할 것인가? 호출자는 자신의 돈을 관리하려고 하는가? 아니면 정보? 혹은 엔터테인먼트를 찾고 있는가?

- **호출자의 자아상**: 이 시스템은 기술에 능숙하고 바쁜 사업가나 이동 중, 편안함, 젊고 유행에 앞서감 등의 특정 자아상이 있는 호출자를 타기팅 targeting 하는가?

- **호출자의 멘탈 모델**: 디자이너의 업무 가운데 하나는 호출자의 마음에 적절한 멘탈 모델을 만드는 것이다. 호출자가 시스템과 처음 상호작용할 때, 과거에 동일하거나 유사한 시스템 또는 작업 수행 방식(자동화되지 않은 방법 포함)을 바탕으로 한 멘탈 모델로 시작한다. 이 단계에서 목표는 호출자가 시스템을 처음 경험할 때 멘탈 모델을 이해하는 것이다. 그러면 호출자의 기존 마인드를 가장 효과적으로 활용할 수 있는 멘탈 모델을 만들 수 있다.
- **브랜드에 관한 현재 사용자의 시각**: 사용자들은 현재 회사의 브랜드와 이미지를 어떻게 보는가?

비즈니스는 대개 다수의 사용자를 대상으로 한다. 까다로운 디자인 과제는 모든 유형의 호출자에게 적합한 애플리케이션을 만드는 것이다. 각 사용자 집단마다 다른 애플리케이션을 만드는 데 수반되는 비용 때문에 일반적으로 여러 그룹을 대상으로 하나의 디자인을 만들어야 한다. 디자인 절충안을 결정하는 데 필요한 정보를 얻을 수 있도록 각 하위 그룹에 포함되는 호출자 수의 통계를 수집해야 한다.

누가 그 시스템을 사용할지 아는 것은 일부분에 불과하다. 언제, 어디서, 왜, 어떻게 사용할지 이해해야 한다. 사용 프로필에는 다음 요소가 포함된다.

- **기본 대 보조 사용 시나리오**: 사용자가 시스템을 사용하는 주된 이유는 무엇인가? 이를 이해하면 메뉴, 오류 메시지, 도움말 메시지 등을 최적화할 수 있다. 각 특징이 얼마나 자주 사용될 것인가?
- **일회성 대 반복 사용**: 이 시스템은 동일한 호출자가 반복적으로 사용할 것인가? 아니면 각 호출자를 첫 번째 호출인 것처럼 취급해야 하는가?
- **주의 수준**: 시스템을 사용하는 동안 호출자가 다른 곳에 주로 주의를 기울이는가(예: 주행 중에 일반적으로 사용되는 시스템인가)? 만일 그렇다면 인지 부하 문제(9장 참조)와 산발적인 결함을 수용할 수 있는 특징을 주의 깊게 고려해야 한다.
- **채널과 환경**: 애플리케이션은 주로 모바일 사용자에 초점을 맞추고 있는가? 대

개 모바일로 접속할 것인가? (차량 내 핸즈프리 같은) 소음이 심한 환경에서 접속할 수 있는가?

- **자발적 대 무의식적 사용**: 호출자가 실시간 상담원과 상호작용해, 무의식적으로 자동 시스템과 대화하기를 기대하고 있는가? 아니면 의도적으로 자동 서비스를 신청했는가?

- **다른 시스템과의 통합**: 사용자는 음성 작동 다이얼 장치의 기본 설정 또는 통화 목록을 설정하기 위해 웹 인터페이스와 같은 다른 시스템을 함께 사용할 것으로 예상할 수 있는가? 또한 다른 시스템에서도 동일한 작업을 수행할 것인가 (예: 데스크톱에서 웹 사용, 여행 중에 시스템 호출)?

분명히 마케팅 부서와의 논의는 사용자들을 이해하는 하나의 중요한 방법이 될 것이다. 그러나 다른 방법으로 사용자 정보를 수집하는 것도 중요하다. 회사는 사용자를 완전히 객관적으로 보지 않거나 VUI 디자인을 최적화하기 위해 반드시 이해해야 하는 질문과 문제에 대한 모든 해답을 갖고 있지 않을 수도 있기 때문이다. 이용할 수 있는 접근법은 많다. 이들 중 일부는 빠르지만 유익할 수 있다. 다른 설문 조사와 포커스 그룹은 시간이 더 걸릴 수 있지만 특정 사례에만 타당하다.

회사 직원과의 미팅

앞서 말했듯이 사전에 질문지를 줘 회사 직원과의 만남을 준비하고, 적절한 인원이 참석하는지 확인해야 한다. 또한 마케팅 그룹은 인구 통계학적 프로필, 산업별 용어에 대한 정보(예: 직원용 시스템인 경우)와 사용 시나리오를 예상할 수 있어야 한다. 마케터는 다양한 기능의 사용 빈도를 예측할 수 있는 통계 데이터(다른 시스템의 사용이나 실시간 상담원 호출 통계 또는 고객층 통계)를 제공할 수 있어야 한다. 많은 회사들이 구매 습관, 생활 방식 등 고객 관련 상당량의 정보를 축적했다. 마케터가 공유한 모든 데이터는 가치가 있다.

관찰 연구

관찰 연구는 제안된 애플리케이션에 의해 촉진된 작업을 수행하는 사용자를 관찰하는 일을 포함한다(닐슨^{Nielsen} 1993, 프리스 외^{Preece et al.} 2002). 한 예로 애플리케이션이 항공편을 예약하기 위한 것이라면, 관찰 연구에는 여행자와 여행사 사이의 통화 청취를 고려해볼 수 있다. 이 접근법은 멘탈 모델에 대한 대단한 통찰력을 제공할 수 있다. 사용자의 관심사나 문제, 일반적으로 업무를 수행하는 방법을 관찰할 수 있다. 여행자를 예로 들어보자. 그들은 출발 시간이나 도착 시간에 따라 여행을 설명하는가? 가능한 한 항공편의 긴 목록을 받는 것을 선호하는가? 아니면 단일 항공편을 고려한 다음, 특정 항공편 매개변수에 대해 질문하는 것을 선호하는가?(예: "늦은 시간대의 항공편이 있는가?) 사용자의 가장 큰 관심사는 가격, 일정, 항공사, 비행기 유형인가 아니면 다른 것인가?

관찰 연구는 실제로 작업 수행에 동기부여된 호출자에 대한 실제 데이터를 얻을 수 있는 초기에 기회를 만든다. 보다시피 디자인 프로세스 중 테스트에 대한 많은 접근 방식은 특정한 작업(예 : "이 시스템에 전화해 다음 화요일에 뉴욕에서 보스턴으로 비행 예약")이 할당된 피험자를 통해 수행한다. 연구로부터 배울 것이 많지만, 정작 현실성의 결여로 어려움도 겪는다. 즉, 호출자가 실제로 비행을 계획하고 있지 않다는 것이다. 가상이 아닌 실제 데이터는 시스템이 실제 고객과의 파일럿 테스트를 위해 디자인, 구축, 준비됐을 때 얻을 수 있다.

고객 서비스 담당자 인터뷰

또 다른 접근 방식은 고객 서비스 담당자와 인터뷰하는 것이다. 서비스 담당자는 고객이 무엇을 묻는지, 어떤 문제가 생기는지, 전형적인 혼란과 오해 등에 대해 답변할 수 있는 위치에 있다. 고객 서비스 담당자와의 인터뷰는 실제 통화를 관찰하는 대체물이 아니다. 실제 데이터를 직접 관찰하는 것만큼 가치 있는 것은 없으며, 다른 사람들이 데이터에 적용하는 필터를 제거한다. 그러나 고객 서비스 담당자와의 인터뷰를 통해 관찰 연구를 보완하는 것은 가치가 있다.

포커스 그룹, 개별 인터뷰 및 설문 조사를 포함해 사용자로부터 직접 데이터를 수집하는 많은 접근법이 있다. 이 세 가지 접근법은 직접 사용자와 접촉한다는 장점이 있다. 그러나 이 방법 모두 사용자의 행동, 반응, 요구에 대해 정확하게 설명할 수 있는 사용자의 능력에 달려 있으며, 사용자는 자신의 행동과 요구에 대해 설명할 때 종종 부정확하거나 심지어 잘못 설명한다. 이러한 기법 중 하나를 사용자 행동을 직접 관찰하거나 측정하는 다른 접근법과 결합하는 것이 유용하다.

포커스 그룹

포커스 그룹은 4명에서 10명의 참가자로 구성된 그룹과의 중간 토론이다(닐슨Nielsen 1993, 매클렐랜드와 브리검McClelland and Brigham 1990). 포커스 그룹의 성공적인 중재에는 상당한 기술이 필요하다. 사회자는 미리 정해진 질문과 쟁점에 초점을 맞춰 토론을 계속 진행해야 한다. 그와 동시에 새로운 아이디어와 방향이 등장할 수 있도록 비교적 자유롭게 논의를 진행해야 한다. 사회자는 더 상세히 논제를 추구할 기회를 식별할 수 있을 만큼 숙련된 인물이면서도 소수의 사람들이 토론을 지배하기보다는 모든 참가자로부터 의견을 이끌어낼 수 있어야 한다. 개방형 질문부터 시작해 세밀하게 조사하는 것이 좋다. 숙련된 사회자는 참가자의 답변에 편향을 주지 않도록 질문을 신중하게 만들어야 한다. 가능하면 여러 다른 그룹으로 토론을 진행하는 것이 좋다.

포커스 그룹의 한 가지 장점은 일부 참가자가 그룹 내 다른 사람들이 말하는 것에 대응해 새로운 방식으로 자신의 사용 패턴과 선호 사항을 이야기할 수 있다는 것이다. 포커스 그룹의 단점은 '그룹 사고'다. 한마디로 일부 참가자들은 솔직하지 못하거나 다른 사람들이 말하는 내용에 영향을 받을 수 있다.

포커스 그룹을 운영하는 가장 일반적인 방법은 참가자와 사회자, 관찰자(예: 시스템의 디자이너 및 개발자)가 모이는 것이다. 포커스 그룹은 전화를 통해 운영될 수도 있다. 라이브 세션(예: 바디 랭귀지를 읽는 능력)의 장점이 있음에도, 전화를 통한 세션은 비용이 저렴하고 참가자들의 대표적이고 균형 잡힌 샘플을 더 쉽게 얻을 수 있게 해준다. 전화로 포커스 그룹을 중재하는 것은 특별한 기술이 필요하며, 4명 이하의 참가자와 함께 가장 잘 작동한다.

개별 인터뷰

포커스 그룹의 대안은 일련의 개별 인터뷰다. 목표는 포커스 그룹의 목표와 유사할 수 있다. 장점은 인터뷰 대상자가 다른 사람의 의견에 의해 영향을 받지 않는다는 것이다. 또한 발생하는 특정 사안에 대해 더 깊이 있게 탐구하는 것이 더 쉬울 수 있다.

인터뷰는 전화상으로나 또는 실시간으로 할 수 있다. 실시간 인터뷰보다 전화 인터뷰가 훨씬 하기 쉽다. 전화 인터뷰는 비용을 줄이고 지리적으로 분산된 집단에게 쉽게 다가갈 수 있다는 이점이 있다.

설문 조사

설문 조사는 우편이나 이메일을 통해 전송된다. 질문 형식은 객관식, 확인란 또는 간단한 주관식일 수 있다. 다른 접근법보다 심도 있게 진행되지 않지만, 많은 주제로부터 데이터를 수집하는 저렴하고 효과적인 방법이 될 수 있다. 요청하는 답변은 매우 간단해야 한다. 그렇지 않으면 어떤 문제에 관한 정교한 정보를 이끌어낼 방법도 없고, 참가자들이 모든 질문을 명확하게 이해하는지 확인할 방법도 없다.

4.1.3 애플리케이션의 이해

요구 사항 정의의 가장 명백한 부분은 모든 애플리케이션 세부 사항을 구체화하는 것이다. 모든 작업과 기능은 완전히 정의돼야 한다. 특정 요소는 다음과 같다.

- **작업과 하위 작업**: 애플리케이션의 모든 작업과 하위 작업을 자세히 설명한다. 여기에는 호출자가 시스템에 제공한 모든 정보와 시스템이 호출자에게 제공한 모든 정보에 관한 전체 설명이 포함된다.

- **작업 복잡성**: 호출자의 관점에서 각 작업의 복잡성을 분석한다. 호출자가 애플리케이션을 사용하기 위해 얼마나 많은 것을 배워야 하는가? 대량의 명령이 필요할 것인가? 시스템을 사용하기 위해 호출자가 얼마나 많은 정보를 얻어야 하는가? 호출자가 이미 알고 있는 것으로 추정되는 것은 무엇인가? 이러한 질문에 대한 답변은 사용자에게 가르치고 지시하는 데 사용할 접근 방식을 결정하는 데 도움이 될 것이다.

- **인식 과제**: 인식 정확도 측면에서 어려울 수 있는 작업을 식별한다. 어려운 인식 문제의 예로는 철자법과 알파벳, 수천 개의 매우 긴 항목 목록, 한 자리 숫자가 틀리면 모든 것이 틀릴 수 있는 긴 숫자 문자열 등이 있다. 어려운 인식이 있는 작업의 경우 도움이 될 수 있는 레버리지 소스를 찾아라. 예를 들어 긴 영숫자 계정 번호를 인식해야 하는 경우 숫자(예: 합산 숫자의 마지막 숫자)에 대한 특수 구조가 있는지 또는 기존 계정 번호의 데이터베이스에 대해 N-베스트 인식 결과를 테스트할 수 있는지를 확인한다. 13장에서는 정확도를 최적화하기 위한 접근법을 다룬다.

- **애플리케이션 환경**: 애플리케이션이 운영되는 환경에는 하드웨어 및 소프트웨어 플랫폼, 컴퓨터 전화 통합과 데이터베이스가 포함된다. 또한 팩스나 신용카드 확인과 같은 기타 소프트웨어 시스템도 있을 수 있다. 이러한 시스템 관련 인터페이스는 VUI 디자인에 제약을 줄 수 있다. 예를 들어 호출자에게 정보를 반환하기 위해 애플리케이션이 데이터베이스에 액세스해야 하는 경우 예상되는 데이터베이스 대기 시간(데이터 반환 지연)을 파악한다. 대기 시간이 길어지는 애플리케이션은 대기 시간을 처리해야 한다. 시스템이 데이터베이스 응답을 기다리는 동안 작업 순서를 변경하거나 대기 시간 소리나 메시지를 재생할 수 있다. 또한 각 시스템에 대한 모든 오류 모드를 이해해 각 시스템당 적절한 다이얼로그를 디자인할 수 있다.

- **기타 사용자 인터페이스 기술**: 음성 이해와 프롬프트 재생 외에 어떤 기술이 사용자 인터페이스에 포함되는가? 시스템에서 화자 검증, 문자 음성 합성 등을 사

용할 것인가? 이러한 것들이 디자인에 어떤 영향을 끼칠까? 화자 검증을 사용하는 경우 이 시스템이 성문 수집을 담당할 것인가? PIN과 같은 다른 사용자 검증 수단과 결합할 것인가?

다른 회사 시스템 평가

시스템이 기존 시스템을 대체하거나 보완하는 경우 모든 작업을 정의하는 데 도움이 되도록 기존 시스템을 평가하는 것이 좋다. 음성 시스템은 종종 터치톤 시스템을 대체하기 위해 구현된다. 터치톤 시스템의 분석은 모든 작업과 기능에 대한 상세한 정의를 제공할 수 있다. 이 분석의 목표는 사용자 인터페이스를 복제하는 것이 아니라(효율적인 음성 인터페이스는 일반적으로 동일한 기능을 가진 터치톤 인터페이스와 매우 다르다) 모든 작업과 기능을 이해하는 것이다.

회사 직원과의 미팅

마케팅 직원이 시스템 기능 관련 정보를 상세하게 제공할 수 있어야 한다. 또한 애플리케이션이 통합된 시스템의 모든 동작과 장애 모드에 관한 완전한 정의를 얻으려면 개발자나 설계자를 만나거나 적절한 문서를 검토한다.

4.2 상위 디자인

제작 요건을 이해한 후 상세 디자인을 시작하기 전에 한 가지 단계가 더 있다. 바로 상위 디자인이다. 상위 디자인은 간단하지만 애플리케이션의 목표를 달성하는 데 중요한 역할을 하며, 일관되고 효과적인 사용자 경험과 디자인 구조 통합을 만든다. 디자인 가이드가 가능한 한 구체적인 방법으로 요건을 요약하고 디자인에 스며드는 다이얼로그 전략과 다이얼로그 요소에 대한 의사 결정을 함으로써 일관성을 달성하는 것을 목표로 한다.

상위 디자인의 요소는 다음과 같다.

- 주요 디자인 기준
- 다이얼로그 전략 및 문법 유형
- 보편적인 다이얼로그 요소
- 반복 용어
- 메타포
- 페르소나
- 비언어 오디오

4.2.1 주요 디자인 기준

상위 디자인의 첫 번째 요소는 애플리케이션의 주요 디자인 기준 목록이다. 이 기준을 상위와 상세 디자인을 염두에 두어야 한다. 이 목록은 어려운 상충 관계를 만들 때 지침을 제공한다.

주요 기준 목록은 매우 짧아야 하며 통상 1~3개 항목이어야 한다. 당연히 모든 시스템이 달성하려고 하는 많은 속성이 있다. 그러나 주요 기준 목록의 목적은 디자인 상충 관계와 디자인의 주요 초점을 안내하는 것이므로 가장 우선순위가 높은 기준을 매우 짧게 나열하는 것이 가장 좋다. 요구 사항 정의가 완료될 때까지 디자인 기준은 매우 명확해야 한다. 요구 사항 프로세스 중에 정의된 성공 지표를 적용해야 한다.

4.2.2 다이얼로그 전략과 문법 유형

다이얼로그 전략은 애플리케이션 또는 작업의 다이얼로그를 구조화하기 위한 기본 체계다. 여행 애플리케이션을 디자인할 경우 양식을 작성하듯 한 번에 한 정보씩 호출자에게 묻는 것처럼 단계별로 진행할 수 있다. 예를 들어 먼저 출발지, 도착지, 여행 날짜

등을 물어본다. 또는 호출자가 자신의 여행 계획을 설명하는 방법에 있어 더 유연하게 조정할 수도 있다. "여행 계획은 어떻게 되십니까?"라는 프롬프트로 시작해 "다음 주 화요일에 뉴욕에서 샌프란시스코로 가고 싶어요", "샌프란시스코로 가는 비행기가 필요해요", "화요일 오후 3시까지 샌프란시스코에 도착해야 해요"와 같은 광범위한 입력을 처리할 수 있다.

후자의 경우 애플리케이션은 호출자의 입력을 기반으로 다음 대화 단계를 선택해야 한다. 또한 문법은 가능한 다양한 호출자 발화를 처리할 수 있을 만큼 유연해야 한다. 이때 인식 문법에 통계 언어 모델을 사용한다.

통상적으로 다이얼로그 전략의 선택은 규칙 기반과 통계적 문법 사이의 선택에 큰 영향을 줄 것이다. 5장에서는 다양한 다이얼로그 전략을 다루며, 애플리케이션에 가장 적합한 문법 유형을 결정하는 방법을 설명한다.

4.2.3 보편적인 다이얼로그 요소

VUI에서 많은 작업이 자주 발생한다. 예를 들어 모든 다이얼로그 상태에서 인식 거부와 같은 일반적인 문제에 관한 처리 기능을 제공해야 한다. 상세 디자인을 진행하기 전에 이러한 운영에 대한 접근 방식에 관한 결정을 미리 내리면 이러한 요소들이 전반적인 시스템 디자인의 일관성을 유지하는 데 도움이 될 것이다.

보편적 요소에는 오류 처리(예: 인식 거부 및 시간 초과 처리)와 보편성(예: 모든 다이얼로그 상태에서 "도움말"과 같은 호출자가 항상 사용할 수 있는 명령)이 포함된다. 특정 애플리케이션은 반복적으로 발생하거나 많은 다이얼로그 상태에 영향을 미치는 다른 요소를 가질 수 있으므로 상위 디자인에도 포함돼야 한다. 그러한 요소 중 하나는 호출자가 식별되는 로그인 전략이다. 5장에서는 오류 처리와 보편성, 로그인을 위한 디자인 선택 사항을 설명한다.

4.2.4 반복 용어

애플리케이션 전체에 걸쳐 용어를 일관되게 사용하는 것은 중요하다. 이 규칙을 어기면 호출자에게 혼란을 줄 수 있다. 또한 애플리케이션이 웹사이트와 같은 다른 시스템과 함께 사용한다면 시스템 간의 용어 일관성을 확보하는 것도 중요하다. 용어를 미리 결정하면 일관성을 유지하는 데 도움이 된다.

메타포, 페르소나 및 비언어 오디오와 같은 주제는 시스템의 룩 앤드 필을 만드는 데 핵심적인 역할을 하는 레이어를 제공한다. 때문에 애플리케이션의 일관된 특징으로 언급되기도 한다. 그러나 이러한 요소는 룩 앤드 필을 위한 겉모습뿐만 아니라 사용성 목표를 달성하는 데 핵심 역할을 한다.

4.2.5 메타포

메타포^{metaphor}는 사용자를 위한 유용한 멘탈 모델을 만드는 것을 돕기 위해 많은 사용자 인터페이스에 사용된다. 메타포는 하나의 개념에 대한 지식을 사용해 두 번째 개념을 이해하거나 논평한다. 사용자 인터페이스에서 메타포는 애플리케이션의 추상적 조직 체계에 대한 가시적인 메타포로 사용할 수 있다.

사용자 인터페이스에 관한 익숙한 메타포로 마이크로소프트 윈도우의 데스크톱과 아마존(Amazon.com)의 쇼핑 카트를 예로 들 수 있겠다. 메타포는 전체 애플리케이션에 영향을 미치거나(데스크톱 메타포) 일부 작업에 한정될 수 있다(쇼핑 카트 메타포). 음성 시스템에 대한 메타포는 호출자에 대한 시스템의 역할(예: 개인 비서)의 정의처럼 간단할 수 있다. 가장 중요한 메타포를 사용하는 경우 디자인의 여러 측면에 영향을 줄 수 있으므로 세부적인 디자인보다 먼저 선택해야 한다. 적어도 호출자가 시스템에서 수행하는 역할을 고려해야 한다.

4.2.6 페르소나

사람들은 전화를 통해 대화에 참여하고 컴퓨터와 대화하고 있음을 알고, 대화하는 "사람"의 유형에 대해 많은 추론을 한다. 이러한 추론은 음질, 단어 사용, 발음 등을 포함한 수많은 특징에 의해 좌우된다. 이 현상은 회사가 음성 시스템 뒤에 있는 페르소나 persona를 신중하게 디자인함으로써 특정 이미지를 만들고 브랜드를 확장시킬 기회를 제공한다. 세부 디자인 전에 페르소나를 정의하면 인터페이스를 만들 때 일관되게 적용할 수 있다.

많은 회사들이 브랜드를 만들고 확장하는 데 공격적인 투자를 한다. 그럴 때 브랜드나 TV 광고에 대표적으로 노출되는 페르소나를 디자인하는 것은 상당한 노력을 기울일 가치가 있다. 샘플 다이얼로그로 음성 녹음된 둘 이상의 페르소나를 만들고 포커스 그룹에서 비교해볼 수도 있다.

다른 회사들은 음성 시스템에 의해 제공되는 브랜딩 기회에 거의 관심이 없을 수도 있다. 하지만 그럼에도 세부 디자인이 시작되기 전에 페르소나를 묘사하는 최소한의 작은 노력이 필요하다. 그렇게 하면 디자인 전체에 걸쳐 일관성이 훨씬 더 유지된다. 게다가 성우를 선택할 때 메시지 녹음 지침을 제공할 것이고, 그리하면 성우가 일관된 전달을 달성하는 데 도움이 될 것이다.

일부 기술과 플랫폼 공급업체는 사전 패키지됐거나 "표준" 페르소나를 제공한다. 이들은 신중하게 디자인된 페르소나 세트이며, 이미 선택된 음색과 페르소나의 룩 앤 필을 이해하기 위해 들을 수 있는 샘플 다이얼로그 세트다. 비록 표준 페르소나를 사용하는 것이 브랜드 측면에서 차별화를 제공하는 것은 아니지만, 회사가 잘 디자인된 페르소나를 이용하는 저렴한 방법을 제공한다. 또한 일부 제조업체는 표준 페르소나를 음성으로 하는 동일한 성우를 사용해 TTS 음성을 만든다. 녹음된 음성과 TTS를 결합하는 시스템을 디자인할 때 이 기능을 활용할 수 있으며, 녹음된 음성 및 TTS 세그먼트와 프롬프트를 더욱 원활하게 통합할 수 있다.

혹자는 페르소나를 디자인하는 까닭에 대해 호출자가 시스템이 인간이라고 생각하도록 속이기 위해서라고 말한다. 이에 관해 충고할 말이 있다. 디자인 선택에 따라 호출자에게 시스템의 기능에 오해를 불러일으키지 않아야 한다는 것이다. 페르소나를 디자인하는 이유는 좀 더 매력적이고 친숙한 경험과 유용한 시스템을 만들어 사용자 니즈를 더 잘 충족시키고, 회사 브랜드를 확장하고 호의적인 이미지를 만들어 비즈니스 요구를 효과적으로 충족시키는 것이다.

특히 특정 사용자나 비즈니스 목표를 고려할 때 페르소나 디자인을 둘러싼 문제는 복잡하기 때문에 6장 전체를 이 주제에 할애한다. 또한 배포 회사에서는 애플리케이션에 대한 명확한 페르소나 디자인의 가치를 인식해야 하기 때문에, 6장에는 호출자가 시스템에 관해 갖고 있는 인식에서 페르소나가 수행할 수 있는 역할에 대한 우리의 주장을 뒷받침하는 여러 연구 관련 정보도 포함돼 있다.

4.2.7 비언어 오디오

비언어 오디오^{NVA}는 시스템의 일부로 디자인한 말을 제외한 모든 소리를 포함한다. 애플리케이션에서 비언어 오디오를 사용하는 세 가지 기본 목표가 있다.

- 특정 룩 앤드 필을 만드는 데 도움
- 사용성 문제 해결
- 특정 유형의 정보 전달

룩 앤드 필

애플리케이션의 룩 앤드 필은 비언어 오디오를 주의 깊게 사용해 향상시킬 수 있다. 룩 앤드 필의 일관성을 유지하기 위해 소리를 주의 깊게 디자인해야 한다. 특별히 디자인된 세 가지 종류의 비언어 오디오에는 배경음악, 환경음, 브랜딩 사운드가 있다.

배경음악은 애플리케이션과의 관련성을 고려해 신중하게 골라야 한다. 스포츠 뉴스, 레스토랑 가이드처럼 배경음악은 다른 '음성 사이트'와 관련된 음성 브라우저에 가장 효과적으로 사용됐다. 음성 외에도 전화를 통한 추가 소리가 왜곡돼 음성을 이해하기 어렵게 만들 수 있다. 배경음악을 사용할 때 분위기를 잡기 위해 몇 초 동안만 틀어 놓고 대화 인터랙션이 시작되기 전에 끝내는 것이 가상 효과적이다.

환경음도 비슷한 방식으로 사용된다. 예를 들어 레스토랑 방문 가이드는 일반적으로 분주한 레스토랑에서 들리는 몇 초 동안의 소음으로 시작할 수 있다. 배경음악과 동일한 주의 사항이 환경음도 마찬가지로 사용에 적용된다.

브랜딩 사운드는 특정 회사나 서비스를 식별하기 위해 특별히 고안된 이어콘이다. 많은 회사들은 이미 브랜딩 사운드를 쉽게 식별해냈다. 환영 메시지의 일부로 일반적으로 호출이 시작할 때 사용된다.

사용성

비언어 오디오, 즉 NVA를 사용하면 많은 사용성 문제를 해결하거나 완화할 수 있다. 그러한 문제 중 하나는 대기 시간이다. 일부 애플리케이션은 결과를 연결하거나 반환하기 전에 예측할 수 없는 대기 시간으로 백엔드 데이터베이스와 같은 다른 시스템에 액세스한다. 완전한 침묵은 호출자들에게 실망감을 줄 수 있다. 호출자들은 이 시스템이 연결이 끊겼는지, 아니면 아직도 시스템이 문제를 해결하고 있는지 의아해할 것이다. 공간을 채우기 위해 음악이나 특별히 디자인된 반복음과 같은 대기 시간 사운드를 사용할 수 있다. 소리는 침묵보다 더 많은 관심을 불러일으킬 뿐만 아니라 호출자에게 여전히 시스템에 연결돼 작동하고 있음을 나타낸다.

비언어 오디오에 도움이 될 수 있는 다른 사용성 문제는 랜드마킹^{landmarking}이다. 음성 브라우저와 같은 서로 다른 서비스 사이를 이동하는 시스템은 맥락 전환에 따라 호출자와 충돌할 수 있다. 그래서 각 서비스를 식별할 수 있는 사운드로 표시할 수 있다. 이 소리들은 배경음악이라든가 환경음 또는 특별히 디자인된 이어콘을 나타낼 수 있다. 앞에서 언급한 바와 같이 그러한 소리는 단지 몇 초만 지속돼야 하며 대화 인터랙션과 중복돼서는 안 된다.

의사소통

비언어 오디오는 특정 메시지를 전달하는 데 사용할 수 있다. 특정 의미를 나타내도록 특정 이어콘을 디자인할 수 있다는 뜻이다. 일상생활에서 많은 이어콘이 친숙한데, 전화벨 소리가 가장 흔하다.

때로는 이어콘은 비동기 이벤트 발생을 알리기 위해 사용된다. 전화 통화 중에 음성 메일이 도착했음을 알리는 신호음 같은 것들이 그 예다. 또한 일부 음성 브라우저의 음성 하이퍼링크를 나타내기 위해 사용한다.

일반적인 고려 사항

모든 디자인에 비언어 오디오를 사용해야 한다고 가정해서는 안 된다. 많은 디자인이 비언어 오디오 없이 잘 작동한다. 비언어 오디오를 사용할 때는 몇 가지 일반적인 고려 사항을 염두에 두어야 한다.

가장 중요한 가이드라인은 공백이다. 너무 많은 소리를 사용하면 효과가 없어져서 혼동을 일으킬 수 있다. 만약 여러분이 여러 소리를 사용하기로 결정한다면, 함께 잘 작동하도록 세심하게 디자인해야 한다. 각기 다른 의미를 가진 이어콘을 사용하는 경우 각각의 소리가 구별되는지 확인해야 한다. 음악 전문가들이야 미묘한 차이에 민감할 수 있지만, 대부분의 호출자는 현저히 대조적으로 들리는 소리만 구별할 것이다. 또한 완벽한 사운드 세트를 생각해보고, 특정 룩 앤 필을 창조하기 위해 함께 작동하는 방식에 대해 각각의 사운드를 디자인한다.

항상 비언어 오디오는 전화로 테스트해야 한다. 전화를 통한 사운드는 녹음 스튜디오의 고품질 스피커를 통한 사운드와 매우 다르다. 스튜디오에서 큰 소리로 들리는 몇 가지 예는 전화를 통해서는 전혀 작동하지 않을 수 있다.

상위 디자인을 하는 동안 비언어 오디오를 사용할지 여부와 어디에 사용할지 결정해야 한다. 다른 디자인 결정은 비언어 오디오의 배치에 의존하기 때문에 중요하다. 특정 디자인은 상세 디자인 단계를 위해 남겨두고, 최종 오디오 제작은 개발 단계에 남겨둘 수 있다. 일반적으로 비언어 오디오의 디자인에는 다른 VUI 요소와는 다른 기술이 필요하므로 사운드 디자인 분야에서 적절한 전문성을 갖춘 사람이 필요하다. 비언어 오디오 디자인에 대한 자세한 내용은 레이먼Raman(1997)과 크레이머Kramer(1994)를 참조한다.

4.3 결론

애플리케이션 정의 프로세스에 관한 설명을 끝으로 요구 사항과 상위 디자인을 이야기한다. 이 정의는 비즈니스뿐만 아니라 사용자의 니즈를 충족시키는 데 있어 구조적으로 일관성 있고, 매력적이며 효과적인 디자인을 만드는 데 필요한 토대를 제공해야 한다.

3장에서 처음 논의한 많은 방법론적 원칙이 4장에서 적용됐다. 포커스 그룹, 인터뷰, 설문 조사와 관찰 연구를 포함해 이 단계에 필요한 사용자 입력을 요청하는 방법이 설명됐다. 철저한 초기 작업은 맥락의 중요 사항을 고려해 상세 디자인의 단계를 설정한다. 이 프로세스는 비즈니스 목표와 사용자 목표를 모두 강조해, 디자인이 두 가지 목표를 모두 성공적으로 충족할 수 있도록 한다.

2부의 나머지 부분 중 5장에서는 먼저 다이얼로그 전략 선택 문제를 다룬다. 그런 다음 6장에서 페르소나 디자인을 자세히 검토하고, 7장에서 샘플 중개 애플리케이션에 정의 프로세스를 적용한다.

5

상위 디자인 요소

디자인 선택은 디자인 프로세스 전체에 영향을 미친다. 그 결과 디자인의 세부 사항에 큰 영향을 줄 것이다. 이러한 선택 사항은 다이얼로그 전략과 문법 유형뿐만 아니라 오류 복구 및 보편적인 명령어를 포함한 다이얼로그의 포괄적 요소에 관한 접근법을 다룬다. 5장에서는 일반적인 기술과 전략을 다루며, 애플리케이션에 가장 적합한 방법을 결정하는 데 도움이 되는 접근 방식을 제공한다.

5.1 다이얼로그 전략과 문법 유형

다이얼로그 전략과 문법 유형의 기본적인 선택은 다른 모든 디자인 결정에 상당한 영향을 끼칠 것이다. 일반적으로 다이얼로그 전략과 문법 유형을 함께 고려한다. 다이얼로그 전략의 특정한 선택에는 특정한 유형의 문법(예: 규칙 기반 대 통계)이 필요할 수 있기 때문이다.

다이얼로그 전략을 분류하는 한 가지 일반적인 방법은 유도된 다이얼로그 (또는 시스템 주도형) 대 상호 주도형으로 구분하는 것이다. 유도된 다이얼로그에서 시스템은 호출자에게 매우 구체적인 질문을 하고 구체적인 답변을 기대한다. 사실상 시스템은 모든 인터랙션을 시작하고 세밀하게 지휘한다. 지금까지 배포된 대부분의 시스템은 유도된 다이얼로그 전략을 사용해왔다. 여행 계획을 위한 유도된 다이얼로그는 다음과 같다.

(1)

SYSTEM^{시스템}: What's the departure city?^{출발 도시는 어디인가요?}

CALLER^{호출자}: Um, San Francisco.^{음, 샌프란시스코.}

SYSTEM^{시스템}: And the arrival city?^{도착지는 어디인가요?}

CALLER^{호출자}: I wanna go to New York.^{뉴욕에 가고 싶어요.}

SYSTEM^{시스템}: OK, what day are you leaving?^{네, 무슨 요일에 떠나시나요?}

CALLER^{호출자}: Next Tuesday.^{다음 주 화요일요.}

SYSTEM^{시스템}: Great. And what time do you want to go?^{알겠습니다. 그리고 몇 시에 가고 싶으신가요?}

CALLER^{호출자}: Sometime after ten a.m.^{오전 10시 이후요.}

이 유도된 다이얼로그는 서식 작성의 한 예다. 호출자는 마치 양식을 작성한 것처럼 다음과 같은 유도 질문을 받는다.

이는 가장 일반적인 두 가지 유형의 유도된 다이얼로그 구조 중 하나다. 다른 것은 메뉴 계층이다. 메뉴 계층 구조에서 호출자는 메뉴에서 선택의 여지가 거의 없다("비행 정보를 얻거나, 예약을 하거나, 우리의 특별 제안에 대해 듣는 것 중 어느 것을 하고 싶으십니까?"). 일단 호출자가 선택을 하면, 시스템은 애플리케이션이 호출자가 원하는 한 항목이나 액션을 결정할 때까지 다른 메뉴를 제공한다. 일반적인 애플리케이션은 정보의 특성과 호출자의 멘탈 모델에 따라 다른 지점에서 서식 작성과 메뉴 계층 방식을 사용한다.

상호 주도 전략을 사용하면 같은 여행 다이얼로그지만 호출자가 할 수 있는 것에 더 많은 유연성을 줄 수 있다. 첫째, 주도권은 호출자로부터 나온다. 그러면 시스템은 호출자의 응답에 따라 시스템에서 주도적인 조치를 취해 누락된 정보를 확인한다.

(2)

SYSTEM^{시스템}: What are your travel plans?^{여행 계획이 어떻게 되시나요?}

CALLER^{호출자}: I wanna go to New York next Tuesday morning.
다음 주 화요일 아침에 뉴욕에 가고 싶어요.

SYSTEM^{시스템}: OK, and what's the departure city?^{알겠습니다. 출발 도시는 어디인가요?}

두 번째 예시에서, 호출자는 여행에 대한 몇 가지 정보를 제공하고, 시스템이 주도권을 잡고 나머지 프롬프트를 표시한다. 모든 상호 주도 다이얼로그는 누락된 정보를 포착하기 위한 백오프^{back-off} 전략을 포함해야 한다.

유도된 다이얼로그 접근법과 상호 주도 접근법 사이에는 명확하지 않은 부분이 많다. 다음 예시에서 시스템은 지시된 질문을 하지만, 문법 인식은 유연해 호출자가 추가 정보를 제공할 수 있게 해준다.

(3)

SYSTEM^{시스템}: What's the arrival city?^{도착지는 어디인가요?}

CALLER^{호출자}: I want to go to New York next Tuesday.^{다음 주 화요일에 뉴욕에 가고 싶어.}

SYSTEM^{시스템}: OK. What time do you want to leave?^{네. 몇 시에 출발하고 싶으신가요?}

이 다이얼로그에서 시스템은 여행자의 도착지에 대해 지시된 질문을 한다. 하지만 호출자는 도착지와 여행일로 모두 응답한다. 시스템은 이 입력을 처리할 수 있으며, 필요한 나머지 정보인 출발 시간을 안내한다. 이러한 접근법은 호출자에게 편리하지만, 인식 모델의 크기를 증가시키는 문법에 더 많은 변화가 포함돼 있기 때문에 인식 작업을 약간 더 어렵게 만든다. 이러한 종류의 전략은 많은 호출자가 응답에 추가 정보를 포함할 때 의미가 있다. 일부 애플리케이션은 정보의 특성과 호출자의 멘탈 모델에 따라 다시 한 번 상호 주도 전략과 유도된 다이얼로그를 지원한다.

1장에서 설명한 것처럼 통화 라우팅은 가장 일반적으로 배포되는 상호 주도 시스템 유형이다. 통화 라우팅은 아주 많은 비즈니스 요구를 충족시키기 때문에 인기가 있다. 많은 회사들이 다양한 서비스, 거래 및 정보 출처에 전화 액세스를 제공하며 이는 수백 개에 달한다. 그러나 호출자가 적절한 서비스와 연결되도록 돕기 위한 예전의 자동화된 접근법은 문제가 있었다. 일부 회사들은 긴 메뉴 계층 구조를 가진 터치톤 시스템을 사용하려고 시도해왔다. 이는 직관적인 메뉴 구조에 다수의 서비스를 매핑하는 것이 힘들기 때문에 사용하기 매우 어렵나. 이러한 시스템에서는 통화 종료 비율과 잘못된 경로로 접근하는 비율 모두 매우 높았다. 다른 회사들은 800개의 번호를 가지고 있지만, 많은 호출자들은 어떤 번호가 자신들의 문제에 가장 적합한지 모르고, 결국 잘못된 서비스 부서에 전화를 걸게 된다. 올바른 서비스 부서로 재연결해야 하는 절차 때문에 사업 비용이 발생하고 호출자의 시간은 낭비된다. 통계적인 문법이나 고급 자연어 이해를 사용하는 음성 기반 애플리케이션은 이 중요한 비즈니스 문제를 해결하는 데 매우 효과적이란 점이 입증됐다.

다이얼로그 (2)에 표시된 유형의 상호 주도 시스템은 비교적 보기 드물지만 더 흔해질 가능성이 있다. 상호 주도 접근법은 효율성과 사용 편의성을 크게 향상시킬 수 있지만 시스템을 구축하기 위한 비즈니스 동인은 통화 라우터[1]만큼 강력하지는 않다. 유도된 다이얼로그는 종종 덜 효율적이더라도 호출자의 문제를 해결할 수 있기 때문이다.

상호 주도 접근법을 선택하는 것은 일반적으로 통계적 문법^{SLM}의 필요성을 의미한다. 호출자로부터 예상할 수 있는 변동의 양은 너무 커서 수작업한 규칙 기반 문법으로 포착할 수 없다. 모든 변화들을 미리 지시하는 것은 힘들고, 문법은 많고 복잡해질 것이다.

다음의 간단한 가이드라인은 통계학 또는 규칙 기반 문법을 사용할지 결정하는 데 도움이 될 것이다. 다음과 같은 경우 규칙 기반 문법을 사용한다.

- 호출자 입력이 제한될 수 있는 경우
- 수작업한 문법이 높은 적용 범위를 달성할 수 있는 경우

---

1 네트워크에서 데이터의 전달을 촉진하는 중계 장치 – 옮긴이

- 자유 형식 발언이 예상되지 않는 경우

다음과 같은 경우 통계적 문법을 사용한다.

- 규칙 기반 문법에 대한 이전 가이드라인이 없는 경우
- 말할 내용을 명시적으로 설명하는 프롬프트가 아닌 열린 프롬프트가 필요한 경우(통화 라우팅)
- 상황 정보 때문에 훈련된 확률을 가진 문법이 더 잘 실행될 수 있는 경우(이름 철자, 특정 문자 조합이 다른 문자 조합보다 훨씬 더 가능성이 높은 경우)
- 효율성이 매우 중요해 작업을 완료하는 단계의 수를 최소화하고자 할 경우

상호 주도/SLM 접근 방식을 사용할 경우 적절한 VUI 디자인 전략을 사용하는 것이 매우 중요하다. 프롬프트, 오류 복구 및 기타 전략을 포함해 유도된 다이얼로그와 상호 주도 접근 방식의 경우 디자인의 여러 측면이 크게 다르다. 호출자와 소통해야 하는 멘탈 모델은 유도된 다이얼로그보다 SLM 기반 시스템이 다르다. 유도된 다이얼로그를 통해 꽤 명확하게 호출자에게 지시할 수 있다. 상호 주도 시스템에서 가능성의 범위는 일단 너무 크다. 호출자가 시스템에 어떻게 말을 해야 하는지에 대한 모델을 만드는 다른 방법을 찾아야 한다. 인식 거부와 같은 문제가 발생하면 호출자를 정상 궤도에 되돌리고, 호출자들이 말하는 방법을 명확히 하기 위해 오류 프롬프트를 신중하게 디자인해야 한다. 12장에서는 상호 주도 프롬프트에 대한 구체적인 가이드라인을 설명한다.

SLM에 기반을 둔 문법들은 많은 사람들이 인식하지 못하는 또 다른 이점을 가지고 있다. 튜닝 단계 중에 SLM을 사용하고 데이터를 분석할 때 종종 결코 터치톤이나 유도된 다이얼로그 음성 시스템으로는 발견하지 못했던 호출자들의 요청에 대해 배운다. 데이터에서 배운 교훈을 토대로 라우팅 시스템을 호출하는 경로를 추가했으며, 배치하는 회사는 전에는 절대 알지 못했던 고객의 니즈를 깨달았다.

실무자 가운데는 고급 자연어 이해(상호 주도) 기술을 사용하는 주된 목적은 호출자가 실제 인간과 대화를 하고 있다고 믿게 만드는 것이라고 주장하지만 절대 그렇지 않다.

4장에서 페르소나 디자인에 관해 언급한 것과 같은 이유로 호출자가 기계가 아닌 사람과 상호작용한다고 생각하도록 속이려는 어떠한 시도도 하지 말 것을 강력히 권고한다.

최첨단 기술조차 인간보다 훨씬 지능과 능력이 떨어진다는 점에서 잘못된 멘탈 모델은 문제를 일으킬 가능성이 높다. 자연어 기술을 사용하는 목적은 애플리케이션에 가장 적합한 솔루션인 경우 비즈니스 니즈와 사용자 니즈를 더욱 잘 충족시키기 위해서다.

모든 디자인 결정과 마찬가지로 유도된 다이얼로그와 상호 주도 전략 가운데 선택할 때는 요구 사항 단계에서 수집된 모든 정보를 비즈니스, 사용자 및 애플리케이션의 니즈에 대해 참조하고 애플리케이션의 주요 디자인 기준을 유념한다.

5.2 보편적인 다이얼로그 요소

다이얼로그 전략을 선택하는 것 외에도 상위 디자인 단계에서 몇 가지 보편적인 다이얼로그 요소를 처리하는 방법을 결정해야 한다. 오류 복구 전략과 모든 애플리케이션과 관련된 보편성에 대해 논의할 것이다. 또한 일부 애플리케이션에서 이뤄져야 하는 상위 디자인 선택인 로그인 전략도 다룰 것이다.

5.2.1 오류 복구 전략

오류 복구에는 두 가지 이유가 있다. 첫째, 기술은 완벽하지 않으며 둘째, 인간도 완벽하지 않다는 것이다. 인식기는 호출자를 이해하지 못했거나, 호출자의 말을 받아들일 준비가 되지 않았거나, 호출자의 말을 듣지 못했거나, 인식 가설을 세우는 것은 너무 오래 걸릴지도 모르기 때문에 확신할 수 없다. 인간은 종종 잘못 답변하고, 말을 흐리고, 침묵을 지키고, 관련 없는 정보를 제공하며, 시스템이 할 말을 예상하고 있을 때 키패드의 버튼을 누르는 경우가 많다.

애플리케이션은 문제가 무엇이든 간에 호출자를 정상적으로 복귀할 수 있도록 오류 상황을 처리할 수 있는 논리를 갖춰야 하며, 임무를 성공적으로 완수할 수 있어야 한다. 디자이너가 당면한 과제는 호출자 문제를 이해하고 복구에 필요한 정보를 제공하는 것이다.

여기서 논의된 오류 복구 전략에는 인식기가 인식 가설을 반환하지 않을 때 시스템이 어떻게 동작해야 하는지를 디자인하는 것이 포함된다. 결과를 찾을 수 없을 때 인식기가 반환하는 가장 일반적인 두 가지 메시지는 거부(일치 항목이 없음)와 무응답 시간 초과(음성이 들리지 않음)이다. 5장에서는 이러한 오류 메시지를 처리하기 위한 전략의 선택에 대해 설명한다. 오류 메시지에 응답하는 데 사용되는 실제 프롬프트는 다이얼로그 상태에 크게 좌우되며 상세 디자인의 일부로 작성된다(13장 참조). 인식 실수(인식기가 잘못된 가설을 반환할 때)를 감지하고 처리하는 방법은 다이얼로그 상태 맥락에 따라 달라진다. 나중에 13장에서도 논의한다.

애플리케이션에 대한 오류 복구 전략을 정의하려면 오류 유형과 호출자가 발생한 오류 횟수를 모두 고려해야 한다. 첫째, 가장 일반적인 오류 유형인 거부를 살펴본다.

세부 사항 확대

거부에 따른 리프롬프트에 대한 일반적인 방법은 호출자가 말하려는 것에 대해 상세한 가이드라인이나 예 또는 둘 다를 제공하는 것이다. 연이은 거부의 경우 훨씬 더 상세한 정보가 제공된다. 이러한 접근법은 세부 사항 확대 또는 점진적 자극(얀켈로비치 Yankelovich, 레보브 그리고 막스Levow and Marx 1995, 와인첸크와 바커Weinschenk and Barker 2000)으로 다양하게 언급됐다. 다음은 여행 계획 애플리케이션의 예시다.

(4)

SYSTEM 시스템: When would you like to leave? 언제 떠나시겠습니까?

CALLER 호출자: Well, um, I need to be in New York in time for the first World Series game. 음, 첫 월드 시리즈 경기 날짜에 맞춰 뉴욕에 가야 해요.

SYSTEM 시스템: 〈reject〉. Sorry, I didn't get that. Please say the month and day you'd like to leave. 〈거부〉죄송하지만 이해하지 못했어요. 떠나고 싶은 월과 날짜를 말해주세요.

CALLER 호출자: I wanna go on October fifteenth. 10월 15일에 가고 싶어요.

호출자가 "when(언제)" 떠나길 원하는지 다시 묻는 대신, 오류 프롬프트는 호출자에게 월과 날짜를 말하도록 명시적으로 지시한다.

다이얼로그 (4)의 또 다른 측면은 "Sorry, I didn't get that(죄송하지만 이해하지 못했어요)" 이다. 이것은 시스템이 호출자를 이해하지 못한 문제의 정확한 본질에 대한 피드백을 제공하는 애플리케이션의 일반적인 기술이다. 이 기법은 간혹 세부 사항 확대와 결합된다.

다이얼로그 상태에서 호출자가 듣는 첫 번째 오류 프롬프트를 1차 오류 프롬프트라고 한다. 호출자가 연달아 두 번째 오류를 발견하면 2차 오류 프롬프트를 요청한다. 두 번째 오류가 발생하면 일부 디자이너는 "Sorry, I still didn't get that(죄송하지만 이해하지 못했어요)"라는 문구 뒤에 더 상세한 지침이나 대안적 접근 방식을 제시한다(예: "계정 번호를 입력하세요"라는 제안). 일반적으로 상세 디자인 중에 각 상태에 관한 특정 오류 복구 프롬프트를 작성해야 한다. 이 방법으로 복구 기회를 극대화할 수 있으며, 최상의 접근법은 상태에 따라 다를 것이다.

세부 사항 확대의 단점 가운데 하나는 오직 다시 한 번의 기회만으로 호출자가 시스템에 대해 정확히 무엇을 말해야 하는지 알아야 한다는 점이다. 그 결과 호출자들은 때때로 상세한 오류 메시지에 조바심을 낸다. 다음에 논의될 신속한 리프롬프트 접근법은 효과적인 대안 전략이다.

신속한 리프롬프트

신속한 리프롬프트 방식은 당장 자세한 정보를 제공하진 않는다. 대신 시스템은 "뭐라고요?" 또는 "그게 무엇입니까?"와 같은 짧은 프롬프트로 응답한다. 이것은 사람들이 화자를 이해하지 못했다는 것을 나타내기 위해 하는 말과 비슷하다. 또 다른 오류가 발생할 경우 이러한 반응은 보통 무엇을 말해야 하는지에 대한 자세한 정보를 제공함으로써 세부 사항 확대 전략을 따른다. 표 5-1은 두 가지 전략을 비교한다.

뉘앙스의 여러 실험에서 두 전략을 비교했다. 모든 변수가 제어되는 경우와 프롬프트 문구만 다를 경우, 의심할 여지없이 사용자는 신속한 리프롬프트 전략을 선호한다. 그림 5-1은 두 가지 오류 복구 전략을 비교한 결과를 보여준다.

그러나 신속한 리프롬프트의 가장 큰 단점은 호출자에게 자세한 정보를 바로 미리 알려주지 않는다는 것이다. 그 결과, 무엇을 말해야 할지 모르는 호출자는 다음 오류 프롬프트를 받기 위해 기다려야 하기 때문에 오류 복구를 위해 종종 추가 단계를 밟는다. 긍정적인 관점에서 호출자들은 그것을 오류로 인식하지 않기 때문에 이 추가 단계를 개의치 않는 것처럼 보인다.

신속한 리프롬프트 전략을 사용하는 가장 좋은 곳은 구조가 분명한 유도된 다이얼로그 또는 시스템의 반복 사용자들이다. "무엇을 도와드릴까요?"와 같이 개방형 프롬프트가 있는 경우에는 권장되지 않는다.

표 5-1 세부 사항 확대와 신속한 리프롬프트 비교

이벤트	세부 사항 확대	신속한 리프롬프트
초기	계좌 번호가 어떻게 되시나요?	계좌 번호가 어떻게 되시나요?
첫 번째 오류	죄송하지만 이해하지 못했어요. 귀하의 10자리 계좌 번호를 말해 주세요.	뭐라고요?
두 번째 오류	죄송합니다. 아직도 이해하지 못했습니다. 귀하의 10자리 계좌 번호는 월별 명세서 우측 상단에 나타납니다. 지금 계좌 번호를 말하거나 자세한 내용을 보려면 "도움말"이라고 말하세요.	죄송하지만 이해하지 못했습니다. 귀하의 10자리 계좌 번호를 말해 주세요.
세 번째 오류	죄송합니다, 아직도 이해하지 못했어요. 귀하의 계좌 번호를 입력하거나 "모르겠습니다"라고 말하면 귀하를 도울 수 있는 사람에게 연결해 드리겠습니다.	죄송합니다, 아직도 이해하지 못했어요. 귀하의 10자리 계좌 번호는 월별 명세서 우측 상단에 나타납니다. 지금 계정 번호를 말하거나 자세한 내용을 보려면 "도움말"이라고 말하세요.

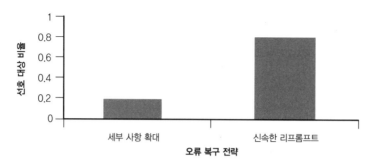

그림 5-1 오류 복구 전략에 대한 선호 사항

신속한 리프롬프트의 변형

일부 디자이너는 신속한 리프롬프트 전략 변형을 선호한다. 시스템이 기대하는 바를 빠르게 회복하지만 자세한 내용은 설명하거나 예를 제시하지 않기 때문이다. 다음 샘플 다이얼로그를 비교해보자.

다음은 신속한 리프롬프트를 사용하는 샘플 다이얼로그다.

(5)

SYSTEM^{시스템}: What's your account number?^{계좌 번호가 어떻게 되시나요?}

CALLER^{호출자}: Uh, it's five five five… wait.^{어, 5 5 5 … 잠시만요.}

SYSTEM^{시스템}: I'm sorry?^{뭐라고요?}

다음은 신속한 리프롬프트의 변형이 포함된 샘플 다이얼로그다.

(6)

SYSTEM^{시스템}: What's your account number?^{계좌 번호가 어떻게 되시나요?}

CALLER^{호출자}: Uh, it's five five five… wait.^{어, 5 5 5 … 잠시만요.}

SYSTEM^{시스템}: Sorry, what was that account number?^{죄송합니다만, 계좌 번호가 어떻게 되시나요?}

신속한 리프롬프트와 세부 사항 확대는 거부에 사용되는 가장 일반적인 두 가지 오류 복구 전략이다. 어떤 것을 사용하는가는 애플리케이션과 특정 작업에 따라 달라진다. 비록 일반적인 전략으로 신속한 리프롬프트를 선택하더라도 특정 다이얼로그 상태에서 동작을 재정의해야 할 수 있다.

무응답 시간 초과

무응답 시간 초과는 두 번째로 흔한 오류 유형이다. 비록 거부에 대한 오류 복구 동작의 많은 부분이 무응답 시간 초과에 속할 수 있지만, 별도로 처리하는 것이 좋다. 만약 거부 메시지가 "죄송하지만 이해하지 못했어요…"라고 쓰인다면, 나머지 메시지가 똑같더라도 "죄송해요, 듣지 못했어요"로 대체할 수 있다. 게다가 무응답 시간 초과의 원인은 거부의 원인과 다를 수 있으므로, 다른 전략을 고려해야 한다. 무엇을 말해야 할지 모를 때 호출자들은 침묵하는 경우가 많으므로 신속한 리프롬프트 전략은 거부와 마찬가지로 시간 초과에 효과적이지 않을 수 있다.

상태별 및 전체 오류 횟수

오류의 유형에 관계없이 단일 다이얼로그 상태에서 두세 개의 연속적인 오류가 발생한 후, 호출자는 회복될 가능성이 없다. 사실 몇 번 거부된 후의 통화 종료 비율은 꽤 높다. 이러한 이유로 모든 애플리케이션은 최대 오류 횟수에 도달했을 때 수행할 작업을 정의해야 한다. 예를 들어 실시간 상담원을 이용할 수 있는 경우 애플리케이션은 호출자 3회 연속 거부를 겪어 본 후 상담원에게 연결할 수 있다. 상위 디자인 단계에서는 단일 다이얼로그 상태의 최대 연속 오류 수(상태별 오류 수), 전체적으로 계산된 최대 오류 수 및 혼동 최대 횟수(확인 상태의 "아니요" 응답)의 세 가지 한계점을 설정해야 한다.

상태별 오류 계산의 일반적인 수는 3이다. 디자이너들은 세 가지 오류가 동일한 유형이어야 하는지에 각각 의견이 다르다. 어떤 오류라도 최대 오차 한계점까지 셀 것을 권고한다. 예외는 새로 배치된 시스템의 초기 다이얼로그 상태에 있을 수 있다. 때때로 호출자들은 새로운 시스템, 특히 호출자와 통화하기를 기대하는 시스템에 당황한다. 이런 상황에서 때로는 무응답 시간 초과 오류에 대한 한곗값과 대응 행동을 사용자 정의하는 것이 더 좋다.

불일치의 경우 기본 한도는 2로 하는 것이 좋다(실제 배치에서 통화 종료 비율을 기반으로 한다). 한곗값에 도달했을 때 상담원을 사용할 수 있는 경우 상담원에게 직접 호출자를 연결하는 것이 좋다.

5.2.2 보편성

보편성은 애플리케이션에서 항상 사용할 수 있는 명령이다. 가장 일반적인 보편성은 "도움말"이다. "도움말"에 대한 응답으로 애플리케이션은 호출자에게 현재 다이얼로그 상태에 구체적인 상세 지침을 제공한다.

모든 애플리케이션에 관해 권장하는 여섯 가지 보편성이 있다. 여섯 가지 보편성은 도움말, 반복, 메인 메뉴/재시작, 되돌아가기, 교환원, 작별 인사다. 9장은 이 표준 보편성에 대한 동기를 다루고 사용하는 방법을 설명한다. 상위 디자인을 하는 동안 표준 보편성을 사용할지 그리고 애플리케이션과 관련성이 있는 보편성으로 애플리케이션을 보완할지를 결정하는 것이다. 증권 거래 애플리케이션은 호출자가 항상 실시간 중개자에게 직접 접근할 수 있도록 "중개자"를 보편성으로서 사용할 수 있다.

5.2.3 로그인

오류 처리와 보편성만큼 널리 보급되지는 않지만, 로그인 전략은 특정 애플리케이션의 많은 부분에 영향을 미칠 수 있다. 로그인은 호출자로부터 계정 번호, PIN 등의 정보를 수집하는 애플리케이션의 일부분이다. 인터랙션을 시작할 때 호출자가 로그인할지 또는 보안 정보가 필요한 항목을 수행할 때까지 기다릴 것인지 결정해야 한다(종종 지연된 로그인이라고 한다). 각각의 접근법에는 장단점이 있다.

초기 로그인의 이점은 디자이너가 해당 개인 또는 호출자 부류에 대한 시스템 동작을 사용자 정의할 수 있다는 것이다. 호출자가 자동 결제를 설정하지 않은 경우 시스템은 기존 계정 관리와 관련된 자동 결제 옵션을 제공할 필요가 없다. 또한 애플리케이션은 도움말 전략에 대해 지능적일 수 있으며, 호출자가 초보 사용자인지 아니면 전문 사용자인지에 따라 프롬프트 세부 사항을 조정할 수도 있다.

이러한 로그인 방식의 단점은 호출자가 주식 견적을 받는 등 일반적으로 이용할 수 있는 것을 하고 싶어도 개인정보를 제공해야 한다는 것이다. 이 일은 시간이 걸린다. 사용자는 자신들의 PIN을 잊어버리고 계정에 접속하는 데 어려움을 겪는다. 계정 정보가 필요 없는 단순한 작업만 수행하려는 경우 답답할 수 있다.

지연된 로그인의 경우에는 그 반대다. 호출자들은 계정 번호, PIN 혹은 암호를 기억하는 데 신경 쓰지 않지만, 메뉴의 관련 옵션들을 살펴야 할 수 있으며, 전문가들은 초보자를 위해 디자인된 다이얼로그를 사용해야 한다.

로그인 방식 선택은 애플리케이션의 주요 디자인 기준과 사용자가 필요한 로그인 정보를 기억하거나 액세스하는 것의 난이도에 크게 좌우된다.

5.3 결론

상세 디자인을 위한 프레임워크를 만들 때 상위 디자인 요소를 이해하는 것이 중요하다. 이 단계에서 디자인 선택 사항 중 많은 부분이 절충을 이룬다. 유도된 다이얼로그의 명확성과 상호 주도의 유연성 중 어느 것이 더 중요한가? 신속한 리프롬프트의 효율성과 자연스러움, 또는 세부 사항 확대의 유익한 속성? 지연된 로그인에 내재된 정보의 보편적인 접근이나 사전 로그인에 의해 제공되는 개인화? 어떤 확실한 결정을 내리기 전에 이 선택들을 하나하나 따져볼 필요가 있다.

6장에서는 음성 사용자 인터페이스에 고유한 상위 디자인의 한 부분인 애플리케이션을 위한 페르소나 디자인에 관해 다룬다.

6

계획적으로 페르소나 만들기

고객이 VUI 디자인을 하는 것을 돕는 데 있어 회사의 특징적인 아이덴티티와 브랜드 그리고 시스템의 일반적인 사용자에 대해 많은 질문을 한다(4장 참조). 그러한 질문의 목적은 디자이너가 인터페이스에 가장 적절한 "특징" 또는 "개성"에 도달하도록 하며, 사용자는 단일 인터랙션으로도 추론해야 한다. 하지만 이러한 질문에 대한 답변으로, "아, 이 앱은 개성이 없을 거야"라는 말을 가끔 듣는다. 그러나 실질적인 연구 내용은 짧은 기록 샘플로 접하더라도 우리가 들은 목소리의 성격 특징과 사회적 정보들을 추론할 수밖에 없다.

우리는 화자의 성별뿐만 아니라 연령, 민족성, 사회 경제적 지위, 지리적 배경, 교육 수준, 감정 상태를 추론한다. 또한 신뢰할 수 있고, 시간을 엄수하고, 관대하고, 친절하고, 침착하고, 낭만적인 것과 같은 개인적 특성을 추론할 수 있다. 미국 문화에서는 남성 목소리에 기식음^{breathiness}이 섞이면 젊음으로 인식되지만, 기식음이 섞인 여성 목소리는 섹시하다고 인식한다. 사회언어학자들이 음성 평가라고 부르는 연구 분야 전체가 개성이 없는 음성 사용자 인터페이스는 없다는 것을 강하게 시사한다.

많은 음성 평가 연구는 화자의 억양을 통해 전달되는 사회적 단서에 초점을 맞춘다. 이 연구들은 사람들이 비언어적 특성을 추론하고, 개인으로서 화자에 대한 가치 판단을 하기 위해 다른 사람들의 음성에서 특정한 언어적 단서에 의존하는 정도를 보여준다. 이러한 속성과 판단은 사회 집단 화자들이 연관된 선입관에 기초한다. 만약 뉴욕 브루클린 출신의 사람들을 터프하다고 생각한다면, 브루클린 억양으로 말하는 말하는 한 사람, 그 개인을 터프하다고 판단하게 된다.

⟨Y'all Come Back Now, Y'Hear?⟩라는 제목의 기사에서 수쿠프[Soukup](2000)는 남부 억양에 대한 미국의 언어 태도를 탐구한다. 본 연구에서는 뉴잉글랜드와 테네시주 출신의 대학생 300여 명에게 각각 남부 억양 2명, 표준 억양 2명 등 4명의 표본을 평가하도록 했다. 이 연구의 배경은 영업 면접 상황이었다. 이 자료를 통계적으로 분석한 결과 남부 억양을 지닌 구직자는 채용을 거부당한 것을 확인했다. 남부 사람은 평가자들이 업무 수행에 가장 중요한 것으로 간주하는 '능숙함'(예: 지능, 교육, 결단력)을 놓쳤다. 남부 억양에는 확실히 연관성이 있었다. 특히 남부 여성의 목소리는 사회적 매력(예: 다정함, 유머 감각)이 앞섰지만, 화자를 바람직한 직원으로 인정하기에는 충분하지 않았다. 남부 영어에 대한 언어 태도는 전반적으로 다소 부정적이었다.

본 연구는 자일스와 스미스[Jiles and Smith](1979)가 런던 억양의 화자를 표준 억양의 화자보다 낮게 평가한 결과와 라보브[Labov](1966)가 청자는 직무 적합성에 있어 뉴욕시 억양의 화자를 격하시키는 경향이 있다는 사실을 뒷받침한다.

모든 음성 평가 연구가 지역적 차이에 초점을 맞추는 것은 아니다. 상업적으로 배치된 VUI의 디자인과 관련이 있는 자일스와 파우즐랜드[Giles and Powesland](1975)의 오래된 연구에서 교사들은 지능, 열정, 자신감, 관대함 그리고 '특권'에 관해 여덟 명의 가상 학생을 평가하도록 요청받았다. 가상 학생들은 (1) 사진, (2) 녹음된 음성 샘플, (3) 학업으로 정의됐다. 이 연구에서 제기된 연구 의문은 "3개 출처 중 한곳에서 나온 정보가 좋은 인상을 줬는데, 다른 출처에서 나온 정보가 나쁜 인상을 준다면 어떻게 될까?"라는 것이었다. 이 연구의 결과는 타인에 대한 평가에서 음성이 차지하는 가장 중요한 역할을 일관되게 지적하고 있다. 음성 샘플의 호감도는 사진과 학업 샘플의 비호감도를 압도한다. 그 음성 샘플의 비호감도는 다른 출처의 호감도를 능가한다.

이러한 결과는 상업적으로 배치된 애플리케이션의 경우 명시적 페르소나 디자인을 VUI의 더 많은 디자인과 제작 노력에 통합하기 위한 가장 설득력 있는 주장 중 하나다. 간단히 말해 좋은 인상을 남기는 데 있어서 말은 단어나 시각적 이미지보다 더 강력하다.

목소리는 심지어 신체적 특징까지 암시할 수 있다. 대부분의 사람들은 그 시점까지 단지 목소리만 존재했던 누군가를 전화상에서 만나는 경험을 했다. 마침내 그 사람을 대면할 때 그 사람에 대한 우리의 심상이 적합했다고 느끼거나, 아니면 "그는 전화로 음성을 들었을 때보다 키가 더 커 보였다"처럼 그 부조화에 당황한다. 어느 쪽이든 목소리에 근거해 사람들이 어떻게 생겼는지 상상할 수밖에 없다. VUI 디자인의 관련성은 애플리케이션을 호출자가 들은 목소리를 평가하고 비언어적 정보에 의지하는 보편적인 인간의 충동을 따를 가능성이 높다는 것이다.

음성 평가에 관한 연구는 특정 음성 사용자 인터페이스가 "뚜렷하지 않음"이라는 주장 즉, "특징이 없다"거나 "페르소나가 없다"는 주장과 모순된다. 비록 개성을 다루지 않더라도 사용자에게 어떤 개성을 인식하게 할 가능성이 있다. 시스템의 목소리는 아나운서가 어색하게 단어를 읽어주는 메시지나 "컴퓨터 전문 용어"를 말하는 로봇으로 인식될 수 있다. 사람들은 사전 녹음된 오디오를 인공적이고 합성된 음성으로 착각하는 경우가 있다는 점을 알아냈다. 특히 프롬프트가 잘못 연결되거나 어색하게 말하는 애플리케이션에서 그러하다. 어떤 경우에도 브랜드와 이미지의 성패가 달려 있기 때문에 그러한 인식을 운에 맡기는 것은 바람직하지 않다. 페르소나의 생성은 우연한 것이 아니라 명시적으로 디자인하기 위한 목적이 돼야 한다.

말의 힘을 최대한 활용하려면 목소리만으로는 부족하다. 음성 신호로부터 추론하는 호감도와 비호감도의 심상은 모두 무엇을 말하고, 어떻게 말하는가에 달려 있다(10장과 11장 참조). 모든 요소를 종합해볼 때 음성 애플리케이션 디자인이 세부 사항을 정확하게 이해한다면 사용자가 이상적인 직원과 상호작용하는 전체 언어 경험을 만들 수 있다. 이것은 페르소나의 세계다.

6.1 페르소나란 무엇인가?

'페르소나'는 우리 자신이나 다른 사람들에게 의식적인 의도를 보여주기 위해 가정하는 역할을 말한다. 음성 사용자 인터페이스의 세계에서 '페르소나'라는 용어는 책이나 영화의 등장인물처럼 '캐릭터'의 대략적인 표현으로 사용된다. 페르소나에 대한 좀 더 만족스러운 기술적 정의는 사용자가 애플리케이션의 음성 및 언어 선택에서 추론하는 성격이나 특징의 표준화된 심상이다. 페르소나는 VUI 산업의 목적을 위해 기업이 서비스를 브랜드화하거나 음성을 통해 특정 기업 이미지를 투영할 수 있는 수단이다.

6.2 페르소나는 어디에서 오는가?

음성 애플리케이션과의 인터랙션은 안정적이고 논리 정연하며 일관된 특징을 지니고 있어야 한다. 원하는 페르소나의 특정한 성격적 특성은 유용성, 능률, 효율성, 친근감과 호감도를 포함할 것이다. 사용자가 특성을 추론할 수 있도록 많은 언어 관련 세부 사항에 주의를 기울이면, 올바른 방법으로 적합한 페르소나를 얻을 수 있다.

페르소나 디자인의 일반적인 오해는 기분 좋은 음성을 가진 사람을 고용해 시작하고 끝내는 것이다. 그렇게 되면 사용자는 실제로 듣게 될 내용에 거의 주의를 기울이지 않는다. 인위적이고 기계적으로 들리는 프롬프트와 흐름이 끊기는 다이얼로그는 잘 디자인된 일관성 있는 페르소나를 떠올리지 못할 것이다. 대신 촌스럽거나 어색하고 원하지 않는 이미지를 회사 대표 이미지와 동등하게 연상한다.

호감을 주는 성격적 특성을 투영하기 위한 전제 조건은 메시지가 말로 표현되고 다이얼로그가 구성되는 방식과 관련이 있다. 사용자에게 가장 친숙한 커뮤니케이션 시스템, 유아기부터 배우기 시작한 시스템, 즉 일상적인 대화를 바탕으로 프롬프트와 더 확장되는 다이얼로그를 모델링해야 한다. 대안으로는 VUI 사용자에게 전화상의 질문 낭독과 서면 담화의 형식적 기능과 구조를 나타내는 정보 제공하는 등 덜 친숙한 시스템을 사용하는 것이 좋다. 이것은 전통적인 터치톤 시스템에서 흔히 볼 수 있으며, 많은 VUI에서 계승된 유산이다. 그러나 10장에서 논의하겠지만 서면 담화는 읽기에 가장 적합하지만 청취 이해에는 이상적이지 않다. 대화 담론이 청취 이해에 이상적이다. 또한 10장은 대화의 언어에 대한 기본적인 특성을 프롬프트를 만드는 작업에 적용하는 방법을 설명한다. 10장에 제시된 많은 아이디어는 일반적으로 음성 언어와 관련이 있기 때문에 음성 페르소나의 디자인 기본 요소다.

사람 사이의 언어적 차이는 연령대, 직업 소속 또는 일반 사용자의 지역적 배경과 같은 애플리케이션별 세부 사항에서 나타난다. 또한 "그 사람이 누구인가"에 대한 결정은 사회적 역할의 측면에서 도출한다(예: 상사와의 대화, 연구원의 사서, 방문자에 대한 관광 가이드, 학생 대 교사 등). 이러한 사회적 역할 차이는 10.5절에서 논의할 내용과 같이 단어 선택과 문장 구조의 차이를 의미한다.

한 페르소나와 다른 페르소나를 구별하는 또 다른 방법은 다른 다이얼로그 전략을 사용하는 것이다. 일례로 한 페르소나는 암묵적 확인(예: "IBM의 주식을 얼마나 사고 싶으세요?")에 의존할 수 있는 반면, 다른 페르소나는 대신 명시적인 확인("IBM을 사고 싶으세요?— 맞나요?")을 채택할 수 있다. 다음 절에서는 그러한 결정을 하는 데 도움이 될 기본 지침을 검토한다.

운율 체계의 억양, 강세, 그룹화, 발성 리듬은 대화형 언어의 필수적이고 체계적인 요소다. 문장이 서면 텍스트를 정형화하는 프롬프트에 의해 개인정보를 지원하거나 인스턴스화할 수 없는 것처럼, 관련 프롬프트가 있는 경우가 빈번하듯이 운율 체계의 기본 원칙에 부합하지 않는 메시지로 지원되거나 인스턴스화될 수 없다. VUI 디자인의 장점은 11장에서 다룬다.

마지막으로 디자인한 페르소나에 대한 인식은 호출 흐름 디자인 및 디자인 방법론과 관련된 특정 결정의 영향을 받는다. 예를 들어 기본적인 언어 지능에 대한 인식이 새로운 프롬프트를 사용해 특정 다이얼로그 상태에 재입력 여부를 확인한다("죄송하지만, 정확한 금액이 얼마인가요?"). 다른 디자인을 사용하는 경우 호출자는 질문 상태로 다시 진입할 때, 처음 실행된 프롬프트와 정확히 같은 프롬프트를 들을 것이다("얼마나 지불하시겠습니까?"). 시스템과의 실제 인터랙션의 맥락에서, 디자인 선택은 대화적으로 적합하지 않은 페르소나를 낳는다. 호출자의 관점에서 볼 때 재입력 시 메시지의 표현은 시스템이 적어도 사람이 하는 것처럼 대화를 기억하고 있지 않거나 단기간의 기억 상실을 경험하고 있음을 나타낸다. 8장에서는 그러한 어려움을 피할 수 있는 프롬프트 디자인 방법론을 제시한다.

6.3 페르소나 디자인 체크리스트

여기서는 애플리케이션의 목적, 목표 및 기능에 가장 적합한 페르소나에 집중하는 데 도움이 되는 주요 사항을 다룬다. 4장에서 논의한 바와 같이 시스템 프롬프트를 세부적으로 디자인하기 전에 페르소나를 결정해야 한다. 이 순서를 뒤집으려면 프롬프트를 해당 페르소나에 맞게 개선하기 위한 주요 수정 작업이 수반될 것이다.

애플리케이션에 적합한 페르소나를 위해 다음 사항을 고려해야 한다.

6.3.1 메타포와 역할

시스템의 역할은 무엇인가? 많은 조언과 도움을 제공하는 나만의 개인 비서인가? 아니면 그 역할과 거리가 먼가? 박식하고 전문적인 여행 가이드나 주식 중개인? 아니면 은행원이나 전화 교환원처럼 단순히 질문을 하고 가이드라인을 제공하는 것처럼, 여전히 더 인간미가 없어야 하는가? 시스템이 통신 보조 기기, 거래 제공자 또는 정보원 중 어떤 역할을 할 것인지 고려해야 한다.

6.3.2 브랜드와 이미지

많은 회사들이 광고와 마케팅 활동을 통해 브랜딩과 기업 이미지 구축에 큰 돈을 쓴다. 브랜드와 회사 이미지 또한 그 페르소나를 명시적으로 디자인했든 아니든 페르소나를 통해 투영된다. 특정 애플리케이션을 위해 선택된 페르소나가 이러한 이상을 이끌어내는 주체가 아니더라도 최소한 브랜드와 기업 아이덴티티와 호환돼야 한다. 4장에서 논의한 바와 같이, 페르소나는 다른 고객 접점뿐만 아니라 회사가 가지고 있는 기존 브랜드와도 조화를 이뤄야 한다.

6.3.3 최종 사용자

성공적이고 적절한 페르소나는 언어학적으로나 사회적으로나 사용자에게 친숙함을 준다. 따라서 페르소나 디자인은 사용자가 누구이며 애플리케이션을 어떤 맥락에서 사용할지 고려해야 한다.

타깃층

설득력 있는 페르소나를 개발하려면 타깃층의 인구 통계와 태도, 라이프 스타일을 고려해야 한다. 청소년을 위한 음성 포털이 성인용 음성 포털과는 다른 페르소나를 요구하는 방식을 쉽게 상상할 수 있다. 또 시스템을 현지화하고 다른 언어로 이식할 때는 반드시 페르소나 디자인을 재검토해야 한다. 한 문화에서 잘 작동하는 페르소나는 다른 문화에서는 부적절할 수도 있다.

시스템 사용 빈도

동일한 사용자가 시스템에 자주 접속하고 있는가? 가입 기반 서비스인가? 사용자가 이름으로 식별됐는가? 만약 그렇다면 그 경험은 사용자와 친밀감을 형성하도록 디자인돼야 한다.

6.3.4 애플리케이션

음성 인터페이스를 전면으로 디자인한 한 가지 이유는 작업 완료를 용이하게 하고 경험을 친숙하고 편안하며 일관되게 보이게 함으로써 사용자를 한 인식 상태에서 다음 인식 상태로 쉽게 유도하기 위함이다. 따라서 페르소나의 적합성은 애플리케이션과 관련된 특정 세부 사항에 따라 달라진다.

콘텐츠

시스템의 페르소나는 애플리케이션의 콘텐츠와 일치해야 한다. 점성술 음성 사이트의 페르소나는 모바일 경영진을 위한 포털의 페르소나와 공통점이 많지 않을 것이다. 페르소나마다 각기 다른 작업에 적합하다. 인기 만화에 기반을 둔 캐리커처의 과장된 목소리는 아이들을 위한 엔터테인먼트 탐색 애플리케이션에서 적합하지만 주식 시장 거래 주문 상태를 확인하는 데는 부적합하다.

작업 관련 문제

페르소나의 선택이 어떻게 특정 핵심 업무를 용이하게 할 수 있는지 고려한다. 인터페이스가 복잡하고 직관적이지 않은 멘탈 모델로 많은 기능을 제공하는 경우 조언이나 미리 알림을 제공하는 도우미 역할을 하는 페르소나가 사용자에게 도움이 될 수 있다.

페르소나는 사용성 문제를 염두에 두고 디자인해야 한다. 적절한 디자인은 사용성 문제를 해결하는 데 도움이 될 수 있다. 그와 대조적으로, 음성 인식 다이얼러dialer에 수다스러운 페르소나처럼 잘못된 선택을 함으로 사용성을 방해받을 수 있다. 전화번호로 전화를 거는 것은 빠르고 간단한 일이다. 만약 음성 다이얼링이 가치를 창출하려면 반드시 효율적이어야 한다. 사람들은 음성 인식 다이얼러를 사용할 때마다 수다스러운 페르소나를 원하지 않을 것이다.

6.4 페르소나 정의

애플리케이션에 적합한 종류의 페르소나에 대한 아이디어와 함께 애플리케이션의 언어 경험을 만드는 모든 사람들의 마음 속에 페르소나를 고정시킬 수 있는 공통 기준점을 정의할 필요가 있다.[1] 여기에는 다이얼로그 디자이너, 프롬프트 작성자, 음성 코치 또는 감독, 성우, 시스템을 배포하는 회사의 마케팅 부서가 포함된다. 이 공통 기준점은 페르소나 정의 문서다. 여기서는 최소한 다음과 같은 구성 요소를 포함한다.

- **전기적인 스케치**: 페르소나의 가상 배경이다. 지리적 배경, 교육, 성별, 민족성, 선호도 그룹 및 취미와 같이 특정 개인의 발언 방식을 결정하거나 반영할 수 있는 요소에 특히 주의를 기울인다.
- **목소리 속성**: 기운 넘치고 쾌활함, 혹은 차분함이나 부드러움과 같은 속성을 제안해야 한다. 이와 같은 매개변수는 성우를 찾는 데 가이드 역할을 할 수 있을 뿐만 아니라 성우에게도 도움될 수 있다.

사진은 또한 페르소나에 집중시키는 데 도움이 되는 유용한 시각적 도구가 될 수 있다.

일단 성우 후보를 선정하면 일반 사용자와 애플리케이션 사이의 가상 다이얼로그 오디오 샘플을 기록해야 한다. 이 샘플은 사용자와 시스템 간의 인터랙션의 맥락에서 페르소나가 어떻게 수행되는지 입증하는 역할을 하며, 페르소나의 적합성에 관한 질문에 답해야 한다. 이러한 기록은 프로젝트의 다양한 이해관계자가 최종 시스템이 어떻게 말할지에 대해 동일하게 가정할 수 있다.

페르소나 정의로 시작할 때의 주요 이점 중 하나는 일관된 사용자 경험을 보장하는 것과 관련이 있다. 일종의 '스타일 가이드' 역할을 함으로써 특히 프롬프트의 표현이 관련된 경우 페르소나 정의는 인터랙션 전반에 걸쳐 일관된 언어 경험을 보장하는 데 도움

---

1   이 절의 내용에 도움을 준 월리 브릴(Wally Brill)과 멜리사 더허티(Melissa Dougherty)에게 감사드린다. – 지은이

이 된다. 애리조나주 플래그스태프에서 온 20대 초반의 은행원을 상상해보자. 은행원은 "제가 찾아보는 동안 기다려주세요"라고 호출자가 기다려주길 요청하거나 또는 "죄송합니다, 무슨 계좌였습니까?"라며 계좌 유형을 반복해 달라고 할 수도 있다. 그러나 같은 대화에서 그 페르소나가 사회적으로 먼 만큼 "당신은 어떤 계좌로 자금 이체를 희망합니까?"라고 문법을 너무 의식한 질문을 하는 것은 비현실적이다("그리고 이체하고 싶은 계좌는?"과 같은 더 자연스럽고 맥락에 맞는 표현과는 반대된다). 이러한 프롬프트는 10장에서 다루는 주제인 등록과 큰 차이가 있다. 그러나 현재로서는 이러한 프롬프트가 사회적 신호와 충돌한다는 것을 충분히 주목해야 한다. 사실상 프롬프트와 사회적 신호의 부조화는 사용자가 추론해야하는 성격의 일관성을 훼손한다.

일반적으로 사람들은 혼란스러울 정도로 예측 불가능하고 일관성이 없는 것보다 식별 가능하고 일관성이 있는 성격을 선호한다. 사회심리학자 리브스와 나스[Reeves and Nass](1996)는 "사람들은 식별 가능한 성격을 좋아한다. 빠른 평가가 중요시되고, 희석되지 않은 성격이 좀 더 빠르고 정확하게 고려된다. 복잡한 사람들은 '그들이 다음에 무엇을 할지 누가 알겠는가?'"라고 주장한다. 인터페이스에서의 사용자 경험의 일관성은 부분적으로 일관된 페르소나에 달려 있다.

인터페이스에 대한 특정 페르소나를 정의하는 또 다른 장점이 있다. 그것은 언어 경험을 친숙하게 유지하기 위한 평가 기준을 프롬프트 작성자 또는 팀에게 제공한다. "친숙한"이란 말은 반드시 비공식적인 것을 의미하는 것은 아니다. 오히려 사용자가 가장 친밀하게 알고 있는 의사소통 시스템, 즉 일상적인 대화를 의미한다. 한마디로 VUI 디자이너는 이미 사용자에게 익숙한 것을 최대한 활용해야 한다. "오류 메시지가 생성됐습니다"와 같은 대화의 표준을 반영하지 않는 프롬프트는 사회 언어학적으로 친숙한 페르소나에서 나오지 않는다. 사회적으로나 언어적으로 친숙한 페르소나가 무엇을 말할 수 있는지에 집중한다면 친숙하고 일상적인 언어를 쉽게 포착할 수 있다.

6.5 결론

VUI 사용자들은 그들이 듣고 있는 프롬프트가 단지 녹음된 것임을 알고 있다. 일부 사용자는 음성 인식 소프트웨어, IVR 플랫폼 및 네트워크, 백엔드 통합에 대해 알고 있다. 그러나 이러한 기술에 정통한 사용자조차도 그들이 마주치는 목소리와 언어적 선택으로부터 심상을 추론하도록 '프로그램화'돼 있다. 따라서 디자이너는 "사용자가 회사의 브랜드, 가치, 고객 지원을 긍정적으로 평가하도록 애플리케이션이 투영하는 이미지를 관리해야 한다."[2] 계획을 수립했는지 여부에 관계없이 애플리케이션의 페르소나는 이미지의 표현 또는 진술이다. 애플리케이션과 회사에 대한 사용자 인식을 운에 맡기면 안 된다.

---

2   마거릿 어번(Margaret Urban), 퍼스널 커뮤니케이션 – 지은이

7

샘플 애플리케이션: 요구 사항과 상위 디자인

물리학자 알버트 아인슈타인은 이렇게 말했다. "예제는 가르침의 다른 방법이 아니라 유일한 방법이다." VUI 디자인을 배울 때 절차 단계와 가이드라인의 목록을 이해할 수 있지만 실행 중인 프로세스를 볼 때까지는 실제 문제의 세부 사항이나 그 미묘함과 제약 사항을 완전히 이해할 수 없다.

7장에서는 샘플 애플리케이션의 프레젠테이션을 시작한다. 책 전반에 걸쳐 정의, 디자인, 개발, 배포의 모든 세부 사항을 단계별로 수행해 예제를 이어갈 것이다. 실행 중인 방법론과 디자인 원칙을 볼 기회일 것이다. 우리의 목적은 반드시 당면한 애플리케이션에 대한 특정 솔루션이나 일련의 디자인 선택을 옹호하는 것이 아니라 프로세스를 실제로 구현하는 것임을 명심해야 한다. 이 예제에 대한 우리의 디자인 결정과 시험 결과는 특정한 포인트를 증명하기 위해 만들어왔다. 이는 반드시 실제 배치에서 실제 테스트 결과를 나타내는 것은 아니다.

샘플 애플리케이션은 가상의 클라이언트인 렉싱턴 증권사^{Lexington Brokerage}를 위한 것이다. 구축하려는 애플리케이션은 호출자들이 주식 정보를 얻고, 거래를 하고, 자신의 계좌를 관리할 수 있게 할 것이다. 렉싱턴 증권사와 그 목표에 대한 간단한 소개로 시작

한다. 그런 다음 요구 사항 정의와 상위 디자인의 세부 사항을 살펴본다.[1]

7.1 렉싱턴 증권사

렉싱턴 증권사는 작은 회사지만 적극적이고 업계에서 크게 인정받고 싶어 한다. 경쟁 분석에서 경영진은 다른 증권사들이 콜센터에서 표준 터치톤 시스템 대신 음성 인식 시스템을 제공하고 있다는 사실을 발견했고, 업계 분석가들과 만났다. 업계 분석가들은 음성 인식 시스템이 상당한 비용 절감을 제공할뿐만 아니라 고객들도 매우 만족하고 있다고 말했다. 또한 고객들이 터치톤 시스템보다 대화를 더 선호하며 계좌에 쉽게 접근할 수 있고 포트폴리오 실적에 관한 최신 정보를 높이 평가한다고 보고했다. 한 분석가는 자신이 수행한 설문 조사에 관해 음성 서비스를 제공하는 증권사의 고객들이 고객 서비스에 대해 더 높은 등급을 매긴다고 설명했다.

렉싱턴은 현재 주식 시세와 기본 계좌 정보를 제공하는 터치톤 시스템을 갖추고 있다. 경영진은 거래와 포트폴리오 정보를 포함하도록 회사의 자동화를 확대하고 고객에게 사용하기 쉽고 직관적인 인터페이스를 제공하기 위해 음성 인식 시스템을 만들기로 결정했다. 이와 더불어 전화 거래의 자동화가 상당한 비용 절감으로 이어질 것으로 기대했다.

그리고 시스템의 디자인, 개발, 배포하는 계약을 체결했다. 렉싱턴은 고품질의 결과물과 배포 프로세스를 원활하고 예측 가능하게 만들기를 원하지만 그와 동시에 신속하게 배포하기를 원한다. 프로젝트의 첫 단계인 요구 사항 정의로 들어간다.

---

[1] 7장에 수록된 렉싱턴 증권사 애플리케이션의 자료는 뉘앙스 V-월드의 토니 셰더(Tony Sheeder)와 레베카 나우린(Rebecca Nowlin)의 프레젠테이션에서 부분적으로 따왔다. ("VUI Design Under the Microscope," V-World, 2001) - 지은이

7.2 요구 사항 정의

요구 사항 정의 단계의 목표는 비즈니스, 최종 사용자 그리고 애플리케이션 세부 사항을 이해하는 것이다. 또한 성공을 측정하고 주의가 필요한 중요한 문제들을 알려줄 측정 지표를 제시하고자 한다. 먼저 비즈니스를 살펴보는 것으로 시작한다.

7.2.1 비즈니스 목표와 맥락 이해

렉싱턴과의 첫 만남 전에 간단한 숙제를 했다. 먼저 웹사이트를 탐색했다. 다행히 동료가 계정을 갖고 있어서 제공되는 서비스 가운데 일부를 시도해볼 수 있었다. 현장에서 제공되는 다양한 서비스뿐만 아니라 룩 앤드 필에 주목했다. 사이트의 느낌은 "업무에 충실하라"로, 추가 그래픽을 거의 사용하지 않았다. 특정 회사의 주식 견적을 요청하면 거래량과 당해의 고가 혹은 저가 정보를 얻을 수 있었다. 클릭 한 번으로 회사의 재무 성과나 주요 정보를 얻을 수 있었다.

다음으로 렉싱턴 터치톤 시스템을 호출했다. 환영 프롬프트가 시작되기 직전에 이어콘이 들렸다. 최근 라디오 광고에서 들은 적이 있어 친숙했다. 터치톤 시스템을 사용해 견적을 얻고 계좌 정보를 받아 두 계좌 간에 송금했다. 시스템은 상당히 무미건조한 남성 목소리를 사용하고 있었다.

이제 렉싱턴에 의제를 제안하고 우리가 가진 다양한 질문에 답할 수 있는 담당자가 있는지 확인하기 위해 전화를 했다.

초기에는 렉싱턴 관계자에게 왜 음성 애플리케이션을 배포하고 싶은지 물었다. 마케팅 담당자 잭 파머^{Jack Farmer}는 렉싱턴 서비스를 확대하기를 원했다. "고객들이 포트폴리오에 대한 최신 정보를 언제든지 얻을 수 있기를 바란다"고 잭은 말했다. 또한 렉싱턴은 자주 자리를 비우고 자주 거래하는 고객에게 전화로 자동 거래를 제공하기를 원했다. 이 서비스는 지금까지 터치톤 시스템에서 이용할 수 없었다.

우리는 잭으로부터 고객 서비스가 렉싱턴사에게 매우 중요하다는 점을 배웠다. 효율적이고 사용하기 쉬우며 원하는 경우 실시간 중개인과 쉽게 연결될 수 있는 시스템을 원했다. 또 다른 목표는 고객을 확보, 유지하는 것이다. 회사는 경쟁사에 고객을 빼앗기는 것에 대한 우려를 갖고 있기 때문에, 개인화된 기능을 사용해 자사의 서비스를 더욱 "끈끈하게" 만들고 싶어 한다.

다음으로 광고와 브랜딩을 담당하는 제인 브로디Jane Brody를 만났다. "사람들이 당신의 회사 이름을 들으면 무엇을 생각할까요?"라고 묻자 "가치, 신뢰성, 확실성, 전문적인 도움의 손길"이라고 제인은 말했다. 우리는 시스템을 사용한 후에 무엇을 더 생각해야 하는지 물었다. 제인은 "효율성과 사용성"이라고 답했다. "우리는 사용자들이 업무를 완료할 수 있도록 도와줍니다."

그리고 터치톤 시스템의 목소리와 톤에 대해 물어봤다. 그러자 제인은 전문적이고 권위적인 목소리와 톤이라고 설명했지만, 마케팅 담당자들은 이에 만족하지 않았다. 그들은 우리가 더 나은 목소리를 찾고 개선된 룩 앤드 필을 정의하는 것을 도와주길 원했다. 그리고 제인은 모든 렉싱턴 시스템이 터치톤 시스템에서 들었던 브랜딩 이어콘으로 시작할 것이라고 설명했다.

오후에 다시 잭과 마케팅 팀을 만나 많은 것을 배웠다. 음성 애플리케이션은 렉싱턴 고객이 이용할 수 있는 많은 서비스 중 하나가 될 것이다. 그리고 전통적인 일대일 서비스가 항상 제공될 것이다. 웹사이트는 음성 시스템이 제공할 수 있는 기능을 제공한다. 터치톤 시스템은 기능의 일부를 제공한다. 점점 더 많은 고객들이 웹사이트를 사용하며, 웹에서 거래를 한다. 이러한 사실은 디자인 결정에 영향을 미칠 것이다. 호출자가 웹사이트의 특정 용어라든가 특정 정보 조직에 익숙하다면 음성 언어 시스템과 인터랙션할 때 이러한 개념을 일반화하고 적용할 가능성이 더 높을 것이다.

우리는 터치톤 시스템의 사양 사본을 요청했다. 우리의 목표는 음성에 터치톤을 맞추는 것이 아니다. 음성 시스템은 대화를 염두에 두고 디자인해야 한다. 터치톤 사양에서 얻고자 하는 것은 사용되는 언어 유형과 사용 가능한 기능이다. 호출자는 이전 인터렉션에서 사용되는 언어 유형과 사용 가능한 기능에 익숙해지기 때문이다.

우리는 잭의 마케팅 팀에게 고객이 새로운 시스템을 사용하게 하는 방법을 물었다. 우편물이 그다지 효과적이지 않다는 것을 알지만, 기본 명령어 중 일부를 설명하는 문서를 우편물에 넣어 서비스를 광고하는 것을 고려하고 있다(호출자에게 서비스 사용 방법에 대해 알아야 할 모든 것을 가르치는 것을 애플리케이션 자체에 의존하고 있지만). 또한 웹사이트상에 음성 시스템을 광고할 것이며, 이제는 고객이 사무실 밖에서도 완벽하게 접근할 수 있다는 것을 강조할 것이다.

논의는 성과가 있었다. 이제 우리는 비즈니스 목표와 맥락을 이해했다. 대화 시스템을 구축하는 동기는 회사의 자동화된 서비스 오퍼링을 확장함으로써 비용을 절감하고, 고객 만족도를 높이고, 고객을 유지하는 것이었다. 가치, 신뢰성, 간편화에 관한 기업 이미지를 홍보하고자 했다. 터치톤 시스템의 모든 기능은 음성 시스템으로 지원돼야 하지만 목표는 인터랙션을 더욱 사용자 친화적으로 만드는 것이었다. 마지막으로 애플리케이션은 외부 명령을 사용해 사용자와 인터랙션하는 방법을 가르쳐서는 안 된다. 호출자는 시스템을 사용하면서 시스템을 학습할 수 있어야 했다.

우리는 많은 비즈니스 성공 지표에 관해 렉싱턴사와 생각이 일치했다. 튜닝 단계에서 시스템을 개선하기 위해 시스템 성능의 다른 많은 특성을 측정한다는 점을 명심해야 하지만, 현재 우리가 동의하는 지표는 성공의 최우선 지표다.

다음과 같은 측정 항목을 선택한다.

- **자동화 향상**: 서비스 확장과 비용 절감의 주요 수단은 자동화 향상이다. 중개인을 이용하지만 터치톤 시스템에서는 이용할 수 없다.
- **고객 만족도**: 렉싱턴 증권사에는 정기 설문 조사를 통해 서비스 피드백을 제공하는 프로세스가 이미 있다. 터치톤 시스템에 대해 수집한 데이터는 음성 시스템의 벤치마크로 사용된다. 터치톤 시스템보다 주관적인 고객 만족도에서 더 좋은 점수를 얻는 것이 목표다. 고객만족도 조사에서 다루는 두 가지 중점 영역

은 사용의 단순성과 효율성이며, 세 번째로 정확성이 추가된다. 정확성에 대한 인식은 특히 호출자가 음성 시스템을 사용해 거래하도록 유도하는 데 중요한 역할을 한다.

- **고객 유지**: 고객 유지의 궁극적인 측정은 고객 통계의 종적 분석을 따른다. 파일 럿 종료 시 사용자의 시스템 재사용 의사에 대한 질문이 포함된 설문 조사를 수행해 초기 지표를 얻는다. 또한 개인 주식 관심 종목 설정과 같이 서비스를 고정시키기 위해 고안된 기능의 사용량을 측정할 것이다.

7.2.2 호출자 이해

고객 혹은 잠재 고객에 관해 가능한 한 많은 것을 배우고자 한다. 고객의 인구 통계학적 특성은 어떠한가? 나이가 많고 더 성숙한 고객인가, 아니면 젊은 고객인가? 어떤 전문 용어를 사용하는가? 특정 방언이 유행하고 있는가? 기술 고도화됐는가? 컴퓨터에 익숙한가? 음성 인식과 같은 새로운 기술을 어떻게 생각하는가? 우리가 예상해야 할 전형적인 사용 패턴은 무엇인가?

우리는 렉싱턴 팀원과 함께 앉아 고객에 관한 질문을 몇 가지 했다. 주거래 고객층은 중산층과 고소득층이라고 한다. 대부분 30~40대이며, 남녀가 고르게 섞여 있었다. 우리는 고객에 대한 통계 정보가 담긴 문서를 받았다. 그 문서는 인구 통계뿐만 아니라 웹사이트와 터치톤 시스템 모두에 대한 사용 통계, 즉 고객이 전화를 걸거나 로그인하는 빈도, 각 기능의 사용 빈도 등을 다뤘다.

렉싱턴사가 제공한 정보 외에 우리는 사용자와도 직접 대화해 정보를 얻기로 했다. 사용자의 심리 상태와 거래자로서의 이미지를 이해하고 싶었다. 렉싱턴사의 통계는 고객들의 내면을 조사하는 데 한계가 있었다. 그래서 포커스 그룹을 소집해 고객의 니즈를 조사하기로 결정했다. 회사는 의견을 말하는 데 시간을 할애할 고객 연락처를 제공했다. 소정의 사례비를 지급하기로 하고 여덟 명의 참가자를 찾았다.

사용성 전문가가 이끄는 그룹 토론에서 참가자들은 일반적으로 자동화된 서비스를 매우 잘 받아들였다. 지체 없이 정보를 얻고 거래도 할 수 있다는 점을 마음에 들어 했다. 시간 절약은 모든 사람에게 중요하기 때문에 자동화된 서비스의 편의성은 확실한 이점이 됐다.

레이첼, 고든, 마이크 이 3명의 참가자는 다음과 같이 말했다.

(1)

RACHEL^{레이첼}: "I like taking care of things when I want to.제가 원할 때 일을 처리하는 것이 좋았어요."

GORDON^{고든}: "Yeah, convenience is definitely nice. I had a regular broker for a while, but I didn't get much service because I'm not a high roller or anything."

"맞아요, 편리함은 확실히 좋아요. 한동안 정식 중개인이 있었는데도 편리하지 않았어요. 전 큰 돈을 자주 베팅하는 사람이 아니기 때문에 많은 서비스를 받지 못했어요."

MIKE^{마이크}: "That's definitely true. I figure if I'm not getting much attention, then why not do it myself?"

"그건 분명한 사실이예요. 제가 관리를 받지 못하고 있다면, 그럼 왜 직접 하지 않는 걸까요?"

GORDON^{고든}: "And save on the commission.그리고 수수료도 절약되죠."

참가자들의 대화에서 배운 것은 중요한 것은 편리함뿐만 아니라 서비스가 도움을 준다는 사실이었다. 스스로 행동을 취할 수 있게 하며, 이는 온라인 거래 시작 이후 재무 의사 결정에 증가 추세를 도왔다.

참가자들은 정확성에 관심을 가졌다. 결국 참가자들은 자신의 돈을 관리하기 때문에 주식 시세와 같은 서비스로부터 얻은 정보가 최신 정보인지 확인하기를 원한다. 전화 서비스에 대해서는 보안 위험과 정확성을 다소 염려했다. 웹을 이용할 때는 바로 앞에서 확인할 수 있다. 어떤 이유에선지, 전화로 정보를 듣는 것을 조심스러워 한다. 만약 정보를 잘못 듣고 확인한다면 어떨까? 이러한 우려를 기록해두고 추후 디자인 결정 시 이를 해결하는 것이 중요하다.

포커스 그룹은 고객의 사고방식에 깨달음을 주었다. 고객은 편리함을 즐기고 돈을 관리하는 것을 좋아한다는 것을 발견했다. 자신이 내리는 결정이 정확한 정보에 기초하고 거래가 정확하게 실행되는지 확인하고자 하는 것이다.

이제 서비스에 대한 고객들의 생각을 더 깊이 연구한다. 고객들은 오늘날 온라인 중개 웹사이트를 어떻게 이용하고 있는가? 대화할 수 있는 자동 전화 시스템과 같은 것을 어떻게 사용할 수 있을까? 고객은 차, 집, 직장에 있는가? 우리는 고객이 무엇을 위해, 얼마나 자주 그리고 어디에서 서비스를 사용하는지 알고 싶었다. 여기 포커스 그룹의 또 다른 대화를 보자.

(2)

LEADER진행자: "I'd like you to talk about your experience with brokerage services. This includes brokers, Web sites, and touchtone systems. How often do you use these services, and what for?"

"증권사 서비스에서 겪은 경험을 이야기해주세요. 여기에는 중개인, 웹사이트, 터치톤 시스템을 포함합니다. 이런 서비스를 얼마나 자주 사용하고, 무슨 용도로 사용하나요?"

JUDY주디: "I usually call my broker every once in a while to make trades… um… I'll sometimes get a quote off a Web site, too."

"주로 중개인에게 전화를 걸어서 거래해요. 음… 가끔 웹사이트에서도 견적서를 받아볼 거예요."

LEADER진행자: "How often would you say?얼마나 자주 사용하실 건가요?"

JUDY주디: "Maybe… maybe once every two weeks.아마도… 2주에 한 번 정도요."

BOB밥: "Oh, not me. I like to get quotes several times a day sometimes, and I check the value of my portfolio on a regular basis… especially these days when the markets are so volatile. I generally go online in the morning at work to see whether things are up or down and keep tabs on the market all day. If I could do it more easily, I might call more often, too, I don't know. It'd be nice to be able to call in on my way to work just as the markets are opening…"

"아, 전 아니에요. 전 때때로 하루에 몇 번씩 견적을 받는 것을 좋아하고, 정기적으로 포트폴리오의 가치를 확인해요. 특히 요즘 시장이 매우 변덕스러워서 보통 아침에 일이 잘 풀렸는지 안 풀렸는지 확인하기 위해 온라인에 접속하고 하루 종일 시장을 주시해요. 더 쉽게 할 수 있다면, 더 자주 전화할지도 몰라요. 시장이 개점하는 대로 출근길에 전화할 수 있으면 좋겠어요…."

GORDON고든: "I used to call my broker all the time for stock quotes, but I'm finding that it's just cheaper and easier to use the Web and trade online at home. I don't do a lot of trades, but maybe once a week when I feel I need to do something, I'll just do it over the Web. It's just quicker and easier for me."

"주식 시가를 받기 위해 항상 중개인에게 전화를 걸었는데, 집에서 웹을 이용하고 온라인으로 거래하는 것이 더 저렴하고 더 쉽다는 것을 알게 됐어요. 저는 많이 거래하진 않지만 뭔가를 해야 한다고 느낄 때, 그냥 웹을 통해 거래를 할 거예요. 더 빠르고 쉬워요."

LEADER진행자: "So have you completely given up on your regular broker?"

"정식 중개인은 완전히 이용 안 하나요?"

GORDON고든: "Yeah, I haven't called him in a long time. Pretty much everything I used to do with my broker I can do online now. So, I can definitely just do it over the Web. I really like doing research over the Web. You can get news on a bunch of compa- nies and not feel like you're paying for anybody's time."

"네, 중개인에게 전화 안 한지 오래됐어요. 중개인이 했던 거의 모든 일들은 이제 온라인으로 할 수 있어서, 완전히 웹을 통해 거래할 수 있어요. 웹을 통해 정보를 얻는 게 정말 좋아요. 많은 회사들 소식을 접할 수 있고, 다른 사람의 시간에 돈을 지불하고 있다고 느끼지 않을 수 있어요."

포커스 그룹과의 대화를 통해 우리는 몇 가지를 배웠다. 정보를 얻고 거래를 하기 위한 쉬운 방법에 관심이 높았고, 중개인에게 조언을 구하지 않았다. 어떤 이들은 다른 참가자들보다 훨씬 더 자주 시스템을 사용하지만 반복적인 사용자들이었다. 어떤 고객은 차에서, 어떤 고객은 집에서 전화를 했다.

이제 고객이 누구이며, 어떤 서비스에서 보고 싶어 하는지 (또는 듣고 싶은) 중요한 정보를 얻었다. 이 정보를 가지고 두 가지 일을 수행할 것이다. 이를 상위 디자인에 주입하고, 상세 디자인 중에 디자인 상충 관계를 만드는 데 사용하는 것이다.

고객을 더 이해하기 위해, 렉싱턴사에 중개인과 고객의 대화 같은 실제 인터랙션을 들어볼 수 있는지 물어봤다. 사용되는 언어와 정보 등 양자가 공유하는 순서를 듣고 싶었다. 또한 거래하는 고객이 전반적으로 얼마나 지식이 풍부한지, 중개인이 고객에게 얼마나 많은 도움을 주는지 알고 싶었다.

하루 4명의 중개인과 협력해 8~12건의 통화 내용을 들었다. 또한 호출자의 필요와 관심사에 대한 견해를 얻기 위해 질문을 했다. 몇 가지 경향성이 나타났다. 호출자인 고객은 항상 거래 전에 몇 가지 주식 시세를 물었다. 거래하고 있는 회사뿐만 아니라 같은 산업군의 다른 회사에 관해서도 물어봤다. 매수 주문을 하기 전에 보통 계좌에 있는 현금 잔고를 확인해 매수힐 주식을 결정하는 데 도움을 줬다. 중개인들은 항상 거래 내용을 꼼꼼히 확인한 후에 거래했다. 만약 호출자가 전혀 확신이 서지 않는다면(예: "음, 그래, 그럴 것 같아요.") 중개인은 필요한 경우 거래 내용을 반복하면서 더 확실한 확인을 요구했다. 호출자가 자신의 계좌 번호를 모르기도 했다. 그 경우 중개인은 계좌에 접속하기 위해 고객의 이름, 주소, 어머니의 결혼 전 성 등 일부 개인정보를 요청했다.

7.2.3 애플리케이션 이해

최종 사용자와 고객의 동기에 대해 알고있는 모든 것을 고려해, 렉싱턴과 협력해 기능 정의를 수행했다. 고객들로부터 정보를 수집하고 모니터링 정보가 분명히 중요하다. 고객은 최신 주식 시세, 포트폴리오 업데이트, 계좌 정보, 심지어 금융 뉴스를 얻기를 원한다. 렉싱턴은 애플리케이션을 돋독하게 만들기 위해 개인화 기능과의 통합을 강조한다. 그중 세 가지 개인화 기능에 의견이 일치했다. 그 세 가지는 개인 관심 종목(회사 호출자 명단은 한 번의 요청으로 견적을 얻을 수 있다), 포트폴리오 성과 요약(회사 호출자 소유의 계좌 및 견적), 잔액 조회를 위한 기본 계정 설정이다.

주식과 뮤추얼 펀드의 거래가 확실히 필요하다. 거래 체결과 관련된 다른 기능들은 실행된 주문, 미결 주문 검토, 주문의 취소와 변경이다. 고객이 돈을 관리하고 계좌 정보를 얻을 수 있는 다른 기능이 많다. 여기에는 계좌 간 송금, 자금 인출, 월 명세서 사본 요청 등이 포함된다.

모든 기능 목록(표 7-1 참조)을 편집하고 호출자가 애플리케이션에 제공해야 할 정보와 호출자에게 제공할 정보의 유형을 고려한다.

표 7-1 렉싱턴 음성 시스템의 기능

기능	호출자로부터 제공되는 정보	시스템에서 제공되는 정보
호출자 로그인	계정 번호와 PIN	로그인 성공 확인
주식, 지수 및 펀드에 대한 견적 구하기	회사, 인덱스 또는 펀드 이름(일부 인기 있는 티커 심볼)	회사명, 가격, 상/하향액(상세 내용은 디자인 단계에서 고려)
개인 관심 목록 만들기	회사, 펀드 또는 인덱스 이름	그 이름이 목록에 추가됐는지 확인
개인 관심 목록 확인	관심 목록 명령	견적 정보와 동일
개인 포트폴리오 확인	(모든 포트폴리오 회사에 대한) 견적, 잔고, 보유, 순자산 및 사용 가능한 현금과 같은 명령	잔액, 회사 또는 펀드명, 보유 주식 수 및 현재 가치, 순자산액, 가용 현금액
거래 주식 및 펀드	회사 또는 펀드 이름, 거래할 주식 수, 주문 유형(구매/판매), 가격, 만기, 중지 주문에 대한 가격	주식 또는 펀드가 현재 거래 중인 가격, 주문 확인, 주문 번호, 주문 변경 또는 취소 방법에 대한 가이드라인
실행된 주문에 대해 알아보기	실행된 주문 명령	회사 또는 펀드 이름, 매입/매도, 주식 수, 금액
미결 주문 검토	미결 주문 명령	회사 또는 펀드 이름, 매입/매도, 주식 수, 금액
주문 취소	주문 취소 명령, 회사명 또는 펀드명, 올바른 주문 식별	주문 취소 확인
주문 변경	주문 변경 명령, 회사 이름 또는 펀드, 올바른 주문 식별, 새 주문 정보	주문 변경 확인
계좌 잔액 확인	계좌명	계좌상 현금 잔액
중개인에게 이관	이관 요청	이관 전 요청 확인
...		

렉싱턴사는 이 기능 목록에 동의했다. 호출자가 회사에 대한 뉴스 헤드라인과 보고서를 요청할 수 있는 기능에 대해 논의했다. 이 기능의 복잡성과 신속하게 배포하고자 하는 욕구를 고려할 때, 다음 버전으로 연기하기로 했다. 마찬가지로 다음 버전까지 PIN을

대체하는 화자 검증을 기다리기로 결정했다. 새로운 기능에 관한 다른 요청도 추후 버전에 반영이 고려될 것이다.

렉싱턴과의 다음 회의 전에 각 기능의 인식 복잡성을 검토했다. 우리가 식별하는 유일한 인식 문제는 12자리 문자열인 계좌 번호뿐이다. 우리는 계좌 번호에 대한 매우 높은 인식 정확도를 원했다. 계좌 번호는 시스템으로부터 요청받은 첫 번째 항목이기 때문이다. 그래서 그 인터랙션이 원활하기를 원한다. 이 문제는 다음 회의의 안건으로 상정됐다.

이즈음 렉싱턴의 기술 팀 멤버를 불러 애플리케이션 환경을 이야기했다. 시스템은 견적 정보를 제공하는 데이터 피드에 연결해야 했다. 또한 사용자 계정 정보를 저장하는 데이터베이스와 백엔드 거래 서비스에 대한 액세스를 요구할 것이다. 또한 통화가 전송될 때 호출자 정보를 중개인에게 전달하는 컴퓨터 기반 통신 통합 시스템[CTI, Computer Telephony Integration] 소프트웨어와의 인터페이스가 있다.

계정 번호 인식에 대해 논의해보자. 렉싱턴은 계정 번호의 마지막 숫자가 체크섬이라고 알려줬다. 그리고 우리는 N-베스트 인식을 사용하기로 했다. 애플리케이션은 N-베스트 목록의 각 항목에서 유효한 체크섬에 대해 테스트하고, 유효하다면 계정 데이터베이스를 확인해 기존 계정 번호인지 여부를 확인할 것이다. 선택된 계정 번호는 유효한 체크섬을 가지고 있으며 데이터베이스에 존재하는 가장 높은 인식 신뢰도를 가진 계정이다(인식 문제 및 기타 어려운 인식 문제 해결 방법에 관한 자세한 내용은 13장을 참고한다).

기술 팀은 모든 데이터 피드와 CTI 시스템에 대한 사양의 사본을 우리에게 제공한다. 이 문서에서는 거래에 대한 모든 입력과 출력 및 모든 실패 모드(애플리케이션으로 반환될 수 있는 모든 실패 메시지)를 자세히 설명한다. 우리는 필요로 하는 모든 세부 사항을 확실히 하기 위해 이를 함께 검토한다. 각 통합에 대해 평균 대기 시간의 수치를 제공한다.

포괄적인 기능 목록과 성공 지표를 포함해 요구 사항 프로세스에서 조사한 모든 내용은 공식적인 요구 사항 정의 문서에 작성됐다. 렉싱턴은 요구 사항의 정의에 대해 신속하게 승인했다. 우리가 얼마나 긴밀하게 일했는지 감안할 때 놀랄 만한 일은 아니었다.

이제 상위 디자인 단계로 이동할 때다. 요구 사항 단계에서 배운 것을 되새겨보면 이제 호출자가 누구인지, 호출자들이 렉싱턴을 어떻게 보는지, 원하는 서비스가 무엇인지 철저히 이해하게 됐다. 또한 그 동기가 무엇인지, 그 비즈니스 사례에 도움이 될 주요 특징, 회사가 홍보하고자 하는 기업 이미지, 출시 계획에 대해서도 알게 됐다. 서비스의 기능을 매핑하고, 시스템과 통합돼야 하는 데이터베이스와 데이터 피드 목록을 준비했다. 비록 이 모든 정보를 수집하는 데 시간이 걸렸지만 만족스러웠다. 우리의 디자인 결정은 충분히 근거가 있을 것이고, 완성된 제품을 되돌아보고 성취하기 위해 계획한 목표가 충족됐는지 평가할 수 있을 것이다.

7.3 상위 디자인

이제 소매를 걷어붙이고 애플리케이션 디자인을 파헤칠 때가 됐다. 그러나 세부 사항으로 들어가기 전에 상위단에서 시작하고 싶다. 목표는 요구 사항에 근거한 상세한 다이얼로그 디자인의 프레임워크를 만드는 것이다. 또한 애플리케이션 전체에 걸쳐 일관성 있게 적용할 수 있도록 미리 디자인 선택을 해야 한다.

7.3.1 주요 디자인 기준

주요 디자인 기준을 마련하기 위해 사용자와 비즈니스에 대해 알게 된 내용을 검토한다. 타깃 고객은 편리함과 일반적으로 중개인이 해야 할 일, 효율성, 자신이 받는 정보나 자신이 수행하는 거래의 정확성을 원한다. 비즈니스는 통화를 자동화하고 고객이 사용하기 쉽고 만족스러운 시스템을 제공하기를 원한다. 주요 디자인 기준은 단순성, 정확성, 효율성, 유연성이다. 디자인 결정을 할 때 이러한 디자인 가이드라인을 참조할 것이다.

7.3.2 다이얼로그 전략과 문법 형식

이 시점에서 우리가 정의한 가이드라인과 요구 사항을 충족시키기 위해 어떤 상위 다이얼로그 전략을 사용해야 하는지 결정할 수 있다. 효율성의 우선순위와 많은 사용자가 자주 전화할 것이라는 기대를 감안해 경험 많은 호출자가 신속하고 유연하게 자신의 요구를 말할 수 있게 하고 싶다. 숙련된 호출자가 메인 메뉴에서 시스템 기능에 직접 액세스하고 복잡한 요청을 할 수 있도록 하는 혼합형 다이얼로그 구조를 결정한다(예: "시스코 주식 100주 매수").

통화를 시작할 때, 호출자가 주도권을 제어하도록 허용하는 단점이 있다. 극도로 개방적인 프롬프트가 전문가에게 도움이 되지만, 초보자들은 더 많은 가이드라인이 필요할 것이다. 계좌 번호를 통해 전체 세션에서 호출자를 추적하기로 결정했다. 시스템에 대한 첫 번째 호출에서는 초보자에게 필요한 가이드라인을 제공해 단순성 목표를 충족시킨다. 그 후, 호출자가 시스템에 익숙해진 다음 효율성과 유연성을 증진시키기 위해 주도권을 양보한다. 호출자들이 어려움을 겪을 때마다 좀 더 직접적인 다이얼로그로 돌아갈 것이다. 호출자가 침묵할 경우 할 수 있는 일을 상기시키기 위해 추가 가이드라인을 제공할 것이다. 이런 방식으로 상황이 얼마나 원활하게 진행되는지에 따라 호출자와 시스템이 전환된다.

이 디자인 결정의 영향 중 하나는 통계적 언어 모델과 제한된 작업을 수행하는 모듈의 규칙 기반 문법을 사용한다는 것이다.

7.3.3 보편적인 다이얼로그 요소

이 시점에서 보편성, 오류 복구, 확인 전략(인식이 올바른지 확인) 및 로그인 전략과 관련된 몇 가지 다른 상위 수준의 디자인 결정을 내린다. 보편성과 관련해 도움, 교환, 반복, 메인 메뉴, 돌아가기, 작별과 같은 여섯 가지 표준을 통합시킬 것이다. 그리고 한 가지 보편성을 더 추가한다. 사용자는 언제든지 중개인에게 말을 걸 수 있게 요청할 수 있다.

이는 호출자인 고객이 거래를 하고 싶어 하지만 자동화 시스템으로 할 의사가 없다면 호출자들을 잃지 않도록 하는 데 도움이 된다. 호출자들에게 일부 도움과 오류 메시지에서 중개인의 가용성을 반드시 상기시킬 것이다.

다음으로 오류 복구 전략을 정의한다. 초기 개방형 프롬프트에서 만약 몇 초 이내에 응답을 듣지 못한다면, 사용 가능한 선택을 명시적으로 열거할 것이다. 마찬가지로 메인 메뉴 상태에서 발생하는 다른 오류에 대해서도, 호출자가 말할 수 있는 몇 가지 일반적인 명령어를 나열함으로써 대응할 것이다. 이 명령어들은 애플리케이션의 주요 기능에 해당한다. 일단 호출자가 제한적인 인터랙션을 하게 되면(예: 시스템이 "몇 주를 매수하고 싶으십니까?"라고 질문), 첫 번째 오류에서 신속한 리프롬프트(예: "뭐라고요?"와 같은 신속한 프롬프트)가 사용되며, 이후 오류에 대해 더욱 상세한 오류 메시지가 표시된다. 또한 오류와 도움말 프롬프트는 호출자에게 메인 메뉴로 돌아가는 방법과 선택 시 중개인에 직접 연결하는 방법을 알려준다.

또한 애플리케이션은 여러 가지 오류가 발생해 작업을 완료하지 못할 위험이 있는 호출자를 돕기 위한 몇 가지 메커니즘을 가지고 있다. 이런 호출자를 좌절하고 전화를 끊게 하기보다는 그들을 도울 수 있는 사람에게 보내는 것을 선호한다. 계좌 번호나 PIN을 입력하는 데 어려움이 있을 경우 대리인을 연결하는 기능에 대해 상기시켜 줄 것이다. 또한, 주어진 다이얼로그 상태의 세 번째 오류에서 호출자에게 대리인 연결을 원하는지 물어볼 것이다. 다이얼로그 상태 오류 제한 외에도 호출자가 정보를 부정확하게 확인하는 횟수(예: 거래를 할 때)를 계산할 것이다. 호출자가 정보가 정확하지 않다고 세 번 진술하면 시스템이 중개인에게 연결을 제안한다.

확인은 다이얼로그의 속도를 늦추지 않고 정확성을 보장하고자 하기 때문에 애플리케이션에서 중요한 요소가 될 것이다. 물론 주문 취소와 같은 다른 거래도 마찬가지로 명시적으로 확인돼야 한다. 단, 호출자가 단순히 주식 시세 등의 정보를 받고 있을 때는 시스템은 암묵적인 확인만 제공한다(예: "애플사는 …에 있다.").

또 다른 보편적인 다이얼로그 요소는 로그인이다. 고려해야 할 두 가지 접근법이 있다.

(1) 주식 시세만 받고 싶은 사용자를 비롯해 모든 사용자를 위해 애플리케이션을 시작할 때 로그인해야 하거나 (2) 거래하는 것처럼 계정 정보가 필요한 보안 영역에 도달한 경우에만 로그인하는 접근법이 있다. 이 디자인 결정은 두 시나리오 간에 맥락이 상당히 다르기 때문에 세부적인 작업이 시작되기 전에 디자인 결정을 내려야 한다. 그 결과로 다른 호출 흐름과 프롬프트가 생성된다. 우리는 사용자가 미리 로그인하는 것을 첫 번째 옵션으로 정했다. 이것은 호출자의 사용 패턴에 따라 프롬프트를 조정할 수 있게 해줄 것이다. 이 접근법은 초보 사용자를 위한 단순성 및 숙련된 사용자를 위한 효율성의 디자인 기준을 충족한다.

7.3.4 반복 용어

웹사이트와 이 시스템 사이에 원활한 정보 조율이 이뤄졌는지 확인하고 싶기 때문에 웹사이트의 일반 구성 요소를 음성 시스템의 주요 구성 요소의 시작점으로 사용한다. 기능 영역은 견적, 거래, 포트폴리오 및 계정 정보를 포함한다. 이러한 용어는 호출자가 애플리케이션의 다른 영역으로 이동하기 위해 사용할 수 있는 용어가 될 것이다. 이런 방식으로, 호출자들은 웹사이트를 위해 개발한 멘탈 모델을 가지고 일관된 용어를 사용해 음성 시스템에 일반화 할 수 있다.

주요 기능 영역 외에 일관성을 도모하기 위한 용어 리스트를 작성한다. 예를 들어 호출자가 관리하는 주식 목록을 "개인 관심 종목"이라고 부르기로 결정한다. 이러한 문구를 미리 설정함으로써 세부 디자인에서 불일치가 발생할 위험을 줄일 수 있다.

7.3.5 메타포

애플리케이션의 스타일과 특징을 고려하면서 메타포metaphor에 관해 생각하기 시작한다. 먼저 서비스를 정의한다. 서비스는 최신 정보와 호출자의 계정에서 거래를 수행할 수 있는 증권사 고객을 위한 리소스다. 호출자와 서비스의 관계는 중개인과 교류하는 거래자와 비슷하다. 사실 포커스 그룹에서 상기한 것처럼 서비스가 일부 고객들을 위한 중개인과의 인터랙션을 대체하기 시작하고 있다. 이를 고려해 가장 중요한 메타포를 실시간 중개인과의 대화로 정한다.

메타포를 정할 때 호출자를 속여서 시스템이 살아 있는 사람이라고 착각하게 만들고 싶지 않다. 단지 중개인과 어떻게 인터랙션하는지에 대한 호출자의 기존 멘탈 모델을 이용하기를 원한다. 호출자가 거래를 하기 위해 제공할 정보의 모델을 가지고 있다고 가정하고 싶다.

7.3.6 페르소나

다음으로 시스템 페르소나를 디자인한다. 먼저 어떤 주식 중개인이 돼야 하는지 생각해 본다. 페르소나는 서비스를 구체화하고 사용자에게도 어필할 필요가 있으므로 많은 요소를 고려해야 한다. 6장의 페르소나 디자인 체크리스트를 사용한다.

메타포와 역할

페르소나는 전문 중개인의 본질을 전달해야 한다.

브랜드와 이미지

페르소나가 지식이 풍부하고, 믿을 수 있고, 도움이 되는 회사의 이미지를 반영하기를 원한다.

최종 사용자

- **타깃층**: 대부분의 고객인 30대 중반과 비슷한 연령대의 중·고소득층의 사용 언어를 반영한 페르소나의 사운드를 정한다.

- **시스템 이용 빈도**: 일반적으로 고객들은 시스템과 반복적으로 대화를 하기 때문에 시간이 지남에 따라 그 매력을 유지하고 있어야 한다.
- **사용자의 사고방식**: 호출자는 돈을 신속하고 정확하게 관리하기를 원한다. 우리가 알고 있는 사용자의 사고방식을 고려할 때, 수다스럽거나 극도로 느긋한 페르소나를 만드는 것은 서비스와 잘못된 인터랙션 디자인 결정일 것이다. 페르소나는 빠르고 간단 명료하며 도움이 돼야 한다.

애플리케이션

- **콘텐츠**: 애플리케이션에서 호출자들은 주식에 대한 정보를 요청하고, 금융 거래를 하고, 계좌를 관리하게 될 것이다. 페르소나는 전문적이고 능력 있을 뿐만 아니라 주식 시장에 정통해야 한다. 정보 호출자가 받고 있는 것이 정확하고 거래가 잘 이뤄지고 있다는 확신을 심어 줄 필요가 있다.
- **업무와 관련된 문제**: 호출자들이 연달아 수많은 주식 시세를 요구할 수 있기 때문에, 그 페르소나가 효율적이지만 분명하다는 것을 확실히 해야 한다. 그러나 호출자가 문제가 있을 경우 속도를 늦추고 주의 깊게 지시를 내릴 준비가 돼 있어야 한다.

위의 가이드라인에 근거해, 다음에 나타낸 페르소나의 정의를 만든다.

프랭크 델라노

야망이 있는 35세의 뉴욕 주식 중개인이다. 롱아일랜드에서 자란 그는 고등학교 때 주식 시장에 관심을 갖게 됐다. 투자와 새로운 시장에 대해 배우기를 좋아한다. 포드햄대학교에서 경영학을 전공한 뒤 유명한 증권사에 입사해 지금은 인터넷과 기술 주를 전문으로 다루고 있다. 일을 하지 않을 때는 산악 자전거와 스키를 탄다.

특성:

박식함(현장 전문가)

능력 있음(현명하고 유능하며 정확한)

신뢰할 수 있음(이미 시작한 일을 다 끝냄)

도움이 됨(참을성이 있으며, 갑작스럽지 않게 도움을 주지만 조언을 제공하지 않음)

정직함(신뢰할 수 있고 확실함)

효율적임(빠르게 작동하지만 절제되지 않으며, 대화를 계속 진전시킴)

역동적임(매우 긍정적이고 단호함)

목소리 속성:

감지할 수 없는 지역 억양

발음은 정확하고 전문적이지만 편안함

속도는 지시를 내리려고 속도를 줄이지만, 평균보다 약간 빠름

또는 문제가 있는 호출자를 도움

언어 속성:

표준 미국 영어

어휘는 기술적인 전문 용어가 많지 않고 간단함

적절할 경우 완전한 문장 대신 축약된 구문을 사용함

페르소나의 정의에서 캐릭터 특성은 비즈니스에서 전달하고자 하는 이미지와 상당히 일치했다. 또한 고객들이 상호작용을 원하는 중개인의 유형을 구체화했다. 즉, 중개인은 정확한 정보를 제공할 것이고 오류 없이 효율적으로 거래를 실행할 수 있는 사람이었다.

클라이언트에게 페르소나의 정의를 제시했다. 페르소나는 디자인의 많은 측면에 영향을 미치기 때문에 앞으로 나아가기 전에 그 비즈니스가 페르소나를 받아들일 수 있도록 하고 싶었다. 렉싱턴 증권사가 프로필에 만족했다. 경영진은 페르소나 디자인 프로세스를 한 번도 본 적이 없으며 음성 애플리케이션이 터치톤 시스템의 룩 앤드 필과 어떻게 다른지 보고 기뻐했다. 당장 성우 선정을 시작했다. 성우 선정은 생산 단계의 일부지만 초기에 시작하는 것이 좋다. 17장에서 성우를 선정하는 프로세스를 자세히 설명한다.

7.3.7 비언어 오디오

우리의 메타포가 증권 중개인과 대화를 나누는 거래자인 만큼 증권 중개인의 목소리가 대부분인 희박한 오디오 환경을 만들기로 했다. 랜드마크와 대기 시간과 같은 디자인 요소에 대해서는, 언어를 사용해 호출자에게 애플리케이션에서 일어나고 있는 것을 전달할 것이다. 그러나 렉싱턴 증권사의 브랜딩 사운드를 인터랙션의 시작 부분인 환영 프롬프트 직전에 사용할 것이다. 이는 현재의 터치톤 시스템에 나타나는 것과 같은 소리다.

7.4 결론

이로써 프로젝트의 정의 단계가 끝났다. 비즈니스, 사용자, 애플리케이션에 대한 이해를 바탕으로 요구 사항을 자세하게 정의했다. 우리는 상세 디자인의 프레임워크를 만들고 애플리케이션 전체에 걸쳐 통일성과 일관성을 달성하기 위해 중요한 디자인 결정을 먼저 했다. 이제 프로젝트의 세부 디자인 단계로 넘어갈 준비가 됐다.

3부에서는 상세 디자인을 위한 방법론과 상세 디자인 결정에 사용할 몇 가지 디자인 원칙에 관해 다룰 것이다. 그 예로 렉싱턴 증권사 프로젝트의 상세 디자인 단계를 제시한다.

3부

디자인 단계: 상세 디자인

8

상세 디자인 방법론

이제 디자이너 혹은 디자인 팀이 모든 세부 사항을 일관되고 응집력 있는 디자인으로 모으는 단계인 상세 디자인을 위한 준비가 됐다. 숙련된 실무자는 세세한 부분까지 몰두해 다이얼로그의 폭을 넓히는 한편, 더 큰 맥락과 목표를 염두에 둬야 한다. 이 시점에서 완료한 요구 사항과 상위 디자인 단계는 상세 디자인을 용이하게 한다.

상세 디자인 단계를 거치면서 3장에서 처음 제시한 많은 방법론적 원칙이 적용된 것을 볼 수 있다. 여기서의 목표와 접근 방식이 정의 단계의 목표와 다르지만 최종 사용자 테스트에 상당한 중점을 둔다. 이 단계에서는 디자인 결정을 대화형 디자인과 적절한 맥락에 집중하는 데 도움이 되는 많은 프로세스 단계를 볼 수 있다.

8장에는 3장에서 기술한 방법론적 원칙 외에도 VUI에 대한 일련의 디자인 원칙을 설명한다. 다이얼로그 전략, 호출 흐름 및 프롬프트를 만들 때의 가이드라인을 제공한다. 이 가운데 일부는 모든 유형의 사용자 인터페이스에 공통적인 반면, 다른 원칙은 음성 사용자 인터페이스에만 해당된다.

상세 디자인에는 호출 흐름과 시스템이 수행하는 모든 프롬프트에 대한 전체 설명이 포함된다. 이 단계의 결과는 상세 디자인 문서이며, 프로토타입일 가능성이 있다.

8장에서는 다음 사항을 다룬다.

- 다이얼로그 상태 분석
- 호출 흐름 디자인
- 프롬프트 디자인
- 사용자 테스트
- 디자인 원칙

8.1 다이얼로그 상태 분석

일반적으로 호출 흐름 다이어그램에서 가장 작은 단위는 단일 다이얼로그 상태다. 흔히 다이얼로그 상태는 호출자와 시스템 간의 단일 교환을 포함한다. 단, 시스템이 예상치 못한 입력을 처리할 경우 동일한 다이얼로그 상태 내에서 호출자를 재호출할 수 있다. 예를 들면 다음과 같다.

> **시스템**: 얼마를 이체하시겠습니까?
>
> **호출자**: 〈인식되지 않는 음성—인식기가 거부를 반환함〉
>
> **시스템**: 죄송합니다만, 얼마를 이체하시겠습니까? [상승 억양]

이 경우, 시스템은 여전히 이체할 금액을 끌어내려고 시도하는 동일한 상태에 있으며 동일한 문법을 사용해 입력을 인식하려고 한다.

각 다이얼로그 상태에 대해 여러 구성 요소를 설명해야 한다. 대표적으로 다음과 같다.

- **초기 프롬프트**: 대화가 처음 다이얼로그 상태에 도달할 때 재생되는 프롬프트다. 8.3절에서 볼 수 있듯이 최근 기록(예: 현재보다 이전 상태)에 따라 가능한 초기 프롬프트를 두 개 이상 정의하는 것이 중요하다. 8.3절은 프롬프트 표현법을 정의

하기 위한 방법을 설명한다.

- **인식 문법**: 인식 문법의 전체 개발은 이후 단계를 위해 저장되지만, 다이얼로그 상태를 정의할 때 문법에 대한 상위 정의를 만드는 것이 적절하다. 이 정의는 문법 개발자가 가이드라인으로 사용할 수 있다. 가능하면 문법이 채울 수 있는 슬롯의 이름을 지정해 상위 수준의 정의는 문법에서 반환되는 정보의 특정 항목(예: 여행 애플리케이션의 도착지)을 설명해야 한다. 때론 문법 개발자에게 예상되는 표현 범위에 관한 아이디어를 주기 위해 많은 샘플 표현식을 제공하는 것이 유용하다. 만약 "예", "좋아요", "그래, 제가 원하는 거예요"와 같은 예/아니요 문법에 대한 샘플 표현식을 제공한다면, 문법 작성자는 호출자들이 예/아니요를 나타낼 수 있는 다양한 방법을 다루기 위해 더욱 문법을 구체화할 필요성을 인식할 것이다.

- **오류 처리**: 호출자는 문법에 적용되지 않는 것을 말하거나, 배경 소음이 정확한 인식을 방해할 수 있다. 두 경우 모두 인식기는 거부를 나타낼 가능성이 있다. 호출자는 전혀 응답하지 않을 수 있으며, 이 경우 인식기는 무응답 시간 제한을 나타낼 수 있다. 인식기가 나타낼 수 있는 오류 메시지의 각 유형에 대해 디자이너는 적절한 처리 방법을 지정해야 한다(위 예제의 리프롬프트와 같은 "죄송합니다만, 얼마를 이체하시겠습니까?" 등). 13장에서는 오류 처리를 상세히 다룬다.

- **보편적인 처리**: 5장에서는 보편적인 명령을 설명한다. 때로는 특정 다이얼로그 상태에서 보편성은 재정의해야 한다.

- **동작 설명서**: 지정해야 하는 다이얼로그 상태가 실행되는 동안 발생할 수 있는 여러 가지 동작이 있다. 애플리케이션은 백엔드 데이터베이스나 다른 시스템에 접근할 수 있다. 만일 그렇다면 당신은 성공뿐만 아니라 가능한 모든 실패 모드에 대한 동작을 지정해야 한다. 또한 전송에 대한 논리나 조건과 함께 다른 다이얼로그 상태로의 전환을 지정해야 한다(순간 보여지는 호출 흐름 다이어그램은 전환을 지정하기에 편리한 위치).

이것들은 전형적인 다이얼로그 상태의 구성 요소다. 다음 두 개의 절은 디자인의 두 가지 주요 요소인 호출 흐름과 프롬프트를 만드는 방법을 다룬다.

8.2 호출 흐름 디자인

호출 흐름을 디자인할 때 호출자가 시스템을 탐색하는 방법, 메뉴가 구조화되는 방법, 호출자에게 정보를 제공하는 방법, NVA가 재생되는 위치, 다른 시스템들이 통합될 수 있는 곳, 실패 모드 처리 방법 등 모든 디자인 전략을 상세히 생각해야 한다. 8장부터 13장까지는 디자인 가이드라인과 구체적인 다이얼로그 전략을 광범위하게 다루고 있다.

그림 8-1은 렉싱턴 증권사 애플리케이션의 상위 호출 흐름의 예를 보여주고 있다(14장에서는 애플리케이션의 호출 흐름의 개발을 상세하게 보여주고 있다). 그 예는 몇 가지 유형 상태를 보여준다. 메인 메뉴 상태는 8.1절에 정의된 유형의 다이얼로그 상태다. 프롬프트, 문법, 오류 및 보편적인 처리로 구성되며, 인식된 내용에 따라 다음 상태로 전환된다. 환영과 첫 호출자 메시지는 비인식 상태로서, 메시지를 재생하지만 인식을 수행하지 않는다. 로그인은 하위 다이얼로그의 플레이스홀더다. 세부 다이얼로그는 차후의 다이어그램에 구체화된다. 메인 메뉴 다음에 4개의 하위 다이얼로그가 있는데, 각각은 애플리케이션의 4가지 주요 기능 영역 중 하나를 나타낸다. 각각은 하위 다이얼로그이기도 하다.

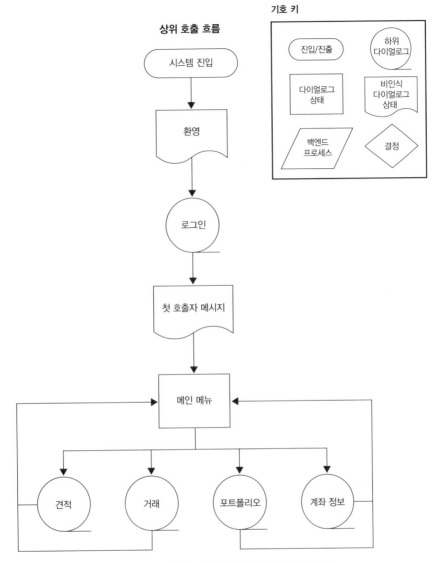

그림 8-1 렉싱턴 증권사 애플리케이션의 상위 호출 흐름

호출 흐름을 디자인할 때 프롬프트와 메시지의 표현을 구체화하지 않음을 유의한다. 이 단계는 나중에 8장 뒷부분에서 다룬다. 호출 흐름 다이어그램의 상태는 일반적으로 프롬프트의 의도된 의미가 명확하도록 설명 라벨을 제공한다.

호출 흐름 다이어그램의 구조를 결정할 때 다음 가이드라인을 따른다.

- 애플리케이션의 자연스러운 논리를 나타내는 구조를 선택한다. 하위 다이얼로 그는 의미 있는 기능 단위여야 한다.

- 상태를 위해 유익한 이름을 사용한다. 필요한 경우 기능을 명확하게 하기 위해 메모 또는 플레이스홀더 프롬프트 문구를 추가한다.

- 일련의 규약(예를 들어 그림 8-1과 같은 형태)을 선택하고 이를 일관되게 사용해 다양한 유형의 상태를 표시한다.

- 다이얼로그가 호출 흐름에서 가장 낮은 단위가 되도록 한다. 각 다이얼로그 상태의 내부 세부 사항(예: 오류 처리)은 다이얼로그 사양에 정의해야 한다.

8.3 프롬프트 디자인

프롬프트를 디자인할 때 호출자와 명확하게 의사소통하고 애플리케이션의 페르소나를 적절하게 파악, 호출자의 참여를 유지하며 호출자의 성공과 편안함을 최대화하고 애매함을 피해야 한다. 애플리케이션의 룩 앤드 필 대부분은 프롬프트의 표현에 따라 달라질 것이다. 10장은 프롬프트 표현에 대한 많은 구체적인 가이드라인과 교훈을 다룬다. 여기서 방법론적 문제를 다룬다.

자연스러운 소리와 이해할 수 있는 의사소통을 유도하는 방식으로 프롬프트를 작성하는 방법은 잘 알려져 있다. 가장 중요한 한 가지 요점은 디자인 경험을 사용자 경험에 근접하게 하는 것이다. 이는 3장에서 다룬 기본적인 방법론 중 하나인 대화 디자인에서 의미하는 것이다. 대화 디자인에는 두 가지 측면이 있다. 두 가지 측면은 모두 호출자를 위한 음성 언어 경험을 디자인한다는 사실에서 비롯된다. 첫째, 호출자들의 대화 환경에서 프롬프트를 디자인해야 하며, 둘째, 청각 모드에서 프롬프트를 경험해야 한다.

8.3.1 대화형 디자인

대화형 디자인의 핵심은 대화형 맥락에서 각 프롬프트에 대해 생각하는 것이다. 애플리케이션을 통해 여러 경로를 통과하는 샘플 다이얼로그를 작성해 이 작업을 수행할 수 있다. 샘플 다이얼로그는 시스템 측면과 호출자 측면을 모두 지정하는 실제 대화 시퀀스다. 샘플 다이얼로그의 작성을 통해 프롬프트 표현을 작성하면 맥락에 맞는 프롬프트 표현을 생각할 수 있다. 애플리케이션 전체에 걸쳐 프롬프트를 포함하는 대규모 샘플 다이얼로그를 만들어야 한다. 샘플 다이얼로그를 중 일부는 오류 복구 및 도움말 프롬프트를 다뤄야 한다.

현재 쓰이는 여러 도구들은 다이얼로그 상태(예: 초기 프롬프트, 오류 프롬프트, 도움말 프롬프트)와 관련된 모든 프롬프트의 완전한 사양을 포함하는 프롬프트 디자인 접근 방식을 권장하며, 다음 상태와 관련된 모든 프롬프트의 사양 등이 뒤따른다. 이 접근 방식은 프롬프트가 맥락상 인식되지 않기 때문에 종종 과장되게 들리는 애플리케이션으로 이어진다. 샘플 다이얼로그를 작성하면 문제를 해결할 수 있다.

다음은 청구서 지불 애플리케이션의 두 가지 버전의 실제 예다. 첫 번째 버전은 상태별로 진행되는 표준 도구로 작성됐으며, 각 상태에 대한 모든 프롬프트로 작성됐다. 즉, 대화식 맥락이 아니다.

(1)

CALLER^{호출자}: Bill payment.^{청구서 지불.}

SYSTEM^{시스템}: What bill would you like to pay?^{어떤 청구서를 지불하시겠습니까?}

CALLER^{호출자}: MasterCard.^{마스터카드.}

SYSTEM^{시스템}: How much would you like to pay?^{얼마를 지불하시겠습니까?}

CALLER^{호출자}: Two hundred and fifteen dollars.^{215달러.}

SYSTEM^{시스템}: What date would you like the bill to be paid?
청구서를 받기 원하는 날짜는 언제입니까?

CALLER^{호출자}: August first.^{8월 1일.}

SYSTEM^{시스템}: Confirming: You'd like to pay MasterCard in the amount of two hundred and fifty dollars on August first. Is this correct?
확인하겠습니다. 마스터카드에 8월 1일에 250달러를 지불하고 싶다. 맞습니까?

CALLER^{호출자}: No.^{아니요.}

SYSTEM^{시스템}: Which part would you like to change?^{어느 부분을 변경하시겠습니까?}

CALLER^{호출자}: The amount.^{금액.}

SYSTEM^{시스템}: How much would you like to pay? [same recording as first-time request]얼마를 지불하시겠습니까? [첫 번째 요청으로 동일한 녹음]

시스템의 프롬프트를 검토하고 다시 작성해야 했다. 우리는 샘플 다이얼로그를 사용해 새로운 프롬프트를 만들었다. 애플리케이션을 통한 동일한 경로에 대한 결과는 다음과 같다.

(2)

CALLER^{호출자}: Bill payment.^{청구서 지불.}

SYSTEM^{시스템}: Sure, "bill payment." What bill would you like to pay?
네, "청구서 지불"이요. 어떤 청구서를 지불하시겠습니까?

CALLER^{호출자}: MasterCard.^{마스터카드.}

SYSTEM^{시스템}: How much would you like to pay?^{얼마를 지불하시겠습니까?}

CALLER^{호출자}: Two hundred and fifteen dollars.^{215달러.}

SYSTEM^{시스템}: And on what date would you like it paid?^{그리고 언제 지불하시겠습니까?}

CALLER^{호출자}: August first.^{8월 1일.}

SYSTEM^{시스템}: Let me confirm that: You'd like to pay MasterCard in the amount of two hundred and fifty dollars on August first. Did I get that right?
확인하겠습니다. 마스터카드에 8월 1일에 250달러를 지불하고 싶다. 제가 제대로 이해했나요?

CALLER^{호출자}: No.^{아니요.}

SYSTEM^{시스템}: Which part did I get wrong?^{어느 부분이 잘못됐습니까?}

CALLER^{호출자}: The amount.^{금액.}

SYSTEM^{시스템}: Sorry about that. What's the correct amount?^{죄송합니다. 정확한 금액이 얼마입니까?}

분명히 이것은 다른 디자이너들이 관여했다는 점을 감안할 때 두 기술을 올바르게 과학적으로 한 비교가 아니다. 그러나 두 예제의 차이의 본질을 살펴보는 것이 좋다. 두 번째 버전이 얼마나 더 자연스러운지 주목한다(둘 다 큰 소리로 읽어보라). 추가 단어들을 주목하라. 즉, 프롬프트와 그 전에 있었던 일을 연관시키는 데 도움이 되는 단어를 주목한다(예: "Sure, …(그럼, …)", "And…(그리고…)").

특히 각 예제의 최종 프롬프트를 비교하는 것이 좋다. 두 경우 모두 마지막 프롬프트가 지불할 금액을 결정하고 있다. 첫 번째 예제의 경우 "How much would you like to pay?(얼마를 지불하시겠습니까?)"라는 마지막 프롬프트는 단지 처음에 사용된 녹음을 재사용하는 것이다(호출자가 금액 상태로 들어갈 때마다 프롬프트가 재생된다). 두 번째 예제의 경우 불일치 다음에 금액 상태가 입력되면 다른 프롬프트가 재생된다(오류 발생 후 금액을 반영하기 위해 입력). 이 경우 프롬프트는 더 많은 대화형 인식을 보여주는 방식으로 쓰여진다. 우선, 프롬프트의 첫 번째 절은 미안해하는 인사로 기능한다. 게다가 "정확한"이라는 단어는 강조를 통해 정보적인 초점을 맞춘다.

마지막 프롬프트의 차이는 프롬프트에 대한 일반적인 가이드라인의 예로서, 대화형 맥락을 설명하기 위해서 다이얼로그 상태에서 가능한 여러 초기 프롬프트를 제공해야 하는 경우가 많다. 초기 프롬프트를 재생할지 선택하는 것은 즉각적인 다이얼로그 기록을 조건으로 한다. 항상 상태에 대한 모든 다이얼로그 기록(예: 가능한 모든 선행 상태)을 확인하고, 어떤 다이얼로그 기록들이 초기 프롬프트의 대체 버전으로부터 이점을 얻을 것인지를 결정해야 한다. 만약 샘플 다이얼로그를 통해 프롬프트를 디자인한다면, 이 필요성은 명백해질 것이다.

샘플 다이얼로그를 기반으로 한 프롬프트의 개선은 대화 결과가 더 응집력이 있을 뿐만 아니라 더 이해하기 쉽기 때문에 가치를 제공한다. 10장에서는 프롬프트 제작과 관련된 문제를 자세히 다룬다.

샘플 다이얼로그는 호출자와 시스템의 페르소나 사이의 인터랙션으로서 맥락의 충분한 이점을 이용해 디자이너에게 별도의 메시지와 프롬프트에 대한 관점을 제공한다. 풍부한 샘플 다이얼로그를 통해 애플리케이션을 디자인하면 사용자의 경험과 매우 유사한 디자인 프로세스가 보장된다. 샘플 다이얼로그가 제공하는 가시적인 관점 없이 어떻게 페르소나가 풍부한 애플리케이션이 만들어질 수 있을지는 상상하기 어렵다.

8.3.2 청각 디자인

호출자는 음성 언어 인터랙션에 관여하고 있다. 10장에서 논하겠지만 기본적으로 음성 언어는 문자 언어와 다르다. 음성 언어와 문자 언어의 차이를 감안할 때 인간은 언어를 들을 때와 읽을 때 매우 다른 기대를 갖는다.

프롬프트를 정확하게 보기 위해서는 프롬프트를 청취하는 것이 중요하다. 프롬프트를 만들 때 프롬프트를 큰소리로 말하기를 강력히 추천한다. 또한 동료와 함께 샘플 다이얼로그를 통해 읽어 보는 것은 매우 중요하다. 한 명은 시스템의 음성, 다른 한 명은 호출자 역할을 한다. 매우 숙련된 디자이너조차도 프롬프트를 듣는 경우 다르게 반응한다.

고객과 함께 작업할 때 프롬프트를 눈으로 읽으면 부정적으로 반응하는 경우가 많다. 너무 격식을 차리지 않는다고 불평하는 것이다. 그러나 사전에 녹음된 샘플 다이얼로그를 고객에게 제시하면, 동일한 프롬프트가 종종 괜찮게 들린다.

이 절에서 설명한 두 가지 방법, 즉 샘플 다이얼로그 작성을 통해 프롬프트를 만들고 해당 다이얼로그를 소리 내 읽는 방법을 사용하면 사용자가 시스템을 사용하는 방식에 가까운 디자인 경험을 할 수 있다. 이러한 방법으로 디자인됐을 때 프롬프트의 품질이 크게 향상되는 것을 관찰했다. 이 접근 방식을 사용하면 프롬프트를 만들면서 자신만의 고유한 대화 능력을 갖는 데 도움이 될 것이다.

8.4 사용자 테스트

3장에서 논의했듯이 디자이너는 어떤 면에서는 디자인의 유용성을 판단하는 데 최악의 사람들이다. 디자인 역할을 고려할 때 시스템 사용법을 철저히 파악하고 있다. 최종 사용자 테스트는 디자인 결정을 평가하고 개선하는 데 중요하다.

앞의 두 절에서는 디자인 프로세스의 두 단계로 호출 흐름과 프롬프트 디자인을 설명한다. 세 번째 중요한 단계는 최종 사용자 테스트다. 이러한 단계들은 엄격한 순서로 이뤄지지 않는다. 일반적인 프로젝트는 여러 번의 테스트와 디자인 개선 과정을 거친다. 통상적인 접근 방식은 다이얼로그를 통해 기본 경로를 디자인하는 것으로 시작해 초기 사용자 테스트를 수행하는 것이다. 또한 반복적인 테스트와 정교함에 대한 시간을 남겨두고 사용성 관점에서 시스템의 가장 위험한 부분을 조기에 디자인하는 것이 바람직하다.

이 단계에서 사용자 테스트의 주요 방법은 다음 절에서 논의되는 공식적인 사용성 테스트다. 또한 메뉴 계층 구조를 디자인하는 데 도움이 되는 기술인 카드 정렬을 다룬다.

8.4.1 형식적인 사용성 테스트

사용성 테스트는 자체적으로 충분한 가치가 있다. 운 좋게도 훌륭한 참고 자료들이 있다. 루빈^{Rubin}(1994), 두머스와 레디쉬$^{Dumas\ and\ Redish}$(1999), 닐슨^{Nielsen}(1993)을 추천한다. 이 절에서는 사용성 테스트의 기본 사항을 상위 수준에서 검토하고 음성 사용자 인터페이스를 테스트할 때 발생하는 특수한 문제 중 몇 가지를 지적한다.

기본 접근 방식

사용성 테스트는 디자인 프로세스 초기에 시작해야 한다. 프로토타입이 존재하기 전에 조기 테스트를 가능하게 하는 일반적인 접근 방법 중 하나는 WOZ$^{Wizard\ of\ Oz}$ 테스트다

(프레이저와 길브렛^{Fraser and Gilbre} 1991). 핵심 아이디어는 인간("위저드")을 시스템으로 사용하고 가상 음성 인식을 수행하고 적절한 응답과 프롬프트를 생성해 작업 시스템의 동작을 시뮬레이션하는 것이다. 경우에 따라 위저드는 실제로 자신의 음성으로 프롬프트를 말한다. 다른 경우에는 소프트웨어 시스템이 미리 기록된 음성 파일에서 적절한 응답을 선택할 수 있도록 한다. 후자의 접근 방식은 테스트 참여자들 간에 일관된 시스템 동작을 유도하기 때문에 바람직하다.

WOZ 접근법은 다음과 같은 많은 장점을 가지고 있다.

- **초기 테스트**: 테스트하려는 첫 번째 다이얼로그를 디자인하자마자 테스트를 시작할 수 있다.

- **버그 없음**: WOZ 시스템은 소프트웨어 및 통합 버그의 영향을 받지 않는다. 작동 중인 시스템이나 프로토타입의 초기 버전을 사용해 테스트하는 경우 사용성을 테스트 능력을 방해하는 버그가 발생할 위험이 있다.

- **큰 문법 적용 범위**: 문법 적용 범위는 인식 성능의 중요한 요소다. 문법 개발에 상당한 노력이 필요할 수 있다는 점을 감안할 때, 초기 프로토타입이 큰 문법 적용 범위를 가질 가능성은 낮다. 문법 적용 범위가 작으면 사용성 테스트 기능에 지장을 줄 수 있다(사용자가 궁극적으로 달성할 것으로 예상하는 실제 인식 성능을 반영하지 않는 많은 인식 오류를 경험하기 때문이다). WOZ는 인간의 음성 인식기를 사용하기 때문에 문법 적용 범위가 크다(참고: 인간이 궁극적인 시스템이 가질 수 있는 것보다 더 큰 문법적 적용 범위를 가질 수 있기 때문에, 때때로 단점이 될 수 있다. 하지만 개발되기 전에 문법의 동작을 정확하게 시뮬레이션하는 것은 어렵다).

- **빠르고 쉬운 변경**: 작동하는 프로토타입보다 WOZ를 변경하는 것이 훨씬 쉽다. 테스트가 끝나면 다음날 빠른 변경을 하고 더 많은 참가자를 참여시킬 수 있는 것이 바람직하다.

WOZ의 가장 큰 단점은 현실적으로 인식 정확도와 문법 적용 범위를 시뮬레이션하는 것이 어렵다는 것이다.

또 다른 접근법은 프로토타입을 사용해 사용성 테스트를 실행하는 것이다. 일반적으로 WOZ 테스트보다 나중에 수행한다. 프로토타입의 주요 장점은 현실적이다. 시스템의 동작은 인간이 시뮬레이션한 버전보다 최종 시스템의 동작을 더 정확하게 반영할 가능성이 높다(합당한 문법 적용 범위와 파괴적인 버그가 없다고 가정).

사용성 테스트는 전통적으로 사용성 실험실에서 실행됐다. 참가자는 실험실에 와서 다양한 작업을 수행하고, 진행자와 인터뷰를 한다. 그러나 VUI의 사용성 테스트는 점점 집에 있는 참가자와 전화를 통해 운영되는 경우가 많다. 전화 기반의 사용성 테스트는 다음과 같은 여러 가지 장점이 있다.

- 지리적으로 분산된 참가자들의 더 쉽게 모이게 할 수 있어, 호출자 수를 더욱 대표하는 샘플을 얻을 수 있을 것이다.
- 참가자는 실제 시스템 사용을 좀 더 잘 나타낼 수 있는 집, 환경 그리고 심리 상태에 있다.
- 참가자를 실험실로 데려오는 것보다 비용이 적게 들고 참가자의 불편함도 덜하다.

실험실에서 사용성 테스트를 실행할 때의 장점은 참가자를 관찰할 수 있다는 것이다. 종종 호출자가 불만이 있거나 혼란스러움을 나타내는 바디 랭귀지를 읽을 수 있는 것으로, 전화로 듣는 경우에는 놓칠 수 있다.

전화상으로 WOZ 시스템을 사용해 많은 사용성 연구를 실행한다. 저렴하고 빠르게 초기 피드백을 받을 수 있다. 15장에서는 전체 작업 시스템이 생성된 후에 실행되는 평가용 사용성 테스트를 설명한다. 실제 작업 시스템을 사용해 운영된다.

과제 디자인과 측정

일반적인 사용성 테스트에서 참가자에게 테스트하려는 시스템의 일부를 실행하도록 디자인된 과제가 주어진다. 시스템을 전체적으로 테스트하는 것이 거의 불가능하다는 점을 감안할 때 테스트는 주요 다이얼로그 경로(예: 자주 사용될 가능성이 높은 기능), 위험성이 높은 영역의 작업 및 요구 사항 정의하는 동안에 확인된 주요 디자인 목표와 디자인 기준을 다루는 과제에 초점을 맞추고 있다.

어떤 식으로든 참가자에게 편견을 주지 않도록 과제 정의를 신중하게 작성해야 한다. 과제를 완료하기 위한 명령어나 전략을 언급하지 않고 작업의 목표를 설명해야 한다.

나중에 기술해야 할 주관적 측정(예: 참가자의 인식 및 의견) 외에 테스트 중 다수의 성능 측정에 대한 추적이 필요하다. 성능 측정에는 과제 완료(참여자가 할당된 과제를 성공적으로 완료하는가?)와 효율성(참가자는 오류 복구 절차, 재시작 및 도움말 명령을 통해 완료 또는 종료되는 가장 직접적인 경로를 취하는가?)이 포함돼야 한다. 다이얼로그를 통한 참가자의 상세 경로를 기록해야 하며, 다양한 오류 메시지와 도움말 메시지의 성패가 기록돼야 한다. 추가 성능 측정은 가능한 경우 요구 사항 정의 중에 성공 지표로 식별된 측정을 포함해야 한다. 관련 성능 문제를 표시하고 디자인 가이드라인을 제공하는 데 사용할 수 있는 다른 측정도 유용할 것이다.

참가자 선정 및 모집

전형적인 테스트에는 10~15명의 참가자가 포함된다. 참가자 선정에 관한 가장 중요한 규칙은 참가자가 최종 사용자 모집단을 대표해야 한다는 것이다. 참가자를 모집하는 한 가지 방법은 인력 채용 회사를 통해서다. 이러한 회사들은 일반적으로 잠재적인 참가자의 거대한 목록이 있으며, 인증된 각 인구에 대한 상당한 인구 통계학적 정보 및 사람마다 기타 정보를 가지고 있다.

그래서 만나려는 참가자의 기준을 정의할 수 있다. 인력 채용 회사들은 제공하는 각 참가자에게 수수료를 부과한다. 또한 참가자에게 장려금을 제공하는 것이 유용하다.

어떤 상황에서는 시스템을 구축하는 회사가 사용성 연구에 참여할 수 있는 고객 목록을 제공할 수 있다. 특히 시스템이 웹사이트의 사용자와 같은 특정 그룹을 대상으로 하면 매우 유용할 수 있다. 채용 대행업체를 이용하거나 혹은 클라이언트 회사로부터 추천을 받거나 인구 통계, 교육 수준, 다양한 시스템을 사용한 경험 및 테스트와 관련된 다른 기준에 관한 질문을 포함하는 선별 설문지를 작성해야 한다. 설문지의 결과를 사용해 참가자의 선택을 좁힐 수 있다.

테스트 실행

첫 번째 참가자와 함께 테스트를 하기 전에, 한 명 또는 두 명의 사람과 테스트해 모든 것이 제대로 작동하는지 가이드라인과 과제 설명이 명확하게 돼 있는지 확인한다. 실제 참가자와 함께 테스트를 전화로 수행하는 경우 참가자의 허가를 받아 녹음하거나 사용성 실험실에 있는 경우 비디오로 녹화한다.

테스트는 그 목적과 특성을 설명하는 것으로 시작한다. 참가자에게 시험 대상이 아니라는 것을 확실히 하는 것이 중요하며 오히려 시스템 디자인을 평가하고 개선하는 데 도움을 받는 것이 목표다. 참가자에게 현재 시스템의 품질에 대한 권한이 없지만, 문제를 발견하려고 노력하고 있음을 확신한다면 부정적인 피드백에 불쾌해 하지 않을 것이다.

각 과제가 끝난 후 참가자와 함께 보고를 받는 것은 유용하다. 마지막에는 전반적인 보고를 받는 것이 필요하다. 참가자가 과제를 수행하는 동안 발생하는 문제점을 메모하고 나중에 질문해 참가자들이 어떻게 생각하고 있는지 이해하도록 한다. 참가자가 과제에 어려움을 겪는 것을 보면서 방해하지 않고 도움을 청하라. 종종 그런 상황에서 사람들이 어떻게 반응하는지를 들음으로써 가장 많이 배울 것이다.

참가자들이 모든 과제를 완료했을 때, 전반적인 보고 내용은 참가자들의 주관적인 반응을 이끌어내기 위해 고안된 설문지로 구성된다. 그다음에 시스템에서의 경험에 대한 더 자유 토론이 뒤따른다. 설문지는 참가자들의 경험에 관한 많은 진술로 구성되는데, 1에서 7까지의 등급은 진술에 동의하거나 동의하지 않는 정도를 나타낸다(1은 "매우 동의하지 않음", 7은 "강력하게 동의함"). 이것을 리커트 척도[Likert scales]라고 한다. 일부 진술은 "시스템이 빠르고 효율적이었다"와 같이 일반적일 수 있는 반면, 테스트된 기능에만 한정된 것일 수도 있다. 설문지에는 짧은 답변과 의견을 요청하는 질문도 포함할 수 있다.

설문지는 일반적으로 더 많은 자유 토론으로 이어진다. 먼저 "어떻게 생각하셨나요?"와 같은 일반적인 질문으로 시작하라. 거기서부터 구체적인 내용으로 파고들어야 한다. 참가자들이 어떻게 생각하고 있는지, 그들의 멘탈 모델이 무엇이었는지, 과제 수행 방법에 대한 가정 등을 배우도록 노력해야 한다. 해결책을 찾지 말고 사용자의 관심사와 문제점을 파악하는 데 집중해야 한다.

데이터 분석

데이터 분석의 목적은 문제를 파악하고 해결할 문제의 우선순위를 정하는 것이다. 인터페이스 문제는 테스트 중에 여러 방법으로 나타난다. 예를 들어 특정 작업을 수행하는 방법에 대한 명확성이 부족하면 수많은 오류 메시지와 도움 요청, 일부 참가자의 작업 완료 부족, 특정 질문에 대한 리커트 척도 및 부정적인 주관적 피드백이 발생할 수 있다.

데이터 분석 결과를 모아야 한다. 리커트 척도의 응답을 요약해, 모든 리커트 진술의 평균뿐만 아니라 개별적인 가치와 수단을 보여줘야 한다. 각 과제에 대해 완료율과 오류 복구 절차와 도움말 사용을 계산해야 한다. 이 정보를 참가자들의 과제 및 논평의 결과와 함께 표로 요약한다. 유사한 참가자 의견을 그룹화하고 표로 기록해야 한다.

데이터 분석의 목적 중 일부는 트렌드를 찾는 것이다. 때때로 기본적인 근본 문제는 여러 곳에서 징후가 나타난다. 예를 들어 일반적인 오류 복구 전략의 문제점은 많은 작업에서 문제를 야기할 수 있다. 그럴 경우 각각의 증상을 다루기보다는 일반적인 문제를 해결하고 싶어 한다.

다음과 같은 여러 가지 문제를 염두에 두고 우선순위를 매겨야 한다.

- **범위:** 로컬 문제인가(예: 애매한 프롬프트)? 애플리케이션의 많은 부분에 영향을 미치는가(예: 비효율적인 오류 전략)?

- **빈도**: 얼마나 많은 참가자들이 이 문제를 겪었는가?
- **복구 가능성**: 참가자가 문제를 경험할 때 과제를 완료하지 못하거나 최종적으로 복구해 과제를 성공적으로 완료하는가?
- **성공 지표**: 이 문제로 요구 사항 정의에서 합의된 성공 지표를 충족시키지 못하는 경우가 얼마나 되는가?

각각의 문제 해결을 위한 제안은 디자이너와 함께 해결해야 한다. 그렇지 않으면 더 큰 디자인 맥락에서 작동하지 않는 제안을 할 위험이 있다.

8.4.2 카드 분류

카드 분류는 사람들이 정보를 분류하는 방법에 대한 통찰력을 얻고 카테고리에 어떤 라벨을 사용하는지 알아내기 위해 사용되는 기법(발로^{Balogh} 2002)으로, 복잡한 메뉴 계층 구조를 가진 애플리케이션을 디자인할 때 유용하다. 그 결과는 직관적인 메뉴 구조를 디자인하고 메뉴 선택에 유용한 이름을 선택할 수 있다.

카드 분류 테스트에는 두 가지 기본 접근 방식이 있다. 첫 번째 접근법에서는 참가자들에게 다양한 항목이 적힌 색인 카드 세트를 제공한다. 참가자들의 과제는 카드를 같이 어울리는 아이템 그룹으로 분류하는 것이다. 최대 그룹 수로 제한하는 것이 좋다. 분류를 마치면 각 그룹의 명칭을 만들고, 선택한 그룹 뒤에 있는 자신의 생각을 설명해 달라고 한다.

다음은 가상의 통신 애플리케이션을 위해 색인 카드에 나타날 수 있는 항목 유형의 예다.

제 수화기에 문제가 있어요.
제 서비스에 호출 전송을 추가하고 싶어요.
지난달 청구서에서 얼마나 연체됐나요?

음성 메일 PIN이 기억나지 않아요.

통화 대기는 어떻게 사용하나요?

잔고를 확인할 수 있나요?

중복 청구서가 필요해요.

제가 하지 않은 전화에 대해 요금이 부과됐어요.

이사를 가서 서비스를 취소하고 싶어요.

집에 전화벨이 안 울려요.

음성 다이얼 옵션이 있나요?

통화 중이었는데 끊어졌어요.

두 번째 접근법은 기존의 범주 명칭 세트로 시작하고 참가자들에게 해당 범주로 항목을 분류하도록 요청한다는 점을 제외하면 첫 번째 접근법과 유사하다. 이것은 메뉴 구조에 대한 기존 디자인을 테스트하는 좋은 방법이다.

8.5 디자인 원칙

호출부터 배치된 시스템까지 데이터 분석, 개발 중인 시스템과 시스템의 사용성 연구 및 세심하게 제어된 실험실 연구를 기반으로 6가지 핵심 VUI 디자인 원칙이 나타났다. 이러한 원칙은 다이얼로그 전략, 호출 흐름 및 프롬프트의 디자인을 최적화할 수 있다.

- **인지 부하 최소화**: 호출자의 단기 기억 부하, 호출자가 이해해야 하는 개념의 복잡성, 시스템을 성공적으로 이용하기 위해서는 학습해야 하는 항목 수를 최소화한다. 9장에서는 인지 부하를 제어하기 위한 기술을 다룬다.

- **대화의 기대에 부응하기**: 사람과 사람 간의 대화는 관습과 무의식적인 기대에 의해 유도된다. 이러한 기대는 인간이 기계와 대화할 때 유효하다(리브스와 나스 Reeves and Nass 1996). 이러한 자연스러운 기대치를 지키면 애플리케이션의 흐름

을 더 쉽게 할 수 있을 뿐만 아니라 이해력을 높일 수 있다. 10장과 11장은 대화 원칙에 기초한 프롬프트 디자인 방법을 설명한다.

- **효율성 극대화**: 호출자는 속도와 효율성을 원한다. 다이얼로그 디자인에서 요구하는 단계 수가 적을수록 전화 통화의 효율성은 커진다. 12장에서는 효율성을 다룬다.

- **명확성 극대화**: 명확성은 항상 중요하다. 이는 프롬프트의 의미에 대한 명확성, 시스템 사용에 적합한 멘탈 모델의 명확성 등 하위 세부 사항에도 적용된다. 12장은 효율성과 명확성을 균형 있게 조정하는 방법을 다룬다.

- **높은 정확도 보장**: 인식 오류는 사용성 및 호출자의 신뢰도를 심각하게 저하시키므로 이를 최소화해야 한다. 13장에서는 높은 정확도를 위한 VUI 디자인 기술을 다룬다.

- **오류의 정상적인 복구**: 오류가 발생하면 호출자들은 혼란스러워하고 좌절한다. 자동화된 시스템이 빠르고 원활하게 복구할 수 없는 경우 호출자는 전화를 끊거나 실시간 상담원에게 요청해 작업을 완료하는 것을 거부할 것이다. 13장은 오류의 유형과 원인을 다루고 있으며, 호출자가 원활하고 정상적으로 복구할 수 있도록 기술에 대해 설명한다.

흥미롭게도 음성 언어 시스템에 행해진 통화의 실시간 데이터 분석에서 나타난 이 6가지 원칙은 그래픽 사용자 인터페이스GUI, Graphic User Interface 디자인과 같은 다른 연구 분야에서 개발된 사용자 인터페이스 디자인 가이드라인과 밀접하게 일치한다. 슈나이더만Shneiderman(1998)이나 닐슨Nielsen(1993)을 참조하면 된다. 단, 이 원칙이 VUI 디자인에 적용되는 방식은 다른 인터페이스에 적용하는 방식과 다르다. 첫 번째 원칙(인지 부하 최소화)이 모든 사용자 인터페이스에 문제가 되지만, 일시적인 특성으로 인한 인지 문제를 고려할 때 청각 인터페이스에 특히 중요하다. 두 번째 원칙인 '대화의 기대에 부응하기'는 음성 사용자 인터페이스로 한정되지만, 모든 사용자 인터페이스에는 일반적으로 사용자 기대 충족이 확실히 중요하다.

8.6 결론

8장에서 제시된 상세 디자인 프로세스는 3장에서 논의된 많은 방법론적 원리에 의해 주도된다. 접근법은 최종 사용자 입력을 유도해 디자인 의사 결정을 지원하고, 디자인 중 맥락을 고려해 대화형 디자인에 프로세스를 집중시키는 방법이 설명됐다. 또한 디자인 결정을 이끌어내는 일련의 디자인 원칙을 도입했다.

프로세스를 적용하는 기술은 실제 애플리케이션을 디자인하는 경험이 필요하다. 작동 중인 프로세스를 설명하고 상세 디자인 중에 발생하는 문제, 결정 및 절충 사항을 보여주기 위해 14장에서 상세 디자인 단계를 보여주는 렉싱턴 증권사의 샘플 애플리케이션을 계속 사용한다. 단, 먼저 디자인 원칙에 대해 상세히 논의하고 상세 디자인 결정에 어떻게 적용되는지 보여준다(9~13장).

인지 부하 최소화

인지란 우리 주변 세계의 정보를 처리하는 것이다. 인식, 주의, 패턴 매칭, 기억, 언어 처리, 의사 결정, 문제 해결 등이다. 인지 부하는 주어진 임무를 수행하는 데 필요한 정신적인 자원의 양이다.

모든 사용자 인터페이스는 사용자에게 인지 요구를 한다. 사용자는 시스템 사용의 특별한 규칙을 숙지하고, 새로운 개념을 배우고, 정보를 단기 기억에 보존해야 한다. 사용자는 시스템이 어떻게 작동하고 시스템을 어떻게 사용해야 하는지 멘탈 모델을 만들고 다듬어야 한다. 순수 청각 인터페이스를 사용하는 시스템은 정보를 연속적이고 일시적으로 제시하기 때문에 인간의 기억력과 주의력이 더 필요하다.

성공적인 사용자 인터페이스 디자인은 인간의 인지 처리의 한계를 존중해야 한다. 디자인할 때 사용자가 단기 기억에 너무 많은 항목을 기록하거나 복잡한 명령 집합을 너무 빨리 학습해야 하면 실패할 것이다. 9장은 음성 언어 인터페이스 사용자의 인지 부하를 최소화하기 위한 여러 가이드라인을 설명한다.

디자인이 진행됨에 따라 고려해야 할 세 가지 인지적 과제가 있다.

1. **개념적 복잡성**: 호출자가 배워야 하는 새로운 개념은 얼마나 복잡한가? 새로운 멘탈 구조는 사용자가 이미 알고 있는 개념과 절차와 얼마나 잘 일치하는가?

2. **기억 부하**: 호출자가 단기 기억에 얼마나 많은 정보를 유지해야 하는가? 얼마나 많은 새로운 자료(예: 명령, 절차)를 배워야 하는가?

3. **주의 사항**: 호출자가 가장 중요한 정보에 쉽게 접할 수 있는가? 호출자의 주의력이 분산되는가? 만약 순간적으로 주의가 산만해진다면(예: 운전 중), 준비가 됐을 때 시스템과의 인터랙션을 원활하게 계속할 수 있는가?

다음 절에서는 각각의 잠재적 과제에 대해 논의하고 이를 처리하기 위한 가이드라인을 제시한다.

9.1 개념의 복잡성

개념의 복잡성은 사용자가 배워야 하는 새로운 개념과 그러한 개념에 내재된 복잡성의 산물이다. 그러나 인지적 과제를 이해하는 것은 개념을 세우고 그 복잡성을 측정하는 것 이상이다. 또한 인간의 능력(인간은 이해하고 배우기 쉬운 것과 어려운 것)을 이해하고, 사용자가 조작할 상황(예: 현재의 애플리케이션이 기존 사용자 지식, 기술, 기대 및 멘탈 모델과 어떻게 맞물릴 것인가)을 파악하는 것도 문제다.

이 책에서 특정한 디자인 결정의 난이도를 정확하게 예측할 수 있는 이론적 체계를 제시하려고 하지 않는다. 그런 이론을 만드는 데 필요한 지식은 불완전하다. 대신 호출자들의 인지적 도전을 최소화하도록 도와줄 일련의 가이드라인을 제시한다. 본 절에서는 다음과 같은 가이드라인을 다룬다.

- **일관성 설정**: 맥락에 관계없이 호출자가 항상 사용할 수 있는 일관성 또는 보편적 명령을 생성한다. 보편적 명령은 호출자가 문제로부터 복구하거나 시스템을 사용해 도움을 받을 수 있도록 디자인돼야 한다.

- **일관성 유지**: 애플리케이션 전체에 걸쳐 유사한 방법으로 작업을 수행한다. 그 예로 호출자가 대형 포털 애플리케이션에서 여러 종류의 목록을 이동할 때마다 동일한 목록 통과 명령을 사용할 수 있도록 한다. 이러한 방법으로, 호출자가 배워야 할 새로운 자료의 양을 최소화한다.

- **맥락 설정**: 호출자의 맥락을 설정한다. 시스템이 왜 특정 동작을 취하고 있는지 명확히 한다. 이해해야 하는 새로운 개념을 단순화하기 위해 호출자의 세계 지식과 기대에 맞춰야 한다.

9.1.1 불변성

그래픽 사용자 인터페이스 즉, GUI는 컴퓨터 화면에 많은 정보를 동시에 표시하는 기능을 활용한다. 예를 들어 많은 GUI가 도구 모음(그림 9-1 참조)을 화면의 상단에 표시한다. 일반적으로 동작을 나타내는 일련의 아이콘으로 구성된 이 도구 모음에는 인기 있는 동작을 시각적으로 연상시키는 것과 동작을 시작하기 위한 물리적 방법이 모두 제공된다.

도구 모음은 일정하다. 도구 모음은 화면에 그대로 남아 있고 아이콘은 절대로 변경되지 않는다. 도구 모음의 일관성은 사용자가 동작과 명령을 암기할 필요를 줄여준다.

마찬가지로 VUI는 맥락에 관계없이 항상 사용할 수 있는 작은 음성 명령 집합의 보편성을 사용해 일관성을 유지할 수 있다(5.2.2절 참조). 호출자는 보편적 명령을 학습한 후, 향후 호출뿐만 아니라 어느 시점에서도 사용할 수 있다. 이러한 명령은 항상 사용할 수 있는 동작의 관념적인 도구 모음이 된다(그림 9-2 참조).

그림 9-1 GUI 도구 모음에는 변경되지 않는 아이콘이 표시된다.

그림 9-2 호출자는 보편적인 대화의 '관념적인 도구 모음'을 형성한다.

호출자가 보편적 명령을 배우기를 기대하는 것은 현실적이지 않다. 만약 범용 표준 세트가 확립되고 음성 산업 전반에 널리 사용되면 보편적 명령의 수는 더 많아질 수 있다.

범용 명령의 수가 적어야 한다는 점을 감안할 때 호출자가 문제를 해결하는 데 사용할 수 있는 기능과 명령을 연결하는 것이 가장 좋다. 예를 들어 추가 도움말이나 가이드라인 요청, 애플리케이션의 다른 부분으로 이동, 혹은 실시간 상담원 통화를 요청할 수 있다. 이러한 보편성을 성공적으로 사용하면 거래 완료율, 자동화율 및 사용자 만족도를 향상시킬 수 있다.

직관적이고 기억하기 쉬운 보편적인 명령어 또는 문구를 선택해야 한다(예: "도움말"). 명령은 언제 말해도 같은 의미를 가져야 한다. 예를 들어 "도움말"은 항상 호출자가 다이얼로그의 현재 위치에서 수행할 수 있는 작업에 관한 자세한 가이드라인을 원한다는 것을 의미한다. 호출자가 응답으로 듣는 설명은 현재의 맥락에 따라 다르지만, 보편성은 항상 사용 가능해야 한다.

전화 음성 표준 위원회(TSC 2000)와 유럽 통신 표준 연구소(ETSI 2002)의 두 표준 기관이 보편성을 조사해왔다. 두 위원회는 디자인 및 개발 커뮤니티에서 보편적인 경험에 관해 의견을 요청했다. 두 그룹은 보편적 행동을 유도하고자 할 때 사용자에게 가장 자연스럽게 어떤 용어가 발생하는지 알아보기 위한 실험을 실시했다. 두 위원회 모두 비슷한 잠정적인 결론에 도달했다.

다음 목록은 모든 애플리케이션에 권장하는 일련의 보편성을 보여준다. 괄호 안에 있는 단어나 문구는 호출자가 사용할 실제 명령이다. 보편적인 선택은 두 표준 위원회의 성과와 배치에 대한 우리의 경험에 기초한다. 향후 업계 표준이 승인되면 우리는 적합성을 지원한다. 모든 애플리케이션에 일련의 보편성이 사용되는 경우 전체 산업과 호출자에게 도움이 될 것이다.

- 보편적인 설명
  - [도움말]: 현재 대화 상태에 대한 도움말이나 추가 가이드라인을 제공한다.
  - [반복]: 가장 최근에 재생된 프롬프트를 반복한다.
- 보편적인 네비게이션
  - [메인 메뉴/다시 시작]: 애플리케이션의 시작 부분으로 돌아간다(로그인 과정을 따른다).
  - [돌아가기]: 이전 단계로 되돌아간다.
- 보편적인 종료
  - [운영자]: 운영자나 고객 서비스 상담원으로 연결한다.
  - [안녕히 계세요]: 호출자가 "안녕히 계세요"라고 말하고 편안하게 통화 종료할 수 있도록 적절히 대응한다.

배치 데이터를 분석하면 호출자가 사용 가능한 명령이라는 말을 전혀 들을 수 없을 때에도 이를 말하는 것으로 나타나기 때문에 작별 명령이 포함된다. 사용성 연구에 따르면 많은 호출자가 전화를 끊지 않고 작별 인사를 하는 것이 더 편하다고 한다. 전화를 끊어도 거래가 완료되지 않는다고 확신할 수 있기 때문이다.

호출자에게 범용 명령을 가르쳐야 한다. 그렇지 않으면 호출자는 범용 명령을 사용하지 않을 것이다. 한 가지 방법은 초기 프롬프트에서 도움말 명령을 언급하는 것이다. 다른 보편성에 대한 설명은 도움말 프롬프트의 마지막 부분과 오류 복구 프롬프트의 일부로 포함될 수 있다. 은행 애플리케이션에는 다음과 같은 초기 프롬프트가 있을 수 있다.

> 웨스턴 밸리 은행에 오신 것을 환영합니다. 만약 당신이 이 서비스를 사용하는 동안 문제가 있다면, "도움말"이라고 말하십시오. 자, 청구서를 지불하시겠습니까, 잔고를 확인하시겠습니까, 아니면 송금하시겠습니까?

계좌 잔고를 확인 작업 도중 호출자가 "도움말"이라고 말하면 시스템은 다음과 같이 응답할 수 있다.

> 네, 도와드리겠습니다. 계좌 잔액을 요청하셨는데, 어느 계좌인지 잘 모르겠습니다. 당신은 "예금"이나 "조회"라고 말할 수 있으며, 언제든지 "메인 메뉴"나 "운영자"라고 말할 수도 있습니다.

9.1.2 일관성

또한 일관성에 세심한 주의를 기울여 호출자의 인지 부하를 줄일 수 있다. 다이얼로그를 디자인할 때, 호출자가 유사한 방식으로 비슷한 작업을 하도록 해야 한다. 예를 들어 애플리케이션 진행 중에 탐색할 수 있는 목록이 있다(예: 호출자 포트폴리오의 주식, 미결 매수 또는 매도 주문, 호출자의 주식 관심 목록). 동일한 통과 전략을 사용하면 호출자는 하나의 목록을 탐색해 다른 목록의 순회에서 배운 것을 수행할 수 있다.

일관성은 여러 단계에서 적용될 수 있다. 다이얼로그 전략은 용어처럼 일관성이 있어야 한다. 문법 적용 범위도 일관성이 있어야 한다. 만약 두 곳에 금액 문법을 사용한다면, 한곳에서 "50달러"를 허용하지 않으면 다른 곳에도 허용하지 않아야 한다.

일반적으로 호출자는 모든 인터랙션에서 배운다. 호출자와 시스템 간의 각 교환은 호출자의 시스템에 대한 멘탈 모델을 개선한다. 그 모델에는 시스템의 기능에 대한 호출자들의 관점, 다양한 작업을 수행할 수 있는 명령, 문법의 풍부함과 유연성 등이 포함된다. 일관성이 있다는 것은 호출자의 학습 과정을 더 효율적이고 효과적으로 만드는데 도움이 된다. 일관성을 유지하지 못하면 학습 비효율성과 혼란을 초래하며, 문법에 벗어날 비율 증가, 호출자에게 만족스럽지 않은 경험을 제공한다.

목록 순회의 예를 들어보자. 중개 시스템과의 다음의 다이얼로그에는, 호출자의 관심 종목에 있는 회사 목록과 매수·매도·미결 주문 목록의 두 가지 유형이 있다. 호출자는 각 목록을 탐색할 때 동일한 용어를 사용한다.

(1)

SYSTEM^{시스템}: What would you like to do? ^{무엇을 원하십니까?}

CALLER^{호출자}: Play my watch list.^{관심 목록 알려주세요.}

SYSTEM^{시스템}: International Business Machines, eighty two, up one point three six. Amazon, thirty six, down··· ^{IBM, 82, 1.36 올랐습니다. 아마존, 36, 아래로···}

CALLER^{호출자}: Next.^{다음 회사.}

SYSTEM^{시스템}: Charles Schwab Corporation, eleven··· ^{포드 자동차 회사, 10포인트···}

CALLER^{호출자}: Next.^{다음 회사.}

SYSTEM^{시스템}: Charles Schwab Corporation, eleven··· ^{찰스 슈왑 주식회사, 11···}

CALLER^{호출자}: Finished.^{그만.}

SYSTEM^{시스템}: What would you like to do next?^{다음에는 무엇을 원하십니까?}

CALLER^{호출자}: Tell me my open orders. ^{미결 주문을 알려주세요.}

SYSTEM^{시스템}: You have five open orders. Here's the first one: sell one hundred shares of Microsoft···

5개의 미결 주문이 있습니다. 첫 번째 것은, 마이크로소프트 주식 100주를 매도하십시오.

CALLER^{호출자}: Next.^{다음.}

SYSTEM^{시스템}: Buy two hundred shares of Cisco Systems at seventeen···

시스코 시스템즈 주식 200주를 17달러에 매수하십시오.

CALLER^{호출자}: Next.^{다음.}

SYSTEM^{시스템}: Buy five hundred shares of International Business Machines at eighty two··· ^{IBM의 500주를 82달러에 매수하십시오.}

CALLER^{호출자}: Finished.^{이제 됐어요.}

SYSTEM^{시스템}: What would you like to do next?^{다음에는 무엇을 원하십니까?}

9.1.3 맥락 설정

맥락 설정은 인지 부하를 최소화하기 위해 음성 사용자 인터페이스의 디자인에 적용할 수 있는 또 다른 중요한 개념이다(웨인센크와 바커^{Weinschenk and Barker} 2000). 심리학 연구에 따르면 사람들은 정보가 적절한 맥락으로 제시될 때 정보를 더 쉽게 이해하고 기억할 수 있다. 이를테면 다음 구절처럼 말이다(브랜스포드와 존슨^{Bransford and Johnson} 1973).

> 절차는 실제로 아주 간단하다. 먼저 물건들을 다른 그룹으로 배열한다. 물론 얼마나 많은 일을 하느냐에 따라 하나의 무더기로 충분할 수도 있다. 시설이 부족해서 다른 곳으로 가야 한다면 그것은 다음 단계일 것이다. 그렇지 않다면 당신은 아주 잘 준비가 돼 있다.

이 구절에서 가능한 한 많은 개념을 기억하도록 요청했을 때, 피실험자들은 겨우 세 가지 정도만 기억했다. 하지만 사전에 이 구절이 세탁에 관한 것이라는 말을 듣고는 두 배나 많은 개념을 떠올렸다. 맥락은 사람들이 새로운 정보를 익숙한 개념과 연관시켜 인지 부하를 완화시키는 데 도움을 준다.

사용자 인터페이스에서 맥락을 설정하는 한 가지 방법은 메타포를 사용하는 것이다. 4장에서 설명했듯이 메타포는 다른 도메인에서 이해를 용이하게 하는 데 사용되는 익숙한 객체나 스키마^{schema}이다. 데스크톱과 장바구니 메타포의 예를 기억할 것이다.

메타포가 음성 인터페이스 사용자들에게 실제로 도움이 되는지 조사하기 위해 브리티시 텔레콤 연구원들은 음성 인터페이스를 갖춘 세 가지 쇼핑 애플리케이션을 비교하는 연구를 실시했다. 한 시스템은 메타포가 없고 단순히 메뉴 구조를 통해 상품을 설명했다. 또 다른 시스템은 호출자들이 층을 오가며 가상 엘리베이터를 이용하는 백화점의 메타포를 담고 있었다. 시스템은 해당 층에 진열돼 있는 상품들을 설명했다. 세 번째 시스템은 카탈로그 잡지를 메타포로 했는데, 이 시스템은 잡지 사진에 표시된 상품을 설명했다.

호출자들은 메타포가 없는 시스템보다 백화점 메타포의 시스템을 훨씬 높게 평가했다(이 두 가지 사이에 잡지 메타포의 시스템이 있었다). 게다가 호출자들은 메타포가 있을 때 시스템을 더 잘 탐색할 수 있었다. 이러한 결과는 메타포 사용을 통한 상황 설정이 사용자 만족도와 효율성을 향상시킬 수 있음을 나타낸다.

9.2 기억 부하

호출자는 대량의 새로운 정보를 한 번에 처리할 수 없으며, 새로운 정보가 즉시 유용하지 않다면 기억하지 못한다. 메뉴를 만들고, 단어 프롬프트를 표시하며, 호출자의 기억에 대한 부하를 최소화하는 데 도움이 되는 지시를 제공하는 여러 기법이 있다.

9.2.1 메뉴 크기

밀러^{Miller}(1956)는 〈마법의 숫자 7, ±2(The Magical Number Seven, Plus or Minus Two)〉라는 제목의 기사에서 사람들이 7개 또는 5~9개 항목을 저장할 수 있는 단기 기억 패턴을 설명했다. 디자이너들은 이를 목록, 메뉴 등에 넣을 항목의 수에 대한 가이드라인으로 가끔 사용한다. 그러나 문장에서 정보를 추출하고 기억하는 동안 전화로 문장을 듣는 것은 밀러가 연구실에서 사용한 작업보다 훨씬 힘든 일이다. 호출자의 과제는 일련의 문장을 듣고 각 문장의 마지막 단어를 기억하도록 하는 청취 과제와 더 비슷하다(댄맨과 카펜티^{Daneman and Carpenter} 1980). 문장 이해력이 발생하는 완전 청각 접근법을 사용한 실험에서 사람들은 평균적으로 약 3개의 항목만을 기억할 수 있다.

인간의 기억력에 관한 다른 연구들은 사람들이 자연스럽게 항목을 3개로 분류하고, 정보가 3개 또는 4개의 항목으로 분류될 때 기억력이 가장 좋다는 것을 보여줬다(브로드벤트Broadbent 1975, 위켈그렌Wickelgren 1964). 연구 결과를 종합하면 호출자의 기억 부하를 상당히 작게 유지해야 한다. 합리적인 가이드라인은 메뉴를 3~4가지 항목으로 제한하는 것이다. 가드너 본노우Gardner-Bonneau(1992)와 슈마허Schumacher, 하드진스키Hardzinski, 슈바르츠Schwarz(1995) 모두 한 메뉴에 있는 4개 이하의 항목을 추천한다.

9.2.2 최신

프롬프트를 작성할 때 호출자에게 응답할 특정 단어를 말하면 마지막으로 듣게 해야 한다. "'목록 반복'이라고 말하면 목록을 다시 들을 수 있습니다"보다 "목록을 다시 들으려면 '목록 반복'이라고 말하세요"가 더 좋다. 호출자가 기억해야 할 항목을 마지막으로 듣는 것이 호출자들의 기억력에 부담을 줄여준다. 이 효과를 흔히 '최신 효과recency effect'라고 한다. 이러한 기능 순서와 빠른 어구의 조치가 터치톤 시스템의 표준에서 채택됐다(발렌타인Balentine 1999)

최신 효과 외에도 말 끝에 중요한 정보로 대화 문장을 구성하려는 언어적 이유가 있다. 이에 대해서는 10장에서 다룬다.

9.2.3 지시 사항

많은 특징과 기능을 가진 애플리케이션, 특히 동일한 호출자가 반복적으로 사용할 애플리케이션에는 상호작용 애플리케이션의 일부로서 가이드라인 모드가 포함되는 경우가 많다. 메일을 통해 전송된 가이드라인 또는 명령 목록이 있는 알림 카드는 그다지 효과적이지 않다. 대부분의 사용자는 시스템을 사용하기 전에 설명서를 읽지 않는다. 그래서 애플리케이션은 자체 설명이 필요하다. 미숙한 사용자는 서비스를 사용하는 동안 필요한 모든 도움을 받을 수 있어야 한다. 여기서 두 가지 접근 방법을 설명한다.

튜토리얼

일부 시스템은 온라인 튜토리얼이나 데모 또는 두 가지 모두를 조합해 제공한다. 튜토리얼을 듣는 옵션은 일반적으로 사용자가 시스템을 처음 호출할 때 제공된다. 이 접근법은 반복적인 사용이 예상되는 가입 서비스나 개인 대리점, 은행, 중개 계정 액세스와 같은 서비스에 주로 이용된다. 튜토리얼은 시스템의 특정 기능을 사용하기 위한 단계별 가이드라인으로 구성된다. 데모는 모의 호출자와 시스템 간의 기록된 인터랙션으로 구성된다. 시스템 음성은 실제 시스템 사용 중에 재생되는 프롬프트를 말한다.

시스템과 인터랙션하는 사용자의 데모(CCIR-4 1999)와 대화형 튜토리얼(캄Kamm, 리트먼 Litman, 워커Walker 1998)을 제시하는 튜토리얼은 신규 사용자의 효과적인 교육 툴로 나타났다. 단, 너무 많은 정보가 제공되거나 정보가 대화형 모드로 제시되지 않고 설명만 돼 있는 경우 사용자는 그것을 소화하는데 어려움을 겪는다(발로Balogh, 르두크와 코헨LeDuc and Cohen 2001). 튜토리얼에는 다음과 같은 경험에 근거한 2가지 규칙이 있다.

1. 아주 적은 수의 개념만 가르쳐라.
2. 대화형으로 만들어라. 호출자에게 실제로 조치를 취하게 하라.

적시적 설명서

많은 양의 기능을 설명할 필요가 있을 때 튜토리얼이나 데모에만 의존하면 단점이 있다. 첫째, 호출자는 긴 설명을 따르는 데 어려움을 겪을 것이다. 둘째, 기능이 즉시 실행되지 않으면 호출자가 잊어버리기 쉽다. 일반적으로 호출자는 긴 설명을 듣기 위해 인내심을 갖지 않는다. 즉각적인 요구를 충족시키는 데 도움이 되지 않는다면 더욱 그렇다.

적시적 설명서의 개념은 튜토리얼의 이 두 가지 한계를 다룰 수 있다. 기본 개념은 호출자가 작업을 수행하기 직전에 바로 현재 작업과 관련된 설명만 제공하는 것이다. 그 시점에서 소개된 새로운 정보의 양이 적어, 즉시 행사될 수 있다.

예를 들어 풍부한 기능을 갖춘 개인용 에이전트 애플리케이션을 고려한다. 시스템을 처음 사용할 때 상세한 튜토리얼을 듣는 대신 처음 시스템에 액세스할 때 특정 기능에 대한 가이드라인을 받는다. 예를 들어 호출자가 처음 교통 정보를 요청할 때 다음과 같은 메시지를 받을 수 있다.

> 도시 이름을 말하면 모든 도시의 주요 도로에 대한 최신 교통 정보를 얻을 수 있습니다. 또한 도로나 고속도로의 이름과 도시 이름을 말하면 시간을 절약할 수 있습니다. 예를 들어 "샌프란시스코 고속도로 101"이라고 말할 수 있습니다.

호출자가 특정 기능을 처음으로 수행할 때 적시적 설명이 제공될 수 있다. 또한 잦은 거부, 시간 초과, 오인식 등과 같은 시스템 사용에 문제가 있는 경우 튜토리얼을 제공할 수 있다. 단축키를 사용하지 않거나 데이터를 효율적으로 입력하기 위해 문법의 풍성함을 이용하지 않는 경우와 같이 호출자가 시스템 기능을 최적으로 사용하고 있지 않은 경우 튜토리얼을 제공할 수 있다.

다음 두 가지 예는 두 가지 접근 방식을 비교한다. (2)에서는 처음 호출자에게 튜토리얼을 제공한다. 그 튜토리얼은 길고 많은 양의 정보를 포함한다. 호출자가 특히 향후 시스템에 대한 호출에서 적용되는 내용을 매우 많이 기억할 수 있을지는 의문이다. (3)에서 애플리케이션은 적시적 설명서를 사용한다. 동일한 자료가 수록돼 있다. 이 예에서는 견적과 관심 목록에 대한 설명서만 보여준다. 단, 해당 정보가 호출자의 현재 활동에 관련성이 있고 유용한 정보일 때 작은 부분으로 제공된다.

(2)

SYSTEM^{시스템}: Welcome to Princeton Brokerage. I can help you get quotes, set up a watch list, trade equities or options, and access your account information. To get a quote, simply say the name of the company. To set up a watch list, say, "Set up watch list," and then you will be asked for each company you want to put in your list. After you set up a watch list, you can get quotes for all of the companies on your list simply by saying, "Watch list." To make additions or deletions, say, "Edit watch list." To make a trade, say, "Buy" or "Sell," followed by the name of the company you want to trade, the number of shares, and the price. For example, you can say, "Buy a hundred shares of Intel at eighty-two," or "Sell fifty shares of Apple at the market." To trade options, say, "Options." To access your account information, say, "Account information." You will then be able to ask for your cash position, your holdings on any particular company, or a summary of all of your holdings.

프린스턴 증권사에 오신 것을 환영합니다. 견적을 받고 관심 목록(watch list)을 설정하며 주식이나 옵션을 거래하고 귀하의 계좌 정보에 접근하도록 도와드릴 수 있습니다. 견적을 받으려면 간단히 회사 이름을 말하십시오. 관심 목록을 설정하려면 "관심 목록 설정"이라고 말하세요. 목록에 넣을 각 회사를 묻는 메시지가 나타납니다. 주식 목록을 설정한 후에는 단순히 "관심 목록"이라고 말하면 목록에 있는 모든 회사의 견적을 얻을 수 있습니다. 추가 또는 삭제를 하려면 "주식 목록 편집"이라고 말하십시오. 거래를 하려면 "매수"나 "매도"라고 하고, 거래하고 싶은 회사의 이름, 주식 수, 가격 순으로 말하십시오. 예를 들면 "인텔의 100주를 82에 매수"나 "애플 주식 50주를 매도한다"라고 말할 수 있습니다. 옵션을 교환하려면 "옵션"이라고 말하십시오. 계정 정보에 액세스하려면 "계정 정보"라고 말하시면 됩니다. 귀하의 현금 위치, 특정 회사의 지분 또는 보유하고 있는 모든 지분의 요약을 요청할 수 있습니다.

(3)

SYSTEM^{시스템}: Welcome to Princeton Brokerage. I can help you get quotes, set up a watch list, trade equities and options, and access your account information. What would you like to do?

프린스턴 증권사에 오신 것을 환영합니다. 견적을 받고, 관심 목록을 설정하고, 주식과 옵션을 거래하고, 귀하의 계정 정보에 접근하도록 도와드릴 수 있습니다. 무엇을 하고 싶으십니까?

CALLER^{호출자}: I'd like a quote.^{견적을 받고 싶어요.}

SYSTEM^{시스템}: To get a quote, just say the name of the stock, mutual fund, or index name.^{견적을 얻으려면 주식, 뮤추얼 펀드 또는 인덱스의 이름만 말하면 됩니다.}

CALLER^{호출자}: IBM.

SYSTEM^{시스템}: International Business Machines is selling at eighty two, up one point three six.^{IBM은 1.36 오른 82에 매도되고 있습니다.}

CALLER^{호출자}: Cisco.^{시스코.}

SYSTEM^{시스템}: Cisco is selling at seventeen point two five, up point one seven.

시스코는 0.17 오른 17.25에 매도되고 있습니다.

CALLER^{호출자}: I wanna set up a watch list.^{관심 목록을 설정하고 싶어요.}

SYSTEM^{시스템}: Sure, watch list. But first, let me tell you a bit about how it works. I'm going to help you put some companies on your list. In the future, you can get quotes on your companies simply by saying, "Watch list." Now, what's the first company to add to your watch list?

네, 관심 목록을 설정해 드리겠습니다. 먼저 어떻게 작동하는지 설명해 드리겠습니다. 귀하께서 몇몇 회사를 목록에 올리는 것을 도와드릴 것입니다. 앞으로 단순히 "관심 목록"이라고 말하는 것만으로 귀하가 원하는 회사에 대한 견적을 얻을 수 있습니다. 이제 귀하의 관심 목록에 추가할 첫 번째 회사를 말씀해주세요.

CALLER^{호출자}: Cisco.^{시스코.}

SYSTEM^{시스템}: What's the next company name? Or, you can say. "Finished."

다음 회사명은 무엇입니까? 또는 "끝"이라고 말할 수 있습니다.

CALLER^{호출자}: IBM.

SYSTEM^{시스템}: Tell me the next company name, or say, "Finished."

다음 회사명은 무엇입니까? 또는 "끝"이라고 말할 수 있습니다.

CALLER^{호출자}: Intel.^{인텔.}

SYSTEM^{시스템}: Next one?^{다음 회사는요?}

CALLER^{호출자}: America Online.^{아메리카 온라인.}

SYSTEM^{시스템}: Next?^{다음 회사는요?}

CALLER^{호출자}: ⟨pause⟩^{⟨침묵⟩}

SYSTEM^{시스템}: Sorry, what's the next company name? ⟨pause⟩ Or just say, "Finished." ^{죄송합니다. 다음 회사명은 무엇입니까? ⟨침묵⟩ 아니면 그냥 "끝"이라고 말하십시오.}

CALLER^{호출자}: I'm finished.^{다 끝났어요.}

SYSTEM^{시스템}: Okay! Now whenever you want to get quotes for the companies on your watch list, just say, "Watch list." And to add or delete a company, say, "Edit my watch list." Now, what would you like to do next?

알겠습니다. 이제 관심 목록에 있는 회사들의 견적을 얻고 싶을 때마다 "관심 목록"이라고 말하십시오. 그리고 회사를 추가하거나 삭제하려면 "내 관심 목록 편집"이라고 말하십시오. 자, 다음에는 무엇을 하시겠습니까?

9.3 주의

주의는 다양한 가능성을 고려할 때 주목할 부분을 선정하는 과정이다(프리스^{Preece}, 로저스와 샤프^{Rogers and Sharp} 2002). 호출자에게 정보를 제공하는 방법은 그들이 얼마나 쉽게 가장 관심 있는 정보에 주의를 기울일 수 있는지에 중요한 영향을 미칠 수 있다.

여행 계획 애플리케이션에서 항공편 정보를 다시 읽는 예를 살펴보자. 호출자가 뉴욕에서 보스턴으로 "this afternoon.(오늘 오후)"에 가는 항공편을 요청했다고 상상해보라. 시스템이 호출자 기준에 맞는 항공편을 데이터베이스에서 4회 발견했다고 가정할 경우 호출자에게 가능성을 알리고 선택을 요청해야 한다. 4개의 가능한 항공편 목록을 다음과 같이 말할 수 있다.

(4)

SYSTEM^{시스템}: United Airlines flight 47 leaves New York Kennedy Airport at 1 p.m. from gate 36 and arrives at Boston Logan at 1:45 p.m. at gate 22. American Airlines flight 243 leaves New York Kennedy Airport at 2:15 p.m. from gate 12 and arrives at Boston Logan at 3 p.m. at gate 47. American Airlines flight 260 leaves New York Kennedy Airport at 3:45 p.m. from gate 15 and arrives at Boston Logan at 4:30 p.m. at gate 42. United Airlines flight 52 leaves New York Kennedy Airport at 5 p.m. from gate 38 and arrives at Boston Logan at 5:45 p.m. at gate 31. Which would you like?

유나이티드 항공 47편은 오후 1시 뉴욕 케네디 공항 36번 게이트에서 출발해 오후 1시 45분에 보스턴 로건 공항 22번 게이트에 도착합니다. 아메리칸 에어라인 243편은 12번 게이트에서 오후 2시 15분 뉴욕 케네디 공항을 출발해 오후 3시 보스턴 로건 공항 47번 게이트에 도착합니다. 아메리칸 항공 260편은 오후 3시 45분 뉴욕 케네디 공항 15번 게이트에서 출발해 오후 4시 30분 보스턴 로건 공항 42번 게이트에 도착합니다. 유나이티드 항공 52편은 오후 5시 뉴욕 케네디 공항 38번 게이트에서 출발해 오후 5시 45분에 보스턴 로건 공항 31번 게이트에 도착합니다. 어느 쪽이 좋을까요?

이 항공편 중 하나가 호출자의 요구를 충족시키든 그렇지 않든, 정보 제시가 너무 어수선해 결정에 가장 중요한 주의력을 떨어뜨린다. 이제 다음과 같은 대안을 생각해보자.

(5)

SYSTEM시스템: There are flights at 1 p.m., 2:15, 3:45, and 5. Which would you like?

오후 1시, 2시 15분, 3시 45분 및 5시에 항공편이 있습니다. 어느 것이 좋습니까?

CALLER호출자: How about the 2:15 flight. 2시 15분 항공편 어때요?

SYSTEM시스템: American Flight 243 leaves New York Kennedy Airport at 2:15 p.m., arriving at Boston Logan at 3. Would you like to book this flight?

아메리칸 에어라인 243편은 뉴욕 케네디 공항을 오후 2시 15분에 출발해 보스턴 로건 공항에 3시에 도착합니다. 이 항공편을 예약하시겠습니까?

이 경우 호출자에게 가장 중요한 정보만 제공되므로 결정이 쉬워진다. 애플리케이션이 복잡한 정보를 제공한다면 요구 사항 정의 중에 해당 사실을 주목해야 한다. 예상 호출자의 목표, 우선순위 및 결정 기준을 확실히 이해해야 한다. 이러한 방법으로 정보의 표현을 최적화할 수 있으며, 가장 관심 있는 정보에 대한 호출자의 주의력에 지나치게 도전하지 않을 수 있다.

경우에 따라서는 분리 주의가 불가피한 경우도 있다. 예를 들어 사용자가 운전을 할 때 일시적으로 주의를 요구하는 상황이 발생할 수 있다. 주행 중 사용하도록 디자인된 시스템은 호출자에게 인터랙션 속도에 대한 제어 기능을 제공해 이러한 요구를 수용해야 한다. 예를 들어 사용자는 일시 중지/다시 시작 기능을 사용해 제어를 실행할 수 있다. 또는 애플리케이션은 시간 초과 후 대화형 맥락을 명확히 해 호출자가 다이얼로그를 원활하게 계속할 수 있게 한다(참고: 운전자 안전을 위한 VUI 디자인 문제는 세심한 연구가 필요한 중요한 영역이다. 이 단락의 제안은 실제 상황이나 모의 실험을 통한 주행 상황을 기반으로 한 연구가 아니라 설명 목적으로만 제공한다).

다른 경우 당신은 호출자의 현재 활동을 방해하지 않고 정보를 전달하고자 할 수 있다. 호출자의 전화와 음성 메일을 관리하고 전화로 자신의 이메일을 읽을 수 있는 개인 에이전트 애플리케이션을 상상해보자. 사용자가 이메일을 듣고 있는 동안 새로운 음성 메일 메시지가 도착하면, 애플리케이션은 인식 가능한 이어콘을 사용해 이메일 읽기의 흐름을 방해하지 않고 사용자에게 알릴 수 있다. "새로운 음성 메일이 도착했습니다"라는 메시지는 호출자의 주의를 방해하지 않고 이어콘을 통해 전달된다.

일반적으로 주의를 유도하는 첫 번째 단계는 호출자의 목표와 우선순위를 이해하는 것이다. 그런 다음 관련 정보만 사용할 수 있도록 전략을 디자인할 수 있다. 동시에 시스템은 호출자가 애플리케이션 범위 밖의 정보 및 이벤트에 처리해야 하는 니즈를 수용할 수 있다.

9.4 결론

개념적 복잡성, 기억력 부하, 주의력 등 인지적 과제에 대처하는 데 도움이 되는 가이드라인을 검토했다. 모든 디자인 가이드라인과 마찬가지로 맥락에 대한 세심한 고려를 통해 적용돼야 한다.

다음 두 장에서는 대화형 기대의 조절에 대해 다룬다. 10장에서는 프롬프트 표현(시스템이 말하는 것)을 다루며, 11장에서는 프롬프트 운율(시스템이 말하는 방식)을 다룬다.

10

계획적인 프롬프트

VUI 다이얼로그는 대화의 한 유형이다. 전화에 기반을 둔 VUI의 경우 더욱 그러하다. 결국 전화 자체는 현대 문화에서 대화의 아이콘이다. 비록 VUI 다이얼로그 참여자 중 한 명이 기계일지라도, 다이얼로그를 디자인한 사용자와 디자이너 모두 인간 대 인간의 대화를 위한 몇 가지 기본적인 기대를 공유한다. 양 당사자는 공통어를 사용하고 서로 협조적이길 바란다. 그리고 다른 당사자는 지능, 단기 기억력, 주의력 범위(기계에서는 인위적이지만 그럼에도 예상된다)와 같은 기본적인 인지 능력을 가질 것으로 바라고 있다. 또 다른 기대 수준은 사용자가 음성 시스템에 접근하는 방식에 내포돼 있으며, 프롬프트가 표현되는 방식과 관련이 있다.

인간은 내용뿐만 아니라 형식에 대한 무의식적 기대와 가정으로 모든 언어 작업에 접근한다. VUI 프롬프트는 음성 언어를 통해 전달되기 때문에, 사용자가 자연스럽게 예상하는 음성 언어 규범을 만족시켜야 한다. 그리고 VUI 사용자들이 가장 잘 알고 있는 음성 언어 시스템은 일상 대화다. 우리는 프롬프트가 인간 중심적이고 사용자 친화적이며 최적으로 이해할 수 있는 VUI의 디자인을 촉진하기 위해 일상적인 대화 언어를 본떠 모델링할 것을 권고한다. 대안은 덜 친숙하고 덜 자연스러우며 따라서 이해할 수 없는 의사소통의 방법이다.

10장은 어떻게 인간과 인간의 대화의 특정 요소가 프롬프트에 적용될 수 있는지를 보여준다. 우리는 사용자들이 친숙하고 흥미를 느낄 수 있는 음성 언어 경험을 만들기 위한 기본적인 언어 개념을 검토한다. 또한 대화형 언어를 사용함으로써 프롬프트의 명료도가 크게 향상되는 경우가 많다.

"일상적인 대화"는 반드시 비공식성과 친근함을 내포한다고 생각되는 경우가 있다. 목적을 위해, 일상적인 대화는 더 기술적으로 매일 말하는 인터랙션의 언어적 형태를 가리킨다. 실생활에는 수다스럽고 비공식적인 것에서부터 진지하고 형식적인 것까지 많은 종류의 대화가 있다. 10장 전체에 걸쳐 이뤄진 상위의 권장 사항은 공식적인 분위기를 필요로 하는 것을 포함해 모든 VUI 디자인에 적용된다.

또한 대화 인터페이스의 목표는 자신도 모르게 VUI 사용자가 인간과 인터랙션하고 있다고 생각하게 만드는 것이라고 여기지만, 우리의 목표가 아니다. 우리의 목표는 VUI 사용자들이 가장 잘 알고 있는 언어 형태를 활용하는 것이다. 사실 언어학적 연구는 대화 언어는 특별히 소리를 통한 의사소통 작업에 적합하고 적응된 많은 디자인 특징들을 포함하고 있다고 말한다. 그러므로 10장의 많은 원칙은 익숙한 언어를 이용함으로써 청취 이해력을 향상시키고 사용자의 편안함을 높이는 것이다.

음성 애플리케이션을 디자인할 때 또한 사용자를 위한 언어 경험을 디자인하고 있다. 비록 음성은 기술적으로 음향, 생리학, 소리 생성 그리고 인식과 같은 문제를 언급하지만 언어는 구조, 의미와 사용의 밀접한 관련성을 포함하며, 맥락에 민감하다. 언어 형태는 지각과 인지, 다른 한편으로는 사회 문화에 이르는 영향력에 의해 형성된다. 음성 언어의 형태는 우연이 아니라 체계적이고 원칙적이다. 다이얼로그 디자이너는 최소한 현재 기술이 허용하는 범위 내에서 이 자연 발생 시스템을 프롬프트하기 위한 자료로 언급해야 한다. 가능한 한 자연적으로 발생하는 음성 언어는 성공적인 음성 애플리케이션을 작성하기 위한 지침이 돼야 한다.

10장에 제시된 아이디어는 애플리케이션에 대한 사회적, 언어적으로 적절한 특징의 문자를 만드는 데 도움이 될 것이다(페르소나 디자인에 관한 자세한 내용은 6장을 참조한다). 애플리케이션의 페르소나는 올바른 성우를 고용하는 데 달려 있다는 것이 일반적인 생각이다. 사실 가장 경험이 많고, 가장 쾌활하고 낭랑한 목소리를 가진 숙련된 성우가 본질적으로 비대화적 프롬프트를 자연스럽게 들리게 할 수 있다. 예를 들어 "얼마나 지속될 것으로 예상하십니까?"와 같은 좀 더 자연스러운 표현 대신 "지속 시간을 말씀해주세요"라고 하는 식이다. 영화와 마찬가지로 좋은 배우는 좋은 대본에 의존한다. 회사의 브랜드나 이미지를 나타내기 위해 친숙하고 매력적인 페르소나의 감각을 창조하기 위해서, 대화 규범들은 프롬프트가 쓰여지는 방법을 가이드해야 한다. 자연어를 제안하는 메시지 작성 능력에 따라 잘 디자인된 페르소나의 이득을 볼 수 있다.

음성 브라우저 애플리케이션의 사용성 연구에서 호출자들은 시스템이 나타내는 전문적이고 사무적이지만 개인적이고 친숙한 캐릭터에 대한 충성도를 표현했다. 그 시스템 캐릭터는 40대 초반의 행정 보조관이었다. 사용자들은 신용카드 내역 등 가장 민감한 개인정보를 맡기는 것도 편하다고 느꼈다. 그러나 근본적으로 잘 디자인되고 마음에 드는 페르소나는 환상이다. 일관성 있고 대화형 메시지로 구성된 모자이크로서, 일관성 있고 사회 언어적으로 친숙한 존재임을 암시한다. 사용성 정보 제공자는 음성 자체뿐만 아니라 10장에서 다루는 프롬프트가 단어화되는 방식과 11장에서 다룰 말하는 방식에도 호의적으로 반응했다.

10장의 나머지 부분에서는 다음과 같은 주제를 다룬다.

- 담화로서의 대화
- 응집력
- 정보 구조
- 구어체 영어 및 문어체 영어
- 용어 및 일관성
- 은어
- 공동 원칙

10.1 담화로서의 대화

VUI 프롬프트에 자연스럽게 발생하는 언어의 요소를 적용하려면 대화를 일종의 담화, 즉 자연발생적인 인간 대 인간 언어로 이해해야 한다. 담화는 개별적인 단어와 문장을 별개로 연구하는 것 이상의 언어다. 담화 분석가는 다음과 같이 인간 언어의 본질에 대해 중요한 가정을 한다.

- 언어는 항상 맥락에서 발생하며, 그 구조는 체계적으로 맥락의 영향을 받는다.
- 언어는 본질적으로 의사소통의 현상이며, 구조는 특별히 이 목적에 맞게 조정된 특정한 디자인 특징을 포함한다.

음성 언어에는 일상 대화 이외의 담화 유형이 있으며, 각각 형식과 내용에 관한 요구 사항이 있다. 예를 들어 동화, 설교, 뉴스 보도, 라디오 광고, 법정 재판, 강연, 예찬, 비행기 안전 데모, 경매 등이 있다.[1]

다이얼로그 디자이너가 고려해야 할 일상적인 대화를 포함해 자연적으로 발생하는 대화의 몇 가지 기본적인 특성이 있다. 이러한 고려 사항은 디자인 중인 VUI가 영어 애플리케이션이 아니더라도 중요한 고려 사항이다. 담화는 다음과 같은 특성을 가지고 있다.

- 담화는 원칙적이다. 언어는 여러 방면에서 체계적이다. 모든 음성 언어는 단어를 만들기 위해 소리를 조합하고, 문장을 만들기 위해 단어를 조합하는 자체 규칙을 갖고 있다. 예를 들어 "blick", "ving", "brizzle"은 영어 단어가 아니지만, 영어 단어일 수 있다. "새롭고 개선된 레몬 프레시 브리즐[brizzle]을 사용해보세요… 기름기 가득한 효소로!" 이와는 대조적으로 "sbab", "vlum", 또는 "knerpf"는 모두 가능한 단어로 가려내야 한다. 이러한 형식은 영어에 특유

한 소리 배열 규칙을 위반하기 때문이다. 마찬가지로, "That dog seems to be dreaming(저 개는 꿈을 꾸는 것 같다)"는 말은 아주 훌륭한 문장이지만 "That dog seems dreaming(저 개는 꿈꾸는 보인다)"는 말은 그렇지 않다. 대화는 또한 일부 창작이 허용되지 않는 고도로 구조화된 시스템에 부합한다는 점에서 단어와 문장과 같다. VUI의 세계에서 조작된 대화는 때때로 비문법적이며, "Sbab"과 "That dog seems dreaming(저 개는 꿈꾸는 보인다)"와 같이 형식적이지 못하거나 받아들일 수 없는 의미에서 있다. 10장에서는 비대화적 프롬프트의 많은 예와 개선될 수 있는 방법의 예를 볼 것이다.

- 담화는 보편적이다. 모든 언어가 복잡한 통사 및 음운 체계를 가지고 있는 것처럼, 모든 언어는 말로 표현할 수 있는 정교한 담화 패턴을 가지고 있다. 디자인 중인 VUI가 영어로 된 애플리케이션이 아니더라도 10장의 기본적인 우려 사항은 언어마다 다를 수 있지만 모든 인간 언어에 적용된다.

- 담화는 통속적이다. 프롬프트의 표현을 주의하는 또 다른 이유는 담화가 관습화되거나 언어 공동체 전체에서 공유된다는 것이다. 학력이나 사회, 경제적 지위와 상관없이 영어 원어민들은 대화 주제에 벗어나거나 관련이 없지만 언급할 가치가 있는 것으로 표시하기 위해 "그런데"라는 담화 표기를 사용한다. 마찬가지로 영어 원어민들은 일반적으로 문장 끝이나 끝 근처에 강조 요소를 배치한다. 또한 문장의 일부를 상기시킬 것으로 예상한다. VUI 디자이너가 담화의 새로운 특징을 개발하는 것은 불가능하지만, 이미 존재하는 규칙을 활용할 수 있다.

- 담화는 무의식적이다. 담화의 메커니즘은 일반적으로 우리의 의식에서 벗어난다. 예를 들어 "this(이것)"와 "that(저것)"을 담화 포인터 단어로 사용하는 것을 고려한다. 10장 뒷부분에서 설명한 바와 같이 영어권 사용자들은 이 단어들을 글로 쓸 때보다 말할 때 다르게 사용한다. 비록 매우 적은 사람들만이 차이가 존재한다는 것을 알고 있다. 비영어권 사용자가 "that" 대신 "this"를 사용하는 경우 이상하게 들릴 수도 있지만, 대부분의 사람들은 그 이유를 정확하게 말

로 표현할 수 없다. 이런 상황에서 포인터 단어가 많은 VUI에서 사용되는 방법은 음성 모드보다 쓰여진 것에 해당한다. 그러나 VUI 프롬프트가 사용되기 때문에 프롬프트의 포인터 단어는 쓰기보다는 말하는 관습에 반영돼야 한다. 문자 음성 다이얼로그는 문자 언어가 읽히는 것과 다르다.

다음 절에서는 음성 언어의 특정 기능을 중심으로 VUI의 이해력, 편안함 및 친숙함을 최적화하는 방법을 설명한다.

10.2 응집력

응집력은 담화의 접착제다. 다음과 같이 쓴 담화를 생각해보자.

(1)

조지는 프랑스에 도착하기를 기다릴 수 없었다. 그러나 그는 거기에 오래 머물지 않았다.

'그'는 '조지'를 지칭하고, '거기'는 '프랑스'를 지칭하며, '그러나'는 조지가 프랑스에 가기를 열망했던 명제와 조지의 프랑스 방문은 단명했다는 명제 사이에 적대적이거나 대조적인 관계를 형성한다. 이 예에서는 세 가지 유형의 응집 장치를 보여준다. 응집력이란 언어를 일관성 있는 전체로 묶는 데 도움이 되는 "그러나", "그", "거기"와 같은 명확한 언어 장치를 말한다. 다시, 일관성은 하나의 담화의 기능적 통합을 의미한다. 응집력은 예시와 같이 서면 독백뿐만 아니라 모든 다이얼로그에서도 찾을 수 있다.

응집력 장치는 전체적인 이해를 촉진하고 강화하지만 의미 자체를 만들어내지는 않는다. 오히려 말하는 사람들과 듣는 사람들이 맥락상 발언의 기초가 되는 의미들을 신호하고 되찾기 위해 사용하는 자연스러운 암시다. 프롬프트 디자인과 특히 관련이 있는 응집력 장치는 대명사, 담화 표지 및 "이것"과 "저것" 같은 특수 포인터 단어들이다.

10.2.1 대명사와 시간 부사

사람 대 사람 언어의 특별한 특징은 (2)부터 (4)에서 예시된 바와 같이, 하나의 대화 단위에 있는 정보가 이전 정보에서 제시된 정보를 전제로 한다는 것이다(시프린^{Schiffrin} 1998).

(2)

나는 전에 그 고양이를 보았다. 그는 아직도 집도 없이 헤매고 있었다.

(3)

요 전날 나는 울새를 보았다. 그것은 내가 이번 봄에 처음 본 것이다.

(4)

우리는 1982년에 여기로 이사했다. 그때 우리는 일자리도 없었다.

대화에서 "그"와 "그것"과 같은 대명사와 "그때"과 같은 시간 부사는 이전에 말한 지시 대상이 이전에 말한 지시 대상과 동일하다는 것을 알게 한다.[2] (2), (3), (4)에서 독자나 청취자는 담화의 초기 시점에서 누락된 정보를 되찾아 이러한 문장을 쉽게 이해할 수 있다.

(5)에 열거된 프롬프트에서 "북마크"라는 용어가 반복돼 생기는 부자연스러운 효과를 (6)의 대명사 "그것"과 다시 작성된 것과 비교해보자.

(5)

SYSTEM^{시스템}: You have five bookmarks. Here's the first bookmark··· Next bookmark··· That was the last bookmark.

5개의 북마크가 있습니다. 여기에 첫 번째 북마크가 있습니다···. 다음 북마크···마지막 북마크가 있습니다.

---

2 그러나 서면에서 대명사는 때때로 본문에서 뒤에 나오는 것을 가리킨다. 예를 들어 "그녀가 집에 오자마자 팻이 변호사를 불렀다'는 문장에서 '그녀'와 '팻'은 핵심이다. 대화에서 우리는 "팻이 집에 오자마자 변호사에게 전화를 했다"고 말할 가능성이 더 높다. – 지은이

CALLER^{호출자}: Delete a bookmark.^{북마크를 삭제해줘.}

SYSTEM^{시스템}: Which bookmark would you like to delete?^{어떤 북마크를 삭제하시겠습니까?}

...

SYSTEM^{시스템}: Do you want to delete another bookmark?^{다른 북마크를 삭제하시겠습니까?}

(6)

SYSTEM^{시스템}: You have five bookmarks. Here's the first one… Next one… That was the last one.^{5개의 북마크가 있습니다. 첫 번째는… 다음은… 마지막입니다.}

CALLER^{호출자}: Delete a bookmark.^{북마크를 삭제해줘.}

SYSTEM^{시스템}: Which one would you like to delete?^{어느 것을 삭제하시겠습니까?}

...

SYSTEM^{시스템}: Do you want to delete another one?^{다른 것을 삭제하시겠습니까?}

명사 "북마크"를 대명사 "그것"으로 단순하게 대체하는 것으로, (6)의 프롬프트는 (5) 보다 흐름이 더 자연스럽다. VUI 디자이너가 맥락에서 프롬프트를 작성하고 나타나는 다이얼로그를 듣는다면, 그들은 음성 언어로 된 대명사의 편재성을 인식하고 문체의 이점을 얻을 가능성이 더 높을 것이다.

10.2.2 담화 표지

담화 표지는 "대화의 단위를 분류하는 순차적 종속 요소"로 정의된다(시프린^{Schiffrin} 1987). 방금 말한 것과 시간, 결과, 대조 및 기타 개념을 통해 말하려고 하는 것을 간결하게 연관시킴으로써 발언(또는 그 일부)을 연결한다. 다음은 이용 등급에 따라 정리된 담화 표지의 목록이다(키르크와 그린바움에서 개작함^{adapted from Quirk and Greenbaum} 1973).

- **열거형**: 첫째, 둘째, 셋째. 우선 첫째, 또 다음으로는, 먼저, 우선 첫째로. 1, 2, 3…. a, b,c…. 다음의, 그다음에. 최종적으로, 마지막의, 끝으로. 결론적으로 말하면

- **강화**: 또한 게다가, 더욱이, 더 나아가서, 덧붙여, 무엇보다도
- **동등**: 동등하게, 마찬가지로, 유사하게, 같은 방법으로
- **전환**: 그런데, 그건 그렇고, 이제
- **요약**: 그럼, 대체로, 끝으로, 요컨대, 요약하면
- **동격**: 즉, 다시 말해서, 예를 들어, 이를테면, 곧, 그러니까
- **결과**: 결과적으로, 그러므로, 따라서, 어떻게든, 또는 다른 이유들로
- **추론**: 그 밖에, 그렇지 않으면, 즉, 이 경우
- **재진술**: 더 좋은, 더 정확히 말하면, 다시 말해서
- **대체**: 대안적으로, 오히려, 반면
- **정반대의 (혹은 대조하는)**: 그 대신(대체와 정반대의 조화), 그와는 반대로, 그에 반해서, 그에 비해, 한편으로는…, 반면
- **양보**: 어떻게든지, 게다가, 뿐만 아니라(양보와 강화의 조화), 또 다른, 아무리 … 해도, 그럼에도, 그런데도, …이긴 하지만, 그렇지만, 어쨌든, 그래도
- **시간 전환**: 그동안에, 한편
- **사고방식, 진실에 대한 논평**: 사실, 실제로는, 사실상, 엄격히 말하면, 명목상, 공식적으로, 엄밀히 따지면, 이론적으로

때로는 고객들은 "비공식적" 또는 "속어"로 인식된다는 이유로 그들의 VUI에서 담화 표지 사용을 거부한다. 그러나 언어적 범주로서의 담화 표지는 형식적이거나 비공식적이지 않다. 예를 들어 '게다가, 따라서, 그러므로, 이런 이유로, 그와는 반대로, 정반대로, 그에 비해, 그에 반해서, 마찬가지로, 모든 조건이 그대로라면, 오히려, 마지막으로'와 같은 담화 표지는 실제로 우리가 일상적인 대화에서 듣는 것보다 훨씬 형식적이다. '우선, 아무튼, 그래서'처럼 담화 표지는 비공식적 대화를 전형적으로 보여준다.

담화 표지를 적절하게 사용하는 것을 포함해 담화의 감도가 조작된 다이얼로그에 주는 중요한 이점이 있다. 예시 (7)과 (8)을 비교해보자(지앤골라^{Giangola} 2000). 두 프롬프트 세

트는 동일한 정보를 수집해 개인정보 관리 애플리케이션에서 약속을 잡는 것을 목표로 한다. (7)의 프롬프트에는 담화 표지가 눈에 띄게 부족한 반면, (8)의 프롬프트는 자연스럽고 대화형 문체를 투사하기 위해 다시 작성됐다. 여기서 우리는 논의된 두 종류의 응집력을 발견한다. 대명사와 담화 표지(이탤릭체로 표시)이다.

(7)

Please say the date.날짜를 말씀해주세요.

Please say the start time.시작 시간을 말씀해주세요.

Please say the duration.기간을 말씀해주세요.

Please say the subject.주제를 말씀해주세요.

(8)

First, tell me the date.먼저, 날짜를 말씀해주세요.

Next, I'll need the time it starts.다음으로 시작하는 시간이 필요합니다.

Thanks. ⟨pause⟩ Now, how long is it supposed to last?
감사합니다. ⟨잠시 멈춤⟩ 이제 얼마나 오래 지속될 예정입니까?

Last of all, I just need a brief description…마지막으로 간단한 설명이 필요합니다….

담화 표지는 여러 가지 방법으로 프롬프트에 가치를 더한다. 첫째, 담화 전문가들이 인간 언어에 관한 중심이 되는 가정을 기억해야 한다. 언어는 의사소통에 특별히 맞춘 디자인 원칙을 통합한 맥락에 민감한 시스템이다. 담화 표지의 중복성은 두 개의 담화 단위 사이의 기능적 관계를 강화한다. "조는 게으름뱅이다, 반면 그의 형제는…"이라는 발언의 담화 표지는 뚜렷한 대비를 기대하도록 유도하며, 다가올 일에 대한 실용적인 미리보기를 제공한다. 독자가 "3종 경기 선수다"로 문장을 완성하려고 생각했다면, "운동하기 싫어"로 완성하지는 못할 것이다. (8)에서는 'first, next, and last of all(처음, 다음 그리고 마지막으로)'와 같은 담화 표지를 일련의 질문으로 청취자의 위치에 배치한다.

둘째, 담화 표지는 다이얼로그가 진행되는 방식에 대한 인간적인 인식을 제시한다. 애플리케이션은 "예", "아니오", "3시" 및 "운영자"와 같은 특정 응답을 인식할 뿐만 아니라 대화에 대한 사용자의 기여가 더 추상적인 인지 및 사회적 수준에서 시스템의 기여와 어떤 관련이 있는지를 인식한다. 이러한 역할에서 담화 표지는 대화 관리 기능을 담당한다고 말할 수 있다. 이 점은 '아! 그런데, 정말로'와 같은 언뜻 보기엔 간단하지만 기능적으로 로드된 담화 표지의 논의에서 나중에 가장 확실하게 설명된다.

이 예에서 볼 수 있듯이 담화 표지는 친숙하고 호의적인 성격을 나타내는 핵심 역할 외에도 조작된 다이얼로그에 자연스러움을 전달하는 데 중요한 역할을 한다. 기계적이고 맥락에 민감하지 않은 (7)과 자연스럽고 맥락에 맞는 (8) 두 다이얼로그 모두에서, 애플리케이션과 사용자 간의 초기에 존재하는 정보 격차는 한 번에 하나씩 해결되며 호출자를 좌절시킬 수 있는 가능성을 가지고 있다. 사용성 피드백은 (7)의 문구가 실제로 정보가 단편적으로 수집되고 있다는 청취자의 인식을 높인다. 한 응답자는 "제발 말해주세요"라는 말을 계속 듣는 것은 귀찮은 일이라고 말했는데, 아마도 끊임없는 반복 때문일 것이다. 일반적으로 청취자는 (7)의 다이얼로그를 "실망감", "초조함", "지루함"과 같은 부정적인 서술을 연관시키는 반면, (8)의 다이얼로그는 "세심함", "도움이 됨"과 같은 긍정적인 서술과 관련시킨다.

이제 특정 담화 표지를 사용해 음성 인터페이스에서 프롬프트의 자연스러운 흐름을 향상시킬 수 있는지 알아본다. 이 담화 표지들은 '이제, 그런데, 아, 그렇지 않으면, 실제로'이다. 그리고 '알겠습니다'와 '죄송합니다'의 대화 용도를 살펴본다. '알겠습니다'와 '죄송합니다'는 전형적인 담론 표시가 아니다. 단독으로 사용할 수 있기 때문이지만 그럼에도 담론 표시로서 기능한다.

Now(이제)

'이제'는 (8)의 "Thanks. Now, how long is it supposed to last?(감사합니다. 이제 얼마나 오래 지속될 예정입니까?)"에서 보았듯이, 일종의 단락 변화, 즉 언어적 함축의 역할을 하고 있다. 이 담화 표지는 종종 생각의 순서로 새로운 단계를 소개하며, 화제의 진행을 나타낸다. 예를 들어 단일 프롬프트에서 다뤄야 할 주제가 하나 이상 있을 때, 담화 표지 '이제'는 세심하고 효과적으로 다음 주제에 대한 호출자의 주의를 환기시킨다. 예를 들어 (9)에서는, 호출자가 방금 자신의 성문을 등록하기 위한 여러 단계를 완료했다.

(9)

SYSTEM^{시스템}: That's all I need. We are done getting your voiceprint. Now, since you're new, would you like some help getting started?

이것으로 충분합니다. 당신의 성문이 등록됐습니다. 이제, 처음 시작하는 것을 도와드릴까요?

'이제'는 담화에서 화제의 변화를 예고하고 실제 시간을 지칭하지 않기 때문에, "이제, 예전에는…" 등의 말을 할 수 있다.

By the Way(그런데)

9장에서 소개한 교수법인 적시적 지시법은 (10)에서 예시된 바와 같이 담화 표지와 함께 도입된다.

(10)

CALLER^{호출자}: Call 555 465 2468. 555 465 2468번으로 전화 걸어주세요.

SYSTEM^{시스템}: Calling 555 465 2468. By the way, when you're done with this call, you don't have to hang up. ⟨pause⟩ Just say, "Come back."

555 465 2468번으로 전화. 그런데 이 전화를 마치면 전화를 끊을 필요가 없습니다. ⟨잠시 멈춤⟩ 그냥 "돌아가기"라고 말하면 됩니다.

인간과 인간의 대화와 마찬가지로, '그런데'는 흔히 삽입 어구로 제시된 중요성 앞의 내용과 별로 관계가 없는 생각을 나타낸다.

Oh(아!)

이러한 작은 단어, '아!'의 담화 기능에 대한 책을 쓸 수 있었다. 대부분의 사전은 '아!'

를 놀라움을 표하는 단순한 "추임새"나 "망설이는 사람"으로 숨기고 있지만, 시프린 Schiffrin(1987)은 담화 표지 '아!oh'의 가장 중요한 프로토타입 기능은 일종의 인지적 불일치 신호를 보내는 것이라고 한다. "내가 아는 것 또는 내가 생각하는 것이 당신이 알고 있거나 생각하는 것과 일치하지 않는다"는 내용을 전달한다.

(11)에서, 호출자는 안전하다고 여겨지지 않는 사이트로 향하려고 시도한다. 인터페이스는 이것이 불가능할 것이라고 알려주고 그 이유를 알려준다.

(11)

CALLER호출자: Go to ⟨name of a Web site⟩.⟨웹사이트의 이름⟩으로 이동해주세요.

SYSTEM시스템: Oh, I can't go to that site. It's not considered "secure."
아! 그 사이트에 접속할 수 없습니다. "안전한" 사이트로 간주되지 않습니다.

(12)에서, 동일한 인터페이스는 호출자에게 자신의 개인 프로필을 북마크할 수 없음을 알려준다(선호하는 음성 사이트로 참조).

(12)

CALLER호출자: Make that a bookmark.북마크를 만들어주세요.

SYSTEM시스템: Oh, that can't be bookmarked…아! 그건 북마크할 수 없습니다….

이러한 '아!'의 사용은 더 나아가 (13)과 (14)에서 예시된 바와 같이 자가 편집 사용과 관련이 있으며, 여기서 수직 바(|)는 새로운 오디오 파일의 시작을 나타낸다.

(13)

CALLER호출자: Go to sports.스포츠로 이동해주세요.

SYSTEM시스템: Sure, sports! | Oh, that's not available at the moment, but would you like to try something else instead?
네, 스포츠요! | 아! 지금은 스포츠로 이동이 불가능한데, 대신 다른 것을 시도해보시겠습니까?

(14)

CALLER^{호출자}: Get my messages.^{제 메시지를 받아주세요.}

SYSTEM^{시스템}: Okay, messages. | Oh, looks like you don't have any messages right now^{네, 메시지요. | 아! 지금은 메시지가 없습니다.}

인지적 불일치를 자가 편집하는 지표로서, '아!'는 이와 같은 경우 매우 중요하다. 시스템 대응은 (13)에서 스포츠, (14)에서 메시지가 가능하다는 암시로 시작됐다. 각각의 경우에서 두 번째 메시지는 초기 가정과 상충된다. 그러나 '아!'에 의해 양립할 수 없는 정보는 시스템 지식의 갑작스러운 변화로서 부드럽고 우아하게 전달된다. 즉, 성우가 연기한 캐릭터는 이제서야 스포츠나 메시지를 이용할 수 없다는 것을 알게 됐기 때문에, 잘못으로 받아들여질 수 없다는 것이다. 이 캐릭터는 처음에는 세심하고 협조적이었지만, 어쩔 수 없는 이유로 인해 전달을 할 수 없었다.

정당화되기 어려운 이유로 다이얼로그에 '아!'로 남발하지 않도록 주의한다. 예를 들어 호출자는 메인 메뉴에서 "날씨"를 선택하고 인터페이스는 "아! 날씨요"라는 수신 확인으로 응답한다. 어떻게 말하느냐에 따라 이 구절은 여러 가지 해석이 가능하다. 한 가지 해석은 인터페이스의 페르소나가 날씨가 선택 사항으로 존재한다는 것을 일시적으로 잊어버렸다는 것일 수 있다. 또 다른 해석은 호출자가 몇몇 다른 선택 사항과 달리, 날씨를 요청했다는 것에 대해 페르소나가 놀랐다는 것일지도 모른다. 그러나 또 다른 가능성은 호출자가 이 선택을 하지 않았음을 비밀리에 바라는 것이다(이런 맥락에서, 성우가 어떻게 "아! 날씨요"라고 말하기로 돼 있는 방법에 대해 생각해봐야 한다. 전달은 어떻게 지도해야 할까?). 이러한 해석은 모두 인지 부조화의 지표로 '아!'에 대한 시프린의 분석을 상기시키지만, 여기서는 적절하지 않다. 대조적으로, "아! 날씨요"에 관한 적절한 맥락은 교통이나 운세에 대한 요청을 오해된 것이 아니라 오인을 회복하는 것이다. 이런 맥락에서 담화 표지는 인지적 불일치를 적절하게 나타낸다. "이전에 들은 것은 지금 듣고 있는 것이 아니다." 어떤 경우든 원래의 맥락에 대해 조금 더 적절한 표현은 "그러죠, 날씨요" 또는 "알겠어요, 날씨요"보다 중립적인 인식을 전달한다.

다른 담화 표지는 맥락에 맞는 용도가 다르기 때문에 신중하게 선택하는 것이 중요하다.

Actually(사실)

'아!'와 마찬가지로, 언급이 실제에서 완전히 진실이거나 정확하게 맞지 않을 수 있다는 것을 암시하는 많은 다른 담론 표지가 있다. 공식적으로나 기술적 혹은 이론적으로 말이다. (15)의 '사실'과 같은 다른 담화 표지는, '정말로', '실제로', '사실은' 그리고 현실에서 "진짜의"의 진리로 여겨지는 것을 나타낸다.

(15)

호출자: 맞춤형 기상 정보를 받아주세요.

시스템: 사실, 확인할 도시 목록이 있었는데, 삭제됐습니다. 새 목록을 만들려면 등록 웹사이트로 이동하십시오. 일단, 어떤 도시와 주를 원하는지 말씀해주세요. 〈잠시 멈춤〉 또는 도시와 국가를 말씀해주세요.

우리가 연구한 애플리케이션 중 하나는 (16)과 같이 특정 오류 프롬프트에서 실제로 사용한다. 호출자는 아직 음성 사이트를 방문하지 않았지만 탐색 명령 "앞으로 이동"을 시도해본다.

(16)

CALLER^{호출자}: Go forward. 앞으로 이동.

SYSTEM^{시스템}: Actually, I can't move ahead since we haven't gone anywhere yet. To hear a list of places you can go, just ask what's available

사실, 아직 어디에도 가지 않았기 때문에 앞으로 갈 수 없습니다. 갈 수 있는 장소들의 목록을 듣기 위해서, 사용 가능한 항목을 물어보십시오.

'사실'은 "진정한 진실"을 소개하고 청중이 예상하지 못한 세부 사항을 준비한다.

Otherwise(그렇지 않으면)

'그렇지 않으면'은 아마도 음성 인터페이스의 담화 표지에서 가장 함부로 쓰일 것이다. (17)에 예시된 바와 같이 오류 복구 프롬프트에 자주 나타난다.

(17)

SYSTEM^{시스템}: If you'd like to leave a message, say, "Yes"; otherwise, say, "No."
메시지를 남기고 싶다면 "예"라고 말하십시오. 그렇지 않으면 "아니요"라고 말하십시오.

실제 대화에서, 달리 뒤따르는 정보는 이 담화 표지의 문자 그대로의 "아니면" 정의에도 불구하고, 전에 나온 정보로부터 정확히 예측될 수 없다. 다른 방법의 자연스럽고 유익한 사용법은 (18)과 (19)에 설명돼 있다.

(18)

늦으면 전화해주세요. 그렇지 않으면 8시 30분에 들를게요.

(19)

지금 떠나는 게 좋겠어요. 그렇지 않으면 좋은 자리를 얻지 못할 거예요.

누군가 "늦으면 전화해주세요. 그렇지 않으면 전화하지 마세요" 또는 "지금 떠나는 게 좋겠어요. 그렇지 않으면 나중에 떠나요"라고 말하는 것은 대화상 비정상일 것이다. 이러한 "그렇지 않으면"의 대안은 전제와 마찬가지로 예측 가능하기 때문에 전체적으로 문구에 정보적 의미가 없다. "유익하다"라고 대략적으로 비유할 수 있는 대화 원칙이 있다(이 원칙은 본장 뒷부분에서 논의된 공동 원칙의 상관관계). (17)과 같은 프롬프트에서 '그렇지 않으면'을 사용하는 것은 확실한 담화에서 예상되는 것처럼 청자를 충분히 유익한 공간으로 이동시키지 않는다.

(17)과 같은 프롬프트는 다른 이유로 사용자에게 부자연스럽게 들릴 수 있다. "네"와 "아니요"는 "메시지를 남기시겠습니까?"의 상태 초기 프롬프트에 대한 자연스러운 반응

이었다. 정말 말하고 싶은 것은 "메시지를 남기고 싶으면, 마지막 질문에 가능한 한 직접적으로 대답하세요. 우리는 같은 인식 상태에 있기 때문에, 같은 인식 그래머가 활성화돼 있기 때문입니다." 그래서 (17)의 문구는 인식 상태와 활성형 그래머의 개념에 익숙함을 전제하고 있어서 디자이너 중심적이라고 할 수 있다.

대조적으로 사용자 중심의 프롬프트에서 '그렇지 않으면'은 호출자를 (20)과 같이 좀 더 유익한 것으로 유도할 것이다. 또는 전체 프롬프트를 수정하고, (21)과 같이 사용을 완전히 피할 수 있다.

(20)

메시지를 남기고 싶으면 삐 소리가 난 다음에 말을 시작하십시오. 그렇지 않으면, 〈일시 중지〉 자유롭게 전화를 끊을 수 있습니다.

(21)

죄송합니다. 메시지를 남기고 싶습니까?

예 또는 아니요, 메시지를 남기고 싶습니까?

메시지를 남기고 싶습니까? [덧붙여서] (그냥 "예"또는 "아니요"라고 말함)

다음 두 항목은 기술적 의미에서의 담화 표지가 아니라 유사한 과도기적 기능을 수행한다.

Okay(알았어요)

우리가 디자인한 한 애플리케이션에서 호출자가 동의어가 없거나 동의어로 질문에 답할 때마다, (22)에서 예시된 바와 같이 다음의 프롬프트는 "알았어요Okay" 또는 일부 다른 인정으로 시작한다.

))) **(22)**

SYSTEM^{시스템}: Did you want to review some more of your personal profile?
개인 프로필을 더 검토하고 싶습니까?

CALLER^{호출자}: No.^{아니.}

SYSTEM^{시스템}: Okay, what's next?^{알았어요. 다음은 무엇입니까?}

'알았어요'는 호출자의 거부를 인정하고 다음 다이얼로그 상태로 원활하게 전환한다. (23)에서 '알았어요'를 제거하면, 그 결과는 부자연스럽게 들리는 다이얼로그일 뿐만 아니라 그 다이얼로그도 호출자가 방금 한 말을 시스템이 듣지 못했을 수도 있다는 애매한 인상을 준다.

))) **(23)**

SYSTEM^{시스템}: Did you want to review some more of your personal profile?
개인 프로필을 더 검토하고 싶습니까?

CALLER^{호출자}: No.^{아니.}

SYSTEM^{시스템}: What's next?^{다음은 무엇입니까?}

(22)에서 '알았어요'는 페르소나에 따라 '좋아요', '그럼요', '문제없어요'로 대체될 수 있다.

Sorry(죄송합니다)

프롬프트에서 '미안하다^{sorry}'를 사용하는 것에 대한 일반적인 프롬프트에서 '죄송합니다'를 사용하는 것에 대해, "어떻게 컴퓨터가 죄송함을 느낄 수 있겠는가?"라는 공통된 비평이 있다. 그러나 '죄송합니다'는 사과에 대한 정도가 아니라 앞으로 나올 기여가 어떻든 청자의 기대에 미치지 못할 것이라는 신호로서 유용하다. 그것은 가벼운 긴장감 있는 조언으로 이용될 수 있다. 지역 비디오 가게 직원이 당신이 매주 대여하려고 하는 영화를 다시 볼 수 없다고 말했을 때, "죄송하지만, 안 될 것 같아요" 또는 "죄송합니다,

208

그 비디오는 없어요"의 어조로 여기서는 유감의 기미가 보이지 않을지도 모른다.

녹음실에서 숙련된 성우가 "죄송합니다"라는 말을 과도기적인 장치보다는 진심 어린 아쉬움의 표현으로 읽을 수 있다. 예를 들어 우리가 작업한 한 애플리케이션에서 두 번째 인식 오류는 임의의 다른 말로 바꿔 표현할 뿐만 아니라 (24)의 일반 접두사 유형의 프롬프트를 트리거한다. 성우의 "죄송합니다"의 전달은 전문적이고 중립적인 것으로, 일상생활에서의 "죄송합니다"의 관습화된 사용을 반영하는 과도기적인 장치다.

))) **(24)**

CALLER호출자: My PIN is three six, um, no, it's two six four seven.
제 PIN은 3, 6, 음, 아니, 2, 6, 4, 7이에요.

SYSTEM시스템: Sorry, I didn't catch that.죄송합니다, 잘 못 들었어요.

인터페이스 소리가 실제 사람처럼 들리게 하기 위해 담화 표지를 사용하는 것을 피한다. 우리 견해로는 VUI에서 담화 표지를 사용하는 주된 목적은 이해를 촉진해 인지 부하를 줄이며, 시스템이 인간 수행원이라는 속임수를 만들지 않는 것이다. 결국 담화 표지는 화자들이 말들 사이의 의미 관계를 강화하도록 해주는 자연스러운 담화의 디자인 특징이며, 청자가 더 쉽게 해독할 수 있게 해준다. 프롬프트 작성자는 자연스러운 담화의 "디자인 특징"을 신중하게 이용해야 한다.

10.3 정보 구조

이 책의 목적상 정보 구조는 녹음된 메시지나 자연적인 대화에 있어서도 단순히 맥락상 결정된 "이전" 정보와 "신규" 정보의 배치를 나타낸다. 예를 들어 저자 중 한 명인 제임스 지앤골라와 로컬 디렉터리 지원 서비스 사이의 다음과 같은 인터랙션을 고려한다.

(25)

실시간 411 상담원: 안녕하세요. 조앤입니다. 어떤 도시입니까?

호출자: 마운틴 뷰.

실시간 411 상담원: 괜찮아요?

호출자: 코스트플러스.

실시간 411 상담원: 요청하신 번호, 5, 5, 5, 9, 6, 1, 6, 6, 0, 6, 6은 지금 1을 누르면 자동으로 걸 수 있습니다. 추가 요금이 적용됩니다.

전화번호의 운율(11장 참조)을 제외하면, 녹음된 메시지는 개별적인 단어나 문장이 나오는 한 이상할 것이 없다. 그럼에도 그 시스템이 요청된 번호를 주는 방식은 불편하다. 공식적인 연구는 하지 않았지만 숫자를 기억하려면 문장 중간에 끊어야 한다는 일화도 있다. 문제는 이 등록이 맥락에서 나타나는 방식, 특히 "이전" 정보 대 "신규" 정보가 청자를 위해 배치된 방식과 관련이 있다. 대부분의 호출자의 입장에서 보면 신규 정보나 초점은 요청된 전화번호(555 961 6066)가 돼야 하지만, 이 정보는 통상적으로 기존의 정보 또는 비핵심 정보를 위해 남겨진 문장에 묻혀 있다. 그러한 배치는 비록 통화의 목적이었지만, 실제로 번호가 무엇인지 잊어버리도록 조장한다.

VUI 디자이너와 프롬프트 작성자는 문미 강조 원칙(키르크와 그린바움^{Quirk and Greenbaum} 1973)에 의해 결정되는 영어에 중립(기본)의 초점 위치가 있음을 알아야 한다. 즉, 영어를 모국어로 사용하는 사람들은 자연스럽게 문장 끝이나 그 근처에 신규 정보나 초점 정보를 배치한다. 문미 강조 원칙은 영어를 모국어로 사용하는 사람들이 자연스럽게 정보를 회수할 것으로 기대하는 곳이다. 문미 강조 원칙을 준수할 뿐만 아니라 단기 기억도 용이하게 하는 대화형 메시지의 예는 다음과 같다. "555 961 6066. 자동 다이얼링의 경우 1을 누르십시오."

사람들이 자연스럽게 정보를 구성하는 방식은 맥락에 따라 달라진다. 디렉터리 보조자 기록의 경우, 맥락이 전화번호의 위치를 부적절한 것으로 만든다. "전화를 걸었던 번호 444−4444는, 서비스가 되지 않습니다. 목록을 확인한 후 다시 전화하십시오"라는 자주 듣는 유형의 메시지에서처럼, 전화번호가 적절한 위치를 차지할 수 있는 다른 맥락을 쉽게 상상할 수 있다. 이 맥락에서 이미 전화를 건 전화번호는 이전 정보이므로 문장의 중간에 있는 비초점적 배치가 정당하다.

기술적으로 정확하기 위해, 마지막 내용어 범주나 절의 고유명사에 문미 강조가 주어진다(키르크와 그린바움 1973).[3] 내용어 범주는 명사, 형용사, 동사, 부사다. 이러한 범주는 새로운 구성원에게 개방돼 있기 때문에 "개방형"이라고 한다("축소", "이메일" 및 "반대"와 같은 동사의 생성을 보라). 이와는 대조적으로 기능어 범주는 관사, 지시사, 전치사, 접속사다. '숀 코네리는 스코틀랜드에서 태어났다'는 문장에서 마지막 내용어 항목은 명사인 '스코틀랜드'이다. 기본적으로 그것은 이 문장의 새로운 정보 부분인 초점이다. 이와는 대조적으로 "숀 코네리"는 문장의 주제(대상) 또는 화자가 일부 언급하는 구 정보다. 구 정보는 일반적으로 주제에 배치되는 반면 새로운 정보는 일반적으로 술어에 포함된다.

프롬프트가 맥락에 맞지 않게 쓰이는 경우도 있기 때문에 맥락에 민감한 정보 구조의 원리를 위반하는 사례를 쉽게 찾을 수 있다. 예를 들어 날짜를 인식하는 특정 애플리케이션에는 30일밖에 없는 달과 관련된 특별한 메시지가 있다. 이 메시지는 인식기가 '6월 31일' 또는 '2월 29일'과 같이 윤년이 아닌 해에 높은 신뢰도로 돌아올 때만 재생된다. 문미 강조 원칙을 준수하기 위해 메시지가 (26)과 같이 표현될 것으로 예상하겠지만, 실제로는 (27)과 같이 쓰인다.

(26)

CALLER^{호출자}: Make it for June thirty–first.^{6월 31일자로 해줘.}

SYSTEM^{시스템}: Actually, June has only thirty days.^{사실, 6월은 30일밖에 없어요.}

---

3   초점은 문장의 초기 지점에서 발생할 수 있지만 스코틀랜드에서 누가 태어났는지에 대한 질문에 답할 수 있는 "숀 코네리는 스코틀랜드에서 태어났다"와 같이 특별한 "대조적인" 강세와 억양을 사용해야 한다. – 지은이

(27)

CALLER^{호출자}: Make it for June thirty-first.^{6월 31일자로 해줘.}

SYSTEM^{시스템}: There are only thirty days in June.^{30일밖에 없어요, 6월에는.}

(26)의 문구는 "June(6월)"을 문장의 주체로 적절히 만든다. 이 입장에선 새로운 의견이 나올 주제의 역할을 전제로 한다. 새로운 정보는 "only thirty days(30일밖에)" 부분이며, 술어에 적절하게 캐스팅돼 문미 강조가 된다.

9장에서 이야기했듯이 문미 강조 원칙은 지각 효과로 알려진 단기 기억 현상과 관련이 있는 것으로 보인다. 마지막에 오는 요소들은 사람이 마지막으로 듣는 것이기 때문에 더 두드러지고 정확하게 기억하기 쉽다. 이러한 언어 및 심리 원리를 이용하려면 주요 호출자가 주제에 따라 눌러야 하거나 음성 명령을 말해야 하는지, 새로운 요소가 목적이나 과제인지 방향을 구성하는 것이 좋다. 가급적 터치톤 또는 음성 명령을 프롬프트의 끝에 배치해야 한다.

초점 정보를 부주의하게 다루면 모호함과 잘못된 추론을 초래할 수 있다. 예를 들어 특정 애플리케이션은 호출자가 노래 제목 목록에서 음악을 선정하고 휴대폰으로 다운로드하도록 허용한다. 노래를 선택하기 위해서 호출자는 원하는 제목을 듣고 "그거!"라고 말해야 한다. (28)의 샘플 인터랙션에서, 시스템 프롬프트는 호출자에게 올바르게 선택했는지 여부를 말하고, 동시에 호출자에게 비용을 알려준다.

(28)

[시스템이 브리트니 스피어스의 리스트를 재생합니다.] "Oops, I Did It Again" 〈일시 정지〉

호출자: 그거!

시스템: 4.99달러에 "Oops, I Did It Again" 노래를 구입하시겠습니까?

여기서 무엇을 하려고 하는가? 선곡 확정인가("Oops, I Did It Again"), 가격 확정인가(4.99달러). 맥락이나 세계 지식은 전자를 나타낼 가능성이 높지만, 문미 강조 입장에 있는 정보 구조는 마치 가격이 협상을 위해 개방된 것처럼 후자를 상정하고 있다. 즉, 프롬프트가 애매해 두 가지 유효한 해석을 할 수 있다는 것이다. 규칙에 맞는 답변으로 흥정하려는 경향이 있는 호출자는 "아뇨, 하지만 50달러 줄 거예요"고 답할 수도 있다. 프롬프트는 다음과 같이 분명하게 재작성될 수 있다. "좋은 선택이십니다. 〈일시 중지〉"Oops, I Did It Again은 4.99달러입니다. 계속해서 구매하시겠습니까?" 여기서 가격은 질문의 범위에서 제외됐고, 프롬프트는 오직 한 가지 가능한 해석만을 가지고 있다.

문미 강조 원칙에 비춰 프롬프트뿐만 아니라 대화에서 수동적인 음성의 의사소통 기능에 대한 새로운 인식을 가져야 한다. 그림 10-1과 10-2에서 각각 능동태와 수동태를 고려한다. 두 경우 모두 "리프 에릭슨"은 동작주(행하는 사람)이고, "북미"는 동사인 "발견하다"의 피동작주(영향을 받는 요소)다.

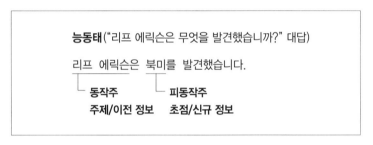

그림 10-1 능동태의 경우 동작주는 이전 정보나 주제이고, 피동작주는 신규 정보나 초점이다.

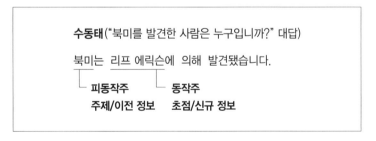

그림 10-2 수동태의 경우 피동작주는 이전 정보나 주제이고, 동작주는 신규 정보나 초점이다.

이러한 예는 능동태와 수동태의 근본적인 차이를 보여준다. 능동태에서는 동작주가 주제, 즉 이전 정보이며 피동작주가 신규 정보, 즉 초점이다. 수동태에서 이러한 역할은 역전된다. 즉 피동작주가 주제(또는 이전 정보), 동작주가 초점(또는 신규 정보)이다. 따라서 수동태는 화자가 통상적인 동작주와 피동작주의 순서를 반대로 해 기본 정보 상태를 역전시킬 수 있기 때문에 유용하다.

(29)의 녹음 안내에서 수동태 선택은 더 적절하다.

(29)

이 프로그램은 포드 재단의 보조금으로 가능합니다.

만약 글쓰기에 관한 일부 원문에 제시된 바와 같이 "수동태를 피하십시오"라는 문장을 다시 쓰려고 시도한다면, "포드 재단의 보조금이 이 프로그램을 가능하게 만들었습니다"라는 이상한 결과가 나올 것이다. (29)의 맥락에서 초점이 필요한 정보는 '포드 재단'이다. 이전 주제의 정보는 "이 프로그램"이다. (29) 같은 능동태 버전은 문미 강조 원칙을 무시하기 때문에 어색하게 들린다.

수동태는 통신 VUI의 다음 두 가지 예에서 적절하게 사용된다. 애플리케이션을 소유한 회사는 자신의 요청을 정확하게 처리하는 호출자에게 매우 명확하게 알리기를 원했다. 어떤 요청은 새로운 자동 음성 시스템에 의해 처리되는 반면, 다른 요청은 이전과 같이 고객 서비스 담당자에게 전달된다. (30)과 (31)의 교환은 이러한 두 가지 다이얼로그의 가능성을 보여준다.

(30)

호출자: 내 청구서 사본.
시스템: 청구서 사본 요청은 당사의 자동 특송 서비스에서 처리됩니다.

(31)

호출자: 설명해주세요.
시스템: 청구서상의 항목을 명확히 하기 위한 요청은 다음 가능한 대리인이 처리합니다.

시스템의 응답 (30)과 (31)에서는 각각 "청구서 사본 요청"과 "설명 요청"이라는 이전 정보는 각각 해당 슬롯에 이전 정보로 유지되며, "자동 특송 서비스"와 "다음 가능한 대리인"이라는 신규 정보 조각이 이에 따라 문미 강조된다. 만약 프롬프트 작성자가 문법 검사 소프트웨어를 통과시키기 위해 이러한 문장들을 능동태로 표현했다면, 그 결과는 "우리의 자동 특송 서비스는 청구서 사본 요청을 처리합니다"와 같이 맥락에 맞지 않는 지나치게 격식을 차린 메시지가 될 것이다.

정보 구조에 대한 이 논의는 말의 선형 조직의 중요성과 함축성을 드러낸다. 프롬프트 작성은 친숙하고 이해하기 쉬운 청취 경험을 위해 적절하게 배열하는 요소에서 맥락의 역할을 고려해야 한다.

10.4 구어체 영어 대 문어체 영어

터치톤과 음성 애플리케이션 모두 구어체보다 문어체의 규범을 반영한 메시지를 발견하기 쉽다. "나는 먼저 당신의 계좌 번호를 확인해야 한다" "이제 당신의 메시지를 등록할 수 있다" 같은 것들이다. 구어체와 문어체는 여러 가지 이유로 다르다(크리스털^{Crystal} 1992). 말은 역동적이고 일시적인 것이다. 단어나 구절이 끝나기가 무섭게 영원히 사라진다. 또, 음성 언어에서 참가자는 현시점이다. 전형적으로 얼굴을 마주하고 상호작용한다. 화자는 대개 자신이 대화하고 있는 사람에 대한 명확한 생각을 갖고 있다.

대조적으로 글쓰기는 정적이고 영구적이다. 글로 쓴 글자는 매체가 지속되는 한 거기에 있다. 이러한 영속성으로 인해 서면 언어는 일반적으로 음성 언어보다 더 형식적이며 보수적인 단어, 구, 문법적 구조를 유지한다(예: "관계자 제위"). 또한 글쓰기 시간과 읽는 시간 사이에는 항상 지연이 있으며, 종종 쓰기와 읽기 사이에 알려지지 않은 지속 시간을 알지 못하는 경우도 있다.

또 다른 중요한 차이점은 작가가 독자와 멀리 떨어져 있고, 독자를 볼 수 없으며, 독자가 누구인지 모른다는 것이다. 물론 음성 애플리케이션도 그렇다. 그러나 결정적으로 모든 음성 애플리케이션은 음성 언어에 의존하는데, 음성은 원형적으로 직접 대면하고 더 개인적이기 때문에 쓰기가 아닌 다른 방향으로 진화해왔다. 대화에 참여하고 있음을 확인하기 위해, 형식적으로 작성된 텍스트를 읽고 있는 제작된 페르소나와 준비되지 않은 즉흥적 응답에 의존하는 대화 내용은 실제 담화에서 전례 없는 일이다. 실제 경험에 비할 수 없기 때문에 실제로 "반메타포"로 간주할 수 있다. 그래서 이런 종류의 인위적인 형식은 인터페이스 디자인에서는 바람직하지 않다. 앞서 언급했듯이 VUI 사용자를 인식 상태로 가장 쉽게 안내할 수 있는 가장 높은 수준의 메타포는 일상적인 대화의 것이다. 따라서 VUI 프롬프트는 서면 규범보다 오히려 음성 규약을 준수하면서도 인터랙션을 통해 사용자를 유도하고 안내해야 한다.

다음 절에서 영어로 말하는 것과 쓰는 것 사이의 몇 가지 차이점을 조사하고, 프롬프트와 관련성을 증명한다. 이러한 차이점은 8장의 방법론적 제안을 프롬프트를 소리를 내 읽도록 동기를 부여한다. 프롬프트를 들을 때 단지 인쇄된 페이지에서 읽을 때와 다르게 반응할 것이다.

10.4.1 포인터 단어

구어체와 문어체 사이의 많은 차이점 중 하나는 포인터 단어의 사용에 있다. 예를 들어 '이것', '여기', '저기'이다. 포인터 단어의 가장 기본적인 용도는 물리적 공간에서 물건의 위치나 장소를 나타내는 것이다. "이 차는 판매용이 아니지만 저쪽에 있는 빨간 것이 있다." 이 예와 같이 그 구별은 대략 "근처" 대 "멀리"와 같다. 그러나 언어가 담화의 도메인에서 물리적인 포인터의 사용을 확장하는 것 즉, 서면 또는 음성 언어에서 앞으로 또는 뒤로 가리킬 수 있는 것이 일반적이다. 예를 들어 "여기 일어난 일이 있다"(말하려고 하는 것을 앞으로 가리키며), "또 간다!"(다른 사람이 방금 한 말을 거꾸로 가리키며).

말하기, 백 포인팅(Back-Pointing)

나는 문을 열려고 했지만, 그것은 효과가 없었다.

글쓰기, 백 포인팅

나는 문을 열려고 했지만, 이것은 효과가 없었다.

그림 10-3 말하기에서 '그것'은 뒤를 가리키지만, 글쓰기에서는 종종 '이것'을 선호한다.

말하기, 백 포인팅

그들은 뉴스위크를 받는다. 나는 결코 그 잡지를 구독하지 않을 것이다.

말하기, 포워드 포인팅(Forward-Pointing)

그는 이렇게 말했다. 조지가 길을 달리고 있었는데 갑자기…

그림 10-4 말하기에서 '그것'은 뒤를 가리키고, '이것'은 앞을 가리킨다.

프롬프트 작성자는 특히 그림 10-3과 같이 음성 언어 대 서면 언어 사용 여부에 따라 '이것'과 '그것'의 방향성이 다르다는 것을 알아야 한다. 이 예제는 언어 선택의 백 포인팅은 '그것'인 반면, 글쓰기의 백 포인팅은 '이것'임을 보여준다.

다음 한 쌍의 예(키르크와 그린바움 1973)는 말하기와 관련이 있다. 그림 10-4와 같이 '그것'은 뒤를 가리키며, '이것'은 앞을 가리킨다.

따라서 대화에서 (32), (33), (34)와 같은 진술은 가장 쉽게 포워드 포인팅으로 해석된다(즉, "this is"는 "here's"와 동의어다).

(32)

목록의 마지막 항목입니다.

(33)

당신의 마지막 메시지입니다.

(34)

즐겨찾기 목록의 끝입니다.

비록 이러한 진술들이 일상적인 대화에서 포워드 포인팅으로 사용되고 해석되지만, 때때로 VUI에서 문어체 영어의 규범에 따라 백 포인팅으로서 '이것'이 사용된다. 이러한 다이얼로그에서 백 포인팅으로서 '이것'을 사용하는 것은 듣기 이해를 방해할 것이다.

'이것'과 '그것' 모두 적절히 사용하는 프롬프트의 예를 (35)에 나타낸다.

(35)

This is the number I heard: 555 749 9591. Did I get that right?
이것은 제가 들었던 번호입니다. 555 749 9591. 그것이 맞습니까?

'이것'은 전화번호를 가리키며 "여기"로 대체될 수 있다. '그것'은 숫자를 거꾸로 가리키며 "이것"으로 대체될 수 있다.

10.4.2 축약

음성 언어는 축약을 선호하는 경향(you're, can't, it's, don't)이 있는 반면 서면 언어는 축약을 피하는 경향(you are, cannot, it is, do not)이 있다. 예 (36)은 세 번의 축약이 있는 대화형 프롬프트다.

(36)

···Finally, if you're finished with your bookmark list, just say "I'm done," and I'll put it away. ···마지막으로 넌 책갈피 목록을 다 작성했으면 "난 끝났어"라고만 말하고, 난 치워버릴 거야.

축약되지 않은 형식을 전문적인 성우가 대신 축약할 자유를 기대하지 말라. 성우가 간혹 호의를 베풀 수 있지만, 사업 종사자들은 이해나 동의 없이 대본 자료를 즉시 편집하는 것은 비전문가라고 생각한다.

VUI 디자인에서는 "게으른" 음성의 특성이라는 잘못된 가정을 기반으로 축약을 종종 권장하지 않았다. 축약형이 나태하다면, 나태함을 느끼고 있는 사람들은 "배고프니?"와 같은 질문에 "응, 난 그래"라는 말로 긍정적으로 대답할 수 있어야 한다. 영어 원어민들은 이러한 경우 만장일치로 그 축약형을 거부한다. 또 다른 불가능한 축약형은 "샌디는 피곤해, 너도"에 나오는 "너도"이다. 그러한 예는 언어에서의 축약형의 분포가 아마도 나태와 부주의 같은 바람직하지 않은 성격적 특성보다는 구문론과 율동적 제약과 더 관련이 있음을 시사한다.

VUI의 내용이 금융, 은행 등에서는 일정 수준의 격식을 요구하는 등의 이유로 축약을 피해 오기도 했다. 그러나 사람들이 단지 은행에서 일하거나 변동이 심한 시장에서 주식을 거래하고 있다는 이유만으로 축약된 말을 사용하는 것을 중단한다는 증거는 없다. VUI에서는 대화의 격식 차이에 관계없이 일상적인 구어체의 특성을 정의하는 한도 내에서 축약을 사용해야 한다. 요점은 사용자에게 친숙하고 편안한 언어 경험을 제공하는 것이다.

10.4.3 'must'와 'may'

'must'와 'may'는 각각 두 가지 기본적인 의미를 가져야 한다. 하나는 사회적/상호적인, 다른 하나는 논리적/확률적 의미로 설명할 수 있다(셀체 무르시아와 라르센 프리먼[Celce-Murcia and Larsen-Freeman] 1999). 'must'의 사회적/상호적인 의미는 "관찰적" 또는 "필요성"이며, 논리적 의미는 "추론" 또는 "추정"이다(그림 10-5 참조).

멜로즈[Melrose](1999)에 따르면 북미 원어민들은 추론을 위한 'must'는 논리적/확률적 의미다. 다시 말해 사람들은 서면으로 의무를 표시하기 위해 'must'를 사용하지만, 공식적인 자리의 대화에서는 사용하지 않는다. 의무나 필요성을 나타낼 땐 'must' 대신 'have to'로 표현한다(예: "미안하지만, 난 이제 떠나야 해. Sorry, but I have to leave now").[4] 마지막으로 멜로즈는 사회적 'must'가 영국 영어에서 더 흔해 보인다고 말한다. "당신은 곧 저녁을 먹으러 와야 한다You must come over for dinner soon" "가능한 한 빨리 그 문제를 해결해야 한다We must correct that problem as soon as possible"와 같은 식으로 밀이다.

따라서 (37)과 (38)의 프롬프트의 부자연스러운 특징은 각각 (39)와 (40)과 같이 사회적 '해야 한다'를 더 많은 대화형 대안으로 대체해 고칠 수 있다.

(37)

PIN을 한 번에 한 자릿수씩 말해야 합니다. 예를 들어 2, 1, 0, 0.

(38)

우리는 먼저 출발점을 찾아야 합니다.

(39)

Go ahead and say your PIN one digit at a time—for example, two one zero zero. 먼저 PIN을 한 번에 한 자릿수씩 말하십시오. 예를 들어 2, 1, 0, 0.

(40)

First, let's get your starting point. 우선, 출발점을 찾으십시오.

---

4 멜로즈는 또한 '(have) got to' 또는 'have gotta'가 사회적, 논리적 맥락 모두에서 사용된다는 것을 발견했다. '10달러를 빌려야 한다/You gotta lend me ten dollars'(사회적 사용 신호 의무)와 '당신은 나를 놀리고 있어/You've gotta be kidding me'(논리적 사용 신호 추론)와 같은 긴박감이 있는 경우 특히 그렇다. - 지은이

사회적 'must'

비상구 좌석에 앉은 승객들은 안전 정보 카드를 읽어야 합니다.

신청자는 반드시 27B를 작성해야 하며 등록용으로 노란색 사본을 보관해야 합니다.

자격을 갖춘 지원자는 반드시 학사 학위를 소지해야 합니다.

논리적 'must'

누가 문 앞에 있어? …아, 배관공일 거야.

어젯밤에 비가 왔나 보다.

너는 내가 그런 묘기를 부리는 것을 미쳤다고 생각하겠지.

그림 10-5 'must'는 논리적 의미뿐만 아니라 사회적 의미도 지닌다.

'must'처럼 동사 'may'도 사회적/상호적 용도와 논리적/확률적 용도를 가지며, 또한 'must'와 마찬가지로 일상적인 대화에서 발견되는 논리적/상호적 용도에 불과하다. 'may'의 사회적/상호적 사용은 허가를 요청하거나 허가하는 반면 논리적 사용은 가능성을 표현하는 것이다(그림 10-6 참조).

사회적 'may'를 통해 화자는 권위의 지위와 불평등 상태를 암시하므로, 권한을 부여하거나 요청하는 비교적 공식적인 방법이다. 이런 경우 'can'은 더 평등하고 친근할 수 있다. 북미에서는 전 세계의 다른 언어 공동체보다 사회적 계층화가 적기 때문에 'can'이 사회적 'may'보다 더 널리 퍼져 있고, "You can (may) go now(지금 가도 좋아)"와 같은 맥락에서 선호되고 있다(베일리 1999, 멜로즈 1999). 북미인들은 사회적 사용에 있어서 'may'의 암묵적인 사회적 불평등, 형식적, 냉정함 때문에 싫어한다. 그와 대조적으로 사회적 역할과 설정은 논리적 혹은 확률적 맥락에서 'may'의 사용과 무관하다. 그림 10-6에서 화자는 대화의 사회적 측면과는 별개로 비가 올 확률을 평가하고 있다(셀체 무르시아와 라르센 프리먼 1999).

사회적 'may'

방을 나가도 좋다.

화장실에 가도 되니?

이동 중에는 휴대폰과 양방향 호출기를 사용할 수 없다.

논리적 'may'

내일 비가 올지도 몰라요.

내 지갑에 20달러가 들어 있을지도 모른다.

잠을 충분히 자지 못할 수도 있다.

그림 10-6 'must'처럼 'may'는 논리적 의미뿐만 아니라 사회적 의미도 가지고 있다.

좀 더 호감을 주는 페르소나를 투영하기 위해서, (41)과 (42)의 사회적 'may'는 각각 (43)과 (44)와 같이 고쳐야 한다.

(41)

…At any time, you may also ask for help…언제든지, 도움을 요청할 수도 있습니다.

(42)

녹음이 끝나면 전화를 끊거나 추가 옵션을 보려면 우물 정자(#)를 눌러 주십시오.

(43)

…언제든지 도움을 요청할 수 있습니다.

(44)

녹음을 마쳤다면, 언제든지 끊으십시오. 또는 더 많은 선택을 듣고 싶다면, 우물 정자(#)를 눌러 주십시오.

(44)에서 문미 강조 원칙을 수용하기 위한 정보의 구조 조정과 "you're"의 축약에 주목한다.

10.4.4 'will'과 'going to'

일반적으로 'will'은 미래의 지표로서 더 형식적이고 비개인적인 반면, 'going to'는 더 비공식적이고 개인적인 것이다. 형식적이기 때문에 서면에서는 'will'을 선호하는 경우가 많다. 그러나 영어를 모국어로 사용하는 사람들에게는 때때로 이러한 동사형을 바꿀 수 없다. 대화에서 'will'은 일반적으로 자발적 의향을 나타내는 데 사용되며 (45), (46), (47), (48)과 같이 미래의 우연을 나타내는 데 사용된다. 이와 대조적으로 'going to'는 계획된 의도를 나타내며, (49), (50), (51), (52)와 같이 "진행 중인 미래"를 나타낸다.

(45)

A: 그건 우리 엄마가 좋아하는 꽃병이었어요.

B: 죄송합니다. 제가 또 하나 사 줄게요.

(46)

A: 지금 정말로 말할 수 없어요.

B: 그럼, 오늘 밤에 전화할게요.

(47)

집을 사면 엄청난 세금 감면을 받게 됩니다.

(48)

졸(pawn)을 거기에 두면 그가 이길 것입니다.

(49)

A: 하비가 내 펜치로 뭐 하는 거야?

B: 그는 TV 안테나를 고칠 거야.

(50)

A: 내일 뭐 할 거야?

B: 이발해야겠어.

(51)

차를 멈춰! 나 토할 것 같아!

(52)

봐, 비가 올 거야.

이 예제에서 'going to'를 'will'로 대체하면 그 결과는 매우 부자연스럽지만 VUI 프롬프트에서 'going to'를 담화로 기대할 때 'will'이 자주 사용된다. 가입자 기반 서비스에서 긴 등록 과정의 일부로서 추가 정보가 뒤따르는 (53)의 프롬프트를 예로 들어보자.

(53)

저는 이제 귀하의 계좌 번호를 등록하겠습니다. 한 번에 한 자리 숫자를 말하십시오.

이 프롬프트는 "I will"을 "I'm going to"로 대체함으로써 대화 규범에 맞게 다시 쓸 수 있다. 또한 두 동사의 "will"과 "record" 사이에 "now"라는 부사를 배치하면, 전문 마술사가 "I will now saw my lovely assistant in half(이제 내 사랑스러운 조수를 절반만 보았을 것이다)"라고 말한 것과 같이, 서면 또는 일부 격식어 장르의 또 다른 구조가 생긴다. (53)을 (54)로 다시 쓸 수 있다.

))) **(54)**

Now I'm going to record your account number. Tell me the number one digit at a time.이제 귀하의 계좌 번호를 등록하겠습니다. 한 번에 한 자리 숫자만 말해주세요.

또 다른 예는 VUI를 통해 호출자에게 주행 경로를 제공해야 한다. 순서의 한 지점에서 (55)에 나타난 몇 가지 유용한 방향 지시를 얻는다.

224

(55)

이제 귀하의 주소를 수집할 것입니다.

비록 이 프롬프트가 전화를 통해 전달되기는 하지만, 서면 담화를 대표한다. 첫째, 비록 이 맥락에서 계획된 의도가 자발적인 의지보다 더 나은 메타포일지라도, 'going to' 대신에 'will'을 듣는다. 다시 말해 보조동사("will")와 본동사("collect") 사이의 "지금 ("now")"의 배치를 찾는다. 마지막으로 "정보를 끌어내기"라는 의미에서의 "collect(수집하다)"의 이용은 불필요하게 기술적이다. 이 프롬프트는 (56)과 같이 다시 표시할 수 있다.

(56)

Now I'm going to ask you a few questions to find out where you're going.
이제 어디를 가는지 알아보기 위해 몇 가지 질문을 하겠습니다.

원문보다 길지만 듣기가 더 쉽다. 음성 언어와는 동떨어진 담화적인 특징들을 피한 대신 익숙한 언어 관습을 이용하기 때문이다.

10.4.5 "Romans Perspire, Anglo-Saxons Sweat"(로마인은 땀을 흘리고, 앵글로색슨족은 땀을 흘린다)

서면 언어는 종종 말에서 기피되는 특정 단어, 구, 문법 구조를 선호한다는 점에 주목해 왔다. 이 절에서는 말하기와 쓰기의 어휘를 중점적으로 다룬다.

"로마인은 땀을 흘리고, 앵글로색슨족은 땀을 흘린다(Romans Perspire, Anglo-Saxons Sweat)"라는 이 절의 제목은 영어 어휘의 풍부함을 암시한다. 로마어와 게르만어에서 온 어휘의 이중적 유산 때문에 우리는 종종 동의어인 두 단어를 의지한다. 예를 들어 땀을 흘리다(sweat/perspire), 끄다(put out/extinguish), 떠나다(leave/exit)와 같은 동사와 수족관(fish tank/aquarium), 군중(crowd/multitude), 간이 식당(lunch room/cafeteria), 음료

(drink/beverage)와 같은 명사가 있으며, 당당한(kingly/regal), 재미있는(funny/humorous), 우호적인(friendly/amicable), 뚱뚱한(fat/corpulent)과 같은 형용사, 매년(yearly/annually)과 같은 부사 등이 있다. 그러나 사용의 측면에서 "땀을 흘리다(perspire)"와 "끄다(extinguish)"와 같은 라틴어에서 파생된 대안들은 대개 더 공식적이고 기술적인 고리를 가지고 있는 반면, 그와 대응되는 앵글로색슨어는 더욱 비공식석이고 회화제처럼 들린다.

우리가 글을 쓸 때, 특히 좀 더 신중한 장르의 경우 서면 메시지의 상대적 영속성이나 지속성을 고려해 더욱 공식적인 (라틴어 파생) 대안을 선호한다. 말하려고 하는 프롬프트를 쓰는 것은 이러한 경향을 피해야 한다. 표 10-1의 왼쪽 열에 있는 동사 목록은 몇 개의 음성 및 터치톤 애플리케이션의 검토에서 삭제됐다. 오른쪽 열은 더 회화적이고 맥락상 적절한 등가물을 보여준다.

표 10-1 형식적인 동사 대 회화적인 동사

형식적인 동사	회화적인 동사
acquire(얻다)	get(얻다)
activate an account(계좌를 활성화하다)	set up an account(계좌를 활성화하다)
create an account(계좌를 만들다)	set up an account(계좌를 만들다)
create a bookmark(북마크를 만들다)	make, add a bookmark(북마크를 만들다)
encounter [information](우연히 발견하다)	find, come across(우연히 발견하다)
encounter [difficulty](맞서다)	have problems(맞서다)
exit list(목록을 끝내다)	be done with a list(목록을 끝내다)
experience difficulties(어려움을 겪다)	have problems(어려움을 겪다)
obtain(획득하다)	get(획득하다)
pause(멈추다)	take a break(멈추다)
provide(제공하다)	give(제공하다)
receive(받다)	get(받다)
request, collect(부탁하다)	ask for(부탁하다)

형식적인 동사	회화적인 동사
respond(대답하다)	answer(대답하다)
return(돌아가다)	go back(돌아가다)
select(선택하다)	choose, pick(선택하다)
terminate(끝내다)	end, finish(끝내다)

10.5 용어 및 일관성

용어는 담화의 형식성 수준과 관련이 있다. (57), (58), (59)를 비교해본다.

(57)

누구에게 말하고 싶습니까?

(58)

누구에게 이야기하고 싶습니까?

(59)

누구랑 얘기하고 싶어?

(57)이 가장 형식적이며, (59)가 가장 형식적이지 않다. 다음과 같은 언어적 특징은 이러한 질문의 등록을 구별한다.

- 형식적 "To whom…?(누구에게…?)" 대 비형식적 "Who…to?(누구에게…?)"
- 형식적 "wish(원하다)" 대 덜 형식적 "would like" 대 "want to", 구어체로 "wanna"
- "have a conversation(대화하다)"을 뜻하는 "speak" 대 덜 형식적인 "talk"

홀리데이(1994)의 경우 등록은 다음과 같은 세 가지 요소로 구성된 다차원 단어들이다.

1. 모드는 말하기 대 쓰기, 인간 대 원격과 같은 의사소통 채널을 말한다. 이 매개 변수는 VUI에서 변경되지 않는다.

2. 분야는 언어가 사용되는 사회적 환경뿐만 아니라 담화 내용과 관련이 있다. 분야는 종종 단어 선택에 반영된다.

3. 취지는 참가자들의 역할과 관계를 포함한다. 다시 말해 누가 누구에게 말을 하고 있는 것인가? 예를 들어 호출자가 "죄송하지만, 그 비밀번호에 문제가 있어요"라고 듣고 나서 등록 웹사이트를 방문해야 한다고 가정해보자. (60)에서 (63)까지, 네 가지 표현 가능성을 가지고 있다. 맥락상 기능은 같은 말이지만 취지에서는 다르다.

(60)

You must visit the registration Web site at phone dot ACME Widget dot com.[5]

전화 등록 웹사이트 dot ACME Widget dot com을 방문해야 합니다.

(61)

등록 웹사이트인 .ACME Widget.com을 방문하십시오.

(62)

…하지만 . ACME Widget.com으로 등록 웹사이트를 방문해보는 건 어떠세요?

(63)

전화 등록 웹사이트인 .ACME Widget.com을 방문하시는 것이 좋을 거예요.

---

5 지금까지 봤듯이 (60)에서 사회적 'must'의 사용은 터치톤 및 VUI 애플리케이션에서 널리 사용되긴 하지만 일반적으로 영어 회화 표현이 아니다. – 지은이

(62)와 (63)은 간접적인 요청이기 때문에 (60), (61)과 (62), (63)의 화자와 청자 사이의 다른 사회적 관계를 암시한다. (62)와 (63)의 화자는 더 정중하고 공손하다.

게다가 이 표현법들은 중요한 언어 개념을 보여준다. 말 그대로의 피상적인 의미는 종종 맥락에서 전달하는 의미와 다르다. 말 그대로 (62)는 질문이고, (63)은 욕망의 가능성("might want")을 주장한다. 사실 누군가에게 무언가를 하라고 지시하는 것은 사회적으로 현명한 방법이다. 어쨌든 애플리케이션에서 메시지의 취지는 사용자에 대한 페르소나의 의도된 사회적 역할과 함께 해당 애플리케이션에 대해 선택된 페르소나에 따라 크게 좌우된다.

프롬프트를 작성할 때는 모드, 분야 및 테너^{tenor}를 고려해야 한다. 애플리케이션에 가장 적합한 용어를 결정할 때마다 다이얼로그가 전체에서 일관되게 실행되는지 확인한다. 일관성 없는 언어 형태는 (64)부터 (67)까지의 계좌 이체 데모를 위한 완벽한 다이얼로그 디자인의 초안을 망친다.

(64)

어떤 계좌에서 이체하고 싶습니까?

(65)

어떤 계좌로 이체하시겠습니까?

(66)

죄송하지만 이해가 안 됐어요. 이체하실 계좌 이름을 말하십시오. 예를 들어 '예금 계좌'라고 말하면 됩니다.

(67)

500달러를 예금 계좌에서 금융 시장 예금 계좌로 이체하고자 합니다. 맞습니까?

이러한 프롬프트는 상반되는 사회적 신호를 전달한다. (65)~(67)에서 'wish'의 사용은 문어체이며, 말로써 사회적인 거리와 비개인성을 전달한다.[6] 또한 (67)은 'this'를 백 포인터로 사용하는 형식적인 서면 담화를 반영한다. 반면 문장-최종 전치사 (64)~(66)은 회화체다. (66)에서는 형식적이고 거리감 있고 개인적으로 들리지 않는 'wish'를 사용하지만, "could"(you could say, 'Savings account' '예금 계좌'라고 말하면 됩니다)를 사용해 요청을 하는 것은 비교적 개인적이고, 간접적이며, 다성하다. (예를 들어 "진찰을 받아야 한다"와 "진찰을 받아야 할 것 같다"라고 하는 것 등) 이 프롬프트에서 비협화적인 사회적 신호는 일관된 성격에 속하는 단일 목소리의 확립을 약화시킨다.

다이얼로그 사양을 검토할 때, 문장 끝에 전치사의 사용에 대한 피드백을 받는 경우가 있다. 다음 사항을 고려한다.

(68)

AUTO-ATTENDANT^{자동 응답자}: Who would you like to speak to?^{누구와 통화하고 싶으십니까?}

(69)

트래픽: 어떤 "핫스팟"을 원하십니까?

(70)

은행: 어떤 계좌에서 이체하고 있습니까?

위 예시들을 "좋지 않은 그래머"로 생각되기 때문에, 그다음에는 "수정"된다.

(71)

통화하고 싶은 사람의 이름을 말씀해주세요.

---

6   'wish'를 회화적으로 사용하는 것도 있지만, '비가 그쳤으면 좋겠다'나 '백만 달러가 있었으면 좋겠다'처럼 실제와 정반대의 소망을 표현하는 데 쓰기도 한다. — 지은이

(72)

트래픽 정보를 원하는 "핫스팟"을 말씀해주세요.

(73)

어느 계좌에서 자금을 이체하고 싶은지 말씀해주세요.

실제로 'whom' 대신 'who'를 사용하고 (68)~(70)에 전치사를 문장 마지막에 배치한 것은 대화에서도 용인될 수 있을 뿐만 아니라 대화의 특징이기도 한다.

10.6 은어

은어는 "일, 직업 또는 유사한 그룹의 기술 또는 전문 언어"로 정의된다. 대부분의 다른 전문 그룹들처럼, 음성 기술자들은 상당한 양의 전문 용어를 사용한다. 음성 기술자는 다이얼로그 디자이너, 언어학자, 소프트웨어 엔지니어 및 기타 음성 과학자를 말한다. 만약 화자가 같은 그룹의 다른 사람들과 의사소통하고 있다면, 은어는 허용될 수 있다. 그렇지 않으면 은어의 사용은 이해가 안 되는 상태부터 가벼운 소외감에 이르는 다양한 반응을 유발할 수 있다.

주행 방향을 제공하기 위해 디자인된 VUI의 시연에서, (75)의 전문 용어가 없는 표현이 더 효과적일 것임에도 (74)의 프롬프트를 들어봤다.

(74)

오류가 발생했습니다. 메인으로 돌아가기.

(75)

Sorry, there was a technical problem, so we'll have to go back to the main menu.

죄송합니다. 기술적인 문제가 있어서 메인 메뉴로 돌아가야 합니다.

(74)의 첫 부분의 표현은 오류 발생의 기술적 개념을 반영한다. 프롬프트의 두 번째 부분에 "메인"은 "메인 메뉴"의 단축형이다. 이러한 잘라내기는 다이얼로그 디자이너들의 대화에서 자주 나타나는데, 다이얼로그 디자이너들은 "Returning to Main"와 같은 소리인 "Returning to Maine" 사이의 연관성을 쉽게 간과할 수 있다. 맥락은 의미를 분명히 하지만, 이런 유머러스한 연결 고리는 다이얼로그 디자인에 익숙하지 않은 청자들에게 더 쉽게 다가온다.

항공사 직원을 위한 애플리케이션의 다이얼로그 사양 문서에서 (76)의 메시지가 표시됐다. 그러나 이런 맥락에서 좀 더 적절하고 사용자 친화적인 메시지는 (77)일 것이다.

(76)

이 직원에게는 여행자가 지정돼 있지 않다.

(77)

죄송합니다만 직원이 비행편 혜택에 대해 아무에게도 지정하지 않은 것 같습니다.

은어의 요소는 프로그래머와 데이터베이스 전문가에게는 친숙하지만 이 여행업계 VUI의 일반적인 사용자에게는 친숙하지 않은 "지정"을 사용했다.

그러나 은어는 항상 VUI에서 바람직하지는 않다. 이와 같은 인터페이스에서 적절한 은어의 예는 "이 항공편 목록을 원하십니까?"에서와 같이 ⁽항공편⁾ 목록"이라는 동사구를 자주 사용하는 것이다. 항공사 직원이 항공편을 "목록"이라고 할 때, 확인되지 않은 예약을 하고 있다. 이는 이용 가능성이 높은 항공편에 대해 직원들이 '목록'을 작성할 수 있기 때문에 '대기자 명단'과는 다르다. 어쨌든 "목록"은 항공사 직원의 은어, 즉 사용자가 듣고 인터페이스에서 사용하기를 기대하는 은어이기 때문에 여기에 적합하다.

10.7 공동 원칙

우리는 맥락상 자연스럽게 들릴 수 있도록 프롬프트를 만드는 방법에 대해 연구해 왔다. 이 절에서는 청자가 맥락에 따라 메시지를 들을 때 자연스럽게 해석하도록 주의를 기울인다.

대화는 단지 사람들이 정보를 교환하는 것 이상이다. 대화에 참여할 때, 주제에 관한 가정과 기대, 대화가 어떻게 전개돼야 하는지, 각 참가자가 할 것으로 기대되는 기여의 질과 양, 공손함, 일관성 등을 공유함으로써 공동 원칙을 따른다. 대화가 자연스럽게 속에 품은 진의를 통해 서로의 발화를 해석할 수 있다. (78)과 (79)의 예를 들어보자.

(78)

A: 어젯밤에 마크가 한 여자와 저녁을 먹는 걸 봤어.

(79)

A: 정말 좋은 하루야! 술 한잔 해야겠다.
B: 이글에 가 본 적 있어?

마크가 유부남임을 알고 있다고 가정할 때, (78)의 문장은 마크가 아내가 아닌 여자와 식사를 하고 있었다는 것을 의미한다. 아마도 마크가 아내와 식사를 했다면, 화자는 협조적이기 위해서 아내와 저녁을 먹는 걸 봤다고 말했을 것이다. (79)에서는 화자 A가 B의 답변이 관련성이 있다고 가정하에 행동한다면, A는 B의 질문이 '이글'이라고 하는 장소에 가기 위한 추천을 하기 위한 것이라고 가정한다. 다시 한 번 공동 원칙에 따라 A는 '이글'이 근처에 있고, 열려 있으며, 술을 대접하는 장소라고 해석할 수 있다. 이 조건들 중 하나가 사실이 아니라고 상상해보라. '이글'이 수백 마일 떨어져 있다면, B의 대화 행동은 정말 부적절할 것이다.

대화에서의 메시지의 의미는 문자 그대로의 표면적 의미와 관련이 없으므로 프롬프트 작성자들은 청자가 맥락에서 추론할 해석에 주의를 기울여야 한다. 예를 들어 (80) 환영 메시지는 나중에 메인 메뉴 프롬프트에 의해 모순되는 추론을 허용한다.

(80)

환영 프롬프트: 안녕하십니까? Frequent Buyer Rewards Line에 오신 것을 환영합니다. 이제 www.frequentbuyer.com/Points에서 온라인으로 포인트를 상환할 수 있습니다.

메인 메뉴 프롬프트: 무엇을 도와드릴까요? 〈일시 중지〉는 "포인트 구매", "상환 포인트", "포인트 전환"이라고 말할 수 있습니다….

환영 메시지의 표현은 호출자들이 포인트를 사용하기 위해 온라인으로 가야 한다고 추측할 수 있게 해준다. 다시 말하면, 이 특징은 음성 인터페이스에 의해 지원되지 않는 것처럼 보인다. 그렇지 않으면 왜 VUI의 사용자가 웹 주소를 제공하는가? 이러한 정당한 해석에도 "상환 포인트"는 바로 다음 프롬프트에서 주요 메뉴 옵션에서 나타난다.

협력 원칙의 필연적 결과는 화자에게 유익한 정보를 요구한다. 대화 분석가는 이 원칙을 '발화의 양the Maxim of Quantity(그리스Grice 1975)'이라고 하며, 이는 대화의 목적을 진전시키기 위해 필요한 만큼 대화에 대한 화자의 기여가 유익하다고 주장한다. 이 원칙은 때때로 음성 애플리케이션에서 위반된다. (81)의 예는 음성 사서함 시스템이다. 맥락은 다음과 같다. 가입자가 방금 암호로 로그인해 새로운 메시지 수를 받고 있다.

(81)

다음의 [2, 3, 4…] 새로운 메시지를 듣지 못했습니다.

시스템의 기여가 유익하다고 가정할 경우 호출자는 때때로 새로운 메시지가 이미 들릴 수 있다고 추론할 수밖에 없다. 대부분의 사람들에게 새로운 메시지는 아직 듣지 못한 것이기 때문에 그 메시지는 불협화음을 불러일으킨다. 이 잠시 동안 음성사서함 시스템을 사용한 후 "새로운 메시지"는 비록 일부분이지만, 아직 저장 또는 삭제하지 않은 메시지(예를 들어 메시지를 건너뛸 때)에 대해 지금까지 들어본 적이 없는 메시지나 들었던 메시지를 참조하기 위한 의도라는 것을 깨달았을 수 있다(또는 슬프게도 그렇지 않을 수도 있음). 메시지의 좀 더 간단한 버전은 "[2, 3, 4…] 새로운 메시지가 있습니다"이다. 일반적인 단어를 새롭고 직관에 반하는 정의는 이해를 방해할 수 있고 VUI의 사용성에 부정적인 영향을 미칠 수 있다.

이러한 협력의 원칙과 발화의 양 같은 필연적인 결과가 관련된 예에서, 대화가 정보를 교환하기 위해 디자인된 문자 메시지 이상이라는 것을 알게 된다. 리처드^{Richards}(1980)는 대화를 "직접적으로 이해되고 사회적으로 습득된 규칙과 대화 공동의 규범에 따라 시작하고 해석되는 교류로 구성되며, 대화 자체의 발언으로 직접 표현되는 수준을 넘어 폭넓은 의미를 창조하기 위해 조작될 수 있다"라고 설명했다. 10장에서는 이 점에 있어서 음성 애플리케이션과의 인터랙션을 예외로 취급해서는 안 된다고 주장한다.

10.8 결론

우리는 맥락에서 말의 언어적 형태와 관련이 있는 특정한 기대와 함께 모든 언어적 과제에 접근한다. 음성 인터페이스도 예외가 아니며 디자인 팀도 이를 대화로 간주해야 한다. 다이얼로그 디자이너와 프롬프트 작성자는 일상적인 대화가 사용자에게 가장 친숙한 통신 시스템이라는 사실을 이용해야 한다.

우리는 종종 음성 언어는 본질적으로 X사의 고객들에 비해 열등하거나 부주의하거나 너무 느긋하다고 생각된다는 이유로 대화형 프롬프트 디자인에 대한 저항에 직면한다. 이러한 경우 축약이나 일상적인 응집 장치가 부족하다는 프롬프트가 "더 나은 글쓰기"라는 보호 아래 승인된다. 그러나 대화형 언어는 그 나름대로의 정교한 체계로서, 그 나름의 이유로 발전해왔다. 더 좋은 프롬프트는 전통적인 의미에서 "더 좋은 글쓰기"의 문제가 아니다. 문어체와는 달리 구어체는 수백만 년 동안 직접 대면하는 프로토타입에서 성장해왔다. 음성 언어는 이러한 의사소통 방식에 특별히 적용되는 기능과 원칙을 포함하고 있으며, 우리는 이를 관찰하고 활용해야 한다.

사용자가 구어체에 익숙해지도록 하기 위해 자연 언어의 형태를 기반으로 다음 권장 사항을 작성한다.

- 음성 언어와 서면 언어의 차이점에 유의해야 한다. 이 두 가지 유형의 의사소통은 신호의 특성 때문에 다르게 진화해왔다(일시적 또는 영구적). 사람들이 듣는 것에 익숙해진 것은 읽는 데 익숙한 것이 아니다.

- 응집 장치(대명사 및 담화 표지 등)를 적절히 사용한다. 응집 장치는 메시지의 의미 관계를 강화하면서 다이얼로그의 기능적 통합을 강화한다. 청자들은 이해를 위해 응집 장치에 의존한다.

- 정보 구조의 원칙을 준수하고 활용한다. 이러한 원칙은 듣는 사람이 자연스럽게 이전 정보 대 신규 정보를 검색할 것으로 기대한다(맥락에 따라 결정됨).

- 용어의 사회 언어학적 현상은 브랜드와 기업 이미지에 직접적으로 반영된다. 특히 페르소나 디자인의 필수 요소인 모드, 분야, 취지를 고려한다. 이러한 영역 가운데 어느 곳에서도 일관성이 부족하면 사용자에게 좋지 않은 인상을 남길 수 있다. 콘텐츠와 VUI 페르소나의 바람직한 사회적 역할에 적합한 스타일을 고수해야 한다.

- 은어는 때때로 피해야 할 또 다른 사회 언어적 현상이다. 은어의 적절한 사용은 사용자가 누구인지 파악하는 것에서 시작한다.

- 공동 원칙은 언어 사용자들이 어떻게, 왜 행간을 읽는지를 설명한다. 사용자가 작성한 메시지에서 도출할 수 있는 추측을 고려한다. 사용자가 프롬프트에 반응할 때 어떤 식으로 유익한 정보를 제공할지 예상하되 과도하지는 않아야 한다.

음향 신호를 통해 정보를 수집하는 메커니즘 이상의 성공적인 프롬프트 작성은 VUI 관점에 달려 있다. 사용자 중심의 음성 애플리케이션은 실제로 언어 인터페이스다. 여기서 "언어"는 인지적 차원(예: 응집 장치의 사용, 정보 구조의 원칙, 포인터 단어 방향성)과 사회적 차원(예: 은어, 어휘, 문법 선택 및 용어)을 모두 의미한다. 이러한 언어 경험의 관점을 염두에 둔 VUI 디자이너들은 사용자를 사로잡고 유리한 기업 이미지나 페르소나를 투영할 VUI를 만드는 과정에 있다.

또한 맥락에 따라 프롬프트의 형식을 고려하는 것이 가장 중요하다. 프롬프트는 ⟨action GET_QUOTE⟩나 "Too Much Speech"와 같은 인식 반환에 대한 단순하고 고립된 번역이 아니다. 모든 프롬프트는 모든 것이 부분의 합보다 더 큰 것으로 인식된다는 점에서 모자이크 안에 있는 작은 타일 조각과 같다. 프롬프트를 작성할 때는 항상 다이얼로그의 맥락을 고려해야 한다. 자연적으로 발생하는 언어의 구조는 그 자체로 맥락에 민감하기 때문이다. 맥락 민감성은 사람 대 사람 대화에 참여하든, 아니면 공학적 대화에 참여하든 간에 듣는 사람이 기대하는 것이다.

대화체는 대자연의 가장 위대한 걸작 중 하나다. 프롬프트 작성자와 다이얼로그 디자이너는 현재 기술의 한계에 대한 인식과 함께 사용자 중심 디자인을 위한 영감의 원천으로 간주해야 한다.

11

운율 체계 계획하기

))) The number you have dialed, Four? Four? Four? Four? Four? Four? Four? Is not in service. Please check the listing and dial again. 〈click!〉

당신이 거신 전화번호, 4? 4? 4? 4? 4? 4? 4? 서비스되지 않습니다. 목록을 확인하고 다시 걸어주십시오. 〈클릭!〉

인쇄된 단어의 불변성으로 인해 대부분의 사람들은 "four"는 "four"라고 생각한다. 사실 문자열의 숫자의 맥락과 큰 발음의 문자열 맥락은 이 단어의 어법에 큰 차이를 만든다. "four"와 "4" 같은 인쇄된 표현은 물론 음성 사용자 인터페이스의 본질인 풍부하게 짜여진 언어 체계를 제대로 다룰 수는 없다. 실제로 맥락에 따라 'four'라는 말을 하는 방법도 다양하다. 이것이 운율이다.

10장에서는 VUI가 사용자에게 가장 친숙한 의사소통 시스템을 이용해야 한다고 주장했다. 이를 위해 자연어(인간 대 인간)와 일상적인 음성 언어를 살펴보고 VUI 프롬프트에 적용할 수 있는 특정 특징과 원칙을 추출한다. 그러나 11장의 초점은 어떤 말을 해야 하는지, 어떤 단어를 사용해야 하는지, 프롬프트에서 어떻게 배열할 것인지를 다룬다. 11장에서 우리가 쓰는 자연스러운 프롬프트가 실제로 맥락에서 어떻게 들릴지 살펴본다. 기술적 측면에서 이상적인 운율 구조는 무엇인가? 주어진 녹음의 경우 어떤 운율이 사용자에게 가장 친숙하고, 편안하며, 이해하기 쉬운가? 어떤 운율이 인터페이스와 인터페이스에 앞서는 페르소나에 대한 사용자의 인식을 강화시킬 것인가? 맥락이 프롬프트의 형태를 결정하는 데 필수적인 역할을 하듯이, 프롬프트의 운율에서 가장 중요하다.

다음은 11장의 나머지 부분에 대한 개략적인 개요다.

- 운율이란?
- 운율의 기능
- 강세
- 억양
- 전화번호 연결하기
- 연결 접합 최소화
- 멈춤
- TTS 가이드라인

11.1 운율이란?

언어의 소리는 구두로나 비언어적으로 모두 표현한다(크리스털 1995). 언어적 의미는 단어, 구, 문장을 만들 때 모음과 자음을 사용하는 것을 말한다. 10장은 가공된 다이얼로그에서 언어적 의미와 관련이 있지만, 프롬프트의 대화 표현은 이야기의 절반에 불과하다. 나머지 절반은 메시지가 전달되는 방법이다. 의미에 구조와 표현을 전달하기 위해 화자는 억양, 강세, 리듬, 목소리 톤, 침묵을 망설임의 형태로 사용한다. 언어학자들은 이 비언어적 의미를 운율이라고 부른다.

프롬프트 표현으로 자연스러움을 얻기 위해 고려해야 할 많은 이슈들이 운율의 자연스러움을 설명한다. 프롬프트가 서면 형태로 나타나기 때문에 언어적 구조만 고려하는 것은 충분하지 않다. 사용자가 맥락에서 프롬프트를 들을 수 있는 방법에 초점을 맞춰야 한다. 근본적으로 사람과 사람 사이의 인터랙션에서 말의 운율을 파악해야 한다. 11장에서는 운율의 기본을 개괄적으로 설명하고, 의미 표현과 이해의 중요성에 대해 설명한다.

운율은 체계적이고 원칙적인 언어 분석의 수준이다. 운율은 문법의 한 요소로서, 원어민들이 자신의 언어에 대해 갖추고 있는 암묵적인 지식이다.[1] 구문이 문법의 한 요소인 것처럼, 운율도 그렇다. 물론 "지금 당신의 PIN을 말해주세요"에서처럼 구문 규칙에 어긋나는 프롬프트를 의도적으로 쓰지 않을 것이기 때문에, 운율의 기본 규칙을 무시해서는 안 된다. 11장은 VUI 사용자에게 좀 더 이해하기 쉽고 더 편안한 인터랙션을 할 때 운율에 얼마나 많은 주의를 기울이는지 보여준다.

11.2 운율의 기능

억양은 문법적 구조를 식별하는 것을 돕는다(크리스틸 1995). 운율이 없다면 듣는 사람이 듣는 음운의 흐름을 절과 문장으로 어떻게 나눌지 상상하기 어렵다. 대괄호 안의 다른 말로 바꿔 표현된 내용과 함께 (1)에서 (3)까지의 대비를 고려한다.

(1)

You know. I don't. [So don't ask me.] 있잖아. 난 아니야. [그러니까 묻지 마.]

(2)

You know, I don't. [As a matter of fact, I really don't.] 있잖아, 난 아니야. [사실 나는 정말로 아니야.]

---

1   11장에서는 "문법"에 대한 더 광범위한 정의를 사용한다. 앞서 우리는 디자이너와 문법 개발자로서 우리가 갖고 있는 언어 지식을 기계로 공급하기 위해 "문법"을 사용했다. 여기서 문법은 인간이 가지고 있는 언어 지식을 언급하는 데 더 일반적으로 사용된다. – 지은이

(3)

You know I don't. [You know that I don't.] ^{내가 아닌 거 알잖아. [너도 알다시피 난 아니야.]}

또한 많은 문법적 대비는 서술 대 특정 유형의 질문에서처럼 체계적으로 억양에 의존한다. 예를 들어 "I should(해야 한다)"와 "I should?(해야 하는가?)"와 같은 경우다.

억양은 또한 큰 대화 단위 사이에서 대조와 일관성의 관계를 전달하는 원문의 기능을 한다. 예를 들어 뉴스 진행자들은 독백을 별개의 단평이나 보도 기사로 만든다. 스포츠 캐스터들은 축구, 농구, 경마 등 빠른 속도의 경기 진행과 상황을 보고하기 위해 특별한 운율 패턴에 의존한다.

운율은 또한 정보를 제공하기도 한다. 운율은 청자의 관심을 새로운 것에 집중시키고, 화자의 믿음과 의도, 지식을 드러낸다. 운율의 미묘한 차이가 급격하게 다른 정보의 의미에 영향을 미치는 정도를 이해하려면 표 11-1에서 제시한 것처럼 "I should go(나는 가야 한다)"라는 단순한 문장에 대한 다섯 가지 잠재적 해석을 고려한다(키르크와 그린바움 1973에서 개작함).

마찬가지로 "any(어떤)"의 억양은 "Don't get her ANY flowers(그녀에게 어떤 꽃도 주지 마세요)"와 같이 말의 의미를 뒤집을 수 있다. "any(어떤)"의 억양이 떨어지면 의미는 "Don't get her any flowers at all(그녀에게 어떤 꽃도 주지 마세요)"라는 것이지만, "any(어떤)"의 억양이 오르내리면 "Don't get her just any flowers; make sure they are special(그녀에게 그냥 꽃을 주지 말고, 그 꽃이 특별한지 확인하라)"는 뜻이다. 이러한 예들은 운율이 언어 양식의 해석을 중재하는 데 중요한 역할을 함을 보여준다.

))) **표 11-4** "I should go"의 다섯 가지 의미

	운율	의미
I should GÒ. (가야겠다)	"go"에 강세를 받아 하강톤	[중립, 디폴트.]
I should GÓ?	"go"에 대한 상승톤	그건 당신의 충고인가요?

	운율	의미
Ì should go	"I"에 하강톤	너 말고!
I SHÒULD go.	"should"에 하강톤	나는 그것을 부인할 수 없다!
I SHÔULD go.	"should"에 상승-하강톤	그러나 나는 그렇게 생각하지 않는다.

운율은 또한 심리적인 기능을 하며, 우리가 말을 인지하고 기억하기 쉬운 단위로 정리하는 것을 도와준다(크리스털 1995). 북미 전화번호에서와 같이 10자리 숫자의 순서는 운율에 의존하지 않고 세 그룹으로 묶어 둔다면 기억하기 어려울 것이다.

운율의 더 일반적인 기능은 태도와 감정을 전달하는 것이다. 예를 들어 "저와 결혼 하시겠습니까?"라는 질문에 대한 응답으로 크리스털(1995)은 "RP"로 알려진 영국의 명성 있는 악센트에 "예"라는 응답에 대한 9가지 의미의 미묘한 차이를 기록했다. 이러한 의미의 음영에는 즐거움("멋지다!"처럼 상승-하강 곡선)과 이별, 지루함 또는 체념("꼭 해야 한다면" 또는 "포기할래"라고 말하는 듯 낮은 톤), 조심스러운 의심("속셈이 뭐지?"처럼 낮은 상승 곡선)이 포함된다.

마지막으로 운율은 개인적, 사회적 정체성을 전달한다. 변호사, 전도사, 뉴스 캐스터, 스포츠 해설자, 훈련 하사관 등 특정한 직업을 추구하는 사람들의 독특한 운율 패턴을 통해 쉽게 식별된다(크리스털 1995). 승무원은 항공기의 장내 방송 설비를 통해 안내할 때 특정한 단어로 강세를 전달하는 독특한 습관을 갖고 있다. 예를 들어 "···작은 오렌지색 산소 마스크가 좌석 바로 윗칸에서 내려올 것입니다", "짐칸을 열면 비행 중 내용물이 이동될 수 있다는 점을 알아주시길 바랍니다", "기장이 좌석 안전벨트 착용 표시를 끌 때까지 모든 승객이 좌석에 남아 있도록 추가적으로 요청합니다"와 같은 것들이다.[2] 특히 운율의 기능은 고급 페르소나가 풍부한 VUI의 디자인에서 활용될 수 있다.

---

2 승무원의 운율은 주의를 끄는 장치로 설명될 수 있다. – 지은이

이제 일상에서의 운율의 주요 기능, 실제적인 언어 사용법을 검토했으므로 영어 운율의 상위 수준이지만 필수적인 특징들을 살펴본 후 운율을 프롬프트에 적용해본다.

11.3 강세

강세는 강한 음절과 약한 음절을 구별하는 큰 음절의 변화로, 다시 한 단어의 구어적 정체성을 특징짓는다(크리스털 1995). 따라서 "originality"라는 단어는 일차적인 강세가 "nal" 음절에 있을 경우에만 "독창성"이라는 단어가 될 수 있다. 만약 "lit" 음절을 강조한다면 그 단어는 더 이상 "독창성"을 의미하지 않는다. "produce"란 단어는 어떤 음절에 강조하느냐에 따라 두 가지 다른 의미를 지닌다. "창조하다"와 동의어인 동사 또는 과일과 채소를 가리키는 명사 중 하나다.

강세는 긴 발화에도 적용된다. "그가 그것을 좋아하는가?"라는 질문에서 문장 수준의 강세는 "좋아하는"이라는 동사에 있다. 단어와 문장 수준 모두에서 강세를 사용하는 것은 명료성을 위해 중요하다. 영어의 강세 패턴을 숙달하지 못한 영어가 모국어가 아닌 사람들은 이해하는 데 어려움을 겪을 수 있다.

문장 수준 강세의 주요 기능은 정보의 중요성 또는 집중을 나타내는 것이다. 발화의 초점은 청자가 "새로운" 것을 고려하고 특별히 주의를 기울이도록 의도하는 정보 부분이다. 10장에서 설명한 바와 같이 기본적으로 영어에서 문장의 마지막 내용어 요소에 초점을 맞춘다. 그러므로 "그가 그것을 좋아하는가?"의 기본 강세 위치는 "좋아하는"에 있다. "좋아하는"이 질문의 마지막 내용어 요소이기 때문이다. "그것"은 대명사이며, 기능어 항목이다. 이 기본 강세 원칙과 이를 재정의할 수 있는 방법에 관한 자세한 설명은 (4)를 참고한다.

))) **(4)**

Somebody must have TAKEN it. 누군가 그걸 가져간 게 틀림없어.

이 문장의 마지막 내용어 항목은 분사 "taken"이며, 따라서 기본적으로 강세를 받는다. 그러나 더 흔하지 않은 경우 (5)와 (6)에서와 같이 문장의 다른 부분에서도 두드러지게 발생할 수 있으며, 여기서 강세는 대조적으로 기능한다.

(5)

Somebody MUST have taken it. [It's no use your arguing.]
누가 가져갔나 봐 [네가 말다툼해도 소용없어.]

(6)

SOMEbody must have taken it. [···even if you didn't.]
누군가 가져간 게 틀림없어. [그렇지 않아도 말이야.]

이것은 대조 강세라고 알려져 있다. 사람들이 기본 악센트 패턴을 덮어 쓰게 해 원하는 단어(또는 단어의 일부)를 강조 표시하는 방식이다. 기본 강세와 달리 대조 강세는 일반(기본) 조건에서는 강세를 받지 않는 기능어 항목에도 해당된다(예: "John AND Mary went? Together???"에서 "and", "I thought she looked UNhappy"에서 "un", "The Four Seasons is THE place to stay on the Big Island."에서 긴 e가 들어간 "the").

사용자는 VUI에서 대조 강세를 적절히 사용할 때 상당한 이점을 누린다. 사례 (7)을 참고한다.

(7)

SYSTEM시스템: I heard "Tennessee." Is that RIGHT?"테네시"라고 들었습니다. 맞습니까?
CALLER호출자: No.아니요.
SYSTEM시스템: What about "Texas"? Is THAT right?"텍사스"는 어떻습니까? 그게 맞습니까?

"Is that RIGHT?"는 기본 강세 패턴을 표현한다. 강세는 형용사 "right"인 문장의 마지막 내용어 항목에 해당한다. 두 번째 프롬프트("Is THAT right?")에서 강세는 대조를 위해 내용어 항목인 대명사에 해당한다. 다이얼로그가 진행됨에 따라 강세를 "right"에서

"that"으로 전환함으로써, VUI의 페르소나는 실제 사람과 사람 사이의 대화에서처럼 대화를 추적하고 있다는 인상을 효과적으로 준다. 대조 강세의 적절한 사용은 세심한 성격뿐만 아니라 인간다운 언어적 지능을 부여한다.

이와는 반대로 "Is this correct?(맞습니까?)"와 같이, 짧은 순서에 따라 몇 번이나 필요한 확인 횟수를 반복하는 VUI가 있다. 이러한 맥락에 둔감한 반복은 사용자에게 부자연스럽고 운율학적으로 생소하다. 같은 말을 자꾸 되풀이하는 사람을 연상시키는 것은 페르소나의 인식을 손상시킨다.

언어적 맥락에 주의를 기울이지 않는 경우 결과 프롬프트는 (8)에서와 같이 강세 모순을 포함할 수 있다.

(8)

CALLER ^{호출자}: Get my MESsages.^{제 메시지 보여줘요.}

SYSTEM ^{시스템}: You have no new MESsages.^{새 메시지 없습니다.}

(8)의 시스템 응답은 맥락에 의해 새로운 초점으로서 확립된 것처럼 "messages"를 강조하지만, 그렇지 않다. 운율학적으로 변칙적인 (8)과 좀 더 대화적이고 모범적으로 잘 구성된 (9)를 비교하라.

(9)

CALLER ^{호출자}: Get my MESsages.^{제 메시지 보여줘요.}

SYSTEM ^{시스템}: You don't HAVE any messages.^{아무런 메시지가 없습니다.}

"messages"를 완화시키는 데 있어서, 시스템 응답은 운율학적으로 적절하다. 정보의 역동적인 흐름으로서 인간다운 방식으로 대화를 추적하고 있는 것으로 보이며, (8)의 시스템이 실패하는 부분이 바로 여기에 있다. (8) 단순히 백엔드 대답은 "N = 0"에 대해 맥락에 둔감한 번역을 발행하는 반면, (9)의 맥락에 민감한 메시지는 정보 중심을 부정적인 동사로 이동시킴으로써 검색될 메시지가 있다는 호출자의 전제를 처리한다.

(10)의 청구서 지불 애플리케이션에서도 유사한 강세 위반이 발생한다.

(10)

CALLER^{호출자}: Bill payment.청구서 지불.

SYSTEM^{시스템}: What bill would you like to PAY?어떤 청구서를 지불하시겠습니까?

CALLER^{호출자}: MasterCard.마스터 카드.

SYSTEM^{시스템}: How much would you like to PAY?얼마를 지불하시겠습니까?

CALLER^{호출자}: Two hundred and fifteen dollars.215달러.

SYSTEM^{시스템}: On what date would you like it PAID?어떤 날짜에 지불하시겠습니까?

전화를 통한 다이얼로그에서 사용자는 "뭔가 딱딱하거나 부자연스러운 소리가 나는 것 같은데, 정확히 뭐지?"라고 생각할 것이다. 그러나 이 다이얼로그를 글로 옮긴 것을 읽었을 때, 주된 원인은 작은 대문자(SMALL CAPS)를 사용한 덕분에 그 페이지에서 잘 보인다. 동사 "pay(지불하다)"는 각 프롬프트의 새로운 정보 초점인 것처럼 차례로 나타나는 모든 발언에서 문장 수준의 강세가 있다.

만약 "pay(지불하다)"가 첫 등장 후, 운율학적으로 모호했다면(즉, 강세가 완화됨), 이 다이얼로그는 훨씬 듣기 좋았을 것이다. (11)과 같이 결과 다이얼로그를 좀 더 자연스럽게 보이게 할 수 있는 몇 가지 다른 변경 사항이 있다.

(11)

CALLER^{호출자}: Bill payment.청구서 지불.

SYSTEM^{시스템}: Sure, bill payment. What bill would you like to PAY?
네, 청구서 지불이요. 어떤 청구서를 지불하시겠습니까?

CALLER^{호출자}: MasterCard.마스터 카드.

SYSTEM^{시스템}: How MUCH would you like to pay?얼마를 지불하시겠습니까?

CALLER^{호출자}: Two hundred and fifteen dollars.215달러.

SYSTEM^{시스템}: And on what DATE would you like it paid?
그리고 어떤 날짜에 지불하시겠습니까?

여기까지 자연스럽게 대조 강세를 찾을 것으로 예상할 수 있는 사례를 들었지만, 그 메시지들이 거의 또는 전혀 맥락에 주의를 기울이지 않고 기록됐기 때문에 대조 강세는 다소 부적절하게 결여돼 있다. 그러나 다음 예제에서는 정반대의 시나리오를 발견한다. 대조 강세는 녹음 시간의 맥락에서 자연스러운 것처럼 보이지만, 호출자가 녹음을 경험하게 될 맥락에서 부적절한 것으로 판명됐다. 자연스럽고 일상적인 대화로 하루의 시간을 알려주는 맥락에서, (12)에서 보듯이 "AM"과 "PM"의 "M"에 강세가 있다.

(12)

EIGHT ay-EM

FOUR pee-EM

이런 맥락에서 'A'와 'P'는 약하다. 강한 음절은 각 구의 가장자리(즉, 시간과 끝)에 있는 음절이다. 그러나 녹음실에서는 성우가 "AM"과 "PM"을 대조적을 강조하기도 한다.

(13)

AY-em

PEE-em

결과적으로 "Did you just say 'AY-em' or 'PEE-em'?(방금 오전 또는 오후라고 말씀하셨나요?)" 또는 "The flight isn't leaving at six AY-em; it's leaving at six PEE-em(비행이 오전 6시가 아닌 오후 6시에 떠납니다)"처럼 (13)의 강세 패턴은 "AM" 대 "PM"을 질문하거나 명확히 하는 맥락에서만 적합하게 들릴 것이다. 안타깝게도 이러한 강세 패턴은 중립적인 방법으로 시간을 알리는 데 적합하지 않다. 우리가 듣는 것은 운율적으로 잘 만들어진 (12) 소리 대신 변칙적인 "EIGHT | AY-em"과 "FOUR | PEE-em"이다. 여기서 수직 막대는 (|)이 연결이 끊어진 것을 나타낸다.

"AM"과 "PM"의 경우는 부적절한 스크립팅의 전유물로 설명될 수 있는 연결된 메시지에서 일반적인 운율적 위반의 한 예에 불과하다. 즉, 연결 장치는 맥락 단서 없이 단순

목록 형식으로 기록되는 경우가 많다. 그러나 프롬프트를 기록하는 사람이 누구든 자신의 운율 패턴에 따라 목록은 다이얼로그에서 의도한 용도와 항상 호환되지 않는다는 것을 알아야 한다. 연결 결과는 문법에 맞지 않는 것으로, 이상하게 들린다는 뜻이다.

대조 강조의 사용은 숫자의 운율에도 영향을 미친다. 예를 들어 (14)처럼 계산할 때 자연스럽게 "teen(10)" 앞의 단위를 강조한다. 다시 말해 대조적으로 숫자를 센다.

))) **(14)**

···THIRteen, FOURteen, FIFteen, SIXteen, SEVenteen, EIGHTeen, NINEteen···

이 강세 패턴이 특정 다이얼로그 맥락에서 적절한지 여부에 상관없이, 많은 성우들은 다이얼로그 맥락을 모른다면 단지 이런 방식으로 대본에 있는 숫자 목록을 읽을 것이다. 이는 지극히 당연하다. 그러나 그러한 숫자 목록과는 별도로 특정한 통사적 맥락에 따라 각 항목의 첫 번째 또는 후반부에 강세가 있을 수 있다. (15)에서 명사가 따르지 않는 숫자의 강세 패턴을 (16)에서 명사가 뒤따르는 숫자와 비교한다.

))) **(15)**

Message fourTEEN.^{14개의 메시지.}

Today is June fifTEENTH.^{오늘은 6월 15일입니다.}

Today's high will be twenty-two degrees Fahrenheit, with a low of eighTEEN.
오늘의 최고 기온은 화씨 22도이며, 최저 기온은 18도입니다.

The New York Mets defeated the San Diego Padres twenty to thirTEEN.
뉴욕 메츠는 샌디에이고 파드리스를 20대 13으로 격파했습니다.

))) **(16)**

You have SEVenteen messages.^{17개의 메시지.}

The refund amount is THIRteen dollars and twenty-eight cents.
환불 금액은 13달러 28센트입니다.

It's NINEteen degrees below zero, with the wind-chill factor of···a SIXteen percent increase.^{체감온도가 영하 19도입니다···16% 증가했습니다.}

(15)에서는 강세는 숫자의 마지막 음절("-TEEN")에, (16)에서는 첫 음절(예: "SEV-")에 해당된다. 이것은 강세 변화로 알려져 있다. 이러한 현상에 대한 공식적인 분석을 제공하는 것은 11장의 범위를 벗어나지만 요컨대 (15)와 (16)의 패턴은 특정한 종류의 통사적 단위의 가장자리에 있는 강세에 대한 영어의 선호도를 반영한다(셀커크^{Selkirk} 1995). "THIRteen-year-old GIRL(13세 소녀)"이라는 분구는 이러한 선호도를 만족시키는 반면, "thirTEEN-year-old GIRL"은 왼쪽 가장자리에 있는 것을 위반하므로 운율학적으로 변칙이다.[3]

강세 변화는 말이 연결될 때 종종 위반되는 순전히 운율의 구조적인 원칙의 한 예다. 항상 "a.m"과 "seventeen"과 같은 맥락 주의의 단위를 고려해야 한다. 운율적 변칙이 생기지 않도록 항상 감독과 성우를 위한 녹음 스크립트에서 맥락화한 연결 단위를 만들어야 한다(17장 참조).

11.4 억양

비언어적 의미의 가장 중요한 측면은 억양을 통해 전달되는 경우가 많다. 기술적으로 정의한 억양은 음의 움직임을 언어적으로 이용하는 것을 가리키지만, 단순히 말 속의 멜로디라고 생각할 수 있다. 억양의 의미는 톤이라고 불리는 다른 음높이 레벨에 의해 표현되는데, 이 레벨은 음조 곡선이라고 알려진 톤 시퀀스를 형성하기 위해 연결돼 있다. 억양은 글로 표현되는 일이 드물다. 한 가지 분명한 경우는 진술과 예/아니요 질문 사이의 반대다. 다른 한 가지는 강조하기 위해 이탤릭체를 사용하는 것이다. 그러나 일반적으로는 특수 전사 시스템을 사용해서만 억양의 특징을 기록할 수 있다(크리스털 1995).

---

3 그러나 이 원칙은 대조 강세가 필요한 경우 예를 들어 "…with a high of NINEteen and a low of THIRteen(…최고점 19점, 최저점 13점)"과 "The score was SIXteen to FOURteen(점수는 16대 14점이었다)"와 같은 경우에 대체된다.

우리의 억양에 관한 논의는 두 부분으로 나뉜다. 첫 번째는 미국 영어의 기본 억양 패턴이나 음조 곡선에 관해 간략하게 소개한다. 두 번째는 맥락에서 이러한 음조 곡선의 사용을 논한다.

11.4.1 기본 억양 음조 곡선

숫자 "4"라고 말할 수 있는 몇 가지 다른 방법을 생각해보라. 질문에 대한 답으로 "4!"라고 말할 수 있다. 혹은 "4?"처럼 질문 자체로 기능할 수 있다. 그러나 또 다른 가능성은 "4를 추측했다면, 당신이 전적으로 옳았다"이다.

"4"라고 말하는 이 세 가지 방법은 미국 영어 억양 패턴을 특징짓는 기본적인 음조 곡선을 보여준다. 그 밖에도 여러 가지가 있지만, 이 세 가지는 운율에 민감한 연결에 필수적이다. 기본 음조 곡선은 다음과 같다.

- 상승−하강, 최종(예: '4!')
- 상승(예: '4?')
- 상승−하강, 비최종(예: "If you guessed 'four'('4'를 추측했다면)…")

이 세 가지 음조 곡선을 특징짓기 위해 단순함에 대해 세 가지 상대적인 레벨의 음높이를 가정해보자. 레벨 1은 가장 낮음, 레벨 2는 중간, 레벨 3은 가장 높음이다.

다음은 몇 가지 고지 사항이다.

- 이 숫자들은 정확한 음높이 값을 나타내기 위한 것이 아니지만, 최적으로 가능한 음높이 범위로 간주된다. 예를 들어 상승−하강, 비최종 음조 곡선은 모두 중간 수준에서 시작하고 끝나지만, 정확히 같은 멜로디 음으로 시작하고 끝나는 것은 아니다. 오히려 음조 곡선은 동일한 상대 음높이 범위에서 시작하고 끝난다.

- 여기서 제안된 억양 체계는 단지 세 가지 레벨의 톤만 있다는 것을 암시하는 것이 아니다. 예를 들어 레벨 3보다 높은 네 번째 톤은 특별히 감정적인 담화에 자주 사용되지만, 이는 배치한 VUI와는 관련이 없다.

- 여기에 제시된 음조 곡선의 목록은 하나도 빠뜨리는 것 없이 완전한 것은 아니지만, 가장 기본적인 것이다.

- 여기에 제시된 음조 곡선은 크게 단순화됐고 추상적 개념으로 사용된다. 예를 들어 문장 수준의 강세 배치의 세부 내용에 따라 이러한 음조 곡선 중 여러 억양 최고조가 있을 수 있다.

상승-하강, 최종

그림 11-1은 단순한 서술적인 문장의 기본 패턴을 보여준다. 그러나 이어지는 많은 패턴들처럼, 이 특별한 음조 곡선은 추가적인 용도를 가지고 있다. 연결과 관련되며 곧 설명된다.

11장 전체에 걸쳐 억양 음조 곡선의 그래픽 표현은 정확성을 위한 것이 아니라 기본 스케치 역할을 한다는 점을 기억해야 한다. 이러한 추상 관념은 억양의 문법, 특히 곧 설명할 경계톤의 개념을 설명하는 데 효과적이다.

그림 11-1에 나타낸 것과 같은 표현법의 전달은 중립적이다. 기본적으로 중간 레벨에서 시작하고 상승하다가 비교적 낮은 음으로 떨어진다. 앞에서 지적한 바와 같이, 레벨 3에 도달하는 최고점은 예상적으로 발언의 가장 내용어 항목인 "VOICE mail"(두드러지는 최고점은 작은 대문자를 사용해 표시)의 강조된 음절에 해당한다. 물론 "VOICE mail"의 문장이 정점에 도달하기 때문에, "WHO is checking voice mail?(누가 음성 메일을 확인 중인가요?)"나 "What are you DOING with your voice mail?(음성 메일로 뭐하는 거예요?)"에 대한 응답으로 기능할 수는 없다. 이 경우 최고점은 각각 "I"와 "CHECKING"이다.

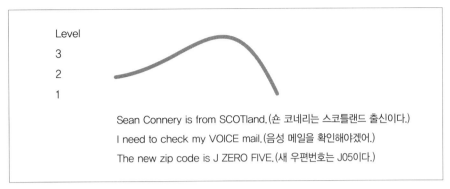

그림 11-1 상승 하강, 최종 음조 곡선은 단순한 평서문의 기본 패턴이다.

중요한 것은 영어 억양 구조에서 억양적 의미는 발화의 오른쪽 가장자리(끝)와 종종 작은 관용구적인 요소의 오른쪽 가장자리에 나타난다. 이러한 톤 표식은 경계톤으로 알려져 있다(피에르함베르Pierrehumbert 1980). 이 개념은 올바른 연결뿐만 아니라 일반적으로 프롬프트를 적절히 기록하기 위해 매우 중요하다.

편의상 언어학자들은 백분율 부호(%)를 사용해 경계 톤을 나타낸다. 이 백분율 부호의 사용은 산술과는 전혀 관계가 없다. 예를 들어 "%1"은 특정 발화나 구문이 음높이 레벨 1로 끝나는 것을 의미한다. 세 개의 억양 음조 곡선은 오른쪽 가장자리에서 구별되고 상승, 최종 패턴은 음높이 레벨 1에서 끝나기 때문에 이 패턴을 음조 곡선 1이라고 한다.

상승

상승 음조 곡선(그림 11-2)은 대부분 예/아니요 질문과 관련이 있다. 이 음조 곡선은 나중에 설명할 다른 기능도 제공한다.

그림 11-1의 음조 곡선 1과 마찬가지로 상승 음조 곡선은 중간 레벨에서 시작하지만 경계톤이 높은 %3으로 끝난다. 따라서 상승 패턴을 음조 곡선 3이라고 한다.

상승-하강, 비최종

이 패턴은 그림 11-3의 각 문장에서 한 쌍의 절(종속 또는 종속 절)에 해당한다(각 쌍의 두 번째 항목은 앞에서 설명한 대로 유형 1 음조 곡선이다).

"as soon as Pat got home(팻이 집에 도착하자마자)", "to speak to an operator(운영자와 통화하기)", "as of June twenty-third(6월 23일 현재)"라는 종속 조항은 비최종 위치에 있다. 문장을 완성하기 위해 따라야 할 것이 더 있으며, 이것은 최종 구절의 경우처럼 낮게 떨어지지 않는 음조 곡선의 억양으로 나타난다. 이 패턴은 중간 수준, %2에서 끝나기 때문에 음조 곡선 2라고 한다.

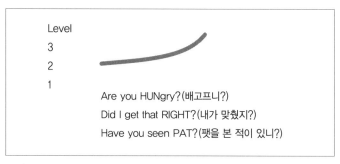

그림 11-2 상승 음조 곡선은 종종 예/아니요 질문과 관련이 있다.

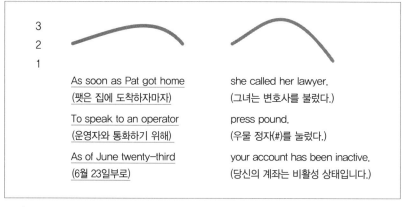

그림 11-3 상승-하강 비최종 음조 곡선은 복잡한 문장을 반영한다.

Transferring (전송 중)	AMOUNT (액수)	from checking to savings. (수표에서 예금으로)
Transferring (전송 중)	AMOUNT (액수)	from savings to checking. (예금에서 수표로)
경계톤:	%2	%1

 그림 11-4 음조 곡선 1 메시지와 공동으로 음조 곡선 2를 사용할 수 있다.

음조 곡선 2는 때때로 긴 음조 곡선 1 메시지를 위한 비최종 구성 요소로 사용될 수 있다. 예를 들어 그림 11-4의 "수표에서 저축으로 100달러 전환"과 같은 문장의 연결 계획을 참조한다.

이상적으로 이 발화는 %1로 끝나는 단일 호흡 그룹을 구성한다. 그러나 기록과 연결을 용이하게 하기 위해 그림 11-4를 음조 곡선 2와 음조 곡선 1의 두 작은 구성 요소의 연결로 생각하는 것이 도움이 될 수 있다. 이 예제에서는 "전송 중 | X 달러"라는 문구는 음조 곡선 2 패턴으로 말할 수 있는 반면 "예금에서 수표로"라는 문구는 음조 곡선 1 패턴이어야 한다.

11장의 뒷부분에서는 음조 곡선 2가 일종의 종속절(7자리 숫자의 경우) 또는 그러한 두 개의 조항(10자리 숫자의 경우)으로 시작하는 전화번호의 연결과 특히 관련이 있음을 알게 될 것이다.

11.4.2 맥락의 음조 곡선

이제 맥락에서 기본 음조 곡선을 사용한다. 이 논의는 특히 메시지의 연결과 관련이 있다.

목록

목록은 특히 사용자가 메뉴와 도움말 프롬프트와 같이 다양한 선택 사항을 제공할 때 음성 애플리케이션에서 어디서나 볼 수 있다. 애플리케이션의 특성에 따라 유동적으로 생성된 목록의 경우와 같이 선택 사항이 다양하거나 목록 자체의 길이가 가변적일 때 목록들을 연결하는 것이 바람직하거나 때로는 필요하다.

적절한 계획을 통해 연관된 목록을 자연스럽게 만들기 쉽다. 목록 항목은 자연적으로 발생하는 담화에서 약간의 멈춤으로 둘러싸이는 경우가 많으며, 전달이 느리거나 강조되는 경우 특히 그렇다. 이러한 연결 장치는 침묵에 의해 완충되기 때문에 일반적으로 연결 지점을 표시하는 바람직하지 않은 분할 효과에 주의를 기울이지 않는다.

그림 11-5는 다른 목록 패턴도 가능하지만 기본 목록 억양을 나타낸다.

목록은 음조 곡선 3의 문구로 이루어져 있으며, 음조 곡선 1로 끝나 있다.[4]

그림 11-6은 호출자에게 선택 목록을 제공하는 오류 프롬프트의 연결 계획을 보여준다.

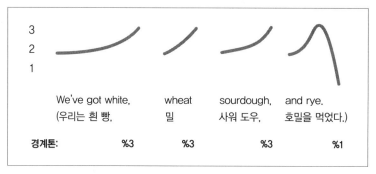

그림 11-5 이 문장은 기본 목록 억양을 사용한다.

4   목록에 대한 일반적인 억양 패턴이 있다. 키르크와 그린바움(1973)을 참조한다. - 지은이

```
Here are some of the things you can ask for:
(다음은 요청할 수 있는 몇 가지 사항입니다. 〈멈춤〉)

경계톤:                                    %1

       driving directions, 〈pause〉 the traffic report, 〈pause〉 stock quotes,
       (운전 경로,        〈멈춤〉 교통 정보,        〈멈춤〉 주가 지수,)
                         %3                    %3              %3

       〈pause〉 horoscopes, 〈pause〉 and sports.
       (〈멈춤〉 운세,        〈멈춤〉 및 스포츠.)
                         %3            %1
```

그림 11-6 이 연결 계획은 청자가 선택 목록을 이해하는 데 도움이 된다.

```
              Did you say DAY_OF_WEEK, MONTH ORDINAL?
              ('주말, 월말'이라고 하셨나요?)

경계톤:                                    %1
```

그림 11-7 이 연결 계획에는 날짜를 확인하는 프롬프트가 포함된다.

Yes/No(예/아니요) 질문

"예" 또는 "아니요"의 응답을 기대하는 질문을 "예/아니요 질문"이라고 한다. 북미 영어에서 이러한 문장은 일반적으로 기본 상승 패턴에 부합한다. 따라서 그러한 질문의 끝에 있는 일치 항목은 높은 톤으로 끝나는 음조 곡선 3을 따라야 한다.

그림 11-7의 예는 "1월 1일 토요일이라고 했나요?" 또는 "5월 22일 월요일이라고 했나요?"와 같은 그림 11-7의 예는 날짜를 확인하는 프롬프트의 연결 계획을 보여준다.

연결된 결과는 음조 곡선 3을 전달해야 한다. 즉, 레벨 2에서 레벨 3으로 꾸준히 상승해야 한다. 게다가 표현은 자연스러운 음성을 반영해야 한다. "6월 7일, 수요일"과 같은 날짜를 말할 때 쉼표로 나타내듯이, 요일과 나머지 시간 사이에 잠시 멈추는 것이 가능하다. 잠시 멈추는 것이 연결 접합과 일치하기 때문에 녹음 중에 잠시 멈추는 것을 관찰하면 자연스럽게 들리는 연결에 용이하다. 이와는 대조적으로 월과 서수는 연속적이고 유동적인 흐름을 자연적인 화법으로 자극하기 때문에 성우는 월과 서수 사이에 약간의 멈춤만 남겨야 한다. 단지 음향 엔지니어가 원하는 파형 파일을 분리할 수 있을 뿐, 명백한 단절이나 분리의 느낌은 아니다.

가능한 경우 (17)에서 설정된 프롬프트와 같이 주어진 상황에 대해 필요한 모든 예/아니요 가능성을 기록해 연결을 완전히 피할 수 있다.

> **(17)**
>
> 집 전화를 원하셨나요?
>
> 직장 번호를 원하셨나요?
>
> 휴대폰 번호를 원하셨나요?

이와 같은 간단한 질문은 연결할 필요가 없다. 연결되지 않은 프롬프트가 더 좋다.

Wh- 질문

Wh- 질문은 누가, 무엇을, 어디서, 언제, 왜, 어떻게로 시작하는 질문이다. 또한 정보질문이라고도 부르는데, 그 기능은 예/아니요 질문과는 대조적으로 정보 확인을 이끌어내기 위한 것이며 긍정, 동의 또는 수용을 유도하는 것이거나 다른 한편으로는 부정, 반대, 거부 등을 유도한다.

Wh- 질문은 기본 의도에 따라 두 가지 억양 구조를 가질 수 있다. 일반적으로 Wh- 질문은 처음 정보를 요청하는 기능을 한다. 그림 11-8은 Wh- 질문의 기본 패턴을 나타낸다.

Wh- 질문의 기본 억양 구조는 음조 곡선 1이다. 그러나 "What's your name?(이름이 뭐예요?)"나 "What was your name again?(이름이 뭐라고 하셨죠?)"처럼 반복 또는 설명을 요청하는 Wh– 질문의 또 다른 사용법이 있다(그림 11-9). 반복 또는 설명을 요청하는 억양은 음조 곡선 3이며, 예/아니요 질문의 음조 곡선과 동일하다.

그림 11-8과 그림 11-9의 운율적 구분은 연결에 관계없이 프롬프트와 메시지를 녹음하는 것이 중요하다. 대부분의 오류 프롬프트의 기능은 반복을 요청하는 것이다. 그러므로 성우는 그림 11-8과 같이 음조 곡선 1을 사용하지 않고 음조 곡선 3과 같은 요청을 그림 11-9와 같은 음조 곡선을 사용해야 한다. 물론 성우가 맥락을 잃은 프롬프트와 방향이 부적절한 목록을 읽는다면, 적절한 운율을 포착할 가능성은 거의 없다.

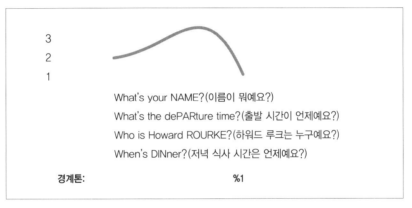

그림 11-8 Wh– 질문의 기본 억양 패턴은 음조 곡선 1이다.

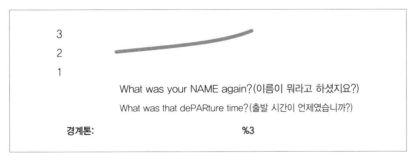

그림 11-9 반복이나 설명을 요청하는 Wh– 질문의 기본 억양 구조는 음조 곡선 3이다.

지금까지 살펴본 것처럼 대조 강세를 적절히 사용할 때 올바른 억양 음조 곡선 사용은 시스템이 인간다운 지능을 가지고 있으며 다이얼로그 진행에 주의를 기울인다는 인상을 줄 수 있다. 예제 (18)을 참고한다.

))) **(18)**

CALLER^{호출자}: Get a quote.^{견적을 받아주세요.}

SYSTEM^{시스템}: Who do you want a quote for?^{누구의 견적을 원하십니까?}

CALLER^{호출자}: [utterance not recognized]^[인식되지 않은 발언]

SYSTEM^{시스템}: Sorry, who do you want a quote for?^{죄송합니다. 누구의 견적을 원하십니까?}

첫 번째 프롬프트는 음조 곡선 1(하강), 두 번째 프롬프트 음조 곡선 3(상승)이어야 한다. 이와 같이 시스템의 억양 성질은 진정한 대화의 경험을 바탕으로 호출자의 기대에 부합할 것이다. 그러나 첫 번째 프롬프트가 음조 곡선 3으로 녹음될 경우 시스템이 특정 회사에 대한 견적 요청으로 "견적서 받기"를 잘못 인식했지만 회사 이름을 인식하지 못한 것으로 호출자에게 나타날 것이다. 마치 발신자가 어쩌고저쩌고 주식회사에 대한 견적서를 받으라고 말한 것처럼 말이다. 호출자는 "잠깐만! 아직 어떤 회사라고 말하지 않았어!"라고 응답할 때 정당화될 것이다. 적절한 억양의 사용은 언어적 지능과 호출자의 요구에 대한 주의력을 가진 페르소나를 인스턴스화할 뿐만 아니라 인터페이스를 이해할 수 있고 사용할 수 있게 만드는 데 중요하다.

다음 억양 패턴으로 넘어가기 전에 영어로 된 질문에 대한 대중적이지만 잘못된 생각을 간단하게 평가해보자. "물음표를 볼 때마다 목소리가 높아져야 한다"라고 요약할 수 있다. 일부 영어 교사들은 이 조언을 외국인 화자에 전달하고, 심지어 Wh - 질문을 포함한 모든 문장에 한결같이 상승 억양 음조 곡선을 적용하도록 디자인된 문자 음성 변환 엔진도 있다. 그러나 이 절에서 봤듯이 Wh - 정보에 대한 처음 요청은 다시 내려오지 않고 "위로" 올라가지 않으며, 낮게 내려가지 않는다. 다음 절에서는 낮은 톤으로 끝나는 또 다른 유형의 질문을 설명한다.

either/or(어느 하나/또는) 질문

어느 하나/또는 질문은 청자가 단순한 예 또는 아니요를 제공하는 대신 명시적으로 언급된 두 개 이상의 옵션 중 하나를 선택하도록 하는 것을 목표로 한다. 정보 질문으로서 기능하기 때문에 앞에서 설명한 최초 정보 요청에 따라 낮은 톤(%1)으로 끝난다. 그림 11-10은 either/or(어느 하나/또는) 질문의 예를 보여준다.[5]

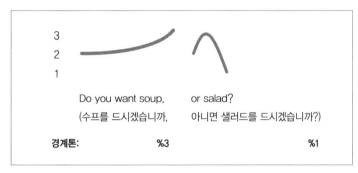

))) **그림 11-10** either/or(어느 하나/또는) 질문은 낮은 톤으로 끝난다.

))) **그림 11-11** 객관식 질문은 목록의 억양 패턴을 따른다.

---

5 물론 지속적으로 상승하는 패턴을 사용하는 것도 가능하지만, 그 후 그림 11-10의 질문은 예/아니요 질문이 된다. 대답은 "그래, 수프" 또는 "네, 샐러드 주세요"일 것이다. – 지은이

그림 11-11과 같이 두 가지 이상의 옵션이 있는 질문은 목록의 일반적인 억양 패턴을 따른다.

단순하고 복잡한 either/or(어느 하나/또는) 질문의 억양 패턴은 다음과 같이 일반화할 수 있다. 마지막 목록 항목은 낮은 톤(음조 곡선 1)으로, 다른 항목은 높은 톤(음조 곡선 3)으로 상승해야 한다. 반면 다른 것들은 높은 톤으로 상승해야 한다(음조 곡선 3).

목록의 경우처럼 "or(또는)"에 최종 옵션을 더한 것은 연결 접합의 개입 없이 연속 청크Chunk6로 기록해야 한다.

이 패턴은 (19)에서 날씨의 온도를 보고하는 것과 같이 다른 용도를 가지고 있다.

(19)

…with a high of twenty-TWO, and a low of thirTEEN. …최고 22도와 최저 13도다.

11.5 전화번호 연결

자연스러운 담화에서 전화번호의 운율 구조를 고려할 때, 전화번호들이 연결될 수 있는 다양한 방법을 상상할 수 있다. 예를 들어 전화번호는 한 번에 한 자릿수(한 자리씩 자르는 방법)를 연결하거나 숫자 그룹으로 연결될 수 있다. 자릿수별 방법은 가장 적은 수의 녹음이 필요하기 때문에 가장 흔하다. 대조적으로 그룹화 방법은 1,000개 이상의 녹음을 필요로 하지만, 매우 자연스러운 음성에 가까운 결과를 얻을 있다.

어느 쪽이든 좋은 소리를 내는 연결은 감독, 음향 기술자, 성우로 구성된 팀에 의해 실행되도록 세심한 계획을 필요로 한다. 방법과는 상관없이, 경계톤과 멈춤에 대한 주의는 이해력과 전달하는 페르소나의 유사성에 필수적이다.

---

6   언어 학습자가 한꺼번에 하나의 단위처럼 배울 수 있는 어구 - 옮긴이

11.5.1 전화번호의 운율 구조

전화번호의 자연스러운 운율을 출발점으로 두 가지 연결 전략을 설명한다. 즉, 자릿수별 연결과 숫자 그룹별 연결이다. 어느 쪽이든 경계톤에는 주의를 기울이는 것이 중요하다. 경계톤은 운율적인 문법의 기본 요소이기 때문이다. 예를 들어 그림 11–13의 표현에서 첫 번째 그룹과 두 번째 그룹은 모두 일치하며, 두 그룹 모두 유형 2 음조 곡선을 나타낸다. 마지막 그룹은 유형 1 음조 곡선을 설명한다.

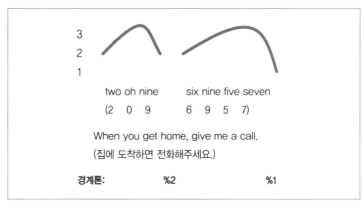

그림 11–12 7자리 전화번호는 두 개의 절이 있는 문장으로 사용된다.

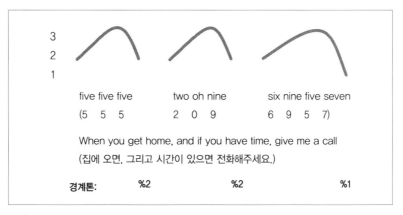

그림 11–13 10자리 전화번호는 세 절이 있는 문장으로 말한다.

11.5.2 숫자별 연결

한 자리와 다음 자리 사이를 분리하는 필연적인 접합으로 인해 음성학적으로 변칙적인 소리 시퀀스가 생성되는 경우 숫자별 연결은 지극히 자연스러운 소리와는 거리가 멀다. 그러나 적어도 사용자의 기본적인 운율적 기대치를 만족시키도록 3세트의 0부터 9까지의 전화번호를 만들 수 있다. 연결된 전화번호의 경계톤, 템포 및 멈춤을 제어함으로써, 이러한 기본적인 기대치를 준수하기 때문에 연결된 메시지를 이해할 수 있도록 보장한다.

그림 11-14와 같이 0부터 9까지 세 가지 녹음 버전을 사용해 전화번호를 연결할 수 있다.[7]

청자가 자연스럽게 기대할 경계톤을 제공하려면 전화번호의 마지막 자릿수는 낮은 톤 1로 떨어져야 하며(전화번호가 평서문 끝에 있다고 가정), 지역 번호의 마지막 자리와 접두사의 마지막 자릿수는 음조 곡선 2와 같이 중간톤 2로 끝나야 한다. 나머지 자릿수는 목록의 억양처럼 음조 곡선 3이 되거나 더 평평하고, 더 중립적이지만 높은 대안이 될 것이다. 녹음실에서는 이 녹음들을 실제 전화번호의 맥락에서 유도할 수 있다. 마지막으로 적절한 표현을 위해 숫자 그룹 사이에 멈춤 장치를 삽입한다.

다시 말해, 연결된 전화번호의 이해를 돕기 위한 가장 중요한 두 가지 고려 사항은 일시 정지 및 경계톤이다. 이러한 요소들은 청자들에게 시퀀스에서 정확히 어디에 있는지, 다음에 무엇을 기대할 것인지에 대한 내포된 감각을 제공한다. 다음 절의 주제인 그룹별 전화번호 연결에 대해서도 같은 우려가 있다.

---

7 마지막 네 자리 중 두 번째 자리에서는 음조 곡선 3 대신 "높음"인 경우 중립적인 대안을 사용할 수 있다. - 지은이

예시 숫자	음조 곡선
five(5)	3
five(5)	3
five(5)	3
Pause, approx. 200 milliseconds(약 200밀리초 동안 멈춤)	
two(2)	3
oh(5)	3
nine(9)	2
Pause, approx. 200 milliseconds(약 200밀리초 동안 멈춤)	
six(6)	3
nine(9)	2 (또는 3)
five(5)	3
seven(7)	1

그림 11-14 예시 10자리 전화번호를 연결하기 위한 이 계획은 0부터 9까지의 세 가지 녹음된 버전에 의존한다.

11.5.3 그룹별 통합

매우 자연스럽게 들리는 결과를 얻으려면 훨씬 더 많은 사운드 파일을 비용을 들여 만들어야 하지만 그림 11-15의 예와 일치하는 7자리 또는 10자리 전화번호를 연결할 수 있다.

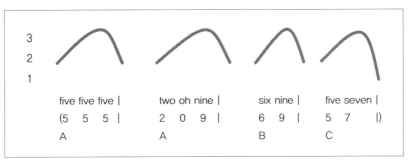

그림 11-15 그룹별로 연결하면 자연스럽게 들리는 전화번호가 된다.

여기서 그룹 A는 음조 곡선 2로 녹음된 세 자리 청크를 나타낸다. 즉, 영역 코드와 접두사는 모두 세 자리 숫자로 구성돼 있고 음조 곡선을 따르기 때문에 동일한 오디오 파일 디렉터리에서 가져와야 한다. 그룹 B는 음조 곡선의 두 자리 청크를 가리킨다. 그룹 C는 또한 두 자리 청크를 가리키지만 음조 곡선 1을 나타낸다. B와 C는 함께 두 개의 하위 그룹으로 구성된 4자리 단위로 가상 살 녹음된다(예: "1 3"과 "6 7"). 중간에 약간의 멈춤이 있어야만 음향 편집기가 깔끔하게 자를 수 있다.

표 11-2 그룹 연결에 필요한 사운드 파일

그룹	필요한 파형 파일	표현
A	000, 001, 002, …999	3중, 비최종, 영역 코드 및 접두사용
B	00, 01, 02, …99	2중, 비최종, 가입자 번호의 시작 부분
C	00, 01, 02, …99	2중, 최종, 가입자 번호의 끝 부분

대안이지만 아마도 더 어려운 전략은 그룹 B와 C가 단일 유형 1 음조 곡선을 형성하는 것이다. 이 경우 B는 2에서 3으로, C는 3에서 1로 떨어져야 한다. 다시 말하지만 C그룹은 전화번호가 확신에 찬 발언의 끝에 오는 경우에만 %1로 떨어져야 한다.

따라서 이 연결 방법을 사용하려면 표 11-2에 표시된 사운드 파일의 인벤토리가 필요하다.

이 전략에 필요한 총 녹음 건수는 1,200여 건이다. 이 숫자는 제한된 개발 상황에 너무 많은 시간이 소요되고 감당할 수 없을 수도 있지만 시간과 자원을 고려할 때 놀랄 만큼 자연스러운 결과를 얻을 수 있다. 모든 연결 프로젝트에서와 같이 자연스럽게 들리는 결과는 볼륨, 속도, 음색, 에너지 수준 및 성격에 일치하는 녹음에 따라 달라진다.

이 특별한 접근 방식을 설득력 있게 실제처럼 들리게 하는 것은 화자가 자연스럽게 멈춤을 삽입할 수 있는 지점과 정확히 일치한다는 것이다. 이 정렬 때문에 음운 흐름을 방해하는 바람직하지 않은 연결 접합이 없다. 그런 접합을 피하는 것이 다음 절의 주제다.

11.6 연결 접합 최소화

연결은 매끄러운 음운 흐름이 될 수 있는 연결을 가장 자주 사용하기 때문에 종종 발음의 지장, 변칙, 인위성의 느낌을 만들어낸다. 이는 억양과 별개의 문제다. 그러므로 현명하게 연결이 깨지는 것을 계획하고 자연스러운 음성의 음운 흐름을 염두에 두는 것이 중요하다. 경우에 따라 보다시피 특정 연결 중단은 완전히 피할 수 있고 피해야 한다.

사례 (20)은 잘못 고안된 연결 계획이 연결의 부자연성에 주의를 환기시키는 시나리오를 보여준다(수직 막대가 새 사운드 파일을 나타낸다).

(20)

This is the | [first second third . . . thirtieth] | saved message.
[첫 번째 두 번째 세 번째⋯서른 번째] | 저장된 메시지입니다.

사례 (20)의 계획은 일반적이지만 바람직하지 않은 연결 방법을 반영한다. 계획은 다음과 같다. "변하는 단어를 바꾸면 됩니다." 이런 생각은 경제성과 효율성에 대한 우려에 뿌리를 두고 있다. 그러나 표준 영어에서 "the"의 발음은 뒤에 나오는 단어에 달려 있다. "seventh(일곱 번째)"와 같은 자음으로 시작하는 단어 이전에 영어의 에너지 감소된 중앙의 모음인 "the"를 중성모음으로 발음한다("uh"). 그러나 "eighth", "eleventh", "eighteenth"와 같은 모음으로 시작하는 단어 이전에 "the"의 모음은 "thee"와 같이 긴장된 상태로 발음된다. "an eighth"처럼 표준 영어에서 이러한 단어들은 또한 "a"가 아니라 "an"을 필요로 한다.

더욱이 깊이 파고들 수 없는 기술적인 이유 때문에, "the", "a", "an"이라는 글자는 뒤에 나오는 어떤 단어로도 하나의 음운적 단어를 형성한다. "the"(또는 "an")와 "eighth" 사이의 연결을 끊는 것은 "Seattle"의 "Se"와 "attle" 사이를 끊는 것과 음운적으로 유사하다.

상위 연결 단위는 "the"와 서수로 구성된다(예: "the seventh", "the eighth", "the ninth"("일곱 번째", "여덟 번째", "아홉 번째") 등). 더 좋은 것은 "This is the seventh", "This is the eighth", "This is the ninth" 등과 같은 첫 번째 연결 단위는 더 큰 청크로 구성될 수 있다. "the eighth"처럼 음운적 단어에 관한 이 계획은 연결 단위가 작을수록 결과도 자연스럽기 때문에 바람직하다.

(21)에서 나타낸 것과 같이, 항공사 애플리케이션의 터치톤 프롬프트의 연결 계획에서도 같은 실수가 발생한다. 여기서 목표는 "Please enter the(입력하십시오)"라는 청크를 재활용하는 것이었다.

(21)

Please enter the | hour, one to twelve, followed by the star key.
입력하십시오. | 시간, 1시부터 12시까지, 그다음에 별 키(*)를

Please enter the | minutes, one to fifty-nine, followed by the star key.
입력하십시오. | 분, 1분에서 59분까지 입력하고, 그다음에 별 키(*)를

"the"와 그 뒤의 것 사이에 계획된 멈춤은 음운적 단어의 중간에 있다. 더욱이 "hour(시간)"와 "minute(분)"는 "the"의 구별되는 발음을 요구하기 때문에, "the"가 녹음된 어느 쪽이든 그 두 가지 경우 중 한 가지에서 잘못 발음이 될 것이다. (20)과 같이 각각 "the hour"와 "the minutes"를 하나의 단위로 녹음하는 것이 더 나은 전략일 것이다. 차라리 연결시키지 말고 문장을 전체적으로 녹음하라.

11장의 앞부분에서 몇 가지 연결된 계획들을 살폈다. 예를 들어 목록과 전화번호 그룹과 같은 자연스러운 음성에서 발생하는 멈춤과 일치한다. 발화에서 발생하는 자연적스럽게 발생하는 멈춤을 사용해 종종 연결 접합점을 표시하고 프롬프트의 자연스러움을 손상시키는 생리적으로 불가능한 접합 효과를 피하게 된다. 연결 끊김은 거의 감지할 수 없으며, 전반적으로 더 부드럽게 들린다. 이를 위해 이제 좀 더 자연스럽게 들리는 연결을 만들기 위해 단어를 사소하게 변경하는 방법을 보여준다.

첫 번째 예는 음성 포털의 기상 애플리케이션 디자인에서 도출한 것이다. (22)와 (23)의 단어는 거의 동일하지만 (22)는 더 자연스러운 결과를 얻기 위해 연결하기 더 쉬울 것이다.

(22)

Today, | it'll be partly cloudy, | with a high of | 67 | and a low of | 51.

오늘, | 부분적으로 흐릴 것이다. | 최고 | 67 | 최저 | 51.

(23)

Today | will be partly cloudy, | with a high of | 67 | and a low of | 51.

오늘 | 부분적으로 흐리겠고, | 최고 | 67 | 그리고 최저 | 51이 될 것이다.

차이점은 (22)의 "today"의 문법적 역할은 다음과 같은 멈춤을 허용하는 반면, (23)에서는 멈춤이 금지된다는 것이다. (23)의 "today"와 "will" 사이의 연결 접합은 자연 언어에서 연속적이고 중단 없는 흐름이 될 것을 방해한다.

자연스럽게 발생하는 멈춤이 연결 접합을 감출 수 있다는 것을 염두에 두고 (24)의 오류 프롬프트를 고려한다.

(24)

Is 555 593 1367 the number you want me to call?555 593 1367 번호로 전화하라고요?

전화번호를 아무리 다시 읽어봐도 "is"와 전화번호의 첫 번째 숫자와 마지막 숫자와 "the number…."사이에 적어도 두 개의 연결 접합이 있다. 그러나 대화에서 어떤 종류의 멈춤을 불러올 수 있는 자연스러운 포인트가 아니다. (24)의 전체 질문은 억양 음조 곡선 유형 3을 설명하는 단일 호흡 그룹을 구성한다. 그러나 (25)에서처럼 연음군 경계와 자연스럽게 일치하도록 다시 쓸 수 있다.

(25)

This is the number I heard: 555 847 7037. Did I get that right?

제가 들은 번호는 555 847 7037인데, 맞나요?

(25)에서는 전화번호는 어느 한쪽 가장자리에서의 침묵을 자연스럽게 완화하고 있다.

전화번호 앞에 잠시 멈춰야 하는 또 다른 문구는 "Confirming:….(확인 중입니다…)"이다. 만약 그 전화번호가 그룹화 전략에 의해 연결되면 청자들은 아마도 그 프롬프트가 함께 이어져 있는 것을 알아차리지 못할 것이다.

두 가지 이유로 (24)의 연결 전략이 자연스럽게 들리는 것은 두 가지 이유로 어렵거나 어쩌면 불가능할 수도 있다. 첫째, 전화번호 앞뒤에 있는 접합은 분명하고 음성학적으로 파괴적이다. 둘째, (24)의 전화번호는 특정한 경계톤에서 끝나지 않는다. 적어도 자연스러운 음성에서는 유형 3음조 곡선의 한가운데에서 발생하기 때문이다. 대조적으로 (25)는 자연적으로 세 개의 운율적 "섬"으로 구성돼 있으며, 각각은 고유한 음조 곡선을 가지고 있다.

"This is the number I heard"제가 들은 번호입니다.	음조 곡선 1
PHONE_NUMBER전화번호	음조 곡선 1
"Did I get that right?"맞나요?	음조 곡선 3

(25)에서 유일한 실제 연결 문제는 전화번호의 처리다. 따라서 (25)는 (24)의 계획보다 실행하기가 쉬우며 매끄러운 결과를 보장한다.

다음은 표현이 적을수록 자연스러운 예를 보여준다. 우선 우리가 추천하는 연결 전략을 살펴보겠다. (26)의 맥락은 신용카드 정보의 판독이다.

))) (26)

Expiration date: October, oh-one.만료일: 10월, 01년.

이것은 자연적으로 들리는 결과에 연결하기 쉽다. 권장되는 연결 계획은 그림 11-16에 제시돼 있다.

즉, "expiration date(만료일)"는 음조 곡선 3과 함께 전달되고, 그 후 약 1/4초 동안 지속되는 멈춤이 이어지고, 그 뒤에 음조 곡선 1을 함께 표현하는 두 개의 연결 단위가 뒤

270

따른다. 이것은 자연스러운 운율 패턴으로, 한 형태의 항목을 소리내어 읽는 데 적합하다(예 : 인구 조사 양식의 "Ethnicity: Pacific Islander(민족 : 태평양 제도인)").

대안은 (27)의 문구다.

Expiration date ⟨pause⟩ | MONTH | YEAR
(만료일   ⟨멈춤⟩ | 월 | 년)

경계톤: %3   %1

그림 11-16 신용카드 정보를 다시 읽는 연결 계획

(27)

Your card expires in October, oh one.01년 10월에 카드가 만료됩니다.

자연어에서는 (27)이 단일 호흡 그룹을 나타내지만, 이 메시지를 연결하려면 그림 11-17 과 같이 3개의 연결 단위를 함께 접합시켜야 한다.

단 한 개의 호흡 집단이 두 개의 호흡 집단을 제안하기 위해 세 개의 호흡 집단을 결합하는 것보다 세 개의 호흡 집단이 부자연스러운 소리를 내는 결과를 낳을 가능성이 더 높다. 그림 11-16에서 MONTH와 YEAR만 음조 곡선 1에 의해 포함된다. 더 나아가 (27)의 자연스러운 표현에서는 "in"의 n이 "October"의 첫 음절에서 발음이 돼 "noc"("in October") 음절이 생성돼야 한다. 그러나 이 운율학의 원자, 즉 음절이 가능한 가운데에 있는 것은 바로 연결 접합이 계획돼 있는 것이다. 만약 목표가 부드럽고 자연스러운 사운드를 구현하려면 그림 11-16이 그림 11-17보다 더 안전한 선택이다.

이 신용카드 예는 이러한 맥락에서 수용할 수 있는 간략한 전신의 기록이 더 적은 운율적 위험을 제공할 수 있고 연결돼 있는 자연스러운 운율을 친근하고, 프롬프트 문장 완성 방법보다 더 강력하게 제안할 수 있음을 보여준다.

11.7 멈춤

이 페이지의 흰색 영역이 글자와 단어와 문장을 구별할 수 있게 해주듯이, 짧은 멈춤은 언어와 언어의 인식에 중요한 역할을 한다. 만약 목표가 사용자에게 자연스럽게 들리고 친숙한 인터랙션을 만드는 것이라면, 멈춤의 배치와 지속 시간을 고려해야 한다.

(28)에 예시된 오류 또는 도움말 프롬프트를 고려해야 한다. 목록의 항목이 동적으로 생성되기 때문에 프롬프트를 연결해야 한다고 가정한다.

```
Your card expires in  |  MONTH  |  YEAR
(당신의 카드가 만료된다  |  월       |  년)

경계톤:                                    %1
```

그림 11-17 신용카드 정보를 다시 읽어주는 대체 연결 계획

)))) **(28)**

Here's what you can say: | "mailbox," | "address book," | "sports," | "news," | or "weather." 다음과 같이 말하세요: | "메일박스", | "주소록", | "스포츠", | "뉴스", | 또는 "날씨"

(28)의 구문에는 "say(말하세요)"에 이어 콜론이 표시된 것처럼 멈출 필요가 있다. 목록 항목을 구분하는 쉼표로 표시되는 추가 멈춤은 자연스럽고 이해를 촉진한다. 즉, 각 연결이 끊어질 때마다 멈춤이 일어난다. 이러한 멈춤 지속은 화자의 전달 속도와 맥락에서 발언의 사용을 포함한 여러 가지 요인에 따라 달라진다. 첫 번째 시도는 콜론에서는 400밀리초(0.4초), 각 쉼표에서는 200밀리초(0.2초)가 될 수 있으며, 그다음부터는 당신의 귀를 가이드로 삼아 멈춤 지속을 증가하거나 감소할 수 있다.

(29)는 다른 녹음에 앞서 마침표 또는 전체 정지 기간에 종료되는 녹음의 경우 예시이다.

(29)

Sorry, I still didn't get that. Tell me your PIN one more time.
죄송합니다. 아직 이해를 못했어요. PIN을 한 번 더 말해주십시오.

원하는 효과뿐만 아니라 전달 비율에 따라 일반적으로 주변의 어떤 쉼표보다 길지만 지속 시간이 상당히 달라질 수 있다. 예를 들어 여기서 "Sorry"와 "I" 사이에는 쉼표가 있다. 첫 번째 시도는 300~400밀리초의 범위 내에 있을 수 있다. 이 멈춤은 나중에 쉽게 테스트하고 조정할 수 있도록 실제 오디오 파일이 아닌 코드로 조정해야 할 것이다.

여기 적절한 리듬을 보장하기 위한 몇 가지 대략적인 가이드라인이 있다. 다음과 같은 경우 침묵을 삽입해야 한다.

- 인식되지 않는 메시지 후의 경우. 예를 들어 "Sorry, I didn't catch that(죄송합니다. 아직 이해를 못했어요)", "Let's try this a different way(다른 방법을 시도해보세요)" 또는 "OK, let's go back to the main menu(좋습니다, 메인 메뉴로 돌아가십시오)"와 같은 것(물론 또 다른 녹음이 이어졌다고 가정)

- 오디오 파일 뒤에 쉼표, 콜론 또는 마지막에 긴 대시를 제안하는 것이 바람직한 경우. 예를 들어 "Here's the number I heard:⋯(제가 들은 번호는:⋯)" 또는 "This is the account number I've got on file for you:⋯(당신을 위해 제출한 계좌 번호는:⋯)"

- 예를 들어 문자 음성 변환 뒤에 나오는 녹음 후의 경우(거슬리지 않는 목소리들을 확실히 하기 위해). "The street address is⋯[TTS](거리 주소는⋯[TTS])

- 프롬프트가 나오기 전에 TTS가 선행되는 경우(다시 말하면, 거슬리지 않게 하기 위해)

다음과 같은 경우에는 침묵을 삽입하지 않는다.

- 대화 흐름에서 침묵이 발생하는 모든 장소를 확인하고 결과가 적절하다고 확신할 때까지

- 한 파일의 끝과 다른 파일의 시작 부분에 이 두 파일이 이어지는 대화 흐름의 지점이 있는 경우

이러한 가이드라인의 대부분은 샘플 이메일 머리글로 구성된 예제 (30)에 구성돼 있다.

))) **(30)**

Here's your first new message. Friday, 9:45 a.m. Subject: [performance reviews]. Message from: [Mitzi Dalton Huntley].

첫 번째 새로운 메시지가 있습니다. 금요일 오전 9시 45분. 제목: [성능 리뷰] 메시지: [미쯔이 달튼 헌틀리].

다음은 이 예를 실현하기 위한 연결 계획이다. 달러 기호($)를 "밀리초 동안 침묵"을 나타내기 위해 사용하고 있고 TTS 기록을 표시하기 위해 [대괄호]를 사용하고 있다. 머리글의 신중한 구두점은 재생 시 침묵의 지속 시간과 체계적으로 일치한다.

연결 계획

"Here's your first new message" + $400 "첫 번째 새 메시지가 있습니다." + $ 400

"Friday" + $200 "금요일" + $ 200

"nine" + "forty-five" + "a.m." + $400 "9시" + "45분" + "오전" + $ 400

"제목:"+ $ 200 "Subject:" + $200

[TTS]

$400 + "Message from:" + $200 $ 400 + "보낸 사람:" + $ 200

[TTS]

침묵은 시간과 분 사이에 삽입돼서는 안 된다는 점을 유의해야 한다. "9:45" 시간대에 사용된 콜론은 운율적 기능보다는 순전히 그래픽적인 기능을 하는 구두점의 가장 특이한 예 중 하나다. 또한 분과 오전 또는 오후 사이에 어떠한 침묵도 삽입돼서는 안 된다.

또한 멈춤은 다른 종류의 상위 수준의 정보를 전달할 수 있다. (31), (32), (33)의 메시지를 참고한다.

(31)

Sure, sports! ⟨pause⟩ Oh, looks like that's not available at the moment.
네, 스포츠요! ⟨멈춤⟩ 오, 지금은 사용할 수 없습니다.

(32)

Hold on while I get your reservation. ⟨pause⟩ Sorry, but there seems to be a technical problem. 예약을 완료하는 동안 잠시만 기다려주십시오. ⟨멈춤⟩ 죄송하지만 기술적인 문제가 있는 것 같습니다.

(33)

Just a moment while I look that up. ⟨pause⟩ Actually, I'm going to have to transfer you to a customer service representative because there are more than nine people in your party.
그걸 찾는 동안 잠시만 기다려주십시오. ⟨멈춤⟩ 사실, 9명 이상의 사람들이 당신의 파티에 있기 때문에 고객 서비스 담당자에게 연결해야 합니다.

각각의 경우 만약 두 번째 문장이 충분히 긴 멈춤 없이 즉시 첫 번째 문장의 뒤를 따랐다면 이 메시지들은 터무니없이 들릴 것이다. 이러한 침묵은 청자가 피상적으로 양립할 수 없는 두 문장 사이의 관계를 조화시키는 데 도움이 되기 때문에 중요하다. (31)의 시스템 응답은 스포츠 옵션이 이용 가능하다는 암시로부터 시작된다. 그러나 두 번째 문장의 내용은 초기 가정과 모순된다. 멈추고 "오(Oh)"의 기능은 화자의 지식에 대한 합리적인 변화를 전달하는 것이다. 이 경우 스포츠 정보의 이용 가능성에 관한 것이다. 이것은 VUI의 페르소나가 스포츠 옵션의 사용 불가능함에 대해 이제 막 알게 됐을 뿐이므로 책임을 지지 않아야 한다는 것을 느끼게 한다.

그러한 멈춤은 사람들이 실생활에서 다른 사람들을 위해 정보를 검색할 때 경과되는 시간의 양에 대한 기대에 부합하기 때문에 중요하다. 더욱이 (32), (33)에서처럼 "hold on", "just a moment"(잠시만) 등의 구절은 호출자에게 일시적으로 정신적 휴식을 취하도록 유도한다. 그런 문구들을 따라가면서 충분히 오랫동안 멈추지 않으면, 호출자는 다음 발화에 의해 당황하게 될 것이다.

이러한 예제에 표시된 멈춤은 시스템에 내재된 지연 시간에 추가되지 않도록 뒤에 나오는 문장에 의존해야 한다. 멈춤 시간은 비교적 길어야 한다. 그렇지 않으면 순서를 신뢰할 수 없는 것처럼 보일 것이다. 일반적인 전달 템포에 따라 1초, 1초 반, 또는 2초를 시도한다. 다시 그러한 멈춤 시간은 테스트의 용이성과 나중의 조정성을 위해 코드에서 조정해야 한다.

11.8 TTS 가이드라인

공상과학소설의 전형은 컴퓨터와 지능적인 대화를 나누는 인간이다. 이 이미지는 사람들이 드라마 〈스타트렉〉의 홀로데크holodeck나 〈스타워즈〉의 안드로이드 C3PO, 최고의 슈퍼컴퓨터 할Hal과 대화하는 것을 영화와 텔레비전에서 흔히 볼 수 있다. 컴퓨터가 인간의 말을 쉽게 이해할 수 있을 뿐만 아니라 명확하고, 이해 가능하며, 자연스럽고, 인간과 유사한 컴퓨터의 대화 품질의 인터랙션이 주목할 만하다.

고품질의 TTS 엔진의 가용성은 컴퓨터가 사람처럼 말하는 우리의 상상의 세계에 훨씬 더 가까워지게 한다. 문자에서 자연스럽게 들리는 구어체 생성 과정이 점점 자동화됨에 따라 이 기술의 애플리케이션을 일상생활에서 찾을 수 있을 것으로 기대할 수 있다.

음성 사용자 인터페이스의 세계에서 TTS는 많은 편리함을 제공한다. 사전에 녹음된 오디오 파일이 필요 없기 때문에 구현이 비교적 쉽다. 개발자는 프롬프트를 빨리 생성하고 쉽게 편집할 수 있다. 더 중요한 것은 TTS 메시지의 내용은 자발적일 수 있고 동적으로 바뀔 수 있다는 것이다. 이와는 대조적으로, 사전에 녹음된 오디오 파일에만 의존하는 애플리케이션은 정적인 정보를 전달하는 데 가장 적합하다. 정보가 자주 바뀌거나 편집이 필요할 때 성우는 전체 발언 또는 전체 발언의 형태를 형성하는 연결 단위를 녹음하기 위해 필요하다. 그러나 이런 종류의 사전 녹음은 이메일 재생의 경우처럼 정보를 예측하거나 제약할 수 없는 상황을 감당할 수 없다. TTS는 이메일이나 최신 뉴스와 같은 자발적이고 역동적인 문자들을 쉽게 음성 애플리케이션으로 통합할 수 있게 하기 때문에 이러한 문제들을 해결해준다.

이러한 편리함에도 VUI에서 TTS를 사용할 때는 특정 인적 요인 문제를 고려해야 한다. 지난 10년 동안 TTS의 질이 크게 향상됐음에도 사용자들은 여전히 TTS가 인간의 언어가 아니라는 것을 잘 알고 있으며, 대부분은 아니더라도 많은 사람들이 사람의 음성 녹음을 선호한다. 불만 사항 중 하나는 단순히 TTS 출력이 더 이해하기 어렵다는 것이다. 이는 놀랄 일이 아니다. 11장에서 봤듯이 메시지의 운율은 맥락 단서에 크게 의존한다. 원어민이 이메일이나 뉴스 기사를 소리 내어 읽을 때, 문자의 진행에 대한 맥락적 단서들을 수집하기 때문에 오랜 시간이 걸릴 수 있다. 그래서 실생활에서 특정 문장의 운율은 앞서 여러 문장으로 제시된 정보에 의해 결정되는 경우가 많다. TTS 기술의 현재 상태는 이러한 종류의 정황적 단서들을 수집하는 것은 고사하고 자연스럽게 들리는 운율로 실현시킨다. TTS를 이해하는 데 필요한 추가 인지 부담은 비영어권 사용자와 노인 사용자에게 특히 문제가 된다.

그러나 이러한 문제 중 일부는 청자들이 시간이 지남에 따라 TTS의 소리에 적응할 수 있는 것처럼 보일 정도로 완화된다. TTS에 반복적으로 노출되면 이해력이 향상된다는 증거가 있다. 아마도 청자들은 발음과 운율적 자연스러움에 그들의 맹목적인 기대에 "turn off(신경을 끊다)"는 것을 배우게 될 것이다. 그러나 고품질 TTS 엔진을 사용하고 출력의 내용이 쉬운 경우 (즉, 예측 가능하고 제약이 있는 경우) 이해하기 어려운 많은 문제를 피할 수 있다.

TTS를 애플리케이션에 통합하는 방법을 결정할 때는 사용성 최적화를 위해 다음 가이드라인을 고려해야 한다.

11.8.1 애플리케이션 사용 분석

호출자가 애플리케이션을 얼마나 자주, 어떤 환경에서 사용할지 추정한다. 대부분의 호출자가 시끄러운 환경에서 일회성 사용자라면 TTS는 이해하기 더 어려울 것이다. 또한 호출자가 시스템 소리를 들으면서 운전 등 다른 업무를 수행하고 있다면, TTS는 호출자에게 더 많은 인지적 요구를 부과하고 주의를 산만하게 하는 역할을 하게 된다.

이상적으로는 조용하고 요구가 많지 않은 환경에서 반복 호출자가 액세스할 수 있는 애플리케이션에서 TTS를 사용해야 한다. 시스템에 반복적으로 노출되면 호출자는 이해하기 쉽게 목소리에 익숙해질 수 있다.

11.8.2 적절한 음성 선택

TTS 음성의 성별을 선택할 때 대상 고객과 애플리케이션 유형을 고려해야 한다. 음성 자체는 사용자의 시스템에 대한 인상에 영향을 미칠 것이다. TTS 목소리의 성별이 인간의 목소리와 마찬가지로 문화적 의미를 이끌어낸다는 것도 연구에 의해 밝혀졌다.

또한 미리 녹음된 오디오 파일의 음성 옆에서 TTS 음성이 어떻게 들릴지 고려해야한다. 실제로 제어할 수 없는 TTS의 부정적인 인상이 사용자가 애플리케이션의 주요 페르소나에 대한 사용자의 호의적인 평가를 "contaminate(오염)"시키지 않게 하기 위해 이 둘의 차이점을 활용할 수 있다. 이메일과 뉴스를 읽는 음성 포털의 페르소나가 여성이라면, 머리글과 콘텐츠의 TTS 표현은 아마도 남자의 목소리로 돼야 할 것이다. 형식이 예측 가능하고 제약이 있는 항목을 읽기 위해 매우 고품질의 정교한 TTS 엔진을 사용하지 않는 한, TTS를 자연스럽고 페르소나가 풍부한 녹음으로 전달하려고 시도하지 않는다.

11.8.3 가능하면 오디오 녹음 사용

사람의 말투는 일반적으로 TTS보다 선호된다. 그래서 가능하면 언제나 전문 성우의 오디오 녹음을 사용해야 한다. 어떤 경우에는 한 문장이 동적인 부분을 가질 수 있지만, 다른 부분은 (34)와 (35)처럼 항상 정적인 부분을 가질 수 있다.

(34)

First message: | "meeting time." 첫 번째 메시지: | "만날 시간."

(35)

The street address is: | 1313 Mockingbird Lane. 거리 주소는: | 1313 모킹버드 레인.

이 경우의 질문은 녹음된 음성과 TTS를 결합하는 것보다 TTS의 일관성이 더 좋은지 여부다. 에든버러대학교(CCIR-5 1999)와 브리티시 텔레콤의 연구에 따르면 사용자들이 전체 프롬프트에서 TTS보다 녹음된 발화와 TTS를 모두 사용하는 프롬프트를 선호한다는 것을 보여줬다. 그래서 이러한 예에서 "First message"(첫 번째 메시지)"와 "The street address is(거리 주소는)"은 성우에 의해 녹음되고, "만나는 시간"과 "1313 모킹버드 레인"은 TTS에 녹음될 것이다.

(34)와 (35)의 콜론 사용은 의도적인 것이라는 점에 유의한다. 성우는 다른 목소리로 전달된 새로운 호흡 그룹, 즉 TTS의 목소리를 염두에 두고 "announce(발화)"하기 위해 본문을 읽어야 한다. (34)와 (35)의 첫 부분은 모두 약간 정지된 느낌으로 읽어야 하며, 콜론 뒤에 여기에서 권고한 바와 같이 잠깐 멈춤이 있어야 한다. 우리는 콜론이 없으면 전문적인 성우가 호흡 문장의 첫 부분과 억양 음조 곡선의 첫 부분만을 잘못 제안하는 연결 단위로 문장의 단편을 전달하는 경향이 있음을 발견했다. 운율학적으로 이러한 불완전한 녹음이 TTS 보충문과 연결되면 결과가 왜곡된다(마치 두 개의 목소리가 어쨌든 한 세트의 폐에서 작동하는 것처럼!).

항상 그렇듯이 성우들의 맥락을 설정하고 TTS를 도입하고 있음을 알려야 한다.

11.8.4 이해하기 쉬운 콘텐츠 제작

앞서 말한 바와 같이 TTS는 스튜디오에서 녹음될 수 없었던 정보, 즉 거의 제어할 수 없는 콘텐츠를 애플리케이션에 포함시킬 수 있게 해준다. 하지만 당신이 통제력을 가지고 있을 때, 간단한 어휘와 문법을 사용하도록 한다. 문자가 단순할수록 애플리케이션의 명료성과 사용성이 커진다. 문자는 대부분의 사용자에게 일반적으로 알려진 개념에 정보를 접할 수 있는 충분한 맥락을 제공해야 한다. 중요한 아이디어를 반복하는 것도 사용자들이 이를 유지하는 데 도움이 될 것이다.

내용이 다소 어려워 보일 경우 TTS 말하기 속도를 늦춰야 한다. 대부분 듣기 편안한 비율은 분당 150~200단어다.

11.8.5 적절한 형식 사용

종종 특정한 유형의 정보가 표현되는 방식을 당연하게 여긴다. 예를 들어 (35)의 숫자 1313은 'one thousand three hundred thirteen(천 삼백 십삼)' 대신 'thirteen thirteen(13, 13)'으로 읽어야 한다. 마찬가지로, 우편번호 "94536"은 "nine four five three six(구 사 오 삼 육)"으로 읽어야 하며, 절대 "구만 사천 오백 삼십육"으로 읽으면 안 된다.

모든 약어 역시 적절한 형식으로 다시 읽어야 한다. "St. Andrews St."는 "Saint Andrews Street"로 다시 읽어야 한다. 그렇지 않으면 청자가 이해할 수 없을 것이다. 익숙하지 않은 전달은 듣는 사람의 주의를 산만하게 하고 주변 내용으로부터 주의를 돌리게 할 것이다.

11.8.6 자연스러움을 위한 문자 마크업

또한 가장 자연스러운 결과를 얻기 위해 TTS가 전달할 문자를 마크업하기 위한 전략도 있다. 일부 연구자들은 문장 사이에 그리고 주요 구절 사이에 멈춤을 삽입하고 문장 앞에 호흡음을 추가하는 것이 제시되는 문자의 자연스러움을 향상시키고 기억하기 쉽게할 수 있다는 것을 보여줬다. 정보를 용이하게 하기 위해 멈춤 사용 외에도, TTS가 11장에 설명된 대로 자연스럽고 인간과 같은 강세와 억양 패턴을 시뮬레이션할 수 있도록하는 운율적 마크업 전략이 있다. 또한 TTS 사전에서 지속적으로 틀린 단어의 음성 철자를 추가함으로써 발음을 향상시킬 수 있다. 애플리케이션의 TTS 품질을 최적화하는 방법에 대한 개요는 이시하라Ishihara(2003)를 참조한다.

TTS를 통합하는 방법을 생각할 때 인적 요인 문제는 애플리케이션의 상위 목표부터 숫자 형식의 세부 사항까지 여러 수준에서 중요해진다. 이러한 모든 문제를 신중하게 고려하는 것은 TTS를 인간 중심적이고 사용자 친화적인 인터페이스의 중요한 부분으로 만드는 데 도움이 될 것이다. 컴퓨터가 이해하고 말할 수 있게 하는 기술이 더욱 널리 보급돼 받아들여짐에 따라, TTS를 어떻게 어디서 사용할 수 있는지에 관한 가능성은 무한대로 넓어졌다.

11.9 결론

문법적으로 맞지 않는 "지금 당신의 PIN을 말해주세요"와 같은 프롬프트를 절대 쓰지 않을 것처럼, 문법적으로 맞지 않는 녹음을 만들어서는 안 된다. 녹음된 메시지는 어울리지 않거나 이질적인 억양 음조 곡선, 부적합하거나 누락된 멈춤, 인간 대 인간 담화에서 찾을 수 없는 강세와 리듬 패턴, 생리학적으로 불가능한 소리 시퀀스 등을 보일 때 운율학적으로 비문법적이다. 이러한 문제를 피하기 위해 디자인 선정은 언어의 체계적이고 맥락에 민감한 구조를 운율 수준에서 반영할 필요가 있다.

모든 자연 언어는 나름의 고도로 구조화된 운율 문법을 갖고 있으며, 아프리카계 아메리칸 고장 고유의 영어(일반적으로 에보닉스Ebonics로 알려져 있다), 모로코 아랍어, 시칠리아어 등 모든 언어 다양성도 그러하다. 유추는 인간이 의도를 구조화하고 맥락에서 해석을 중재하는 방법의 필수 요소다. 사람들이 음성 애플리케이션과 인터랙션할 때 운율적 가정과 기대를 중단한다고 믿을 이유가 없다. 결국 운율은 구어체의 의미 있는 부분이며, 구어체 의사소통 체계가 구문이나 의미론에 필수적이다. 메시지를 녹음하고 구현할 때 기술의 한계만큼 친숙하고 자연스러운 강세 패턴, 억양, 표현, 정확한 언어 사용을 반영해야 한다.

12

효율성과 명확성의 극대화

사용자 의견을 통해 호출자가 효율성에 많은 관심을 기울인다는 실질적인 증거가 있다. 효율성은 시간이나 단계를 낭비하지 않고 신속하게 처리를 완료할 수 있는 능력이다.

발화의 연속성을 고려할 때 VUI의 효율적인 디자인은 어려울 수 있다. 지역 극장에서 상영되는 영화 목록을 다시 읽는 시스템을 생각해보자. 화면에서는 이러한 목록을 시각적으로 빠르게 스캔할 수 있으며 관심 있는 열과 항목을 중심으로 검색할 수 있지만 음성으로 긴 목록을 듣는 것은 지루할 수 있다. 효율적인 구어체 버전의 디자인은 호출자가 "playing after 7 p.m.(오후 7시 이후 상영작)" 또는 "playing in Palo Alto(팔로 알토에서의 상영작)"과 같은 다양한 기준으로 목록을 빠르게 탐색할 수 있는 유연한 접근 방식이 필요할 수 있다.

반면 VUI는 효율성을 높이기 위해 호출자의 대화 능력을 활용할 수 있다. 사람들은 많은 정보를 담고 있는 복잡한 문장을 만드는 데 능숙하다(예: "I wanna go from San Francisco to Boston next Tuesday, arriving by nine p.m.(다음 주 화요일에 샌프란시스코에서 보스턴으로 오후 9시까지 도착하고 싶다)"). 이 기술이 그러한 복잡한 입력을 높은 정확도로 처리할 수 있다면, 호출자들은 키보드나 마우스보다 더 효율적으로 요구를 표현할 수 있다.

명확성은 호출자가 인터랙션의 각 지점에서 정확히 무슨 일이 일어나고 있는지, 현재 어떤 옵션이 가능한지, 목표를 달성하는 방법을 이해하는 것이다. 명확성은 개별 프롬프트의 문구에서부터 대화 전략의 구조화에 이르기까지 많은 디자인 요소의 산물이다. 새로운 자연어 이해 기술 중 일부는 호출자의 요구를 더 잘 충족시킬 수 있는 좋은 기회를 제공하지만, 호출자에게 시스템의 능력을 명확하게 하고 이용하기 쉽도록 하는 데 있어 새로운 도전 과제를 제시한다.

때때로 디자이너는 효율성과 명확성 사이에서 절충해야 한다. 특히 시스템을 동일한 호출자가 반복적으로 사용하는 경우 최초 호출자와 숙련된 호출자의 요구 사이에 상당한 차이가 있을 수 있다. 두 가지 유형의 사용자를 수용하기 위해 여러 기법을 사용할 수 있다.

12장에서는 효율성과 명확성 극대화 및 필요한 경우 효율성과 명확성 사이의 균형 관리를 위한 접근법을 다룬다. 또한 고급 자연어 이해 시스템 사용자를 위한 적절한 멘탈 모델을 만드는 것에 대해 논의한다.

12.1 효율성

호출자의 인터페이스 효율성에 대한 인식은 많은 시스템 특성을 반영한다. 클록 시간 Clock time은 비록 효과가 있지만, 다른 많은 측정보다 더 두드러지지 않는다. 그러한 측정 중 하나는 작업을 완료하는 데 필요한 상호 교환의 수다. 또 다른 것은 호출자가 말을 마친 시간과 다음 프롬프트 시작 사이의 지연 시간으로 측정되는 보조 맞춤이다. 이러한 지연이 호출자가 인간 대 인간 대화에서 기대하는 것보다 훨씬 더 길다면, 다이얼로그가 느리고 비효율적이라고 느끼기 시작한다.

효율성에 대한 인식의 가장 큰 장벽은 동일한 정보에 대한 반복적인 요청이다. 많은 시스템은 통화 초기에 이미 정보가 제공됐을 때에도 호출자를 실시간 상담원과 다른 서비스로 전송할 때 이름과 계좌 번호와 같은 정보를 요청한다. 호출자는 이 사실에 매우 실망한다. 시스템의 동일한 정보에 대한 반복적인 요청은 비효율적, 비지능적이고 사려 깊지 못하며 비협조적이라는 이미지를 만든다.

성급한 호출자는 전화를 끊을 가능성이 높기 때문에 효율성이 저하되면 업무 완료가 감소될 수 있다. 또한 통화 지속 시간이 길어지고(비용 증가) 심지어 사용자 만족도가 낮아지면 호출자의 주의력도 감소한다.

인터페이스의 효율성을 향상시키기 위한 가이드라인은 간단하고 명백하다. 그러나 배포된 시스템에서 위반되는 경우가 많기 때문에 여기서는 일부 사항을 간단히 검토한다.

12.1.1 작업 손실 방지

첫 번째 경험에 의한 방법은 방금 인용한 문제를 피하는 것이다. 동일한 정보가 성공적으로 수집된 후 두 번째로 같은 정보를 요구하지 말아야 한다. 구축된 시스템이 이처럼 반복적인 요청을 하는 이유는 애플리케이션에 수집된 정보를 고객 서비스 상담원의 화면에 전달하기 위한 인프라가 필요하기 때문이다(예: CTI 시스템과의 통합). 때때로 이러한 인프라를 제공하는 것이 단순히 경제적 이치에 맞지 않는다. 그러나 관리자는 호출자 만족도에 미치는 중요한 영향을 충분히 인지하고 결정을 내리는 것이 중요하다.

호출자들이 작업을 손실하는 다른 원인들이 있다. 예를 들어 호출자가 거래를 지정하거나 양식의 세부 사항(예: 계획 중인 여행의 매개변수)을 작성하던 도중 애플리케이션의 다른 곳(예: 메인 메뉴로 이동하거나 애플리케이션의 다른 부분으로 이동)을 탐색하는 경우 이미 입력된 정보가 날아갈 수 있다.

후자의 문제는 피할 수 있다. 명령으로 인해 작업이 손실될 수 있는 경우 호출자에게 경고하고 명령을 취소할 수 있는 기회를 제공해야 한다. 이와 같은 가이드라인은 일반적으로 워드프로세서 같은 소프트웨어에서도 제공한다. 사용자가 편집 중인 파일의 최신 버전을 저장하지 않고 시스템을 종료하려고 할 때 경고를 하고 파일을 저장할 기회를 제공하는 것처럼 말이다.

12.1.2 빈번한 작업을 효율적으로 수행

다음 경험에 의한 방법은 다른 작업의 효율성을 떨어뜨리더라도 가장 빈번한 작업을 가장 효율적으로 만드는 데 초점을 맞춘다. 많은 애플리케이션의 경우 80/20 규칙을 적용한다. 요컨대 기능의 20%는 시간의 80%의 시간 동안 실행된다. 빈번한 작업을 최적화하려면 다이얼로그의 구조나 프롬프트 문구 변경이 필요할 수 있다. 메뉴 옵션 또는 목록 정보의 표시 순서를 변경해야 할 수도 있다.

예를 들어 음성 인식 다이얼링^{VAD, Voice-Activated Dialing}을 고려해보자. VAD 시스템은 사용자의 통화 목록을 관리할 뿐만 아니라 전화를 걸어야 한다(예: 사용자가 통화할 수 있는 사람 목록에 이름을 추가할 수 있도록 허용). 대부분 사용자가 전화를 걸고 있다. 사용자가 통화 목록 관리 기능을 사용하기 위한 단계를 추가하는 대신 작업을 즉각적이고 간단하게 수행하는 것이 가장 좋다.

12.1.3 바로가기 제공

개인 비서와 같은 일부 시스템은 반복적으로 사용하도록 디자인돼 있다. 호출자는 시스템에 익숙해짐에 따라 이미 사용법을 알고 있는 기능에 관한 가이드라인을 듣는 데 인내심을 잃는다. 또한 자신의 작업을 더 적은 단계로 끝내기를 선호한다. 자주 호출하는 사용자에겐 시스템을 빠르게 탐색하고 작업을 완료할 수 있는 바로가기를 제공해야 한다.

호출자에게 바로가기를 가르치기 위해서는 힌트를 사용할 수 있다. 개인 상담원 시스템이 최상위 메뉴에서 전화를 걸 수 있지만 호출자가 덜 직접적인 경로를 택하는 경우 좀 더 효율적인 작업 방법을 알려야 한다. 힌트는 예제 (1)과 같이 읽을 수 있다.

(1)

SYSTEM^시스템: What would you like to do? 무엇을 도와드릴까요?

CALLER^호출자: Place a call.전화 걸기.

SYSTEM^시스템: Who would you like to call? 누구에게 전화하시겠습니까?

CALLER^호출자: Steve Smith.스티브 스미스.

SYSTEM^시스템: Okay, calling Steve Smith. By the way, in the future you can save time by requesting a call directly at the main menu. Just say, "Call," followed by the person's name.

알겠습니다. 스티브 스미스에게 전화 연결하겠습니다. 앞으로는 메인 메뉴에서 직접 통화를 요청하면 시간을 절약 할 수 있습니다. "전화"라고 말한 다음 그 사람의 이름을 말하십시오.

힌트를 자주 반복하지 말고, 호출자가 이미 바로가기를 사용한 적이 있는 경우 힌트를 제공하지 않는다.

12.1.4 호출자 모델링을 사용한 단계 저장

호출자에 관해 알고 있으면 작업을 완료하는 데 필요한 단계 수를 줄이는 데 유용할 것 이다. 호출자 프로필을 사용하는 여행 애플리케이션은 호출자가 어디에 살고 있는지와 일반적으로 여행하는 장소에 대한 지식을 사용해 여행 준비를 할 때 제공해야 하는 정 보의 양을 줄일 수 있다. 마찬가지로 현재의 통화(통화 기록)에서 초기에 얻은 지식은 통 화의 후반에 인터랙션을 더욱 효율적으로 하기 위해 사용될 수 있다.

(2)의 다이얼로그는 시스템이 통화 기록과 호출자 프로필을 모두 사용하는 여행 계획 애 플리케이션과의 상호작용을 보여준다. 프로필은 호출자가 명시적으로 제공하는 것, 이 를테면 집 주소뿐만 아니라 이전 통화 또는 통화 중 초기에 암묵적으로 습득한 사항을 포함한다.

호출자가 목적지를 명시하지만, 출발 도시는 명시하지 않았다. 이 시스템은 출발 도시를 찾는 대신 호출자의 프로필에서 집 주소를 얻고 집 근처 공항에서 여행할 것으로 가정한다. 확인 프롬프트는 시스템이 출발 도시를 가정했다는 것을 호출자에게 알려준다. 만약 출발 도시 가정이 틀렸다면, 호출자는 출발 도시를 바꿀 수 있다.

호출자는 뉴욕을 목적지로 지정한다. 뉴욕은 여러 공항 경로로 이동할 수 있다. 시스템은 호출자와의 이전 경험에 근거해 케네디 공항을 가정한다. 호출자는 종종 케네디 공항으로 가는 항공편을 예약했었다.

호출자가 렌터카를 요청한다. 호출자의 프로필에는 허츠^{Hertz}의 중형차를 선호한다고 돼 있다. 이 시스템은 호출자가 케네디 공항에 착륙한 직후 렌터카를 이용할 수 있기를 원한다고 가정하며, 통화 초기에 얻은 정보에 근거한다. 다시 말하면 호출자는 확인 프롬프트에 있는 가정을 알게 되고 그 시간에 변경할 수 있다.

(2)

SYSTEM^{시스템}: Where are you traveling?^{어디로 여행 가십니까?}

CALLER^{호출자}: I'm going to New York.^{뉴욕이요.}

SYSTEM^{시스템}: When do you want to leave?^{언제 떠나고 싶으세요?}

CALLER^{호출자}: Wednesday, March tenth, around one p.m.^{3월 10일 수요일 오후 1시쯤.}

SYSTEM^{시스템}: Just to confirm—you want to go from San Francisco International to New York, Kennedy Airport, on Wednesday, March tenth, leaving around one PM. Is that right?

확인하겠습니다. 3월 10일 수요일 오후 1시쯤에 샌프란시스코 국제공항에서 뉴욕, 케네디 공항으로 떠납니다. 맞습니까?

CALLER^{호출자}: Yes.^{네.}

SYSTEM^{시스템}: Great. Hold on while I check available flights 〈pause〉 There's an American Airlines flight leaving SFO at 1:20 p.m. and arriving at JFK at 9:30 p.m..

알겠습니다. 이용 가능한 비행기를 확인하는 동안 기다려주세요. 〈멈춤〉 오후 1시 20분에 SFO를 출발해서 9시 30분에 JFK에 도착하는 아메리칸 에어라인 비행기가 있습니다.

CALLER^{호출자}: Please book it for me.^{예약해주세요.}

SYSTEM^{시스템}: Okay. You're booked on American Airlines Flight 825, leaving SFO at 1:20 p.m. and arriving at JFK at 9:30 p.m. on March tenth. Now, would you like a return flight?

네. 아메리칸 에어라인 825편 예약했습니다. SFO을 오후 1시 20분에 출발해서 3월 10일 오후 9시 30분에 JFK에 도착합니다. 자, 돌아오는 비행기를 원하십니까?

CALLER^{호출자}: No.^{아니요.}

SYSTEM^{시스템}: How about a rental car?^{렌터카는 필요하십니까?}

CALLER^{호출자}: Yup. I'll need a car.^{네, 차가 필요해요.}

SYSTEM^{시스템}: I can reserve a midsize car with Hertz for thirty-four dollars a day. Is that okay?^{하루 34달러에 허츠의 중형차를 예약할 수 있습니다. 괜찮으십니까?}

CALLER^{호출자}: Yes.^{네.}

SYSTEM^{시스템}: Great. I have a midsize car reserved for you with Hertz. You can pick it up at 9:30 p.m. on March tenth, at the Hertz desk at Kennedy Airport.

알겠습니다. 허츠의 중형차를 예약했습니다. 3월 10일 오후 9시 30분에 케네디 공항의 허츠 데스크에서 중형차를 픽업할 수 있습니다.

12.2 명확성

명확성은 음성 사용자 인터페이스의 모든 디자인 수준의 목표다. 매우 높은 수준에서 시스템을 사용하기 위한 적절한 멘탈 모델과 같은 요소에 대한 명확성을 의미한다. 중간 수준에서는 내비게이션 전략(시스템 기능을 탐색하거나 접근하는 방법)에 대해 명확성이 요구된다. 하위 디자인은 각 개별 다이얼로그 상태에서 문법 (즉, 말할 수 있는 것)과 같은 요소에 대한 명확성을 필요로 한다.

이 절에서는 명확성에 대한 사고가 디자인에 어떻게 영향을 미치는지 보여주는 두 가지 예를 제시한다. 첫 번째 예에서는 고급 자연어 기술을 사용하는 콜 라우팅 시스템에 대한 명확한 멘탈 모델의 생성을 다룬다. 두 번째 예는 음성 포털에 대한 탐색적 명확성을 다룬다.

12.2.1 자연 언어 이해를 위한 멘탈 모델

진보된 자연어 이해 시스템을 디자인할 때 주된 도전 과제 중 하나는 호출자가 시스템에 어떻게 말을 걸어야 하는지 분명한 멘탈 모델을 만드는 것이다. 직접적인 다이얼로그 시스템은 디자인하기가 더 쉽다. "빨간색, 초록색 또는 파란색을 원하십니까?"와 같이 메뉴를 제시하거나, "몇 개의 주식을 구입하시겠습니까?"와 같이 정답을 명확하게 하는 지시된 질문을 할 수 있다.

반대로 호출자에게 진보된 자연어의 유연성과 힘을 줄 때, 호출자가 말할 수 있는 것의 범위를 설명하는 문제가 훨씬 더 크다. 유효 발화 집합은 너무 크고 명시적으로 설명하기에 다양하다. 그럼에도 가장 진보된 시스템조차도 인간의 능력에는 전혀 근접하지 못하고 있기 때문에 단순히 인간 대 인간 대화에 의해 제공되는 멘탈 모델에 단순히 의지할 수 없다. 우리는 호출자가 인간과 인터랙션을 하고 있다고 착각하는 것에 대해 강력히 반대한다. 그 결과 시스템이 수행할 수 있는 것 이상의 기능을 가정하게 된다.

이 절에서는 가장 많은 양의 데이터와 경험을 가지고 있는 자연어 시스템인 라우팅 시스템을 위한 멘탈 모델을 만드는 문제에 대해 다룬다. 11장에서 다룬 바와 같이 자연어 통화 라우팅 시스템은 호출자가 단순히 자신이 원하는 것을 말로 설명함으로써 광범위한 서비스 중 하나에 연결할 수 있게 해준다. 이러한 종류의 애플리케이션에서 얻은 많은 교훈은 다른 종류의 자연어 애플리케이션에 일반화된다.

먼저 우리가 만들고자 하는 멘탈 모델을 보자.

- 호출자들이 자동화된 시스템과 말을 하고 있다.
- 호출자는 자신의 요구 사항을 말로 설명해야 한다.
- 호출자는 간략해야 말한다(약 한 문장씩).

이러한 문제를 이해하기 위해, 셰더와 발로^{Sheeder and Balogh}(2003)는 통화 라우팅 시스템의 호출자와 다양한 접근 방식을 비교하는 여러 실험을 실시했다. 일차적인 실험 결과는 프롬프트의 시작 부분에 몇 가지 예를 제시함으로써 효과적인 멘탈 모델을 만들 수 있다는 것이었다. 그 예는 키워드보다는 자연 문장의 형태가 돼야 한다. 가장 유용한 예는 "임의의 의미 범주 레이블과 반대로, 요청의 예상 형식에 대한 감각을 전달하는 데 초점을 맞추고 있다"였다. 테스트한 네 가지 예시 중 가장 효과적인 프롬프트는 다음과 같다.

> Welcome to Clarion Wireless Customer Service. You can ask me things like, "How many minutes have I used?" and "I'd like to set up automatic payments." So, how can I help you with your account?
>
> 클라리온 무선 고객 서비스에 오신 것을 환영합니다. "몇 분 동안 사용했습니까?"와 "자동 결제를 설정하고 싶습니다"와 같은 질문을 할 수 있습니다. 그럼, 무엇을 도와드릴까요?

이 접근 방식은 테스트한 다른 접근 방식에 비해 작업 완료가 상당히 높고 잘못된 라우팅 비율이 현저히 낮아졌다. 흥미롭게도 눌변 비율을 감소시켰다(예: 머뭇거림 또는 단어의 일부). 더욱이 사용자들은 문장과 유사한 예를 사용해 시스템을 사용하기가 더 쉽다고 평가했다. 테스트 결과는 배포된 시스템의 서비스 중 데이터로 입증됐다.

관련 연구에서 보이즈[Boyce](1999)는 환영 프롬프트의 시작 부분에 이어콘을 사용하는 것이 호출자에게 시스템이 사람이 아닌 자동화된다는 것을 전달하는 효과적인 수단임을 보여줬다. 이 기술은 자연어 시스템에 대해 설명한 접근 방식과 결합될 수 있다.

12.2.2 표식을 통한 탐색 명확성

탐색 명확성은 호출자가 애플리케이션에서 자신이 어디에 있는지 그리고 다른 곳으로 갈 수 있는 방법에 대해 얼마나 명확한지를 말한다. 한마디로 사용자는 자신이 현재 접속하고 있는 이용 가능한 서비스나 기능을 알고 있어야 하며, 다른 서비스에 접속하거나 주 메뉴로 돌아가는 방법을 파악해야 한다.

음성 포털과 음성 탐색은 대부분의 다른 애플리케이션보다 더 높은 수준의 탐색 복잡성을 갖고 있으며 다양한 서비스와 정보를 제공한다. 호출자는 대부분의 애플리케이션에서 서비스 간에 빠르게 전환할 수 있다.

표식은 호출자가 어디에 있는지, 어디로 가고 있는지를 명확히 하는 일반적인 기술이다. 표식은 각각의 특정 서비스와 명확하게 연관돼 있는 청각적 지표이며, 다음과 같은 여러 형태를 취할 수 있다.

- **구두**: 시스템은 단순히 서비스의 이름을 알릴 수 있다.
- **페르소나**: 다른 서비스는 다른 목소리와 다른 페르소나와 연관될 수 있다. 연관성을 분명히 하기 위해서는 페르소나와 서비스의 유형을 주의 깊게 조화시켜야 한다.
- **비언어 오디오**: 이어폰은 다양한 서비스를 나타내도록 디자인될 수 있다. 하지만 소수의 이어폰을 사용하는 것은 혼란스러울 수 있다. 또는 환경 음향이나 음악과 같은 오디오 환경은 서비스 유형과 관련된 분위기를 조성할 수 있다.

매우 효과적인 표식 구성을 가진 음성 포털의 한 예로 주식 시세, 뉴스, 엔터테인먼트 디렉터리, 스포츠 점수 등 다양한 서비스를 제공하는 텔미[Tellme]가 있다. 텔미 서비스는 세 가지 표식 기술을 모두 일관되게 사용한다. 호출자가 새로운 서비스로 전환하면 구두로 공지한다. 각각의 서비스에는 각기 다른 성우가 만든 고유한 페르소나가 있으며, 각각의 서비스에는 고유한 배경음이 있다. 그 결과, 특정 시간에 어떤 서비스에 접속하고 있는지에 대한 명확성뿐만 아니라 디자인의 예술성으로 인해 매력적인 사용자 경험을 얻을 수 있다.

12.3 효율성과 명확성 균형 조정

효율성과 명확성을 절충해야 할 때가 있다. 그러한 많은 절충은 프롬프트와 관련이 있다. 때로는 다이얼로그의 각 지점에서 무엇이 프로그램돼 있는지 또는 무엇이 예상되는지를 명확히 기술하는 장문의 프롬프트가 필요하지만, 이미 시스템에 익숙한 호출자는 듣고 싶어하지 않을 것이다. 다음은 경험이 풍부한 호출자뿐만 아니라 최초에 사용할 수 있는 가이드라인이다.

12.3.1 개별 프롬프트에서 강세 명확성

프롬프트의 문구를 가능한 한 간결하게 만들기 위해 세심하게 조작하는 것은 솔깃한 일이다. 때때로 몇 마디 말로도 대단한 명확성을 얻을 수 있지만 말을 깎아내리기 위해서 명확성을 잃고 있다면 아마도 잘못된 절충을 하고 있는 것이다. 명확성이 부족하면 프롬프트에 몇 개의 단어를 추가하는 데 걸리는 시간보다 훨씬 많은 시간이 낭비된다는 점에 유의한다. 호출자가 오류 복구 절차에 의존하거나 암호화된 프롬프트로 인한 혼동을 보상하는 명령을 도와야 할 때마다 상당한 시간이 낭비된다. 게다가 호출자의 신뢰도가 떨어지고 불만이 증가한다. 잘 쓰여진 글과 원활한 교류를 희생하면서, 몇 마디를 절약하는 것은 가치가 없다.

다이얼로그 2000 프로젝트(CCIR-3 1999)는 프롬프트에 관한 사용자 선호도를 조사했다. 연구원들은 참가자들이 빠른 트랙("고객 번호")과 중립("고객 번호로 말해달라") 등 다양한 프롬프트 스타일을 가진 음성 시스템과 인터랙션하도록 했다. 그 결과 참가자들은 짧고 빠른 트랙 프롬프트를 가진 시스템을 더 길고 장황하지만 더 자연스러운 프롬프트를 가진 시스템보다 낮게 평가했다. 또한 데이터는 사용자가 먼저 장황한 프롬프트에 노출될 경우 빠른 트랙 프롬프트 문구가 더 수용 가능하다고 제안했다. 이러한 발견은 초보 사용자가 단어를 더 많이 포함하더라도 초보자 사용자에게 프롬프트를 명확하게 하는 것의 중요성을 강조한다.

간결한 프롬프트를 세심하게 만드는 것은 잘못된 것이 아니다. 가이드라인은 명확성과 소통의 용이성을 해치지 않게 한다.

12.3.2 단계적인 프롬프트

한 번의 호출에 어떤 프롬프트는 여러 번 반복될 수 있다. 일례로 호출자는 메인 메뉴로 자주 돌아갈 수 있다. 그 경우 단계적인 프롬프트가 종종 유용하다. 아이디어는 처음이나 첫 몇 번을 매우 명료하게 서술한 다음 프롬프트를 줄이는 것이다. 9장의 예에서는 단계적인 프롬프트를 사용한다. 여기서 인용구를 반복한다.

(3)

SYSTEM^{시스템}: ⋯Now, what's the first company to add to your watch list?
⋯이제 귀하의 관심 목록에 추가할 첫 번째 회사는 어디입니까?

CALLER^{호출자}: Cisco.시스코.

SYSTEM^{시스템}: What's the next company name? (Or, you can say, "Finished.")
다음 회사는 어디입니까? (혹은, "완료"라고 말할 수 있습니다.)

CALLER^{호출자}: IBM.

SYSTEM^{시스템}: Tell me the next company name, or say, "Finished."
다음 회사 이름을 말하거나, "완료"라고 말하십시오.

CALLER^{호출자}: Intel.인텔.

SYSTEM^{시스템}: Next one?다음은요?

CALLER^{호출자}: America Online.아메리카 온라인.

SYSTEM^{시스템}: Next?다음은요?

CALLER^{호출자}: ⋯

단계적인 프롬프트를 위한 대안은 지연된 도움말이며, 여기에는 약 2초의 멈춤과 함께 간략한 프롬프트를 따른 후 더 자세한 정보가 이어진다. 이러한 접근 방식으로 숙련된 호출자가 멈춤 동안 응답하는 경향이 있다. 호출자가 바로 응답하지 않으면 좀 더 자세한 안내를 듣게 될 것이다. 지연된 도움말을 주의 깊게 테스트해야 한다. 어떤 말을 해야 할지 모르지만 멈춤 동안 말하기 시작하는 호출자에 의해 문제가 발생한다.

12.3.3 끼어들기 사용

끼어들기[Barge-In] 기능을 사용하면 효율성과 명확성 사이의 균형을 상당히 개선할 수 있으며, 시스템이 경험이 풍부한 호출자와 경험이 없는 호출자를 쉽게 수용할 수 있다. 숙련된 호출자는 자신이 하고 싶은 말이 무엇인지 아는 순간 즉시 프롬프트를 중단할 수 있고, 경험이 없는 호출자는 응답을 표현하기 전에 상세한 프롬프트를 들을 수 있다.

뉘앙스는 혼합 주도 다이얼로그 시스템에 대한 더 큰 연구의 일환으로 (1) 시스템에 대한 경험 수준과 (2) 프롬프트 길이라는 두 가지 사항에 대한 끼어들기 행동을 조사했다. 이 연구는 혼합 주도 증권 애플리케이션인 티커토크[TickerTalk] 시스템을 이용했다. 약 250명의 호출자가 3주 동안 이 시스템을 사용했다. 사용자들은 자신들이 원하는 만큼 자주 전화를 걸 수 있었고, 견적을 받고, 거래를 하고, 관심 목록을 만들고, 계정을 관리할 수 있었다. 그 시스템은 실시간 견적 자료와 연결돼 있었다.

각각의 호출자에게는 10만 달러의 가짜 돈이 있는 계좌가 주어졌다. 시스템 사용에 현실감을 주기 위해 3주 후 가장 높은 순자산을 가진 사용자에게 실제 돈으로 500달러를 주는 콘테스트를 개최했다. 메인 메뉴(개방형 프롬프트)에 대한 3만 건이 넘는 음성을 포함해 3천여 통의 전화에 대한 데이터가 수집됐다. 이 데이터는 끼어들기 행동을 포함해 혼합 주도 다이얼로그의 다양한 측면을 연구하는 데 사용됐다.

끼어들기 데이터를 분석한 결과, 개별 호출자가 시스템에 더 많은 호출을 할 때 끼어들기 빈도가 증가하고(그림 12-1 참조), 긴 프롬프트에서 끼어들기 사용 증가(그림 12-2 참조)가 나타났다. 그 결과는 숙련된 호출자가 애플리케이션을 더욱 효율적으로 탐색하기 위해 끼어들기를 사용할 것임을 시사한다.

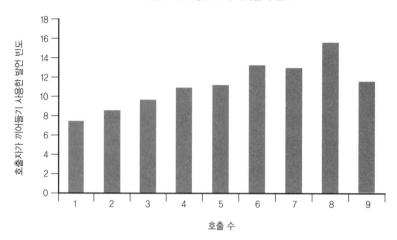

그림 12-1 반복적인 호출에서는 사용자가 더 자주 끼어든다.

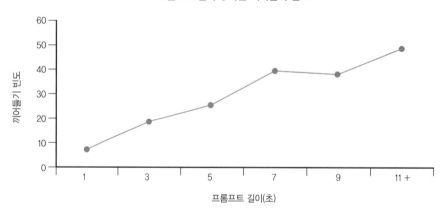

그림 12-2 프롬프트가 길수록 호출자가 더 자주 끼어든다.

12.4 결론

효율성과 명확성 모두 음성 사용자 인터페이스의 핵심 자질이다. 음성 사용자 인터페이스를 디자인할 때 두 가지를 모두 극대화하려면 숙련된 호출자와는 대조적으로 처음의 다양한 요구를 이해하는 것이 중요하다. 그런 다음 각 유형의 사용자가 시스템과 인터랙션해 최상의 이점을 발휘할 수 있도록 균형을 맞추거나 유연성을 만들 수 있다.

13

정확성 최적화와 오류 복구

높은 인식 정확성은 음성 인터페이스 사용성의 핵심이며, 또한 정확성은 모든 사용자 인터페이스의 핵심이다. 시스템은 사용자의 의도를 정확하게 "이해"하고 적절하게 응답해야 한다. 그러나 여러 이유로 인해 음성 사용자 인터페이스의 정확성은 특히 중요하다.

첫째, 음성 인터렉션의 비영구적이고 역동적인 특성은 사용자가 오류가 발생했을 때 식별하기 어렵게 하며, 오류를 복구하기 위해 적절한 조치를 취하기 어렵다. 둘째, 기술은 불완전하다. 특히 배경 소음이나 무선의 채널 왜곡과 같은 어려운 음향 환경에서는 오류가 발생할 것이다. 그러므로 오류를 방지하고 오류가 발생할 때 효과적으로 복구하기 위해서는 다이얼로그 디자인이 필수적이다.

그리고 정확성의 문제는 호출자들이 대개 왜 시스템이 오류를 범했는지 이해할 수 없다는 사실로 인해 악화된다. "보스턴Boston"과 "오스틴Austin"처럼 비슷하게 들리고 혼동될 수 있는 일부 오류가 있을 수 있지만 대부분의 인식 오류의 원인은 불명확하다. 결과적으로 오류는 일반적으로 호출자에게 혼란을 야기하고 시스템의 "합리적 행동"에 대한 믿음을 감소시킨다. 모든 오류는 시스템의 가용성을 떨어뜨린다. 가장 잘 디자인되고 가장 적절한 오류 복구 접근 방식은 낮은 정확성을 보완할 수 없다.

배포된 시스템에서 수집된 증거는 인식 정확성이 작업 완료와 사용자 만족도 모두에 매우 관련이 있음을 보여준다. 이것은 또한 실험실 데이터에 의해 지원된다. AT&T 연구원들은 파라다이스^{PARADISE}라는 VUI 실험 프레임워크를 사용해 2가지의 음성 가능 이메일 시스템과 열차 정보 시스템이라는 세 가지 애플리케이션을 분석했다. 연구원들은 인식 성확성이 사용자 만족노에 가장 큰 기여를 한다는 것을 발견했다(캄^{Kamm}, 워커^{Walker}, 리트먼^{Litman} 1999).

에든버러대학교의 통신 인터페이스 연구 센터(CCIR-1 1999)에서 실시한 실험에서 사용자 만족도는 4개의 정확성 레벨에서 동일한 음성 시스템에 대해 평가했다. 연구자들은 정확성이 높아짐에 따라 이 시스템에 대한 주관적인 태도가 개선됐음을 발견했다.

인식의 정확성에 기여하는 요인이 많다. 대부분 음향 모델링 및 검색 기술과 관련이 있으며 개별 애플리케이션과는 독립적이다. 그러나 다이얼로그와 문법을 디자인하는 방법은 정확성과 인식된 정확성 모두에 영향을 미친다. 13장에서는 정확성에 기여할 수 있는 다이얼로그 디자인 가이드라인을 다룬다. 그런 다음 오류 복구를 위한 접근법을 설명한다. 정확성이 떨어지는 경우 그러한 사례를 처리한다.

13.1 정확성 측정

인식 정확성은 일반적으로 여러 측정에 의해 설명된다. 첫 번째 단계는 데이터를 문법 내/외 두 그룹으로 나누는 것이다. 문법 내 데이터는 호출자가 관련 다이얼로그에 대해 정의된 문법에 있다고 말하는 것이다. 문법 외 데이터는 정의된 문법에 속하지 않는다.

문법 내의 데이터는 다음 세 가지 범주 중 하나로 분류된다.

1. **올바른 수락**: 인식기가 정답을 반환함
2. **잘못된 수락**: 인식기가 오답을 반환함

3. **잘못된 거부**: 인식기가 문법의 어떤 경로와도 일치하는 것을 찾을 수 없으므로 대답을 반환하는 대신 거부됨

문법 외의 데이터는 두 가지 범주 중 하나로 분류된다.

1. **올바른 거부**: 인식기가 입력을 올바르게 거부함
2. **잘못된 수락**: 인식기는 입력 내용이 문법에 없었기 때문에, 정의상 틀린 대답을 반환함

호출자의 관점에서 볼 때 문법 내/외 구별은 부적합하다. 호출자들이 아는 것이라곤 뭔가를 말했으며, 시스템과의 다이얼로그가 기대한 대로 진행되지 않고 있다는 것이다. 특히 동일한 사람이 반복적으로 호출하는 것이 아니라 주로 단일 사용인 시스템의 경우 사용자는 오류가 있었다는 것을 모르고 다이얼로그 진행 방식에 혼란을 겪는 경우가 많다.

한편 시스템 성능을 향상시키려고 노력하는 디자이너나 개발자의 관점에서 볼 때 문법 내 데이터와 문법 외 데이터의 구분과 오류 범주가 중요하다.

13.2 정확성 극대화를 위한 다이얼로그 디자인 가이드라인

디자인과 개발 중에 많은 활동이 정확성에 기여한다. 앞서 2장에서 음성 기술의 사용에 대해 다뤘다. 기타 사항은 15장(인식 매개변수 조정)과 16장(문법 적용 범위 조정)에서 다룬다. 13장에서는 어려운 인식 작업의 정확성을 최적화하는 데 도움이 될 수 있는 상세 디자인 가운데 선택할 수 있는 몇 가지 디자인 옵션을 다룬다.

다수의 공통 인식 작업은 매우 어렵다. 한 예로 알파벳을 들 수 있다. 영어 알파벳 26자 중 25자의 이름은 한 음절을 가지고 있어 제한된 음향 정보를 제공한다. 게다가 문자 이름 중 9개는 E와 운이 맞는다. 이것들은 종종 eset이라고 부른다. 또 다른 4는 A와 운율

하는 모음이다. 또 다른 두 개, 즉 F와 S는 전화로는 구별하기 어렵다. 전화기는 초당 약 3,500 사이클 이상의 주파수를 전송하지 않으며, F와 S를 구별하기 위한 대부분의 정보가 놓여 있다. 알파벳의 인식은 사람 이름 또는 거리 이름과 같은 철자법이 필요한 애플리케이션에서 나타나며, 종종 계정 ID의 일부로 나타난다.

또 다른 일반적이며 도전적인 인식 작업은 숫자 문자열이다. 숫자의 이름은 대부분 한 음절을 가지고 있다. 개별 자릿수의 인식도가 매우 높더라도 많은 숫자들을 함께 묶을 때 전체 문자열의 인식률은 낮을 수 있다(숫자마다 오른쪽을 취함). 많은 일반적인 인식 작업은 계좌 번호, PIN, 전화번호, 신용카드 번호 및 사회보장번호와 같은 숫자 문자열 인식을 요구한다.

알파벳 문자열, 숫자 또는 두 문자열의 조합과 같은 어려운 인식 문제를 처리할 때 어떤 문자열이 유효한지를 강요할 수 있는 모든 가능한 방법과 인식기가 고려해야 할 가능성을 제한하기 위해 참고할 수 있는 모든 가능한 지식의 원천을 찾아야 한다.

일반적으로 이러한 제약 조건은 문법에 포함하거나 N-베스트 목록을 후처리해 적용할 수 있다. 즉, 제약 조건을 충족하는 N-베스트 목록의 첫 번째 항목을 선택한다. 가능하다면 이러한 제약 조건을 문법에 넣는 것이 최선이다. 이 접근 방식은 더 높은 정확성을 가져올 것이다.

문법에서 인코딩 구조의 예는 다음과 같다.

- **고정 길이 숫자 문자열**: 문자열이 항상 같은 길이라면 해당 길이의 문자열만 허용하는 문법을 작성한다. 가변 길이 문자열보다 고정 길이 문자열을 정확하게 인식하는 것이 훨씬 쉽다.

- **고정 길이 문자열의 조합**: 예를 들어 로컬(7자리)이거나 장거리(10자리)일 수 있는 전화번호와 같이 유효한 문자열 길이를 두 개 이상 사용해 작업하는 경우도 있다.

- **특정 문자 위치에 대한 제약 조건**: 계정 ID는 다양한 위치에 제약을 줄 수 있다. 그

예로 처음 두 위치에는 50개의 미국 국가 코드 중 하나가 포함될 수 있다.

- **문자 위치 또는 그룹 간의 관계에 대한 제약 조건**: 전화번호의 경우 각 지역 번호에 대한 유효한 교환만 캡처하도록 제한되는 문법이 해당된다.
- **유효한 단어의 철자법**: 인식 작업이 철자법이고 사람 이름, 영어 단어처럼 철자가 지정된 집합에서 나온 어휘라면, 문자 시퀀스의 확률을 학습하도록 통계 언어 모델^{SLM}을 훈련할 수 있다. 영어에서 특정 문자 조합이 다른 문자보다 훨씬 더 흔하기 때문에 유용한 제한 요소가 될 가능성이 있다.

다음은 N-베스트 목록을 후처리해 인코딩하는 구조의 예다.

- **검사 합계**: 많은 계정 번호는 검사 합계 숫자의 형태로 디자인된다. 검사 합계 자릿수는 계정 번호의 다른 숫자의 함수로 계산된다. 검사 합계 계산은 일반적으로 계정 번호의 예상 분포에 따라 검사 합계 값(10자리)이 대략 균일하게 분포되도록 디자인된다. 이에 따라 10번 중 9번은 계좌 번호에 인식 오류가 있으면 검사 합계가 유효하지 않다. N-베스트 목록의 각 항목에 대해 검사 합계 테스트를 수행해 일치하는 항목을 선택할 수 있다.
- **유효한 항목의 데이터베이스**: 종종 가능한 계정 번호의 작은 부분 집합만 실제로 사용되고 있다. 기존 계정 번호의 데이터베이스에 접근할 수 있는 경우 N-best 목록을 내려가 각 항목의 유효성을 검사할 수 있다.

또 다른 어려운 인식 문제는 거리 이름과 같이 매우 긴 목록으로부터의 인식이다. 정확성을 극대화하기 위한 한 가지 접근 방법은 이전에 호출자가 제공한 정보에 기초해 (애플리케이션이 실행되고 있을 때) 문법을 동적으로 제한하는 것이다. 예를 들어 우편번호가 알려지면 그 우편번호에 대한 거리만 있는 문법을 동적으로 로드할 수 있다. 동적 문법은 16장에서 다룬다. 일반적으로 긴 목록으로부터의 인식은 애플리케이션의 사용 중인 데이터에 기반한 문법에 확률을 포함시킴으로써 개선될 수 있다.

13.3 오류 복구

VUI 디자이너의 과제인 음성 기술에 대한 근본적인 도전 중 하나는 문제가 있을 때 알 수 있는 능력이다. 잘못된 수락이 발생하면 시스템은 어떤 것이 잘못됐다는 것을 깨닫지 못한 채, 호출자가 말을 이해한 것으로 감안해 계속 진행한다. 이 문제를 해결하기 위해 애플리케이션에서는 불필요한 작업을 피하기 위해 적절할 때 호출자와 결과를 확인하는 다양한 기술을 사용해야 한다.

인식기가 거부를 반환하는 경우처럼 시스템이 문제가 있다는 것을 알고 있을 때, 시스템이 알고 있는 것과 문제의 근본 원인 사이에 갭이 존재하는 경우가 많다. 거부의 경우 시스템은 입력에 적합한 인식 모델을 통한 경로가 없었다는 것만 알고 있다. 그러나 거부 반응은 호출자의 문법 외 입력, 잡음이 많은 휴대전화 연결, 호출자의 거실에서 연주되는 록앤롤 밴드, 또는 다양한 다른 문제들에 의해 야기될 수 있다. 근본적인 원인에 대한 불확실성에도 애플리케이션은 다이얼로그를 정상적으로 복원해야 한다.

이 절에서는 인식 오류가 발생할 때 감지하고 해결하기 위한 확인 전략과 인식기가 거부 또는 시간 초과와 같은 오류 조건을 반환할 때 사용하는 복구 전략을 설명한다.

13.3.1 확인 전략

잘못된 수락은 심각한 문제를 일으킬 수 있다. "buy 1,000 shares of IBM(IBM 주식 1,000주 매입)"처럼 시스템은 조치를 취하거나 의도하지 않은 하위 다이얼로그로 전환할 수 있다. 일반적으로 허위 수락을 탐지하려면, "Going from New York to San Francisco. Is that correct?(뉴욕에서 샌프란시스코로 가는 것이 맞습니까?)"처럼 시스템이 호출자와 가설을 검증하는 일종의 확인 다이얼로그가 필요하다. 확인 다이얼로그의 디자인과 관련해 다음과 같은 여러 가지 문제가 있다.

- 확인 시기

- 확인 방법
- 반복적인 오류 방지

확인 시기

오류 비용이 높거나, 정상적으로 복원하기 어렵거나, 인식 신뢰도가 낮은 경우 확인이 필요하다. 예를 들어 송금, 항공편 예약과 같은 거래를 실행하기 전에 호출자와의 거래 매개변수를 확실히 확인하기를 원할 것이다. 확인하지 못하면 시스템이 올바른 정보를 보유하고 있다고 확신하더라도, 비용이 많이 드는 실수의 위험이 있을 뿐만 아니라 호출자의 신뢰도가 감소하는 경향이 있다.

확인에는 두 가지 역할이 있다. 첫째, 시스템이 인식 가설을 검증할 수 있도록 하고, 둘째, 호출자에게 정확한 인식을 전달함으로써 사용자의 신뢰를 뒷받침하고 현재 시스템 지식 상태를 투명하게 한다.

확인이 필요 없는 경우도 있다. 많은 주식 시세 시스템은 회사 이름을 명시적으로 확인하지 않는다. 만약 회사 이름을 잘못 인식하면 호출자는 몇 초 동안 잘못된 견적을 듣지 못하게 되지만, 문제없이 진행할 수 있다. 사실 호출자는 견적의 시작 부분에서 잘못된 회사 이름을 듣는 즉시 달려들어 원하는 회사를 다시 요청할 수 있다. 에러 비용은 손실된 시간과 사용자 혼동의 측면에서 낮다. 계속 진행하는 방법은 분명하다. 게다가 주식 시세 시스템은 일반적으로 매우 높은 정확성을 가지고 있어서 확인의 필요성을 더욱 감소시킨다.

또 다른 접근법은 확인의 필요성 여부를 결정하기 위해 인식기가 반환하는 신뢰도를 사용하는 것이다. 이를 3단계 신뢰라고 부르기도 한다. 신뢰도가 높으면 확인하지 않고, 낮은 수준이지만 거부 임곗값 이상이면 확인하며, 그렇지 않으면 거부한다.

확인 방법

확인이 분명히 필요할 때 이를 처리할 수 있는 여러 방법이 있다. 각 항목을 말하는 대로 확인하거나 거래 또는 기타 애플리케이션 작업을 완료하기 전에 관련 항목을 그룹화해 확인할 수 있다. 일반적으로 후자의 접근법은 다음과 같다. 관련 항목 그룹을 동시에 확인하도록 한다.

여행 애플리케이션에 대한 다음의 두 가지 확인 접근 방식을 비교해보자. 첫 번째 항목은 각 항목을 즉시 확인한다.

(1)

SYSTEM^{시스템}: What's the departure city?^{출발 도시가 어디십니까?}

CALLER^{호출자}: San Francisco.^{샌프란시스코.}

SYSTEM^{시스템}: San Francisco. Is that correct?^{샌프란시스코. 맞습니까?}

CALLER^{호출자}: Yes.^{네.}

SYSTEM^{시스템}: To what city?^{어느 도시로 가십니까?}

CALLER^{호출자}: New York.^{뉴욕.}

SYSTEM^{시스템}: New York. Is that right?^{뉴욕. 맞습니까?}

CALLER^{호출자}: Yes.^{네.}

SYSTEM^{시스템}: Great. What day do you want to leave?^{알겠습니다. 언제 떠나고 싶으십니까?}

CALLER^{호출자}: I wanna leave March fifth.^{3월 5일에 떠나고 싶어요.}

SYSTEM^{시스템}: March fifth. Is that correct?^{3월 5일. 맞습니까?}

CALLER^{호출자}: Yes.^{네.}

이 접근 방식은 다소 지루하고 부자연스러운 다이얼로그로 이어질 수 있다. 이와 대조적으로 다음 접근 방식은 확인을 위한 항목들을 그룹화한다.

(2)

SYSTEM^{시스템}: What's the departure city?^{출발 도시가 어디십니까?}

CALLER^{호출자}: San Francisco.^{샌프란시스코.}

SYSTEM^{시스템}: To what city?^{어느 도시로 가십니까?}

CALLER^{호출자}: To New York.^{뉴욕.}

SYSTEM^{시스템}: And on what date?^{그리고 언제 떠나십니까?}

CALLER^{호출자}: I'm leaving on March fifth.^{3월 5일에 떠나요.}

SYSTEM^{시스템}: Now let me confirm that: San Francisco to New York on March fifth.
Is that correct?^{이제 확인하겠습니다. 3월 5일에 샌프란시스코에서 뉴욕으로 가시는 것이 맞습니까?}

CALLER^{호출자}: Yes.^{네.}

이러한 접근 방식은 훨씬 더 유동적이고 효율적인 다이얼로그로 이어진다. 일반적으로 확인을 위해 항목을 그룹화할 때는 논리적으로 연관돼야 한다(예: 여행 구간의 세 가지 매개변수). 게다가 소수로 그룹화돼야 한다. 하나의 확인을 위해 4개 항목만 그룹화하는 것이 좋은 경험 법칙이다.

반복 오류 방지

확인 프롬프트에 부정적인 응답이 있을 때, 시스템은 몇 가지 중요한 정보를 가지고 있다. 호출자가 원하지 않는 것을 알고 있다. 시스템은 같은 실수를 반복하지 않도록 해야 한다.

다음은 이러한 실수 유형의 예다.

(3)

SYSTEM^{시스템}: What's the flight number?^{항공편 번호가 어떻게 되십니까?}

CALLER^{호출자}: Sixteen fifty-five.^{1655.}

SYSTEM^{시스템}: Now is this for arrival or departure information?
^{이제 도착 또는 출발 정보를 위한 것인가요?}

CALLER^{호출자}: Arrival.^{도착.}

SYSTEM^{시스템}: Let me confirm that: Flight 6355 arriving on—
^{다음 사항을 확인해주십시오. 6355편 도착 항공편–}

CALLER^{호출자}: No.^{아니요.}

SYSTEM^{시스템}: Sorry, which part should I change, the flight number or the date?
  ^{죄송합니다만, 항공편 번호와 날짜 중 어느 부분을 변경해야 하는지요?}

CALLER^{호출자}: The flight number.^{항공편 번호.}

...

SYSTEM^{시스템}: What's the flight number?^{항공편 번호가 어떻게 되십니까?}

CALLER^{호출자}: Sixteen fifty-five.^{1655.}

SYSTEM^{시스템}: Let me confirm that: Flight 6355 arriving on—
  ^{다음 사항을 확인해주십시오. 6355편 도착 항공편—}

CALLER^{호출자}: No! ⟨hang up⟩^{아니요! ⟨끊음⟩}

호출자를 실망시키고, 같은 실수를 통해 끝없는 루프를 무릅쓰며(호출자가 화가 나서 전화를 끊을 때까지), 시간을 낭비하는 것 외에, 이 실수는 시스템 페르소나의 이미지를 손상시킨다. 그것은 기본적인 지능과 기억력, 대화를 추적하는 능력이 부족한 것처럼 보인다.

실수를 반복하지 않으려면 확인되지 않은 항목은 건너뛰기 목록에 넣어야 한다. 뒤이어 일어나는 인식은 N-베스트 목록을 반환하도록 구성돼야 한다. N-베스트 목록의 첫 번째 항목이 건너뛰기 목록에 있는 경우 애플리케이션은 정보가 잘못됐다는 것을 이미 알고 있기 때문에 이 항목을 무시하거나 건너뛰어야 한다. 건너뛰기 목록에 없는 N-베스트 목록의 다음 항목은 가설이어야 한다.

13.3.2 거부 및 시간 초과로부터 복구

5장에서는 단계적인 디테일 및 빠른 리프롬프트를 포함한 기본적인 오류 복구 전략을 검토한다. 또한 고객 서비스 상담원으로 전송하기 전에 최대 오류 임곗값의 사용, 연속적인 재시도 횟수를 다룬다. 여기서는 각 다이얼로그 상태에 따라 오류 프롬프트의 디자인 자체에 대해 논한다.

오류 복구 프롬프트를 디자인할 때 문제는 사용자가 문제점의 근본 원인을 모른다는 것이다. 만약 인식기가 거부를 반환한다면, 많은 근본적인 이유가 있을 수 있다. 호출자가 문법을 벗어난 이유는 다른 문제의 결과일 수 있다.

오류 프롬프트를 디자인하는 가장 좋은 방법은 다이얼로그 상태의 맥락을 고려해 문제의 가장 큰 이유를 이해하는 것이다. 5장에서 재시도 횟수에 대해 설명한 한계를 고려할 때, 호출자가 포기하기 전에 문제를 해결할 수 있는 몇 번의 기회만 얻을 수 있다(일반적으로 3회 이하). 따라서 오류 복구 프롬프트는 가장 가능성이 높은 문제에 대해 성공적인 복구 기회를 최적화하도록 디자인돼야 한다. 애플리케이션이 파일럿 상태이고 실제 서비스 데이터가 분석에 사용 가능해지면, 호출자가 겪고 있는 문제에 대한 구체적인 데이터를 갖게 된다. 그리고 그 시점에서 일부 오류 메시지의 세분화를 결정할 수 있다.

다음은 실패한 오류 복구의 예다.

(4)

CALLER^{호출자}: Order status.^{주문 상태.}

SYSTEM^{시스템}: To better assist you in checking the status of your order, we need your order number. Please say your order number.
주문 상태를 확인을 위해, 당신의 주문 번호가 필요합니다. 주문 번호를 말씀해주세요.

CALLER^{호출자}: I don't know what it is. 〈reject〉^{주문 번호를 모르겠어요. 〈거부〉}

SYSTEM^{시스템}: I'm sorry, I didn't understand. Please say or key in your eight-digit order number. You can say, "Help" for more details.
죄송하지만 이해 못했어요. 8자리 주문 번호를 말하거나 입력해주세요. 자세한 내용은 "도움말"이라고 할 수 있습니다.

CALLER^{호출자}: Help.^{도움말.}

SYSTEM^{시스템}: Okay, here's some help. In order to assist you, we need your order number. Please speak naturally and say the eight digits of your order number. You can also enter them on your touchtone keypad.
네, 도움말입니다. 당신을 돕기 위해 당신의 주문 번호가 필요합니다. 자연스럽게 말하고 주문 번호의 8자리 숫자를 말씀해주세요. 터치톤 키패드에도 입력할 수 있습니다.

CALLER^{호출자}: 〈hang up〉^{〈끊음〉}

이 경우 호출자는 초기 프롬프트, 첫 번째 오류 복구 프롬프트 및 도움말 프롬프트를 듣는다. 호출자는 여러 가지 프롬프트를 통해 전환하면서 자신의 주문 번호를 말하는 방법에 대해 더 많은 지시를 받는다. 심지어 키를 입력할 수 있다는 것을 듣는다.

이 디자인 뒤에 숨은 하나의 암묵적 가정(허위로 판명된 가정)은 호출자가 자신의 주문 번호를 알고 있거나 송장을 가지고 있으며 주문 번호를 어디서 찾아야 하는지를 알고 있다는 것이다. 다른 가정(쉽게 틀렸을 수도 있음)은 호출자가 올바른 이유(예: 인식 오류나 호출자 혼동 때문이 아니라)로 인해 이 다이얼로그 상태에 도달했으며, 자신이 하고자 하는 일에 대해 결코 마음을 바꾸지 않았다는 것이다.

단계적인 오류 처리 전략을 가정할 때, 다음 다이얼로그 상태에 대한 다른 프롬프트 집합은 다음과 같다.

INITIAL PROMPT초기 프롬프트: Okay, order status. Please say your order number.

네, 주문 상태요. 주문 번호를 말씀해주세요.

REJECT 1거부 1: I'm sorry, I didn't understand. To check the status, I'll need your order num- ber. It appears in the upper left-hand corner of your invoice. Please say your eight-digit order number now. You can also say, "Help" for more information.

죄송하지만, 이해 못했어요. 상태를 확인하려면 주문 번호가 필요합니다. 주문 번호는 당신의 송장의 왼쪽 상단 모서리에 표시돼 있습니다. 지금 8자리 주문 번호를 말씀해주세요. 자세한 내용을 듣기 원하시면 "도움말"이라고 말씀해주세요.

REJECT 2거부 2: I'm sorry, I still didn't understand. If you know your order number, please key it in. Otherwise, say, "I don't know" and I'll connect you to someone who can help you.

죄송하지만, 아직도 이해를 못했어요. 주문 번호를 알고 있으면 키로 입력해주세요. 그렇지 않으면 "모른다"고 말하면 도와줄 수 있는 사람을 연결해 드리겠습니다.

REJECT 3거부 3: I'm sorry, I'm still having trouble. Please hold while I transfer you to a cus- tomer service representative who can help you.

죄송하지만, 아직 문제가 있습니다. 당신을 도와줄 수 있는 서비스 담당자에게 연결하는 동안 기다려주세요.

Help^{도움말}:

Okay, here's some help. I need your order number so I can check the status. If you know it, you can say it or key it in now. Otherwise, say, "I don't know," and I'll connect you to someone who can help you. At any time, you can go back to the beginning by saying, "Main menu"

네, 도움말입니다. 상태를 확인할 수 있도록 주문 번호가 필요합니다. 알고 있으면 지금 말하거나 키로 입력해주세요. 그렇지 않으면 "모른다"고 말하면 도와줄 수 있는 사람을 연결해 드리겠습니다. 언제든지 "메인 메뉴"라고 말해 처음부터 다시 돌아갈 수 있습니다.

이 접근 방식은 이전의 전략에서 다루지 않았던 여러 가지 가능한 문제들을 설명한다. 첫째, 호출자가 자신의 주문 번호를 모르는 경우를 처리하고 있다(이 문법에 "I don't know(모른다)", "I don't know what it is(무엇인지 모르겠다)", "I don't have it(가지고 있지 않다)" 등의 구절이 포함돼 있다고 가정한다). 둘째, 도움말 프롬프트는 호출자에게 보편적인 메인 메뉴에 대해 알려주기 때문에 호출자가 실수로 애플리케이션의 주문 상태에 도달했거나 생각이 바뀌었을 경우 회복할 수 있는 방법이 있다. 셋째, 이와 같은 작업의 경우 호출자가 송장을 손에 들고 있는 경우가 많다는 점을 감안해 주문 번호를 찾는 방법을 알려준다(요구 사항 정의 중 사용 프로필을 조사하면서 알게 됐다고 가정할 때).

한 상태에 둘 이상의 거부가 있을 때 호출자가 작업을 완료하도록 돕기 위해 앞의 예에서 주문 번호의 터치톤 입력을 허용하는 경우 대체 접근법(사용 가능한 경우)을 시도하는 것이 바람직하다. 다음의 예제는 비행 정보 시스템에서 또 다른 접근 방식을 보여준다.

(5)

SYSTEM^{시스템}: What's the flight number? 항공편 번호가 어떻게 되십니까?

CALLER^{호출자}: ···⟨reject⟩···⟨거부⟩

SYSTEM^{시스템}: What was that? 다시 한 번 말씀해주시겠습니까?

CALLER^{호출자}: ···⟨reject⟩···⟨거부⟩

SYSTEM^{시스템}: I still didn't get it. Let's try another approach. What's the origin city of the flight? 아직 이해하지 못했어요. 다른 방법을 시도해보세요. 비행편의 출발 도시는 어디십니까?

CALLER^{호출자}: Boston.^{보스턴이요.}

SYSTEM^{시스템}: And what's the destination?^{그리고 목적지는 어디십니까?}

CALLER^{호출자}: New York, Kennedy Airport.^{뉴욕, 케네디 공항.}

SYSTEM^{시스템}: Okay. And what time is it due?^{네, 몇 시에 도착하십니까?}

CALLER^{호출자}: Around noon.^{정오쯤.}

SYSTEM^{시스템}: Got it. American Airlines flight 135 will be arriving at JFK on time at 12:15 p.m. at gate 3.

알겠습니다. 아메리칸 항공 135편이 오후 12시 15분, JFK의 3번 게이트에 도착할 것입니다.

오류 복구 및 도움말 프롬프트를 작성할 때 다음 가이드라인을 적용할 수 있다. 이 가이드라인은 많은 애플리케이션의 배포 데이터에서 관찰된 오류 분석에 기초한다.

- 해당되는 경우 말할 수 있는 내용에 대해 좀 더 구체적인 세부 정보를 제공한다 (문법상에 있는 것).
- 항상 주 메뉴로 되돌아가기 등 다른 곳을 탐색할 수 있는 기능을 제공한다. 호출자는 인식 오류나 혼란 때문에 다이얼로그 상태에 있을 수도 있고, 어떻게 해야 할지 생각을 바꿀 수도 있다.
- 호출자에게 보편성에 대해 가르친다.
- 두 번째 오류가 발생한 다음 목표를 달성하기 위한 대안적 수단을 제시한다.
- 특정 정보(예: 계정 번호, ID 번호, 의료 그룹 번호)를 요청할 때 정보가 없는 호출자를 고려한다. 호출자가 편리하게 이용할 수 있는 정보(예: 송장, 의료 카드)가 있다면 찾는 방법을 알려준다.
- 적절한 경우 예제를 제공한다. 호출자는 예를 들어 종종 답을 모방하기 때문에 예제는 날짜와 같이 다양한 형식의 정보 유형과 호출자가 예기치 않은 추임새를 사용하는 경우 도움이 될 수 있다. 예를 들어 다음과 같은 경우다.

(6)

SYSTEM^{시스템}: What's the date of travel?^{여행 날짜가 어떻게 되십니까?}

CALLER^{호출자}: Um, I gotta get there by next Saturday. 〈reject〉

다음 주 **토요일까지** 거기에 도착해야 해. 〈거부〉

SYSTEM^{시스템}: I'm sorry, I didn't understand. Please say the date of travel—for example, "January eighth" or "April twenty-third.

죄송하지만, 이해하지 못했어요. 예를 들어 "1월 8일" 또는 "4월 23일"과 같이 여행 날짜를 말씀해주세요.

- 확인 프롬프트 후 거부가 있을 경우 호출자에게 "예" 또는 "아니요"라고 대답하도록 지시한다. 이따금 호출자가 확인 프롬프트에 부정적으로 응답할 때, 동일한 응답(예: "아니, 보스턴이 아니라 오스틴이요")으로 오류를 수정하려고 한다. 호출자가 부정과 수정을 문법에서 결합할 수 있는 매우 다양한 방법을 다루기 어렵기 때문에, 예/아니요 문법으로 제한한 다음 수정 과정을 거치게 하는 것이 가장 좋다.
- 사용성 데이터 또는 파일럿 데이터 상태에 대해 무응답 시간 초과가 많이 관찰되는 경우 초기 프롬프트에 대해 지연된 도움말 접근 방식을 고려한다(12장 참조).

13.4 결론

13.3절의 접근 방식을 사용하면 한두 가지 오류나 오해가 발생한 후에도 호출자와 시스템이 생산적인 다이얼로그를 다시 설정하도록 지원하는 전략을 디자인할 수 있다. 오류 복구보다 오류 방지 기능이 항상 더 낫다는 사실을 잊지 말아야 한다. 정확한 오류 복구 전략을 포함하는 정확성 향상 다이얼로그 디자인과 함께 고도로 정확한 인식 기술을 사용해 애초에 오류를 방지한다면 시스템을 구축하는 회사의 이미지는 향상될 것이다.

명확하고 일관된 다이얼로그와 성공적으로 제약된 인터페이스 디자인은 오류를 최소화해야 한다. 오류가 발생하면 작업을 계속 수행할 수 있으며 호출자는 지능적이고 효율적이며 사려 깊은 에이전트를 상대하는 느낌으로 인터렉션을 완료할 수 있다.

14

샘플 애플리케이션: 상세 디자인

이제 7장에서 소개한 렉싱턴 증권 애플리케이션의 상세 디자인을 시작할 준비가 됐다. 기본 디자인 결정을 검증하고 초기 사용자 피드백을 얻기 위해 시스템의 가장 중요한 부분을 초기 디자인하고 WOZ를 사용해 사용성 테스트를 수행하기로 한다. 호출자가 로그인하고 견적을 받고 거래할 수 있도록 디자인을 충분히 만들 계획이다. 초기 디자인이 검증되면 디자인의 나머지 부분을 세부적으로 살필 것이다.

14.1 호출 흐름 디자인

먼저 전체 시스템의 상위 통화 흐름을 생성하는 것으로 시작한다(그림 14-1 참조). 통화 흐름은 다이얼로그의 기본 구조를 보여준다. 시스템의 주요 구성 요소는 서브 다이얼로그로 요약된다. 호출자들은 먼저 환영 상태로 들어가고, 거기서 브랜드 이어콘을 듣고 환영 프롬프트가 나타난다. 그런 다음 로그인 서브 다이얼로그를 입력하며, 이 서브 다이얼로그들은 나중에 구체화한다.

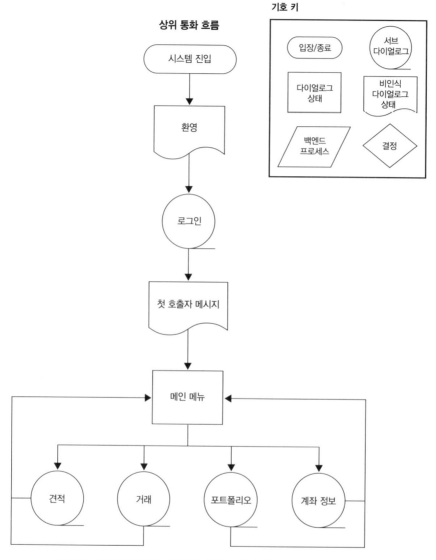

상위 통화 흐름

그림 14-1 렉싱턴 증권사의 상위 통화 흐름은 애플리케이션의 기본 구조를 보여준다.

시스템에 성공적으로 로그인한 후, 새로운 호출자는 고객에게 애플리케이션을 소개하는 최초 호출자 메시지를 듣게 될 것이다. 극도로 긴 최초 호출자 메시지를 사용하거나 튜토리얼을 제공하는 대신, 우리는 처음 호출자 메시지를 짧게 유지하고 사용자에게 점진적으로 시스템 기능을 가르치는 적시 지시문을 사용하기로 결정한다. 호출자에게 사용하지 않는 기능을 가르치고 기능을 처음 연습할 때 도움을 주기 위해 적시 지시문이 때때로 트리거된다.

로그인 후 첫 호출자 메시지에 이어 호출자가 메인 메뉴에 도달한다. 여기서 거의 모든 요청을 할 수 있는 유연성이 부여된다. 예를 들어 "시스코에 대한 견적을 주세요", "거래하고 싶어요", "애플 100주 매수", "시세에 애플 100주 매수" 등의 말을 할 수 있다. 그다음 각 작동 유형의 세부 사항을 메인 메뉴 다음의 서브 다이얼로그에서 처리한다.

WOZ 사용성 테스트를 준비하려면 로그인, 시세 및 거래 서브 다이얼로그의 디자인을 지정해야 한다. 궁극적으로 모든 서브 다이얼로그는 시스템의 모든 다이얼로그 상태를 나타내는 통화 흐름을 갖게 된다.

14.1.1 로그인 서브 다이얼로그

그림 14-2는 로그인 서브 다이얼로그에 대한 통화 흐름을 보여준다. 이 서브 다이얼로그에는 여러 가지 중요한 다이얼로그 전략이 사용된다. 첫째, 7장에서 논의된 접근법을 실행해 계좌 번호 인식의 정확성을 최적화한다. 계좌 번호 가져오기 상태에서 N-베스트인식을 하고, 이어지는 상태에서 N-베스트 목록에 있는 항목의 체크섬 숫자를 테스트해 유효한 계좌 번호인지 확인한다. 유효한 계좌 번호는 계좌 번호 데이터베이스를 조회해 실제로 사용 중인지 확인한다. 유효한 체크섬이 있고 데이터베이스에 존재하는 가장 높은 신뢰도의 계좌 번호(가장 먼저 N-베스트 리스트에 오른 계좌 번호)를 선택한다. N-베스트 목록에 유효한 항목이 없을 경우 다시 호출자에게 문의한다.

로그인 서브 다이얼로그에 표시된 또 다른 디자인 선택은 호출자가 자신의 계좌 번호를 모를 때 수행하는 작업이다. 관찰 연구를 통해 일부 호출자가 자신의 계좌 번호를 기억하지 못하고 계좌 명세서를 가지고 있지 않다는 것을 알게 됐다. 이 경우 중개인은 일부 개인정보(예: 이름, 주소, 어머니의 처녀 이름)를 요청함으로써 호출자의 계좌에 접근할 수 있다. 계좌 번호를 알 수 없는 경우 우리 시스템의 통화를 종료하는 대신, 호출자를 도울 수 있는 상담원에게 호출자를 전송하기로 결정한다. 더욱이 계좌 번호 가져오기 상태의 문법에 "모른다"와 같은 구절을 포함시키고, 거부나 도움 요청이 있을 때는 호출자에게 "모른다"라고 말할 수 있다고 말하고 도움을 받는다.

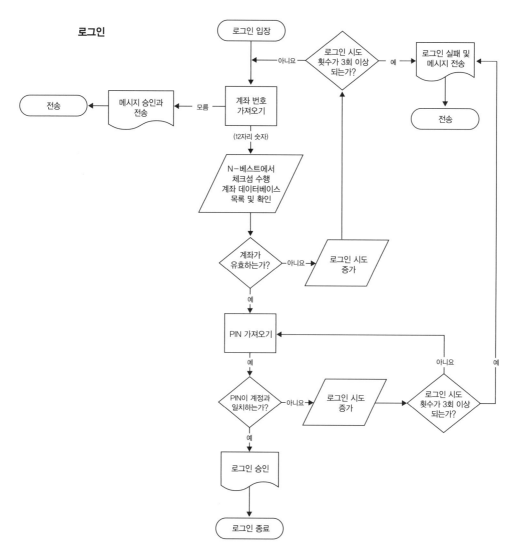

그림 14-2 로그인 서브 다이얼로그의 통화 흐름은 정확도를 최적화하고 로그인 문제를 처리하는 방법을 보여준다.

만약 호출자가 계좌 번호로 로그인하는 데 문제가 있다면, 호출자를 도울 수 있는 상담원에게 연결해 전화를 끊는 것을 피한다. 자동화 비율을 극대화하는 것과 문제 해결을 위해 계좌 번호 가져오기 상태에서 세 번째 실패 후 전송하는 것을 선택한다. 호출자를 실시간 상담원에게 연결할 때마다 먼저 어떤 상황이 발생하는지 명확히 하는 메시지를 재생한다(예: 그림 14-2의 로그인 실패 및 메시지 전송 및 메시지 승인 및 전송 상태 참조). 이는 CCIR-2(1999)에 보고된 결과와 일치하며, 호출자는 언제, 왜 이전되는지에 대해 강한 선호도를 나타냈다.

14.1.2 견적 서브 다이얼로그

견적 서브 다이얼로그 디자인에서는 모호한 회사 이름 처리와 사용자에게 관심 종목에 대한 정보를 제공하기 위한 적시 지시문 사용이라는 두 가지 대화 전략 문제가 발생한다.

많은 회사 이름이 모호하다. 예를 들어 Cisco(시스템회사)와 Sysco(식품회사)는 같은 방식으로 발음된다. 제네시스^{Genesys}라고 부를 수 있는 다섯 개의 다른 회사가 있다. 모호한 회사명으로 견적을 요청할 경우 시스템은 어떤 회사를 의도하는지 알아내야 한다.

여러 가지 가능한 전략들이 있다. 한 가지 접근 방법은 단순히 호출자에게 그 이름을 가진 많은 회사들이 있다고 말하고 회사 이름 전체를 사용하도록 요청하는 것이다. 이 접근 방식은 효율성의 이점이 있다. 또 다른 방법은 모든 회사의 전체 이름 목록을 제공하고 호출자에게 원하는 이름을 들을 때 이름을 반복하도록 요청하는 것이다. 이 접근 방식은 첫 번째 접근 방식에 비해 효율성은 떨어지지만, 호출자에게 전체 이름을 알려주고, 어떤 말을 해야 하는지에 대한 명확성을 더 높여주는 장점이 있다.

렉싱턴 애플리케이션의 경우 효율성을 극대화하지만 궁극적으로 필요한 경우 목록을 제공하는 하이브리드 접근 방식을 결정한다. 접근 방식은 세 가지 단계를 가지고 있다 (구체적인 프롬프트 문구는 14.2절에서 설명한다).

1. 2~3개의 회사가 있는 경우 전체 이름을 말하고 어느 것이 적절한지 물어본다 (예: "시스코 시스템(Cisco Systems)을 원하시나요, 아니면 시스템 식품(Sysco Foods)?").

2. 3개 이상의 회사가 있는 경우, 호출자에게 동일한 이름을 가진 여러 회사가 있으며 전체 이름을 말하도록 요청한다.

3. 3개 이상의 회사가 있는 경우, 호출자가 시스템의 전체 이름 요청에 대해 성공적인 응답을 하지 않는 경우(예: 〈거부〉 또는 도움 요청이 있는 경우), 회사의 전체 이름을 나열한다. 목록을 제시하기 전에 호출자에게 듣는 즉시 관심 회사의 이름을 반복하도록 요청한다. 이름을 듣자마자 호출자 끼어들기를 지원하는 것은 리콜 문제가 아니라 인식 문제가 되기 때문에 효과적이다. 호출자는 전체 목록을 듣고 리콜을 시도하지 않고 회사를 인식하자마자 응답하므로 인지 부하가 감소한다. 타이밍 문제가 발생할 수 있기 때문에, 호출자가 "그 회사"라고 말하기보다는 호출자에게 이름을 반복하게 하는 것이 더 효과적이다. 호출자가 "그 회사"라고 말할 때쯤, 시스템이 다음 회사를 나열하고 있을 수도 있다.

우리는 호출자들에게 관심 목록 기능을 가르치기 위해 적시 지시문을 이용하기로 결정했다. 관찰 연구와 터치톤 시스템의 사용 통계를 통해 호출자들이 종종 수많은 견적을 요구한다는 것을 알고 있기 때문에, 호출자가 관심 목록 기능이 유용하다는 것을 알게 될 것이라고 믿는다. 또한 관심 목록의 사용을 장려하고 싶다. 관심 목록은 시스템을 고객의 요구에 맞게 개인화하고 시스템을 더 끈끈하게 만들기 때문이다.

관심 목록의 지시를 너무 자주 트리거하지 않도록 주의해야 하며, 다음과 같은 기준을 설정했다.

- 사용자가 시스템에 처음 호출할 때 관심 목록 명령을 트리거하지 않는다. 최초의 호출자는 이미 배울 것이 많다.

- 사용자의 두 번째 호출에서 사용자가 아직 관심 목록을 설정하지 않은 경우 그리고 이 호출에 대해 적어도 두 개의 견적을 요청한 경우 관심 목록 지침을 트리거한다.

- 사용자의 네 번째 호출에서 사용자가 아직 관심 목록을 설정하지 않은 경우와 이 호출에 대해 적어도 두 개의 견적을 요청한 경우 관심 목록 지침을 트리거한다.

14.1.3 거래 서브 다이얼로그

메인 메뉴에 있는 동안 호출자가 거래를 지정하면 시스템은 거래 서브 다이얼로그로 전환된다. 거래 서브 다이얼로그에 대해 고려해야 할 두 가지 중요한 다이얼로그 전략 이슈가 있다. 즉, 사용자와 시스템 다이얼로그 간의 전환과 거래를 완료하기 전에 세심한 확인을 수행하는 것이다.

메인 메뉴에서 호출자는 거래에 대한 다양한 양의 세부 정보를 제공할 수 있다. 예를 들어 "인텔 매수", "인텔 100주 매수", "모든 인텔 지분 매도", "인텔 28에 매도", "거래를 하고 싶습니다", "매도", "당일 시세로 인텔 매수" 등의 유효한 요청이 있을 것이다. 정보가 누락된 경우처럼 요청이 불완전하면 시스템은 주도권을 갖고 호출자에게 누락된 정보를 물어봐야 한다.

요청을 완료하기 위해 한 번에 한 항목을 유도된 방식으로 질의하기로 결정했다. 예를 들어 호출자가 "인텔 매수"라고 하면 시스템이 먼저 "몇 주 매수하시겠습니까?"라고 물어본 뒤 "어느 가격에 사시겠습니까?"라고 묻게 된다. 예를 들어 "몇 주 매수하시겠습니까?"라고 물어본 후에도 복잡한 의견을 받아들이기로 한다. 문법은 "50주를 22.33에 매수"와 같은 대답을 받아들일 것이다. 이런 식으로 유도된 프롬프트 스타일로 전환했음에도, 호출자가 여러 가지 정보 항목이 있는 복잡한 문장을 사용할 수 있게 하는 멘탈 모델을 바꾸도록 강요하고 있지는 않다.

거래를 완료하기 전에 시스템은 호출자와 세부 사항을 주의 깊게 확인할 것이다. 속도를 조금 늦추고 "당일 시세로 인텔 200주 매수를 원하십니다. 맞습니까?" 호출자가 확인한 경우에만 거래를 진행할 것이다. 따라서 엄격한 예/아니요 문법을 사용한다. "예"

또는 "아니요"만 받아들이고 "그래, 맞아" "좋아요" 등과 같은 입력을 허용하지 않는 문법이다. 더욱이, "예"에 대한 잘못된 수락의 가능성을 줄이기 위해 거부 임곗값을 약간 높인다. 만약 되돌아가서 어떤 것을 수정해야 한다면 같은 실수를 두 번 저지르지 않도록 하기 위해 건너뛰기 목록을 사용한다.

모든 다이얼로그 상태를 설명하는 통화 흐름 도식을 생성하면서 견적 및 거래 서브 다이얼로그의 디자인을 완료한다.

14.2 프롬프트 디자인

상위 통화 흐름과 로그인, 견적 및 거래 서브 다이얼로그를 완료한 후 프롬프트 작업을 시작한다. 다양한 다이얼로그 경로를 포함하도록 샘플 다이얼로그를 지정해 이 작업을 수행한다.

다음은 환영 프롬프트와 로그인 서브 다이얼로그로 시작하는 초기 샘플 다이얼로그이다.

(1)

SYSTEM^{시스템}: ⟨audio brand⟩ Thanks for calling Lexington Brokerage. What's your account number?
⟨브랜드 오디오⟩ 렉싱턴 증권에 전화해주셔서 감사합니다. 귀하의 계좌 번호가 어떻게 되십니까?

CALLER^{호출자}: 837620868247.

SYSTEM^{시스템}: Okay. Now tell me your PIN. ⟨pause⟩ You can also enter it with touchtones. 네. 이제 PIN을 말씀해주세요. ⟨멈춤⟩ 터치톤으로 입력할 수도 있습니다.

CALLER^{호출자}: 1743.

SYSTEM^{시스템}: Great. 좋습니다.

처음 사용하는 호출자라고 가정하고 (2)에서 샘플 다이얼로그를 계속 진행한다.

(2)

SYSTEM시스템: With this system you can get quotes, place trades, access your account, and get information about your portfolio. If you ever feel lost or want more information, just say, "Help." So what can I do for you?
이 시스템으로 당신은 견적서를 받고, 거래를 하고, 당신의 계좌에 접속하고, 당신의 포트폴리오에 대한 정보를 얻을 수 있습니다. 만약 당신이 길을 잃었다고 느끼거나 더 많은 정보를 원한다면 "도움말"이라고 말하세요. 그러면 무엇을 도와드릴까요?

CALLER호출자: I wanna buy a hundred shares of Apple.애플의 100주를 매수하고 싶어요.

SYSTEM시스템: Okay, at what price?좋아요. 얼마에 매수하시겠습니까?

CALLER호출자: At the market.시세.

SYSTEM시스템: Confirming: You want to buy one hundred shares of Apple Computer, at the mar– ket.확인. 당일 시세로 애플 컴퓨터 주식 100주 매수. 맞습니까?

CALLER호출자: 네

SYSTEM시스템: Good for the day. Is that right?주문이 접수됐습니다. 채워지면 알려드리겠습니다.

...

예제 (2)는 시스템이 결과를 예상하기 힘든 프롬프트("So what can I do for you?(그러면 무엇을 도와드릴까요?)")에서 유도된 프롬프트("Okay, at what price?(좋아요, 얼마에 매수하시겠습니까?)")로 전환하는 것을 보여준다. 또한 이 다이얼로그는 거래 세부 사항을 배치하기 전에 세심히 확인한다.

견적 서브 다이얼로그에서 회사 이름 구분하는 접근 방식을 구체화하기 위해 여러 가지 샘플 다이얼로그를 통해 작업한다. 첫째, 두 회사가 같은 이름을 가진 경우를 다룬다.

(3)

CALLER호출자: Sysco.시스코.

SYSTEM시스템: Do you want Cisco Systems or Sysco Foods?
시스코 시스템을 원하십니까, 시스코 식품을 원하십니까?

CALLER호출자: Sysco Foods.시스코 식품.

다음으로, 같은 이름을 가진 5개 회사의 사례를 다룬다.

(4)

CALLER^{호출자}: Genesys.제네시스.

SYSTEM^{시스템}: There are five companies with that name. Please say the company's full name.같은 이름을 가진 다섯 회사가 있습니다. 회사의 전체 이름을 말씀해주세요.

CALLER^{호출자}: Um. I'm not sure what the full name is.음. 전체 이름이 무엇인지 모르겠어요.

SYSTEM^{시스템}: ⟨reject⟩ Sorry, I didn't understand. There are five companies with the name you requested. When you hear the one you want, please repeat the full company name. Genesys Bioventures. ⟨pause⟩ Genesys Microchip. ⟨pause⟩ Genes...

⟨거부⟩ 죄송합니다. 이해하지 못했습니다. 귀하가 요청한 이름을 가진 5개의 회사가 있습니다. 당신이 원하는 회사 이름을 들었을 때, 전체 회사 이름을 말씀해주세요. 제네시스 바이오벤처스. ⟨멈춤⟩ 제네시스 마이크로칩. ⟨멈춤⟩ 제네...

CALLER^{호출자}: Genesys Microchip.제네시스 마이크로칩.

거래 서브 다이얼로그를 위한 샘플 다이얼로그를 진행하면서, 맥락에 따라 일부 상태에서는 여러 가지 가능한 초기 프롬프트가 필요할 것이라는 것을 깨달았다. 예제 (5)에서 주식 수를 두 번 질문하는 상태를 입력한다. 두 번째 항목은 잘못 인식된 부분을 수정하는 것이다. 보다시피 두 번째로 입력할 때 프롬프트 문구와 운율이 다르다.

(5)

CALLER^{호출자}: Buy Intel.인텔 매수.

SYSTEM^{시스템}: How many shares?몇 주를 매수하시겠습니까?

CALLER^{호출자}: Two hundred fifty.250.

SYSTEM^{시스템}: And at what price?그리고 얼마에 매수하시겠습니까?

CALLER^{호출자}: At twenty-eight.28에.

SYSTEM^{시스템}: Confirming: You want to buy two hundred fifteen shares of Intel at twenty-eight. Is that right?확인하겠습니다. 인텔 215주를 28에 매수합니다. 맞습니까?

CALLER^{호출자}: No.아니요.

SYSTEM^{시스템}: Do you want to change the company, the number of shares, the price— 회사, 주식 수, 가격 중에 무엇을 변경하시겠습니까?

CALLER^{호출자}: The number of shares. 주식 수.

SYSTEM^{시스템}: Okay. How many shares do you want to buy?

알겠습니다. 몇 주를 매수하시겠습니까?

비슷한 방식으로 가능한 한 많은 경로에 대한 샘플 다이얼로그를 만든다. 일부 샘플 다이얼로그에서는 견적을 구한 다음 거래를 할 것이다. 다른 것들에서는 오류 처리의 일부를 구체화할 것이다.

샘플 다이얼로그가 모두 갖춰지면 동료와 함께 모여서 소리 내 읽어본다. 이러한 회화적 맥락에서 다이얼로그를 듣는 즉시 새로운 관점을 얻고 몇 가지 조정을 한다.

그런 다음 모든 프롬프트와 오류 처리를 포함해 상위 통화 흐름, 로그인, 견적 및 거래에 대한 다이얼로그 사양을 구체화한다. 각 상태마다 가장 가능성이 높은 문제의 원인과 효과적으로 디자인 오류 메시지를 복구하려고 노력한다. 예를 들어 계좌 번호 가져오기 상태에서 거부나 시간 초과가 발생하면 호출자에게 "모르겠다(I don't know)"라고 말할 수 있음을 상기시키고, 두 번째로 호출자가 계좌 번호를 입력하도록 제안한다. 이 부분의 디자인이 완료되면 WOZ 테스트할 준비가 돼 있다.

14.3 사용자 테스트

WOZ 테스트를 준비하기 위해 먼저 목표를 세우는 것으로 시작한다. 첫째, 앞에서 설명한 바와 같이 문제를 일찍 포착하기 위해 디자인의 주요 경로를 테스트한다. 또한 우리가 테스트하고자 하는 위험성이 높은 다이얼로그 전략 두 가지 즉, 회사 이름의 명확성과 사용자가 거래를 지정할 때 인식 오류 복구를 식별한다. 또한 페르소나 디자인에 대한 피드백도 받길 원한다.

디자인한 다이얼로그뿐만 아니라 테스트에 사용될 회사 이름 집합을 포함하는 일련의 예비 프롬프트를 기록한다. 성우 선택, 녹음, 후처리 프롬프트 파일 및 NVA 생성을 포함하는 오디오 제작은 프로젝트 개발 단계의 일부로 간주되지만 때로는 초기에 시작한다.

성우를 일찍 선택하면 페르소나 디자인에 대한 피드백을 일찍 얻을 수 있다. 렉싱턴 프로젝트의 경우 녹음 과정을 일찍 시작하는 것이 중요하다. 약 1만 5천 개의 회사 이름, 뮤추얼 펀드, 인덱스(나스닥, 뉴욕 거래소, 아메리칸 거래소)를 다룰 오디오 파일이 필요하기 때문이다. 다른 프롬프트에 대한 최종 문구가 결정되기 전에 회사 이름 기록을 일찍 시작할 수 있다. 이 프로젝트를 위해 이미 성우를 선택했기 때문에 음성으로 WOZ 녹음을 만들 수 있다(성우 선택에 관한 자세한 내용은 18장에서 다룬다).

디자이너는 통화 흐름을 제어하고 재생할 프롬프트를 신속하게 선택할 수 있는 도구를 사용해 마법사 기능을 한다. 또한 로그인, 주식 시세와 거래 체결 등 참가자들이 수행할 수 있는 여러 가지 작업 시나리오를 디자인한다. 견적 서브 다이얼로그의 테스트에 모호한 이름을 가진 몇몇 회사들을 반드시 포함시키도록 한다. 또한 거래 서브 다이얼로그에서 확인 및 수정 접근법을 테스트하기 위해 의도적으로 일부 "인식 오류"를 도입한다.

각 참가자가 시스템과 대화한 후 완료할 수 있는 설문지를 작성한다. 이 방법으로 참가자 전체로부터 주관적 선호도를 일관되게 측정하고 향후 사용성 테스트의 기준으로 사용할 수 있는 평균 점수를 얻을 수 있다. 설문 조사에는 렉싱턴이 터치톤 시스템을 평가하는 데 사용한 표준 설문지에 관련된 모든 질문을 포함한다. 그림 14-3은 설문 조사에 포함된 몇 가지 질문을 보여준다.

사용 편의성과 효율성, 유연성에 관한 질문은 요구 사항 단계에서 선택한 중요한 측정 항목이기 때문에 포함된다. 호출자가 실제 음성 시스템과 인터랙션한 후의 사용성 테스트까지 정확성에 대한 질문을 생략한다. 이 테스트에서 의도적으로 인식 오류를 도입하고 있다는 점을 고려할 때, 호출자의 정확성 인식 측정은 무의미하다.

1. 전반적으로 이 시스템은 사용하기 쉬웠다.

매우 반대	반대	약간 반대	반대도 동의도 아님	약간 동의	동의	매우 동의
1	2	3	4	5	6	7
☐	☐	☐	☐	☐	☐	☐

2. 시스템은 빠르고 효율적이었다.

매우 반대	반대	약간 반대	반대도 동의도 아님	약간 동의	동의	매우 동의
1	2	3	4	5	6	7
☐	☐	☐	☐	☐	☐	☐

3. 시스템은 내가 예상했던 성능을 가지고 있었다.

매우 반대	반대	약간 반대	반대도 동의도 아님	약간 동의	동의	매우 동의
1	2	3	4	5	6	7
☐	☐	☐	☐	☐	☐	☐

4. 시스템을 개선하기 위해 할 수 있는 두 가지 제안은 무엇인가?

a. _____

b. _____

5. 시스템에서 좋아했던 점 두 가지는 무엇인가?

a. _____

b. _____

그림 14-3 초기 사용자 테스트에서는 이와 같은 설문지를 사용할 수 있다.

그림 14-3에 나온 질문 외에 페르소나에 대한 몇 가지 질문을 포함한다. 두 가지는 "목소리의 좋은 점과 싫은 점"과 "목소리가 사람인 것처럼 음성이 전달하는 특성을 설명하

십시오"는 제약을 두지 않는다. 또 다른 몇 가지는 리커트 척도로, "매우 반대"에서 "매우 동의"로 평가된다. "목소리 뒤에 있는 캐릭터는 박식해 보였다", "활기차게 보였다" 등 말이다.

다음으로 렉싱턴과 협력해 테스트에 참여할 의사가 있는 고객을 확보하고 전화로 테스트를 실행할 것이다. 우리는 참가자에게 전화를 걸어, 12명의 참가자를 확인한다.

사용성 엔지니어가 프로젝트를 직접 수행하지 않았고 객관적인 평가자로 남아 있기 때문에 연구를 실행할 것을 요청한다. 우리는 모든 일정을 잡고, 테스트 첫날 전에 WOZ 시스템이 제대로 작동하는지 확인하고 위저드가 호출자의 말에 응답하는 연습을 하기 위해 내부적으로 몇 명의 사람과 몇 가지 파일럿 테스트를 실시한다.

이틀 동안 모든 테스트 참가자들을 운영하며 프롬프트 표현과 오류 메시지를 개선하는 데 도움이 되는 많은 것들을 배웠다. 참가자는 할당된 대부분의 과제를 완료하고, 시스템이 사용하기 쉽다는 것을 알게 된다. 참가자들은 그 페르소나에 대해 긍정적으로 반응한다.

그러나 질문 2의 주관적 평가("시스템이 빠르고 효율적이었다")는 것은 우리가 기대했던 것보다 낮으며, 평균 점수는 4점(중립)이다. 데이터를 검토한 결과 대부분의 주제가 혼합 주도형 다이얼로그 전략을 이용하지 않는다고 결론짓는다. 거래를 할 때 대부분의 참가자는 메인 메뉴에서 "거래하기"와 같은 말을 한 다음, 단계를 안내까지 시스템에 의존한다.

다이얼로그를 검토하면서 시스템의 고급 기능에 관해 사용자에게 적절하게 알리지 못했다는 것이 명백해졌다. 메인 메뉴 상태에서 직접 거래하거나 견적을 얻도록 권장하는 설명이나 예가 없다. 마찬가지로 사용자는 거래의 모든 매개변수를 한 문장으로 설명할 수 있다는 것을 보여주지 못했다.

애플리케이션 시작 부분에 정교한 지침을 추가하는 대신, 호출자에게 점진적으로 고급 기능에 대해 알리는 추가 지침을 사용하기로 결정한다. 호출자가 단계별로 거래를 완료한 직후, "그런데 앞으로는 당신의 거래를 한 문장으로 말함으로써 시간을 절약할 수 있습니다. 예를 들어 '시스코 100주를 18달러에 매수' 또는 '애플의 모든 주식을 시세에 매도'라고 말할 수 있습니다"라는 메시지를 재생한다. 후속 사용성 테스트를 실행해 적시적 사용성 접근법이 효과가 있었는지 검증한다.

후속 사용성 테스트는 WOZ 접근 방식을 사용하며 전화를 통해 이뤄진다. 후속 사용성 테스트 전에 포트폴리오 및 계정 정보 서브 다이얼로그의 디자인을 완료한다. 우리는 참가자 한 명당 세 개의 과제를 만든다. 이 세 과제에는 모두 거래 절차가 포함될 것이다. 참가자들이 단계별로 거래를 마치면 적시적 지시를 듣게 될 것이다. 과제 중 하나는 견적서, 두 번째는 포트폴리오 정보 접근, 세 번째는 계정 정보일 것이다. 첫 번째 사용성 테스트와 동일한 설문지를 사용한다.

렉싱턴의 도움으로 10명의 참가자들을 선발했다. 2일 동안 모든 테스트를 실시하고 데이터를 분석한 결과는 긍정적이다. 적시적 교수법이 효과가 있는 것 같다. 첫 번째 과제에서 대부분의 참가자들은 거래를 단계적으로 배치하고 적시적 지시를 듣는다. 두 번째 과제로는 10개 중 7개가 좀 더 복잡하고 효율적인 접근 방식(예: "인텔 주식 50주 매입" "시세에 인텔 주식 50주를 사고 싶다" 등)을 사용하고 있으며, 세 번째 과제에서는 전체 작업을 수행한다. 질문 2의 평균 점수(효율성)는 4에서 6.2로 올랐다.

사용성 테스트 후 학습한 내용을 바탕으로 몇 가지 사소한 변경을 하고, 시스템 디자인을 완료한다. 우리의 궁극적인 디자인은 통화 흐름 정의, 프롬프트 생성, 최종 사용자에게 디자인을 테스트하는 과정에서 우리가 지금까지 해온 작업을 통해 알 수 있다.

14.4 결론

디자인 작업은 이제 완성됐다. 디자인은 비즈니스 우선순위 및 사용자 요구 사항에 대한 이해를 바탕으로 이뤄졌다. 우리의 프롬프트는 샘플 다이얼로그와 명확한 페르소나 정의를 바탕으로 매끄럽고 명확하게 의사소통할 수 있도록 만들어졌다.

이제 구현에 초점을 맞출 준비가 됐다. 3장에서 다룬 것처럼 프로젝트 단계가 어느 정도 겹치는 경우가 많다. 이 프로젝트에서 오디오 제작과 백엔드 통합을 일찍 시작했지만, 디자인은 여전히 진행 중이었다.

다음 4부에서는 개발, 테스트, 튜닝을 다룬다. VUI 디자이너가 주로 담당해야 하는 작업에 중점을 두고 전체 프로세스를 설명한다.

4부

구현 단계: 개발, 테스트, 튜닝

15

개발, 테스트, 튜닝 방법론

4부에서는 프로젝트의 실현 단계를 다룬다. 디자인을 운용하고 배치하며 고성능 시스템으로 전환하는 데 필요한 모든 것이다. 실현 단계에는 개발(소프트웨어, 백엔드 통합, 문법, 오디오 녹음), 파일럿과 배포를 위한 출시 전 모든 구성 요소의 테스트, 파일럿과 조기 배포 시 시스템의 성능 튜닝이 포함된다.

각 단계에 대해 전체 책을 할애할 수 있지만 이 부분에서 우리의 목표는 두 가지다.

- 디자이너가 주로 담당해야 하는 작업 단계를 자세히 다룬다(예: 음성 코칭 및 문법 개발).
- 디자이너가 시스템을 배치하는 전체 과정을 이해하고 프로젝트의 다른 모든 역할과 어떻게 관련되는지 이해할 수 있도록 모든 단계를 자세히 다룬다.

15.1 개발

개발 단계에는 애플리케이션 소프트웨어의 생성, 인식기가 사용할 문법 개발, 프롬프트 및 애플리케이션의 일부인 비언어 오디오 제작이 포함된다.

15.1.1 애플리케이션 개발

애플리케이션 소프트웨어 개발에는 백엔드 데이터베이스 및 기타 소프트웨어 시스템과의 통합뿐만 아니라 다이얼로그의 코딩도 포함된다.

다이얼로그를 구현하는 애플리케이션 로직은 여러 언어로 작성될 수 있다. 때때로 C, C++ 또는 Java와 같은 표준 프로그래밍 언어로 작성된다. 일반적으로 전화 네트워크를 통해 터치톤과 음성 애플리케이션을 실행하도록 디자인된 IVR(인터렉티브 음성 응답) 플랫폼과 관련된 독점 언어로 코드화된다. 많은 IVR 플랫폼은 개발자가 애플리케이션을 구현하기 위해 사용해야 하는 고유한 도구와 언어를 가지고 있다.

음성 인터페이스 구축을 위한 마크업 언어인 VoiceXML로 다이얼로그를 코드화하는 것은 머지않은 미래에 지배적인 구현 접근법이 될 가능성이 있다. VoiceXML은 웹사이트를 만드는 데 자주 사용되는 마크업 언어인 HTML과 비슷한 개념이다.

VoiceXML에 관심을 갖는 이유 중 하나는 월드 와이드 웹 컨소시엄(W3C)에서 널리 사용하는 표준이 되고 있기 때문이다. 또한 메뉴(호출자에게 선택 사항 표시)와 양식(호출자의 정보를 수집하는 데 사용되며 단일 정보로 여러 정보를 처리)과 같은 기본 요소를 갖춘 음성 중심 언어다. VoiceXML은 XML 기반의 언어로, 많은 프로그래머들에게 이미 친숙한 웹 개발 패러다임을 활용한다. VoiceXML에는 라슨[Larson](2003), 샤르마와 쿠닌스[Sharma and Kunins](2002), 애보트[Abbott](2002) 등 수많은 훌륭한 참고 자료가 있다.

다이얼로그 코드 외에도 애플리케이션 개발은 백엔드 데이터베이스, 컴퓨터 통신 통합[CTI] 소프트웨어 및 웹 서비스와 같은 다른 소프트웨어 시스템과 애플리케이션을 통합하는 일을 포함한다. 음성 시스템이 터치톤 시스템을 대체하는 경우처럼 통합 코드가 이미 존재할 수 있다. 대부분의 IVR 플랫폼은 데이터베이스 및 CTI 시스템과의 통합을 지원한다.

15.1.2 문법 개발

사용 가능한 시스템 개발에 있어 호출자가 시스템에 대해 말할 가능성이 높은 효과적인 문법의 개발이 중요하다. 문법 개발은 종종 VUI 디자이너의 작업이지만 다른 누군가가 문법을 개발하더라도 문법과 프롬프트 문구, 선택된 다이얼로그 전략 사이에는 밀접한 관계가 있다. 16장에서는 문법의 개발과 튜닝을 자세히 다룬다.

15.1.3 오디오 제작

오디오 제작은 성우가 모든 프롬프트를 녹음하는 작업을 말한다. 디자이너는 녹음 세션에서 성우와 함께 페르소나를 만든다. 또한 녹음 코치는 모든 프롬프트가 맥락에서 어떻게 기능하는지를 성우가 이해하는지 확인해야 한다. 연결해야 할 프롬프트에는 적절한 연결음을 녹음해 연결을 끊김 없이 처리할 수 있어야 한다. 17장에서는 성우와 녹음 세션을 준비하고 코칭하는 방법을 자세히 다룬다.

애플리케이션이 비언어 오디오를 사용하는 경우 최종 녹음을 준비하고 처리해야 한다. 최종 녹음은 전화로 테스트해야 한다.

15.2 테스트

애플리케이션의 개별 구성 요소(예: 다이얼로그 코드, 통합 코드)는 개발 후 유닛 테스트(별도로 테스트)된다. 이 절에서 다루는 테스트에는 완전히 통합된 시스템을 포함한다. 적용 테스트, 인식 테스트 및 평가용 사용성 테스트를 포함해 파일럿 또는 배치를 위해 시스템을 릴리스하기 전에 수행해야 하는 많은 테스트가 있다. 이 모든 테스트는 완전한 작동 시스템으로 수행된다.

15.2.1 애플리케이션 테스트

애플리케이션은 지정된 대로 다이얼로그 디자인을 정확히 충족하는지, 중요한 버그가 없는지, 예상 통화량을 충족하도록 적절히 순회됐는지 확인하기 위해 테스트해야 한다. 이 단계에서는 다이얼로그 순회 테스트, 시스템 QA 테스트와 부하 테스트가 포함된다.

다이얼로그 순회 테스트

다이얼로그 순회 테스트의 목적은 시스템이 다이얼로그 스펙을 완벽하고 상세하게 구현하는지 확인하는 것이다. 라이브 시스템을 사용해 전화로 테스트를 수행하고 다이얼로그를 철저히 순회하는 테스트 스크립트를 실행한다. 각 단계에서 올바른 조치를 취하고 올바른 프롬프트를 실행해야 한다.

테스트 도중 모든 다이얼로그 상태를 거쳐야 하며, 각 다이얼로그 상태 내에서 모든 보편적인 오류 조건을 테스트해야 한다. 그 예로 인식 거부에 대한 반응으로 동작을 테스트하기 위해 문법에 벗어나는 발화도 시도해야 한다. 말을 하지 않는 동안의 시간 초과를 테스트하기 위해 침묵을 시도해야 한다. 적절한 동작을 보장하기 위해 다이얼로그 상태 내에 연속적인 오류를 여러 개 부과해야 한다. 디자인에서 전반적인 동작을 오류 수와 연관시키는 경우, 예를 들어 전화 한 통에서 일정 오류 수를 초과하게 되면 호출자를 자동으로 교환원에게 전송과 같이 해당 동작도 수행해야 한다.

입력 프롬프트가 여러 개 있는 다이얼로그 상태는 가능한 한 각 진입 지점에서 테스트해야 한다. 어떤 상태에 대체 프롬프트가 있는 경우 호출자가 확인하지 않은 후 진입한다면 테스트 스크립트는 확인 해제를 다루는 경로를 포함해야 한다. 시스템이 올바른 다음 다이얼로그 상태로 전환되는지 확인하기 위해 다이얼로그 상태에서 모든 전환을 테스트해야 한다. 다이얼로그를 이동하는 동안 시스템 동작의 정확성을 기록하는 것 외에, 실험자는 왜곡되거나 다른 오디오 문제가 있는 프롬프트(또는 기타 오디오) 녹음 내용을 기록해야 한다.

336

시스템 품질 보증 테스트

시스템 품질 보증 테스트는 대형 소프트웨어 시스템의 다른 통합 테스트와 유사하다. 모든 통합, 조건 및 실패 모드를 수행하는 테스트 세트가 실행된다.

부하 테스트

부하 테스트의 목적은 시스템이 가장 바쁜 사용 시간 동안 예상되는 최대 부하를 효율적으로 처리할 수 있는지 확인하는 것이다. 일반적으로 소프트웨어가 콜 센터 또는 서비스 제공업체의 최종 시스템에 설치된 다음에 실행된다. 수많은 사람들이 동시에 시스템에 호출하도록 함으로써 부하 테스트를 실행할 수 있다. 좀 더 전형적으로 시스템에 여러 개의 호출을 배치해 부하를 시뮬레이션하는 소프트웨어 시스템을 사용한다.

15.2.2 인식 테스트

일반적으로 인식 정확도에 대한 신뢰성 있는 테스트와 인식 매개변수의 조정은 사용 중인 시스템에서 수집된 상당한 양의 데이터를 통해서만 수행할 수 있다. 사전 파일럿 인식 테스트의 목적은 인식 정확도가 각 다이얼로그 상태의 인식 문제의 복잡성을 고려할 때 예상할 수 있는 수준이며 인식 매개변수의 초깃값이 타당한지 확인하는 것이다.

파일럿과 조기 배치 중에 인식 매개변수와 정확도를 미세 조정할 수 있다. 그러나 인식 테스트는 파일럿 호출자가 불필요하게 낮은 성능에 노출되지 않도록 보장한다. 또한 설치 시, 더욱 조정이 필요한 초기 파일럿 고정 버그와 잘못 선택된 매개변수를 놓치지 않는 것이 중요하다. 또한 인식 테스트는 평가 사용성 테스트 결과가 잘못된 인식으로 손상되지 않도록 보장한다(다음 절 참조).

인식 테스트는 비교적 적은 수의 호출자(10~20명)를 기반으로 한다. 문법이 철저하게 실행되도록 각 호출자에게 스크립트를 제공한다.

선행 파일럿 인식 테스트 가치의 예로써 때때로 엔드포인팅 매개변수와 관련된 문제가 표면화된다. 엔드포인팅 매개변수 중 하나는 음성이 감지된 후 인식기가 호출자 음성이 종료됐음을 결정하기 전에 침묵을 듣는 시간을 제어한다. 때때로 그 매개변수는 특정 다이얼로그 상태에 비해 너무 짧다. 특히 특정 유형의 호출자 음성에는 자연스러운 침묵 지점이 있어 발화 중간에 평소보다 긴 침묵 시간을 가질 수 있다. 예를 들어 북미 전화번호는 보통 3자리 지역번호 뒤에 멈추고, 3자리 교환 후 또 한 번 멈춘다.

15.2.3 평가용 사용성 테스트

평가용 사용성 테스트는 시스템이 파일럿 테스트를 위해 출시되기 전에 수행한다. 일반적인 접근 방식은 평가용 사용성 테스트가 전체 작업 시스템으로 실행된다는 점을 제외하고 8장, '상세 디자인 방법론'에서의 반복적 사용성 테스트에 대해 설명한 것과 동일하다.

이 접근 방식은 시스템의 속도감과 관련된 문제를 탐지할 수 있게 해준다. 예를 들어 호출자의 좌절이나 혼란을 유발하는 지연이나 대기 시간이 있는지 알아낼 수 있다. 이때 요구 사항 정의 중에 지정된 적절한 성공 기준(사용성 데이터에 대해 측정할 수 있는 기준)을 평가한다. 시스템이 파일럿을 위한 준비가 돼 있는지 여부를 확인하는 데 도움이 될 것이다.

15.3 튜닝

테스트가 완료되면 대상 사용자 모집단을 위해 시스템을 배포할 수 있으며, 일반적으로 두 단계로 이뤄진다. 1단계를 파일럿 단계라고 하며, 실제 호출자 모집단의 한정된 사용자 수(수백 명에서 수천 명)에게 시스템이 배포된다. 데이터는 수집되고 시스템은 이러한 데이터를 사용해 조정된다. 종종 파일럿 단계에서 데이터 수집 및 튜닝이 세 번 반복될 수 있다. 파일럿 단계가 완료되면 시스템이 전체 사용자 기반으로 첫 공개된다. 전체 첫 공개 후 수집된 데이터로 튜닝을 계속할 수 있다.

파일럿은 실제 서비스 중 작업을 수행하는 호출자의 데이터를 사용해 시스템을 평가할 수 있는 첫 번째 기회다. 그러한 데이터는 인식 성능과 문법 적용 범위에 필수적이다. 실제 과제 지향적인 사용자로부터 데이터를 수집하고 문제가 되는 작업을 수행할 때까지 사람들이 시스템과 대화하는 다양한 방법을 평가할 방법이 없다.

반면 사용성 연구에는 중요한 장점이 있다. 특히 참가자들에게 자신의 경험과 문제에 대한 이유에 대해 이야기할 수 있는 능력은 관찰된 문제의 근본 원인을 파악하는 데 도움이 될 것이다. 서비스 중인 데이터를 평가할 때 데이터의 진위 여부의 장점에도 문제가 발생했을 때 호출자의 마음속에서 무슨 일이 일어나고 있었는지 추측할 수 있을 뿐이다. 그 결과, 여기에 기술된 사용성 연구(디자인 중 혹은 파일럿 직전)와 서비스 내 데이터의 분석을 조합하는 것이 좋다.

튜닝 프로세스를 지원하기 위해 파일럿 시스템에 대한 모든 호출과 모든 호출자의 모든 입력 발화로부터 데이터를 수집하고 기록된다. 호출자가 말하는 실제 단어 문자열은 기록된다. 그런 다음 이러한 녹취록을 사용해 인식 정확도를 측정하고 문법을 조정할 수 있다. 전체 배포 후 튜닝 기간처럼 이후 단계에서는 조정을 위해 통화 데이터의 부분 집합을 샘플링하기로 결정할 수 있다.

시스템은 다이얼로그, 인식, 문법의 세 가지 측면은 조정된다. 관찰된 문제를 분석해 근본 원인을 파악해야 한다. 예를 들어 특정 다이얼로그 상태의 높은 문법 외 비율이 관찰되는 경우 그 원인은 문법에 있는 항목이 누락된 것일 수도 있고, 또는 호출자를 잘못된 상태로 이끄는 잘못된 다이얼로그 전략 또는 혼동을 야기하는 단어의 프롬프트일 수도 있다. 잘못된 인식은 사전에서 누락된 발음, 잘못 조정된 엔드포인팅 매개변수 또는 다양한 다른 문제 때문에 발생할 수 있다.

15장에서는 다이얼로그 튜닝과 인식 튜닝을 다루며, 16장에서는 문법 튜닝을 다룬다.

15.3.1 다이얼로그 튜닝

다이얼로그 튜닝에는 호출 모니터링, 호출 로그 분석, 사용자 경험 연구 등 세 가지 주요 접근 방식이 있다. 각각의 접근법을 살펴보자.

호출 모니터링

시스템의 성능을 이해하는 데 있어 필수적인 단계는 호출을 모니터링하는 것이다. 무작위로 선정된 100건의 전화를 청취하는 것은 매우 유익할 수 있다. 사용 가능한 플랫폼과 툴에 따라 다양한 방법이 있다.

어떤 경우에는 전화가 걸려오는 동안 직접적으로 청취할 수 있는 경우도 있다. 혹은 전체 통화 녹음, 즉 나중에 재생할 수 있는 통화 양쪽의 디지털 녹음(시스템 프롬프트 및 호출자 발화)을 할 수 있다. 이 두 가지 방법 중 어느 것도 사용할 수 없는 경우 소프트웨어를 사용해 적절한 시스템 프롬프트가 산재된 통화에서 수집된 모든 음성을 재생해 통화를 재생성할 수 있다.

모니터링이나 전체 통화 기록의 장점은 대화의 양쪽을 연속적으로 들을 수 있는 능력을 감안할 때 불쑥 끼어드는 입력이나 엔드포인팅을 통해 더 쉽게 문제를 진단할 수 있다는 것이다. 그러나 재생성된 호출로부터 많은 다이얼로그 문제를 식별할 수도 있다. 뉘앙스 초기에는 저자 중 한 명인 마이클 코헨은 배치된 시스템의 통화 녹음을 들으며 모든 통근 시간을 보냈다. 실리콘밸리의 교통 체증 덕분에 과제 수행이 가능했다.

통화나 녹음이 재현된 것을 들을 때, 다양한 기준에 근거해 검토할 호출을 선택할 수 있다. 이미 말했듯이 시스템이 어떻게 돌아가는지 이해하기 위해 무작위로 선택된 호출을 듣는 것으로 시작해야 한다. 그런 다음 문제가 많은 호출, 특정 영역에 문제가 있는 호출 또는 특정 기능을 행사한 호출을 선택할 수 있다. 단순히 "가장 문제가 많은 100건의 호출"을 선택하지 않도록 조심해야 한다. 아기들이 비명을 지르고 개들이 뒤에서 짖어대는 상황의 전화를 받을 것이기 때문이다.

앞에서 서비스 중인 데이터와 사용성 데이터 간의 상충 관계를 다뤘다. 즉 실제 사용의 대표적인 특성과 문제의 원인을 파악할 수 있는 대상을 조사할 수 있는 능력에 대해 논의했다. 양쪽의 장점을 결합한 호출 모니터링 접근법이 있다. 사용자가 애플리케이션에 호출 직후의 콜백으로 구성돼 있다. 콜백 기법을 이용하면 서비스 중인 데이터의 현실성과 호출자를 인터뷰할 수 있는 기능을 결합할 수 있다. 이 접근 방식은 특히 당신이 이해하려고 하는 특정한 문제를 경험하는 호출자에게 초점을 맞출 수 있다면 매우 가치 있는 것일 수 있다.

호출 로그 분석

대부분의 플랫폼은 시스템에 대한 각 호출의 성능에 대한 데이터 기록인 호출 로그의 수집을 허용한다. 다이얼로그 문제 영역을 식별하는 데 유용한 호출 로그에서 여러 가지 성능 측정을 수행할 수 있다.

작업 완료 분석은 호출자가 수행하려고 시도하는 모든 작업을 살펴보고, 작업을 성공적으로 완료한 빈도를 측정하고 미완료한 경우 실패 원인을 확인하는 식으로 진행한다. 미완료 비율이 높은 작업은 더욱 상세한 분석을 위한 지원 대상이다.

이탈자 분석은 중단 또는 실시간 상담원에게 하는 연결 요청에 의해 다이얼로그 호출 종료 지점을 확인하는 식이다. 일반적으로 호출을 종료하기 위한 적절한 지점과 관련이 없이 높은 이탈률을 가진 상태는 추가 분석을 위한 후보가 된다.

핫스팟 분석은 높은 비율의 문제로 다이얼로그를 식별한다. "문제"는 여러 가지 방법으로 정의될 수 있다. 예를 들어 인식기가 인식 결과(예: 거부 또는 시간 초과)와 도움 요청 이외의 것을 반환한 모든 경우로 정의할 수 있다.

일단 문제 영역이 확인되면 근본 원인을 찾아야 한다. 여러 호출에 대해 해당 다이얼로그 상태에서만 대화를 들으면 문제를 밝힐 수 있다. 아울러 문제가 있는 상태 이전에 몇 가지 상호간의 변화를 듣기 시작하는 것이 유용할 수 있다. 호출자가 해당 상태에 있을 때 말한 내용에 관한 긴 목록을 볼 수 있다.

잘못된 인식과 문법에 벗어난 비율을 살펴보는 것도 유용하다. 만약 문법에 벗어난 비율이 높다면, 그것이 문법에 포함되지 않은 발언의 도메인 내(문법에서 다루지 않은 합리적인 답변)에 의해 좌우되고 있는지 아니면 도메인 외(부적절한 답변)의 경우에 의해 좌우되는지 확인해야 한다. 도메인 외의 문법에 벗어난 높은 비율은 혼란스러운 프롬프트나 다이얼로그 전략을 나타낼 수 있으며, 반면에 도메인 내 문법에서 벗어난 비율은 특정 항목이 문법에서 누락되었다는 강력한 지표일 수 있다.

파일럿 데이터를 사용해 오류 복구 접근 방식을 조정할 수 있다. 최소한의 거부 또는 시간 초과가 있는 모든 상태를 검토해야 한다. 문제가 많은 호출은 관련 다이얼로그 상태를 듣거나 맥락을 위해 몇 가지 상태를 먼저 시작한다. 종종 해당 상태에서 문제의 주요 원인이 분명해지며, 오류 복구 메시지 또는 상태의 주요 프롬프트를 적절히 조정할 수 있다.

사용자 경험 연구

사용자 경험 연구는 시스템 성능에 대한 정성적 입력을 얻는 데 중점을 둔다. 일반적인 접근 방식은 파일럿 기간 동안 시스템을 사용한 호출자에게 설문지를 보내는 것이다. 많은 프로젝트에서 애플리케이션이 끝날 때 전화 조사를 실시했다. 호출자가 과제를 완료하면 간단한 설문 조사에 참여할 의향이 있는지 묻는 메시지가 나타난다. 설문 조사는 자동화돼 있다. 호출자는 음성 시스템을 사용해 답을 이해하고 표로 만든 유도된 다이얼로그에서 몇 가지 질문을 제기한 후 나중에 녹음을 위해 녹음된 개방형 피드백을 요청했다. 일반적으로 전화를 통한 인터뷰는 호출자가 시스템에 대해 갖는 경험에 대한 질적인 정보를 얻기 위해 사용될 수 있다.

종방향 연구는 많은 반복 호출자를 기대하는 시스템에 대해 수행되기도 한다. 이러한 연구는 시간 경과에 따른 개별 사용자의 사용 경험을 추적하기 위해 고안됐다. 종방향 연구는 참여 사용자에 대해 시간 경과에 따라 추적된 사용량과 성능 데이터와 관련된 정기 조사 또는 인터뷰를 사용할 수 있다. 종적 연구에서 적절한 참가자를 선택하는 데 도움이 되도록 성능 데이터를 사용해야 한다. 예를 들어 특정 기능을 사용했거나, 특정 기능을 무시한 적이 있거나, 한두 번의 시도 끝에 시스템 사용을 중지한 호출자를 의도적으로 포함할 수 있다.

15.3.2 인식 튜닝

인식 튜닝의 목적은 모든 문법에 대한 인식의 정확성을 최적화하는 것이다. 일반적으로 일부 문법(예/아니요 문법)은 여러 다이얼로그 상태 간에 공유될 수 있지만, 각 다이얼로그 상태에는 고유의 문법이 있다.

인식 튜닝의 첫 번째 단계는 모든 문법의 성능을 측정하는 것이다. 각 발화의 인식기 결과와 대화 내용을 비교해 인식 정확도를 측정한다. 데이터는 일반적으로 문법 내와 문법 외 세트로 나뉜다. 프로그램 내 데이터의 경우 올바른 수락, 잘못된 수락율 및 잘못된 거부율을 측정한다(13장에 정의돼 있다). 문법 외의 데이터의 경우 올바른 거부 및 잘못된 수락율을 측정해야 한다. 또한 각 문법에 대한 인식 지연 시간을 측정한다. 지연 시간은 호출자의 발언이 종료되고 시스템에서 다음 프롬프트를 시작할 때까지의 시간으로 측정된다. 지연 시간이 너무 길면 시스템이 미달됨을 나타낼 수 있으며, 서버를 더 추가해야 할 수 있다.

인식 성능을 개선하기 위한 노력은 일반적으로 인식 과정을 제어하는 여러 가지 매개변수에 초점을 맞추고 있다. 상업적으로 배포되는 대부분의 인식 엔진에는 개발자가 설정할 수 있는 다음과 같은 몇 가지 인식 매개변수가 있다.

- **거부 임곗값**: 인식기가 인식 결과가 아닌 〈거부〉를 반환하는 신뢰도 이하에 해당한다. 거부 임곗값이 낮아질수록 인식기는 거부 횟수가 적어지므로 잘못된 거부율이 낮아진다(수락했어야 할 발화의 거부). 그러나 잘못된 거부율이 낮아지는 것과 동시에, 잘못된 승인율(인식기가 잘못된 인식 가설을 선택)이 높아진다. 잘못

된 승인과 잘못된 거부 사이에서 절충안을 선택해야 한다.

- **음성 시작 시간 초과**: 엔드포인팅이 시간 초과하기 전에 발화의 시작을 들을 수 있는 최대 시간이다. 발화 시작 시간 초과가 길수록 엔드포인팅은 더 오래 듣는다. 호출 시작 시간이 길어질수록 시스템은 호출자의 응답을 놓칠 가능성이 적지만, 시스템이 호출자가 응답하지 않음을 깨닫고 적절한 조치를 취하기 전에 대기하는 시간이 길어진다.

- **발화 종료 시간 초과**: 최종 방문자가 발화를 감지한 후 호출자의 말이 끝났는지 결정하기 위해 듣게 될 무음의 길이이다. 발화 종료 초과 시간이 길어짐에 따라 시스템은 호출자가 단지 일시 정지하고 있을 때, 호출이 끝났다고 잘못 판단할 가능성이 적다. 그러나 발화 종료 시간 초과가 길어질수록 호출자 발화 종료와 시스템 응답 사이의 지연은 더 커진다.

- **축소 임곗값**: 대부분의 상용 인식기는 인식 검색이 진행될 때 검색을 제한하기 위해 일종의 가지치기 접근법을 사용한다. 검색이 완료될 때 최상의 일치 경로로 끝날 가능성이 거의 없는 인식 모델을 통한 경로 탐색을 중지한다. 이로 인해 때때로 오류가 발생해 인식 속도가 **빨라진다**(검색 초기에 거의 보이지 않는 경로가 전체 발화를 고려할 때 실제로 최선의 경로라면 오류를 발생할 수 있다). **제거 임곗값**이 높아질수록(즉, 더 적은 경로가 제거됨) 인식 정확도가 더 많은 시간(인식을 위한 더 높은 계산 비용)에 의해 향상된다.

음향 모델 또는 인식 검색의 선택을 최적화하는 데 사용되는 것과 같이 다른 공급업체의 인식 엔진과 관련된 다른 매개변수가 있을 수 있다. 여기에서는 해당 공급업체별 세부 사항을 다루지 않는다. 각 공급업체 설명서에 수록돼 있다.

인식 매개변수의 값을 최적화하기 위해 배치 모드에서 일련의 인식 실험을 실행해야 한다. 대부분의 상용 인식 공급업체는 시스템에 녹취록과 함께 일련의 발언과 매개변수 설정(예: 거부 임곗값)을 제공할 수 있는 배치 모드를 제공한다. 그런 다음 시스템은 인식기를 통해 전체 발화 세트를 실행하고, 인식된 단어 문자열을 대화 내용과 비교한 후 결과를 보고한다. 튜닝할 각 매개변수에 관해 여러 실험을 실행하고 매개변수에 대한 일련의 값을 테스트함으로써 애플리케이션의 인식 성능과 동작을 위한 최상의 균형을 선택할 수 있다.

인식 성능이 예상보다 낮을 때는 인식 매개변수의 튜닝 외에도 여러 가지 조정을 할 수 있다. 가장 흔한 사전 튜닝과 문법 확률 이 두 가지를 살펴본다.

사전 튜닝

특정 단어가 인식기에 의해 지속적으로 누락되는 경우 사전 발음을 확인하고 데이터를 청취해 호출자가 사용하고 있는 발음을 포함하도록 할 필요가 있다. 대부분의 판매업체는 사전에 발음을 추가하는 수단을 제공한다. 이들의 문서에는 사전 발음을 지정하기 위해 사용하는 음성의 문자 체계를 기술해야 한다.

일부 애플리케이션 문법에는 회사 이름, 사람 이름, 거리 이름, 도시 이름 등 매우 긴 항목이 들어가 있다. 특히 회사 이름은 지어낸 단어일 수 있으며 비표준 발음을 가지고 있다(예: "마이크로소프트"는 회사가 설립되기 전에는 단어가 아니었다). 많은 사람의 이름은 외래어이므로 표준 북미 영어와 다른 발음 규칙을 사용한다. 두 경우 모두 사용 중인 가장 일반적인 발음을 정확하게 반영하기 위해 데이터를 듣고 사전을 업데이트하는 시간이 필요할 수 있다.

문법 확률

앞 절의 예와 같이 긴 목록을 포함하는 문법에 대한 인식 정확도는 문법에 확률을 포함시켜 개선할 수 있다. 확률은 호출자가 목록의 각 항목을 말할 수 있는 사전적 확률을 나타낸다.

주식 시세 문법이 15,000개의 회사 이름, 지수, 뮤추얼 펀드를 포함한다고 가정하자. 사용자는 다른 회사보다 훨씬 더 자주 몇몇 회사에 관해 묻는다. 적절한 확률을 문법에 포함시키면 인식 성능을 크게 향상시킬 수 있다. 물론 확률이 틀리면 오히려 득보다 해를 끼칠 것이다. 적절한 확률을 얻는 가장 좋은 방법은 파일럿 중 또는 배포된 시스템에서 수집된 데이터와 같은 큰 데이터 집합에 기초해 추정하는 것이다. 특정 유형의 문법(예: 주식)에 대한 확률은 시간이 지나면 변경될 수 있으므로 주기적으로 업데이트해야 한다. 대부분의 상업적 인식기는 규칙 기반 문법에서도 확률을 촉진한다.

15.4 결론

우리는 애플리케이션의 개발, 테스트 및 조정에 사용되는 표준 접근 방식을 조사했다. 이러한 단계 중 일부(예: 다이얼로그 튜닝)는 일반적으로 VUI 디자이너에 의해 수행된다. 다른 단계는 다른 팀 구성원이 수행하는 경우가 많은데, 대규모 조직에서는 특히 그러하다.

16장과 17장에서는 문법 개발과 음성 코칭을 심도 있게 다룬다. 문법 개발과 음성 코칭은 음성 사용자 인터페이스 디자인의 고유한 특징이다. 두 가지 모두에서 디자이너는 종종 주도적인 역할을 한다.

16

문법 작성

문법의 개발은 효과적인 음성 사용자 인터페이스를 만드는 핵심 요소이며, 다이얼로그 전략의 선택과 프롬프트 제작과 밀접한 관련이 있다. 문법 개발과 세부 디자인의 상호 작용 목표는 다음과 같다.

- 가능한 한 실제 호출자가 말할 수 있는 문법을 작성한다.
- 호출자가 문법을 지키도록 안내하기 위해 통화 흐름, 다이얼로그 전략과 가이 드를 작성한다.

분명히 이러한 목표는 상호 연관돼 있다. 8장에서 설명한 문법 정의 단계(각 다이얼로그 상태의 문법에 관한 슬롯과 샘플 문구의 정의)는 이러한 목표를 달성하는 한 부분이다. 일반적으로 문법 작가와 다이얼로그 디자이너는 협력해야 한다. 의사소통의 부족은 디자인 도전에 대한 해답의 부재로 이어질 수 있다. 튜닝 단계 동안 높은 문법 외 비율을 관찰한다면, 문법을 확장해야 할 필요성을 암시할 수 있다. 또는 호출자에게 말할 수 있는 것에 더욱 명확한 설명을 제공하는 프롬프트를 작성할 필요성을 암시할 수 있다.

문법 작성의 핵심 기술은 호출자가 자신을 표현하는 다양한 방법을 상상할 수 있는 능력이다. 이 기술은 경험과 언어 지식의 이점으로 향상된다. 그러나 자신의 언어 사용에 대한 지식이나 경험, 내성에 대한 훌륭한 기술조차도 넓은 범위를 보장하기에 충분하지 않다. 문법 개발에는 반드시 실제 호출로부터 작업 시스템에 이르는 데이터를 바탕으로 문법을 확장하고 다듬을 기회를 포함해야 한다.

더 넓은 범위의 호출자 입력을 수용할 수 있도록 문법에 새로운 경로를 추가하면 새로운 인식 문제가 발생한다. 일례로 인식 검색 중에 모호성과 혼돈에 대한 새로운 기회가 발생할 수 있다. 따라서 목표는 범위를 극대화하고 과잉 노출을 최소화하는 것이다. 즉, 단어 문자열(단어, 표현, 문장)의 문법 포함을 극대화하기 위해 호출자는 거의 또는 전혀 말하지 않은 단어 문자열을 최소한으로 포함할 가능성이 높다. 실제 호출자 데이터를 분석해야만 이 목표를 달성할 수 있다.

이 책의 앞부분은 두 가지 주요한 접근 방법인 규칙 기반 문법과 통계적 접근 문법에 관해 설명한다. 규칙 기반 문법은 모든 단어 문자열을 명시적으로 정의하는 반면, 통계 문법은 데이터로부터 다양한 가능한 단어 문자열의 확률을 배우는 것을 포함한다. 여기서 논의한 바와 같이 문법에는 통사적 구성 요소(가능한 단어 문자열에 대한 설명)와 의미적 구성 요소(각 단어 문자열과 관련된 의미에 대한 설명)가 모두 포함돼 있음을 명심한다. 규칙 기반 문법에서 통사적 정의와 의미적 정의를 결합한다. 자연어 해석 지침은 문법 규칙 안에 포함돼 있다. 이와 대조적으로 통계 문법과 함께 구문의 정의는 보통 의미론의 정의와 분리돼 있다. 하나 이상의 파일이 가능한 문자열의 통계를 정의한다. 이것은 인식의 검색 공간을 규정하는 문법이다. 자연어 이해를 위해 사용되는 별도의 파일은 단어 문자열에서 의미로의 매핑을 정의한다. 의미를 정의하는 기법 자체는 규칙 기반이거나 통계적일 수 있다. 이러한 변형은 나중에 다룬다.

문법 작성의 세부 사항에 대해 알아보기 전에, 다시 한 번 강조해볼 만한 점이 있다. 음성 사용자 인터페이스를 만들면 프롬프트 문구를 수정하거나 때로는 미묘한 방법으로 전체 프로세스에 여러 번 적용할 수 있다. 상세 디자인을 넘어 튜닝 중 프롬프트를 수정할 수 있다. 음성 코치가 듣지 못하는 무언가를 들을 때 녹음 세션 중에 프롬프트를 수정하기도 한다. 프롬프트가 변경될 때마다 문법 개발자와 프롬프트 디자이너에게 반드시 통지해야 한다. 문법 개발자에게는 단어의 미묘한 변화도 문법 변경이나 추가를 의미할 수 있으며, 프롬프트 디자이너에게는 해당 용어 및 페르소나의 일관성 고려와 같이 디자인이 만들어진 더 큰 맥락에 변화가 일치하는지 확인하기 위함이다.

다음 절에서는 문법 작성의 개발, 테스트 및 조정 단계를 다룬다. 각 절에서는 규칙 기반과 통계적 문법 접근에 대한 과정을 논한다.

16.1 문법 개발

문법 개발 과정은 규칙 기반과 통계적 접근 방식에 따라 다르다. 이 절에서는 규칙 기반 문법 개발, 인식용 통계 언어 모델과 인식용 SLM을 사용하는 시스템의 자연어 문법 개발에 관한 두 가지 접근 방식을 다룬다.

16.1.1 규칙 기반 문법 개발

규칙 기반 문법 개발자의 주요 과제는 각 대화 상태에서 호출자가 말할 내용을 예측하는 것이다. 먼저 작업할 준비가 된 다이얼로그 상태의 문법 정의를 살펴봐야 한다. 디자이너는 문법에 의해 반환되는 정보 항목 또는 슬롯 세트와 샘플 표현식의 집합(8장에서 설명) 두 가지를 명시할 것이다.

이 슬롯은 문법의 핵심인 중요한 정보를 실제로 전달하는 항목을 알려줄 것이다. 예를 들어보자. 여행 애플리케이션의 한 슬롯은 목적지일 수 있다. 이것은 도시 이름이 문법에 포함될 것이고 문법에서 핵심 요소, 즉 의미를 갖는 요소들의 일부를 나타낸다는 것을 말해준다. 또한 호출자가 선택한 도시에 대한 정보가 목적지라는 슬롯에 있는 애플리케이션으로 전달된다는 것을 알려준다.

디자이너가 제공하는 샘플 표현식은 핵심과 삽입어에 대한 정보를 제공한다. 삽입어는 핵심을 둘러싸고 있을 수 있는 단어와 구절이다. 하나의 샘플 표현이 "빅애플$^{Big\ Apple}$에 가고 싶다"라면, 뉴욕과 동의어로서 "빅애플"은 핵심 문법의 일부분이며 "가고 싶다"는 예상 가능한 삽입어의 종류에 대한 예시라는 것을 알고 있다. 분명히 모든 샘플 표현식은 문법에 의해 다뤄져야 한다. 하지만 샘플 표현식은 단지 예시일 뿐이다. 관련 핵심과 삽입어 항목을 사용해 문법을 완성해야 한다.

예상된 호출자 발화에 대한 또 다른 중요한 정보 출처는 프롬프트 문구 그 자체다. 호출자들은 종종 프롬프트와 같은 표현을 선택한다. 예를 들어 프롬프트가 "어디로 가십니까?"라고 하면 호출자는 "샌프란시스코로 가요" 등의 대답을 할 가능성이 높은 반면, "목적지가 어디십니까?"라고 하면 " 목적지는 샌프란시스코예요"와 같이 대답할 가능성이 높다.

문법을 특정하기 위해 여러 언어가 개발됐으며, 모든 언어는 대략적으로 동일한 기능을 갖고 있다. 여기에 제시된 예에 대해서는 뉘앙스에 의해 생성되고 다수의 플랫폼에서 이용 가능한 언어인 GSL^{Grammar Specification Language}을 사용한다.

표 16-1 GSL을 위한 문법 연산자

연산자	표현	의미
( ) 연속	(A B C ... D)	A 뒤를 이어 B 뒤를 이어 C 뒤를 이어 D
[ ] 분리	[A B C ... D]	A, B, C, D 중 하나
? 선택적인	?A	A는 선택 사항이다.
+ 긍정적인 폐쇄	+A	A가 한 번 이상 발생한다.
* 클린 폐쇄	*A	A가 0 번 이상 발생한다.

GSL 문법은 다음과 같은 형식의 규칙 집합이다.

문법 이름   문법 설명

문법 설명은 기본 문법 요소를 결합하기 위해 표 16-1에 정의된 연산자를 사용한다. 요소 또는 피연산자는 소문자 문자열(문법의 실제 단어를 나타냄) 또는 대문자를 포함하는 문자열로, 하위 문법을 나타낸다. 하위 문법은 그 자체로 다른 곳에서 정의되는 문법 규칙이다.

구체적으로 말해 앞에서 언급한 여행 애플리케이션의 간단한 문법, 특히 GetDestination(목적지 얻기) 다이얼로그 상태의 문법을 살펴보자. 첫 번째 문법 이름은 .GETDESTINATION이다. 처음의 도트 연산자(".")는 애플리케이션에서 참조하는 문법 이름인 최상위 문법임을 나타낸다.

```
.GETDESTINATION (?PREFILLER CITY ?POSTFILLER)

PREFILLER  [(i want to go to)
            (i am going to)
            (i need a flight to)
            (?i'm going to)
            ]

CITY       [[(new york) (the big apple)]
            (san francisco)
            boston
            ]

POSTFILLER [please]
```

최상위 레벨 문법인 .GETDESTINATION는 PREFILLER, CITY 및 POSTFILLER의 세 가지 하위 문법의 연결로 정의된다. PREFILLER과 POSTFILLER라는 하위 프로그램 중 두 개는 선택 사항으로 정의된다. ? 연산자는 문법적 단어 문자열이 삽입어가 있을 수도 있고 없을 수도 있음을 의미한다.

이 문법은 "뉴욕에 가고 싶다", "샌프란시스코에 간다", "보스턴에 간다", "보스턴" 등의 입력을 허용한다. CITY 하위 문법이 핵심이다. 이를 별도의 모듈에서 하위 문법으로 분리하면 업데이트하기 쉽다(예: 더 많은 도시를 추가하는 것). 별도 모듈로서 재사용이 용이하다. 예를 들어 여행자의 출발지를 얻기 위한 문법의 일부로서 다른 다이얼로그 상태로 재사용할 수 있다.

이 예에서 누락된 한 가지는 의미론적 정의로서, 문법을 통해 호출자의 경로를 제공하는 슬롯을 채우는 지시 사항이다. 다음 예제에서는 간단한 접근 방식을 보여준다.

```
.GETDESTINATION (?PREFILLER CITY ?POSTFILLER)

PREFILLER [(i want to go to)
           (i am going to)
           (i need a flight to)
           (?i'm going to)
          ]

CITY       [[(new york) (the big apple)] {<destination-city ny>}
            (san francisco)              {<destination-city sf>}
            boston                  {<destination-city boston>}
           ]

POSTFILLER [please]
```

슬롯 채우기 명령(예: `<destination-city ny>`)은 선행 문법 구조가 통과될 경우 실행된다. 이 예에서 호출자가 "뉴욕으로 가고 싶다", "빅애플로 가고 싶다", "뉴욕으로 가는 항공편이 필요하다", "뉴욕행"이라고 말하면, destination-city 슬롯에는 "ny"라는 값이 채워져, 다양한 방법으로 그 의미를 표현했음에도 목적지 도시 슬롯은 애플리케이션에 의도된 의미를 나타내게 된다.

다른 문법에 대한 대안적 접근 방법은 다음 예에서 보인다. 이 경우 하위 문법은 슬롯을 직접 채우는 것이 아니라 이를 참조한 상위 문법으로 값을 되돌린다. 이 접근법은 하위 문법이 이 예제의 경우와 같이 여러 슬롯을 채우기 위해 상위 문법에 의해 여러 번 사용될 때 유용하다.

```
.GETCITIES  (?PREFILLER
             [(from CITY:orig to CITY:dest)
              (to CITY:dest from CITY:orig)
             ] {<origin-city $orig> <destination-city $dest>}
             ?POSTFILLER
             )

PREFILLER   [(i want to go)
             (i am going)
             (i need a flight)
             (?i'm going)
             ]

CITY        [[(new york) (the big apple)] {return(ny)}
             (san francisco)              {return (sf)}
             boston                       {return (boston)}
             ]

POSTFILLER  [please]
```

이 문법은 "뉴욕에서 샌프란시스코로 가고 싶다" 또는 "뉴욕에서 보스턴으로 간다"와 같은 입력을 받아들인다. 이러한 값은 dest 및 origin(도시:dest 및 도시:origin이라는 표현에 의해) 변수에 할당되며, 이는 슬롯 채우기 명령에 의해 적절히 참조된다. 그 예로 <origin-city $orig>는 origin-city(출발 도시) 슬롯을 변수 시작의 값으로 채우게 한다. 이 접근법을 사용하면 더 높은 수준의 문법이 가능해진다. .GETCITIES는 두 곳에서 CITY 하위 문법을 사용해 서로 다른 두 슬롯에 사용할 값을 반환한다.

일반적으로 문법은 반복적으로 조정되고 정제되므로 유지 관리가 용이하도록 구성돼야 한다. 다음은 몇 가지 가이드라인이다.

- 문법을 논리적이고 모듈화된 하위 문법 구조로 나눈다.
- 핵심과 삽입어를 별도의 하위 문법에 넣는다.

- 부분 그래프, 슬롯 및 변수에 대한 설명 이름을 선택한다.
- 문법을 형식화해 구조를 명확하게 한다. 문법 내의 논리적인 그룹들을 상쇄하기 위해 명확한 삽입 방식을 사용한다.

실행 시간 전에 문법을 완전히 지정할 수 없는 경우도 있다. 청구서 지불을 위한 애플리케이션을 상상해보자. 각 서비스 가입자는 지불할 회사를 선택할 것이다. 가입자가 시스템을 호출할 때 특정 회사 목록은 문법에 포함돼야 한다. 이를 동적 문법이라고 한다. 각 음성 기술 공급업체는 동적 문법을 처리하기 위한 자체 접근 방식을 가지고 있기 때문에 여기서는 다루지 않는다. 자세한 내용은 공급업체별 설명서를 참조한다.

16.1.2 통계 언어 모델을 위한 문법 개발

통계 언어 모델SLM은 명시된 문법 규칙을 사용해 음성 입력에서 예상되는 변화량을 포착하기 어려울 때 사용한다. 기본 접근 방식은 실제 호출자 데이터에서 어떤 단어 문자열이 발생하는지 그리고 어떤 가능성에 대해 자동으로 배우는 것이다. 이런 식으로 문법 개발자는 더 이상 모든 변형을 상상할 필요가 없다. 대신 데이터 집합을 수집해 이를 기록하고 SLM을 생성하는 소프트웨어 유틸리티에 공급하기만 하면 된다.

통계 언어 모델의 생성은 언어 모델의 훈련이라고 한다. 훈련 유틸리티가 사용하는 데이터 세트는 호출자 발화의 녹취록 목록(실제 음성 문자열)으로 구성되며, 이를 훈련 세트라고 한다. 훈련 유틸리티가 사용하는 기본 접근 방식은 그 맥락에서 볼 때 어휘에서 각 단어의 발생 확률을 추정하는 것이다. 이러한 추정에 사용된 맥락은 가장 최근에 사용된 몇 개의 단어들이다.

모델의 순서는 얼마나 많은 맥락을 고려하는지 결정한다. N번째 순서 모델(N-gram이라고 한다)은 N-1(N-1) 이전 단어를 맥락으로 간주한다. 즉, 이 모델은 이전의 N-1단어로 볼 때 다음 단어의 확률을 추정할 수 있다. 유니그램unigram이라 부르는 1차 N그램은 맥락에 관계없이 단어가 발생할 것이라는 추정으로 구성된다. 2차 N그램은 바이그램

bigram이라고 부른다. 가장 최근의 선행 단어로 주어지면 단어 발생 추정치로 구성된다. 트라이그램^{trigram} 또는 3차 N그램은 가장 최근의 두 개의 선행 단어를 고려할 때 추정치를 제공한다.

이론적으로 모델의 순서가 높을수록 다음 단어에 대한 예측 능력이 높아진다. 그러나 모델의 순서가 높을수록 예상해야 할 확률이 더 많으므로 신뢰할 수 있는 예상치를 제시하기 위해 더 많은 훈련 데이터가 필요하다. 단어의 어휘 크기를 1,000단어로 가정하면, 유니그램 모델은 1,000개의 확률로 구성된다. 이와는 대조적으로 바이그램 모델은 $1,000^2$개의 확률로 구성된다(즉, 1,000개의 가능한 이전 단어 각각을 고려할 때 어휘에서 1,000개의 단어 각각에 대한 확률).

SLM을 사용하는 일반적인 애플리케이션에서는 수천 개의 단어 어휘 크기가 일반적이며, 트라이그램 모델이 종종 사용된다. 그러한 모델에 대한 훈련 세트의 크기에 관한 경험적 규칙은 최소 20,000개의 말로 표현된 발화다.

애플리케이션이 파일럿에 전달된 후에는 데이터를 수집하고 기록하기 쉬워져 훈련 세트의 크기가 커진다. SLM 기반 시스템의 과제는 파일럿 시작 시 적절한 성능을 달성할 수 있도록 초기 모델을 만드는 부트스트랩^{bootstrapping}이다. 초기 모델을 작성하는 데 사용할 수 있는 여러 가지 접근 방법이 있다. 한 가지는 데이터를 수집하기 위해 WOZ를 사용하는 것이다(8장 참조). 위저드가 호출자가 작업을 완료할 수 있도록 장비를 갖추고 있다면 실제 호출자를 처리할 수 있다. 그렇지 않으면 호출자에게 시스템을 사용하도록 요청하고 완료할 작업을 제공해야 한다.

또는 현재 작업을 처리하는 실시간 상담원이 있는 경우 위저드로 사용할 수 있다. 호출자는 시스템이 녹음한 음성 안내를 듣지만 실시간 상담원은 "인식"과 "이해"를 수행한다.

또 다른 가능성은 파일럿의 첫 번째 단계에 대한 GSL$^{Grammar\ Specification\ Language}$ 기반 문법을 개발하는 것이다. 이 경우 프롬프트의 문구가 호출자에게서 GSL에 대한 문법 비율이 높게 나타나는 언어를 권장할지라도 SLM 시스템을 대상으로 한 메시지를 사용해야 한다. 인식 거부가 발생하는 경우 호출자가 GSL 문법을 성공할 수 있도록 백오프 프롬프트를 더욱 적절하게 제한해야 한다. 그렇게 하면 SLM을 교육하는 데 유용한 시스템과의 첫 번째 교환에서 특히 데이터를 수집할 수 있다. 그러나 문제가 있을 경우 시스템은 유도된 다이얼로그로 빠르게 돌아가며, 이러한 방식으로 호출자는 데이터 수집 설정으로 인해 하나 이상의 거부를 경험하지 않을 수 있다. 충분한 데이터가 수집되는 즉시 GSL 문법은 SLM으로 대체될 수 있다.

이 절에서 설명한 SLM은 문법의 통사적인 측면의 역할을 수행한다. 인식기에 대한 검색 공간(2장에서 설명한 인식 모델)을 만들어 문자열을 인식한다. 다음 두 절에서는 문법의 의미적 역할에 일반적으로 사용되는 두 가지 접근법을 설명하며, SLM 기반 인식기가 인식하는 문자열에 의미를 할당하는 방법이다.

16.1.3 탄탄한 자연어 문법 개발

1980년대 후반과 1990년대 초반 여러 사이트의 연구자들은 음성 인식 기술과 자연어 이해 기술을 결합한 프로젝트에 참여해 초기 음성 이해 시스템을 만들었다(코헨Cohen, 리블린Rivlin, 브랫Bratt 1995). 그 프로젝트 이전에 대부분의 자연어 이해 연구는 음성보다는 텍스트에 적용됐다.

자연어 기술을 음성 언어에 적용한 첫 번째 교훈 중 하나는 구어와 문어가 크게 다르다는 것이다. 10장에서 논의된 구조 및 단어 선택의 차이를 제외하고 구어는 종종 "비문법적"이라는 점에서 서면 언어와 다르며 불규칙성을 포함한다(예: "음, 두 번째 아니, 세 번째 항공편을 원해요"). 또한 종종 특정 질문에 직접적으로 답할 필요가 없는 외부 정보를 포함한다("오후에 회의가 있어서 오전 11시까지 도착하고 싶어요").

이러한 문제를 처리하기 위해 탄탄한 구문 분석 접근법이 개발됐다(잭슨 외Jackson et al. 1991). 기본적인 생각은 말하는 문자열 전체를 구문 분석해 이해하려고 하지 않고 의미 있는 단어와 구문을 검색하는 것이다. 다음 다이얼로그를 보자.

시스템: 몇 시에 도착하시겠습니까?

호출자: 오후에 회의가 있어서 오전 11시까지 도착하고 싶어요.

여기서 탄탄한 문법은 다른 모든 것을 무시하고 시간을 지정하는 구문만 검색할 수도 있다. 문법 규격은 슬롯 채우기 명령을 사용하는 구문 문법을 포함하지만 삽입어를 덮을 문법을 포함하지 않는다. 이 예에서, 문법은 단지 "오전 11시"를 포함하면 된다. 다른 모든 예측하기 어려운 문법을 포함할 필요는 없다.

SLM을 사용하는 애플리케이션과 마찬가지로 해석해야 하는 언어가 더욱 다양하고 유연해짐에 따라, 다른 모든 것을 무시한 채 슬롯을 채우는 어법만 쓸 수 있는 능력은 위압적인 문법 쓰기 작업이 될 수 있는 것을 엄청나게 단순화시킨다. 애플리케이션이 하나의 발음으로 다중 슬롯 값의 표현을 수용할 때, 주변 삽입어뿐만 아니라 슬롯 값이 표현되는 실제 순서도 달라질 수 있다. 운 좋게도 탄탄한 자연어 문법을 쓸 때 슬롯 채우기 문구가 발생하는 순서를 지정할 필요가 없다. 결과적으로 매우 간단한 문법은 다음과 같은 변형을 처리할 수 있다.

> "보스턴에서 샌프란시스코로 가는 비행기를 타고 싶어요."
> "보스턴에서 출발해서 바로 샌프란시스코로 가야겠어요."
> "아주 중요한 회의가 있는데, 보스턴에서 샌프란시스코로 가는 다음 비행기가 필요해요."
> "내일은 샌프란시스코에서 이모의 생일 파티가 있어요. 보스턴에서 다음 비행기는 언제 있나요?"

탄탄한 구문 분석용 문법을 개발하는 방법은 규칙 기반 문법에 대해 앞에서 설명한 것과 동일하지만 더 간단하다. 자세한 내용은 공급업체별 설명서를 참조해야 하지만, 사양은 대개 유사하다.

16.1.4 통계적 자연어 문법 개발

SLM 기반 그래머를 사용해 단일 슬롯을 채우는 경우도 있다. 15장에서 설명한 호출 라우팅이 있다. 호출 라우팅에서 호출자들이 요구를 표현하는 방식에서 엄청난 변화가 예상되지만 그 결과는 단일 슬롯의 채우기, 즉 시스템이 호출을 전달해야 하는 서비스의 정체성이다.

일부 음성 기술 공급업체는 통계적 접근법을 사용해 이러한 단일 슬롯 애플리케이션에 대한 자연어 문법(슬롯 채우기 문법)을 만들 수 있도록 한다. 그 결과 수작업으로 쓴 문법 규칙을 개발할 필요가 없다. 대신 훈련 세트에 대한 데이터를 수집하기만 하면 된다. 그런 다음 훈련 유틸리티는 자동으로 데이터로부터 단어, 구 및 단어와 구 및 단어 조합에서 적절한 슬롯 값으로 적절한 매핑한다. 자연스럽게 변하는 입력에 대한 슬롯 채우기 규칙을 직접 작성하는 것이 어렵다는 점을 감안할 때, 통화 라우팅 애플리케이션을 사용하면 훨씬 쉽게 개발할 수 있다. 사실상 문법에 캡슐화돼야 할 모든 지식은 자동으로 학습된다.

통계적 자연어 교육에 유틸리티를 사용하려면 훈련 세트가 필요하다. 일반적으로 SLM에 사용되는 것과 동일한 훈련 세트가 자연어 문법 훈련에 사용된다. 그러나 녹취록 외에도 각각의 발음은 적절한 슬롯 값(예: 호출자 요청이 있을 경우 적절한 경로)으로 라벨을 붙여야 한다. 16.1.2절에 설명한 것과 동일한 방법으로 자연어 훈련에 적합한 데이터를 수집할 수 있다.

그러한 시스템을 개발하는 구체적인 세부 사항은 공급업체별로 다르다. 공급업체에 직접 문의해야 한다.

16.2 문법 테스트

문법은 상당히 복잡할 수 있다. 복잡한 소프트웨어가 버그를 가지고 반드시 테스트를 거쳐야 하는 것과 마찬가지로, 문법도 파일럿을 위해 출시하기 전에 테스트해야 한다. 이 테스트의 목적은 버그를 수정하고 적절한 성능을 보장하는 것이다.

16.2.1 규칙 기반 문법 테스트

규칙 기반 문법을 실행하기 위한 6가지 표준 테스트가 있다.

1. 적용 범위
2. 범위 초과
3. 자연어
4. 모호성
5. 철자법
6. 발음

음성 기술 공급업체는 이러한 테스트를 수용할 수 있는 다양한 도구를 제공한다. 자세한 내용은 공급업체 설명서를 참조한다. 여기서는 일반적인 테스트 방법과 사용법을 설명한다.

적용 범위 테스트

적용 범위 테스트는 문법이 다루도록 고안된 문구와 문장으로 구성된 테스트 세트를 사용하며, 모든 문법이 적용되도록 한다. 일반적으로 문법을 개발하면서 테스트 그룹을 만든다. 상세 디자인 중에 각 다이얼로그에 대해 제공된 샘플 문법 표현식으로 시작한다. 문법 규칙을 작성하기 전에 문법에서 다루려고 하는 항목들로 테스트 그룹을 보충한다. 문법을 작성할 때 테스트 그룹에 항목을 추가해 다양한 문법 경로가 적절히 수행되는지 확인한다.

문법이 완성되면 테스트 그룹을 실행하고 모든 항목이 문법에 의해 구문 분석되는지 확인한다. 문법이 변경될 때마다 버그가 도입되지 않았는지 확인하기 위해 테스트 그룹을 다시 실행할 수 있다. 튜닝 단계와 같이 문법을 향상시킬 때 추가하려는 문법 경로를 다루기 위해 테스트 그룹에 항목을 추가할 수 있다.

적용 범위 테스트의 일차적인 목적은 버그를 찾고 파일럿으로 들어가는 최소한의 적용 범위 수준을 확인하는 것이다. 적용 범위를 극대화하기 위한 문법의 궁극적인 개선은 실제 호출자의 실제 음성에 기초한 조정 단계에서 발생할 것이다.

범위 초과 테스트

범위 초과는 문법의 버그로 인해 문법이 해석하거나 문법을 통해 다양한 부분적인 의도된 경로를 결합하는 부작용으로서 문법이 의도하지 않게 다루는 문장이나 구절을 말한다. 어떤 경우 범위 초과는 쓰여진 문법에 버그를 나타내는 것일 수 있다. 버그 때문이 아니더라도 지나친 범위 초과는 인식을 어렵게 만든다. 인식 검색 중에 모호함과 혼란으로 이어질 수 있는 문법 경로가 더 많다.

어떤 경우에는 일정량의 범위 초과가 어쩔 수 없거나 문법 작성의 복잡성 증가와 상충될 때 실제로 의미가 있다. 예를 들어 "샌프란시스코행 항공편 부탁해요"와 같은 문장은 매우 가능성이 낮을 수도 있지만, 삽입어 앞과 뒤 하위 문법이 분리돼 있기 때문에 문법적 문장으로 끝날 수도 있다. 그러므로 다른 하위 문법에서 행해진 경로에 근거해 경로를 제한할 수 없다. 비록 이 문제를 피할 수 있는 방법으로 문법을 쓰는 것은 가능하지만, 상당한 복잡성이 추가되고 가치가 없을 수도 있다.

문법에서 범위 초과를 테스트하는 표준 방법은 문법이 분석하는 유효한 문자열을 간단히 열거하는 유틸리티를 사용해 문법에서 문자열을 생성하는 것이다. 비교적 작고 유한한 문법에서는 가능한 모든 문자열을 생성할 수 있다. 대부분의 문법은 너무 복잡해서 가능한 모든 문자열을 생성할 수 없다. 사실, 많은 문법들은 무한한 수의 가능한 문자열을 나타낼 수 있다. 예를 들어 문법이 자신을 하위 문법 또는 궁극적으로 참조하는 다른 하위그룹으로 지칭할 수 있는 + 또는 * 연산자 또는 재귀 문법을 사용하는 문자열을 사용할 수 있다. 크거나 무한한 문법의 경우 문법에서 문자열 집합을 임의로 생성할 수 있다(약 100개가 적당하다). 어느 경우든 문자열이 생성된 후에는 문자열을 통해 읽게 된다. 의도하지 않은 문자열(구체적 초과 범위)을 발견했을 때는 문자열을 수정하거나 받아들일 것인지 결정을 내려야 한다.

자연어 테스트

자연어 테스트의 목적은 입력 발음에 정확한 의미가 할당됐는지 확인하는 것이다(예: GSL의 경우 각 슬롯에 정확한 값이 할당됨). 일반적으로 적용 범위 테스트에 사용한 것과 동일한 테스트 제품군을 사용한다. 테스트 세트의 각 입력 문자열에 대한 의미를 반환하는 유틸리티를 실행한다. 처음 테스트를 실행할 때는 반드시 눈으로 결과를 확인해 의미가 올바른지 확인해야 한다. 그러한 경우 유틸리티의 출력 사본을 저장해 나중에 테스트를 다시 실행할 때(예: 문법 변경 후) 새로운 테스트 결과를 자동으로 이전 테스트 결과와 비교할 수 있도록 해야 한다. 이러한 방식으로 아무런 변화가 없다면 그 변화가 자연어 이해 버그를 도입하지 않았음을 의미한다.

모호성 테스트

모호성은 입력에 대해 여러 가지 자연어 해석이 가능한 경우다. 공급업체는 문법의 모호함을 찾아내는 유틸리티를 제공한다. 종종 모호성은 문법의 버그로 인해 발생하며 수정해야 한다. 때때로 모호성은 애플리케이션 영역의 실제 모호성을 반영한다(예: 호출자가 시스코 시스템 Cisco Systems 또는 시스코 식품 Sysco Foods에 대한 주식 견적을 원하는지에 대해 동일한 입력 문구가 사용될 수 있다). 문법에 수정되지 않은 모호성은 애플리케이션에서 명시적으로 다뤄야 한다(예: "시스코 시스템을 원하시나요? 아니면 시스코 식품?"이라는 프롬프트 추가).

철자법 테스트

문법에서 철자를 잘못 쓰면 인식 성능이 저하돼 추적하기 매우 어려울 수 있다. 철자가 틀리면 자동으로 발음이 잘못돼 인식이 어려워지는 것이다. 특히 2,000개 도시 간 여행을 처리하는 여행 애플리케이션과 같이 긴 목록을 포함하는 문법이 있는 애플리케이션에서 문제가 된다. 만약 그 도시들 중 5개의 철자가 잘못돼 인식 성능이 약간 저하되는 발음 모델이 잘못된다면 문제는 매우 감지하기 어려울 것이며 파일럿 데이터를 튜닝할 때까지 감지되지 않을 것이다. 관련 문제는 슬롯 채우기 명령에 사용되는 값의 잘못된 철자 때문에 발생할 수도 있다.

표준 철자 검사기로 간단한 검사를 하면 이러한 류의 많은 문제를 발견할 수 있다. 물론 문법의 일부 단어는 철자 검사 사전에 있지 않을 것이다(예: 표준어가 아닌 회사 이름). 따라서 철자법 오류 목록을 재검토해야 하며, 오류는 고쳐야 한다.

발음 테스트

발음 테스트는 회사나 도시, 거리 이름 등과 같이 초기 사전에 없거나 수작업 또는 자동 발음 기능으로 추가되는 항목의 긴 목록이 있는 애플리케이션에 유용하다. 발음 테스트는 문법을 말하는 것으로 테스트할 수 있는 기능을 사용한다. 각 항목별로 나열된 목록으로 내려가고, 잘못된 인식에 대해서는 사전 발음을 살펴본다. 다른 대안은 목록의 각 단어의 발음을 TTS 엔진에 공급하고 그 결과를 듣는 것이다.

16.2.2 통계 언어 모델 테스트

통계 언어 모델이 데이터에서 자동으로 훈련된다는 점을 감안하면 규칙 기반 모델보다 버그가 발생하기 훨씬 쉽다. 그러나 파일럿을 테스트하기 전에 적절한 기본 인식 정확도를 제공하는지 확인해야 한다.

통계 언어 모델을 테스트할 때 가장 중요한 개념은 테스트에 사용된 데이터가 훈련 세트의 일부가 돼서는 안 된다는 것이다. 유효한 테스트를 수행하려면 별도의 데이터를 사용해야 한다. 그렇지 않으면 실제 성능을 반영하지 않는 비현실적으로 낙관적인 결과를 얻게 될 가능성이 높다.

초기 SLM을 훈련하기 위해 데이터를 수집할 때 일부 데이터(예: 2,000개의 발화)는 훈련 세트에서 제외되고 모델의 성능을 측정하기 위한 테스트 세트로 사용해야 한다. 테스트 세트에서 인식을 실행하거나 혼란을 측정, 즉 모형의 예측력 측정으로 모형의 성능을 평가할 수 있다. 혼란이 낮을수록 예측력이 커진다. 예측력이 크면 인식 성능이 더 정확해질 가능성이 있다(테스트 세트가 주어진 경우 혼란을 측정하는 방법은 SLM을 제공하는 음성 인식 공급업체가 제공한다). 인식 테스트에 기초해 SLM을 평가하는 것이 가장 간단할 때가 많다. 대부분의 공급업체는 배치 모드에서 인식 실행을 위한 유틸리티인 사전 기록된 진술 목록을 제공한다.

16.2.3 탄탄한 자연어 문법 테스트

탄탄한 자연어 문법 테스트는 표준 규칙 기반 문법 테스트와 매우 유사하다. 유일한 차이점은 자연어 문법 테스트가 더 간단하다는 것이다. 자연어 문법은 슬롯을 채우는 구문만 포함하고 있다. 따라서 가능한 많은 삽입어와 호출자가 사용할 수 있는 다른 관련 없는 단어와 구의 적용 범위에 대해 걱정할 필요가 없다. 규칙 기반 문법에 대해 나열된 모든 테스트는 탄탄한 자연어 문법에 사용할 수 있다.

16.2.4 통계적 자연어 문법 테스트

통계적 자연어 문법은 일반적으로 정확성을 테스트한다. 단어 문자열을 입력하는 데 올바른 슬롯 값(예: 호출 라우터의 올바른 대상 서비스)을 얼마나 정확하게 할당하는지 알고 싶을 것이다. 유효한 테스트를 수행하려면 훈련 세트의 일부가 아닌 테스트 세트가 필요하다. SLM 테스트에 사용된 것과 동일한 테스트 세트를 통계적 자연어 문법 테스트에 사용할 수 있다. 발음 표기에 덧붙여, 테스트 세트의 각 항목에는 정확한 슬롯 값이 라벨로 표시돼야 한다. 테스트 세트에서 통계적 자연어 엔진을 실행해 성능을 측정한다.

16.3 문법 튜닝

15장에서는 시스템의 성능 평가 및 조정에서 파일럿 데이터의 중요성을 다뤘다. 파일럿은 실제 사용 중인 데이터를 수집할 수 있는 첫 번째 기회다. 이러한 데이터는 튜닝 인식 정확도 및 다이얼로그 성능과 마찬가지로 문법 범위를 튜닝하는 데 중요하다. 사람들은 실제 과업 지향형 행동을 할 때 자신을 표현하기 위해 다른 단어를 선택할 것이다.

16.3.1 튜닝 규칙 기반 문법

튜닝 인식 정확도와 다이얼로그 성능을 위해 수집되고 기록된 동일한 데이터를 문법 적용 범위를 조정하는 데 사용할 수 있다. 앞에서 설명한 유틸리티는 규칙 기반 문법의 적용 범위 테스트를 실행하기 위해 파일럿 (또는 배포) 데이터 세트의 발음 표기에 사용할 수 있다. 결과는 문법에 의해 처리되는 (문법 내) 발화 목록과 처리되지 않는 (문법 외) 발화 목록이 될 것이다.

문법 외의 발화를 평가해 문법에 추가할 후보자와 필요한 일반적인 개선 사항을 확인할 수 있다. 각 문법 외의 발화는 평가해야 한다. 일반적으로 자주 발생하고 문법에서 누락되는 그런 문구와 문장이 가장 중요한 추가 후보다. 그러나 비록 단 한 번의 관찰조차도 문법에 명백한 의미가 있다면 포함시키는 것이 타당하다.

문법 이외의 예는 도메인 내에 있는 경우, 즉 호출자가 시스템 프롬프트에 적절하게 응답하고 있는 경우 문법 추가의 후보자로 간주돼야 한다. 애플리케이션과 무관한 상당한 양의 외부 자료를 포함해서는 안 된다. 예를 들어 원하는 여행 날짜를 묻는 프롬프트에 대해, "우리 거트루드 이모는 다음 주 화요일에 60번째 생일 파티를 할 예정이니, 월요일 항공편을 원해요"는 도메인 내에 있지만 문법을 다루는 것은 적합하지 않다(프롬프트에서 묻는 질문에 대한 대답이다). 한편 "월요일 항공편을 원해요"라는 문구를 덧붙이는 것이 타당하며, 특히 그런 일이 여러 번 일어난다면 더욱 그러할 것이다.

문법에 추가된 각각의 예는 일반화를 위해 고려돼야 한다. "오후에 가고 싶다"를 덧붙이면 "아침"과 "저녁"도 고려해야 한다.

도메인 외부의 사례가 반복적으로 발생하는 경우, 프롬프트가 명확하지 않거나 호출자가 실수로 해당 다이얼로그 상태에 놓이게 되거나 또는 내부 도메인에 있는 것에 대한 개념을 재고할 필요가 있다는 표시일 수 있다. 일반적으로 명백한 도메인 내 발화와 확실히 도메인 밖 발화 사이에는 애매한 부분이 있다. 만약 반복적으로 일어나는 그 회색 영역에서 도메인 외부의 발화를 한다면, 도메인 내에서 고려하고 문법으로 다루는 것이 적절한지 재검토해야 한다.

적용 범위를 확장하기 위해 문법을 다시 작성한 후에는 버그가 발생하지 않도록 원래 시험 조를 사용해 원래 테스트 세트를 다시 실행해야 한다. 이를 회귀 테스트라고 한다. 일단 테스트가 통과되면 테스트 그룹을 완성해 문법에 추가된 새로운 경로를 충당할 수 있다. 그런 다음 새로운 테스트 세트를 실행하고, 통과한 뒤에는 향후 회귀 시험을 위해 결과를 저장해야 한다.

16.3.2 통계 언어 모델 튜닝

파일럿 테스트와 초기 배치의 각 단계에서는 SLM 훈련에 사용되는 훈련 세트에 새로운 데이터 세트를 추가해야 한다. 일반적으로 훈련 세트가 클수록 확률 추정치가 우수하다. 더욱이, 작업 시스템의 데이터는 SLM 부트스트랩에 사용된 데이터보다 실제 호출자 집단의 음성을 더 잘 나타낼 수 있다.

테스트 세트에 추가할 새 데이터 중 일부를 보류한다. 원래 부트스트랩 데이터가 새 데이터 세트보다 현실성이 떨어지는 경우(예: 실제 사용 중인 데이터보다는 실험실 형식의 데이터 수집에 기반) 이전 테스트 세트를 교체할 수 있다. 새 SLM을 학습한 후에는 기존 모델과 새 모델을 모두 사용해 인식 정확도를 측정해 성능이 개선되고 있는지 확인할 수 있다.

16.3.3 탄탄한 자연어 문법 튜닝

탄탄한 자연어 문법을 튜닝하는 것은 새로운 핵심 항목(예: 슬롯 채우기 문구)만 추가하면 되기 때문에 더 간단하다는 점을 제외하면 표준 규칙 기반 문법을 튜닝하는 것과 유사하다. 불필요한 단어와 구절은 걱정할 필요가 없다. 그렇지 않으면 동일한 접근법과 테스트를 적용한다.

16.3.4 통계적 자연어 문법 튜닝

통계적 자연어 문법을 튜닝하는 것은 SLM 튜닝과 유사하다. 새로운 데이터를 훈련 세트에 추가하는 것이다. 이 경우 데이터는 발음 표기 및 적절한 슬롯 값으로 라벨링돼야 한다.

SLM 튜닝과 마찬가지로 테스트 세트에 추가할 새 데이터 중 일부를 보류한다. 기존 모델과 새 모델의 성능을 모두 테스트해 성능이 향상되는지 확인한다.

잘못된 수락, 잘못된 거절 및 올바른 거절을 살펴보는 것이 유익할 수 있다. 여러 번 거부하면 시스템에 추가해야 할 누락 클래스(사람들이 요구하는 경로나 서비스)가 있음을 나타낼 수 있다. 또한 거부와 잘못된 수락은 더 나은 분류 체계가 있을 수 있음을 보여줄 수 있다. 아마도 비즈니스가 서비스를 나누는 방식이 호출자들의 요구나 멘탈 모델과 일치하지 않을 것이다. 카드 분류 접근법(8장 참조)을 사용해 이용 가능한 서비스 집합을 구성하는 더 좋은 방법이 있는지 테스트할 수 있다.

16.4 결론

규칙 기반과 통계 방식의 문법 개발, 테스트 및 튜닝은 음성 사용자 인터페이스를 만드는 데 있어 중요한 부분이다. 17장에서 VUI 디자이너가 실제 참여해야 하는 다른 개발 작업, 성우와의 녹음 세션을 코칭하는 작업을 다룬다.

17

성우와 함께 작업하기

우리는 의도적으로 '목소리 연기자' 대신 '성우'라는 용어를 쓴다. 두 용어는 서로 다른 의미를 담고 있기 때문이다. 목소리 연기자를 생각할 때 라디오 아나운서가 될 수 있는 사람, 혹은 다른 외국 억양과 유명인 흉내를 낼 수 있는 사람, 충만하고 낭랑한 음성을 가진 사람을 생각한다. "목소리 연기자"는 타고난 재능을 암시한다. 이와는 대조적으로 성우는 발표와 음성 묘기를 연기하는 것 이상을 한다. 성우는 음성 인터페이스의 세계에서 아마도 고객 서비스 대표, 비서, 여행 가이드 또는 증권 중개인과 같은 인물의 역할을 맡고 있다. 성우는 캐릭터에 생명을 불어넣고, 적어도 좋은 애플리케이션은 사용자들을 끌어들이는 인터랙션을 한다.

녹음 세션은 실제로 공연이고, 성우는 그 쇼의 주인공이다. 따라서 17장의 주요 관심사는 성우가 애플리케이션을 성공으로 이끄는 데 중요한 역할을 한다. 첫 번째 주제는 성공을 위한 스크립트다. 성우를 위한 스크립트 준비의 중요성은 매우 과소평가되기 때문이다. 그리고 나서 성우를 선정하기 위한 고려 사항에 대해 토론하고 녹음 스튜디오에서 최고의 성과를 얻는 방법을 설명한다. 또한 코칭 팁과 녹음 세션 관리를 위한 절차 팁을 포함한다.

17.1 성공을 위한 스크립트

디자인 목표 중 하나가 언어학적으로나 사회적으로 친숙한 사용자를 위한 매력적인 경험을 만드는 것이라면, 필수적인 단계는 성우가 사용자와 시스템 사이의 실제 인터랙션의 맥락에서 원활하게 흐르는 메시지를 전달할 수 있도록 하는 스크립트 작성이다. 잘다듬어진 녹음 스크립트는 프롬프트가 잘못된 운율과 함께 전달되거나 피곤하거나 불안하거나 혼란스럽게 들리지 않도록 할 수 있다. 따라서 디자인 목표 중 하나의 성공 여부는 두 가지 일반적인 관심 분야에 따라 달라진다.

1. 성우는 적절한 페르소나와 운율을 포착한 녹음을 사용자에게 전달하기 위해 필요한 정보에 접근할 수 있어야 한다. 즉, 시스템과 사용자 간의 실제 인터랙션 맥락에서 프롬프트 기능에 적합한 억양, 강세 패턴, 표현 및 음성 비율을 알아야 한다.

2. 성우의 스크립트는 사용하기 쉽도록 포맷해야 한다. 스크립트는 분명하고 읽기 쉬워야 하며 성우에게 시각적으로나 정신적으로 피로하지 않아야 한다.

17.1.1 도입 사례 연구

앞서 언급했듯이 17장에서 스크립트 준비에 관한 두 가지 주요 아이디어는 성우에게 적절한 맥락을 제공하고 성우의 편안함과 편리함을 고려해 자료를 포맷하는 것이다. 이는 고품질의 훌륭한 결과를 얻기 위한 필수 조건이지만, 그림 17-1에 나온 스크립트 발췌에서 보듯이 실제로 자주 무시된다(실제 프롬프트 텍스트는 익명성을 위해 변경됐다).

스크립트는 명시적으로 그렇게 말하지 않지만, (왼쪽에서 오른쪽으로) 첫 번째 열은 스크립트의 항목 번호를 가리킨다. 두 번째는 오디오 파일의 이름이다. 세 번째는 기록할 텍스트다. 마지막 열은 개별 오디오 파일에 관한 엔지니어 노트다.

그림 17-1의 발췌문은 성우보다 기술자를 더 많이 고려한 것처럼 보인다. 일반적으로

368

이 스크립트는 맥락에 따라 기록의 기능을 밝히는 정보를 제공하지 않는다. 이 특정 애플리케이션에서 발생하는 것처럼, 문제의 항목은 예제 (1)과 같이 기록돼야 한다.

1.	PR-310	a Chrysler LeBaron	ADD
2.	PR-319	a Chrysler LeBaron	ADD (copy from PR-310)
3.	PR-320	a Chrysler LeBaron	UPDT (copy from PR-310)
4.	PR-321	a Chrysler LeBaron	ADD (copy from PR-310)
5.	PR-330	a Chrysler LeBaron	UPDT (copy from PR-310)
6.	PR-332	a Chrysler LeBaron	ADD (copy from PR-310)
7.	PR-340	a Chrysler LeBaron	UPDT (copy from PR-310)
8.	PR-343	a Chrysler LeBaron	ADD (copy from PR-310)
	...		
31.	PR-AB6	a Chrysler LeBaron	UPDT (copy from PR-310)

그림 17-1 실제 스크립트에서 발췌한 이 발췌문은 성우보다 기술자에 대한 더 많은 관심이 필요함을 보여준다.

(1)

"Your vehicle, a Chrysler LeBaron, will be ready for pick-up on…"
"당신의 차량인 크라이슬러 르 바론(Chrysler LeBaron)이 픽업 준비를 마칠 것입니다…"

즉, 제조 및 모델 정보는 문장 내에서 최종이 아닌 위치에 서 있는 자체적인 호흡 그룹으로 기록돼야 한다. 또 다른 가능성은 예제 (2)와 또 다른 가능성은 제조사와 모델을 (2)에서와 같이 최종 위치에 있는 단일 연속 호흡 그룹으로 전달하려는 후반에 기록하는 것이다.

(2)

Your vehicle is a Chrysler LeBaron. "당신의 차량은 크라이슬러 르 바론입니다."

두 경우 모두 "a Chrysler LeBaron크라이슬러 르 바론"의 억양은 맥락에 따라 결정된 기능과 발음에 배치돼 있다.

맥락 파악에 대한 기본적인 우려 부족은 이 스크립트 전체에 걸쳐 여러 가지 다른 방법으로 나타난다. 다른 절에는 일반적으로 "a", "an", "the", "or", "and", "if"와 같이 맥락 외의 작은 기능어가 나열돼 있다. 게다가 이 스크립트는 다른 문서에서 자동으로 생성돼 파일명별로 엄격한 알파벳 순서에 따라 정렬된 것으로 보인다. 결과적으로 차량 유형 단편과 같은 다중 매체 메시지의 일부는 스크립트로 분산되며, 종종 수십 페이지로 구분된다. 그러나 사용자는 물론 여러 개의 메시지를 하나의 단위로 경험하게 될 것이기 때문에, 스크립트와 같이 그룹화하는 것이 가장 좋다.

또 다른 이상한 점은 이 발췌문에 나오는 차량 유형이 스크립트의 9줄을 차지하며, 그 중 8줄은 연속적이다. 차량 유형은 그들 모두가 똑같이 활용돼야 한다는 것을 의미하는가? 아니면 그 9가지 사건이 그들이 다소 다르다는 것을 암시하는가? 시간과 노력은 말할 것도 없고 왜 그렇게 많은 공간과 잉크를 불필요한 중복에 전념하는가(단 한 번의 녹음만이 목적이었고 나머지는 오디오 파일의 사본이었다)? 녹음 세션 중에 관심의 중심이 돼야 하는 성우를 위한 맥락별 단서나 방향 노트를 찾고자 할 때, 대신 음향 엔지니어를 위한 파일 복사 및 명명 작업을 명령하는 노트를 발견한다. 아마도 성우나 감독은 왼쪽의 항목을 기록해야 하는지 알아보기 위해 이러한 파일 관리 노트를 읽은 것으로 간주된다.

이 스크립트의 형식은 추가적인 문제가 있다. 예를 들어 10포인트 유형으로 인쇄된 493개의 프롬프트를 나열한다. 이러한 스크립트는 쾌활하고 매력적으로 들리는 인터페이스 목소리를 연기하는 성우에게 영감을 주지 못하고 오히려 두통이나 눈에 피로감을 줄 가능성이 더 높다.

이 스크립트를 향상시켜 여러 방법으로 성우에게 운율학적으로 정확하고 자연스러운 소리로 읽는 데 필요한 정보를 제공할 수 있다. 다음 절에서 다룬다.

17.1.2 스크립트 팁

성우의 맥락별 지식을 구축하고 가능한 한 최상의 전달을 보장하기 위해 무엇을 할 수 있는가? 다음 절에서는 성우가 맥락을 이해하고 기록할 메시지의 운율 요건을 이해하는 데 도움이 되는 기법과 프로토콜을 설명한다.

또한 성우는 애플리케이션의 대상 사용자, 기능 영역, 상위 비즈니스 목표 등에 대한 정보뿐만 아니라 페르소나와 관련된 지시도 받아야 한다. 17.3.1절에 설명돼 있다.

유용한 지침 노트 작성

지침 노트는 특별한 "주석" 열에 배치할 수 있다. 지침 노트는 맥락별 단서(예: 앞의 프롬프트가 무엇이었는지, 사용자가 방금 말한 내용, 성우가 적절한 운율로 프롬프트를 전달하는 데 도움이 되는 정보 등)를 설명한다. 그림 17-2를 참조한다.

아이템 넘버	텍스트	주석	파일명
18	What's the account number? (계좌 번호는 무엇입니까?)	첫 번째 요청(하강 억양)	get_acct_num_ini
19	What was that account number? (계좌번호가 뭐라고 하셨습니까?)	반복 요청(상승 억양)	get_acct_num_err1
20	Tell me the account number one more time. (계좌 번호를 한 번 더 말씀해 주세요.)	앞서 "죄송하지만, 아직 이해하지 못했어요."	get_acct_num_err2
...			
73	Okay, main menu. (알겠습니다. 메인 메뉴요.)	"알겠습니다"는 밝고 긍정적이며, 호출자가 메인으로 돌아가라고 했다.	acknow_mainmenu.wav
74	Okay then, let's go back to the main menu. (네, 그럼 메인 메뉴로 돌아가겠습니다.)	"네, 그럼" = "문제없어요" 맥락: 시스템: 계좌를 재충전하시겠습니까? 호출자: 아니요. 시스템: 네, 그럼	acknow_no.wav

그림 17-2 좋은 지침 노트("논문" 열에 표시)는 각 프롬프트에 대한 맥락을 성우와 감독에게 제공한다.

많은 성우들은 숫자를 단어로 쓰지 않는 것을 선호한다(예: "27"). 특히 전화번호 및 시간과 같이 익숙한 규칙을 따르는 숫자 문자열의 경우 더욱 그렇다. 이러한 경우 성우가 잠재적으로 모호한 형식을 해석할 수 있도록 지침 노트에 의존한다. 숫자 "0"은 "oh" 또는 "zero"를 의미하는가? "1200"은 "one two zero zero" 또는 "twelve hundred"를 의미하는가? '727'은 'seven two seven'을 의미하는가, 아니면 'seven twenty-seven'을 뜻하는가? 특히 VUI 사용자는 애플리케이션 자체가 나타내는 특정 언어 형식과 동작을 채택하고, 프롬프트를 통해 보강한다는 점을 고려할 때 중요한 질문이다.

주석 열의 또 다른 용도는 나중에 나올 예제 (3)과 같이 발음 팁을 위한 것이다. 그림 17-3의 "주석" 열은 일부 특이한 도시 이름이 어떻게 발음돼야 하는지를 보여주기 위해 비공식적인 시스템을 사용한다.

이 예에서 음성 표기는 비공식적이므로, 표기가 모호하거나 혼동을 주지 않도록 해야 한다. 스크립트를 완성하기 위해 음성 발음 표기를 몇 명의 동료에게 사용해볼 수도 있다.

맥락: "물론, 메인주 뱅고르의 날씨가 여기 있습니다."

아이템 넘버	텍스트	주석	파일명
44	Bangor,	Maine (뱅고르, | 메인)	"BANG-gore"라고 말한다.	bangor.wav
45	Coeur d'Alene,	Idaho (코우르 알렌, | 아이다호)	"kerr-duh-LENN"	coeurdalene.wav
46	Nacogdoches,	Texas (나코그도케스, | 텍사스)	"nag-uh-DOE-chiz"	nagodoches.wav
47	Pawtucket,	Rhode Island (포터킷, | 로드아일랜드)	"puh-TUCK-it"	pawtucket.wav
48	Worcester,	Massachusetts (우스터, | 매사추세츠)	"WOOS-ter" (first syll. rhymes w/ "puss")	worcester.wav

그림 17-3 "주석" 열에는 생소한 용어의 발음이 포함될 수 있다.

그룹 관련 항목과 맥락화

기능이 유사한 프롬프트를 함께 보관한다. 사용자가 시스템과 실제 인터랙션할 때 들을 수 있는 방법에 따라 주문한다. 즉, 초기 프롬프트 또는 최상위 프롬프트를 먼저 표시하고 오류 프롬프트가 순서대로 표시돼야 한다. 맥락에 맞는 참고 사항을 제공한다(그림 17-4 참조).

그러한 항목을 그날 기록되는 모든 항목과 함께 파일명별로 엄격한 알파벳 순서로 배열해 찾는 것이 일반적이다. 알파벳순으로 정렬하기 때문에 오류 프롬프트가 초기 프롬프트나 최상위 프롬프트보다 먼저 나타나는 많은 스크립트가 보였다. 설상가상으로 이러한 많은 스크립트에서 파일 이름 자체는 "초기" 대 "초기 오류" 대 "도움말"과 같은 프롬프트 기능을 나타내지 못한다. 대신 상태별로 좀 더 직관적인 프롬프트 순서를 결정하고 일관성을 유지한다.

또한 성우가 20.wav 대신 get_time_err2와 같은 직관적으로 찾을 수 있는 프롬프트 이름을 제공하도록 도와준다. 스크립트에서 자료를 더욱 직관적이고 일관성 있게 제시할수록 장기적으로 코칭이 덜 필요할 것이다.

특히 연결 항목과 관련된 경우에는 스크립트에서 운율적으로 관련된 항목을 함께 보관한다. 애플리케이션이 하강하는 최종 억양 윤곽선을 가진 자릿수의 기록이 필요한 경우(%1—11장 참조) 이 숫자를 순서대로 기록한다. 마찬가지로 억양이 증가하는 모든 자리(%3)를 별도의 그룹으로 기록하고, 모든 숫자를 예비 그룹, 비최종 억양이 있는 모든 자리(%2)를 또 다른 그룹으로 기록한다.

아이템 넘버	텍스트	주석	파일명
17	감사합니다, 이제 몇 시에 시작할까요?		get_time_ini
18	죄송합니다. 약속 시작되면 다시 말해주세요.	앞서: 시스템: "제가 그 [약속 세부 사항]을 올바르게 받았습니까?" 호출자: 아니요.	get_time_reentry
19	죄송하지만, 몇 시인가요?	상승 억양, 호출자의 첫 번째 오류 발생	get_time_err1
20	아직도 이해 못했어요. 예를 들어 "오전 8시"와 같이 몇 시에 예약이 시작되는지 말해주세요.		get_time_err2
21	물론 도움이 됩니다. 이 약속을 달력에 넣으려면 시작 시간을 알아야 합니다(예: "오전 8시"). "다시 시작" 또는 "기본 메뉴"라고 말할 수도 있습니다.		get_time_help

그림 17-4 유사한 항목 그룹과 주문에 따라 주문하면 호출자는 들을 수 있다.

지지하지 않는 대중적인 대안은 "one(하나)"(상승), "one(하나)"(일시적, 비최종) 및 "one(하나)"(하강, 최종), "two(둘)," "two(둘)," "two(둘)," 등의 세 가지 억양 유형을 삽입하는 것이다. 이 접근 방식은 인터리브 시퀀스$^{interleaved\ sequence}$로 인해 대부분의 성우가 자동으로 목록 억양으로 되돌아가게 되며, 이는 비최종/사전(%2)으로 의도된 녹음은 상승 버전(%3)과 동일하거나 최소한 매우 유사하게 들리게 된다는 것을 의미하기 때문에 오류 발생 가능성이 매우 높다. 이 경우 억양 목록은 부주의하고 바람직하지 않은 표현이다.

기본 숫자를 달러 단위로 다시 읽는 애플리케이션을 고려한다. 기본 숫자는 0~99, 100~900, 1000~99,000 등이 있다(경우에 따라 애플리케이션은 월 이름과 서수로 구성된 날짜로 다시 읽기도 하지만, 이 경우는 뚜렷한 운율과 의미 모듈을 구성하기 때문에 별도로 처리한다).

어쨌든 이 모든 자료들을 스크립트화할 수 있는 몇 가지 방법이 있다. 항상 그렇듯이 그림 17–5에서와 같이 운율학과 의미론적으로 관련된 항목을 함께 보관하고 적절한 맥락을 제공한다.

맥락: "여기 통장 잔액이 582달러와 65센트가 있습니다."

아이템 넘버	텍스트	파일명
157	... 100 ┃ 달러 ┃ 1센트.	100.wav dollars_nonfin.wav and1cent.wav
158	... 200 ┃ 달러 ┃ 2센트.	200.wav and2cents.wav
159	... 300 ┃ 달러 ┃ 3센트.	300.wav and3cents.wav
160	... 400 ┃ 달러 ┃ 4센트.	400.wav and4cents.wav

그림 17–5 운율학 및 의미론적으로 관련된 항목을 함께 보관하고 적절한 맥락을 제공한다.

맥락 머리말의 밑줄 친 단어는 스크립트의 이 부분에 대한 녹음 대상이다. 파이프 기호(┃)는 연결 단절을 나타내며, 이러한 지점에서 성우는 일시 정지를 조금만 허용해야 음향 공학자가 잘라내 원하는 테이크를 저장하기에 충분한 공간을 확보할 수 있다. 생략 기호(…)인 연속 단절의 일반적인 지표보다 파이프 기호를 선호하는 이유는 두 가지가 있다. 첫째, 생략 기호는 종종 더 두드러지고, 더 길게 끄는 일시 정지를 제안하는 데 사용되며, 이는 차례로 이전 자료의 운율에도 상당한 영향을 미친다. 둘째, 파이프 기호는 단순히 수평 공간을 덜 차지한다.

그림 17–5에서 각 항목은 적어도 두 개의 파일을 잘라내 저장한다. 이런 식으로 스크립트를 구성하는 데 많은 시간이 소요될 수 있지만 이 예제는 스크립트가 효율성을 염두에 두고 준비될 수 있고 여전히 맥락상 녹음의 모든 이점을 제공할 수 있다는 것을 보여준다. 물론 시간의 압박을 받는 상황에서 이 정도의 희박함과 경제성으로 스크립트를 조작하는 것이 항상 실용적인 것은 아니다. 그림 17–6의 발췌문은 그림 17–5의 더 단순한 버전이지만, 결과적으로 더 긴 스크립트가 필요할 것이다.

대부분의 개발자들은 시간이 많이 소요되는 그림 17-5의 언어적으로 전략을 짠 스크립트보다 그림 17-6의 더 빠르고 더 간단한 준비를 선호한다.

맥락: "여기 통장 잔액이 <u>500</u>달러와 65센트가 있습니다."

아이템 넘버	텍스트	파일명
157	... 100 ...	100.wav
158	... 200 ...	200.wav
159	... 300 ...	300.wav
160	... 400 ...	400.wav

그림 17-6 그림 17-5의 이 단순한 버전은 더 긴 스크립트를 필요로 할 것이다.

맥락: "···그리고 이자로, 당신은 <u>10월 7일</u>에 1달러 69센트를 벌었습니다."

아이템 넘버	텍스트	파일명
24	... │ 1월 │ 1일에.	on_january.wav 1st_fin.wav
25	... │ 2월 │ 2일에.	on_february.wav 2nd_fin.wav
26	... │ 3월 │ 3일에.	on_march.wav 3rd_fin.wav

그림 17-7 몇 월과 서수들을 함께 녹음하면 더 자연적으로 들리는 결합이 만들어질 것이다.

같은 스크립트 기술이 날짜에 적용된다. 그림 17-7과 같이 "1일"부터 "31일"까지 스크립트를 작성하고 월과 함께 포착할 수 있다. 자르기 쉽도록 성우가 월과 서수 사이에 약간의 공간을 남겨둔다. 또는 서수 및 월을 별도의 목록에서 더 쉽게 포착할 수 있다(여기에는 표시하지 않음). 어느 쪽이든 항상 맥락을 제공해 자연적으로 들리는 결과를 보장해야 한다.

그림 17-8은 스포츠 애플리케이션에서 승점을 표시하는 숫자 세트를 어떻게 스크립트로 작성할 수 있는지 보여준다.

승점 순서는 서술문(평서문)의 끝에 해당한다고 가정할 때 다소간에 상승하는 억양 윤곽선에 부합한다. 이러한 쌍을 자연발생적인 맥락에서 포착함으로써, 더 많은 자연스러운 결과를 얻을 수 있다.

또한 필요에 따라 연결하기보다는 뒤에 오는 번호로 "to" 녹음을 하는 것이 좋다. 전치사 'to'가 그 자체로 녹음해 숫자와 연관시키면 숫자 "2"처럼 들리는 경우가 많은데, 이런 맥락에서 혼란스럽다. 전치사 "to"는 감소된 모음(schwa)으로 대화식으로 발음되는 반면 "two"는 결코 감소되지 않기 때문이다.

맥락: 메츠는 파드레스를 <u>13대 7</u>로 물리쳤다.

아이템 넘버	텍스트	파일명
117	… 9 │ 대 8 │	9_rising.wav to_8.wav
118	… 8 │ 대 7 │	8_rising.wav to_7.wav
119	… 7 │ 대 6 │	7_rising.wav to_6.wav

그림 17-8 스포츠 경기 점수를 스크립트로 작성하는 방법이다.

다시, 많은 개발자들은 높은 점수와 낮은 점수를 별도의 녹음 그룹으로 녹음하는 것을 선호한다. 이 경우 성우가 적절한 운율과 함께 대상 파일을 전달하기 위한 맥락에 익숙해야 한다. 이 스크립트 작성 기법은 고온과 저온 시퀀스와 같은 여러 다른 시나리오에 적용된다(예: "…최고 온도 72도 및 최저 온도 63도").

대조적인 강세 나타내기

맥락상 특정 단어(대조적 강세)를 특별히 강조할 필요가 있는 경우 이것을 스크립트에 표시해야 한다. 그림 17–9는 이탤릭체로 대조적인 강세를 표시할 수 있는 방법을 보여준다(이러한 프롬프트는 다양한 애플리케이션에서 발췌했다).

특별하거나 비정상적인 강세 패턴은 다음에 나올 (3)과 같이 강조 표시, 밑줄 또는 대문자로 표시할 수도 있다.

(3)

Is thát right?

Is <u>that</u> right?

Is THAT right?

현명하게 구두점 사용

대부분의 성우들은 구두점을 꽤 심각하게 받아들인다. 음성학적 조언과 지시 노트와 함께 구두점 등 세부 사항을 관찰하는 것은 이 업계의 전문성을 상징한다.

알파벳순 정보

맥락이 불분명한 파일 이름에 의해 알파벳 순서로 정리되는 스크립트로서, 적절한 운율을 전달하는 데 필수적이다. 이론적으로는 알파벳 순서가 반드시 바람직하지 않은 문맥의 둔감함을 내포하는 것은 아니지만, 실제로 보면 항상 그런 것처럼 보인다. 따라서 감독과 성우는 스크립트에서도 맥락을 파악할 필요가 있으며, 양쪽 모두에 과도한 인지 부담을 준다.

실제 스크립트에서 발췌한 예 (4)를 고려한다.

(4)

Eighty–three thousand

Eighty–two

Eighty–two thousand

Eleven

Eleventh

eleven thousand February

Fifteen

fifteenth

fifteen thousand

fifty

fifty thousand

fifty-eight

fifty-eight thousand

fifty-five

fifty-five thousand

운율적으로 적합성을 보장하는 것이 목표인 경우 기수, 서수 및 월의 혼란은 정신적으로 큰 부담이 된다. 이러한 항목들이 동일한 억양 음조 곡선으로 기록될 가능성은 매우 낮으므로, 음성 감독은 성우가 항목에서 항목으로 진행됨에 따라 지시하고 방향을 전환해야 할 것이다. 성우는 각 항목에 대해 서로 다른 맥락을 내면화해 텍스트에 민감하고 운율적으로 적절하게 전달해야 할 것이다.

다시 말해, (4)에서의 자료의 표현은 많은 불필요한 정신적 기어 변환이 필요하다. 그리고 궁금한 점이 있다면 대문자로 시작해야 하는 항목과 그렇지 않은 항목이 있는 이유는 분명하지 않지만, 다른 항목은 형식상의 문제가 된다. 이 다루기 힘든 목록을 그림 17-5, 17-6, 17-7에서 권장하는 동일한 자료로 더욱 관리하기 쉬운 배열과 비교한다.

스크립트는 특정한 도구가 만들어지는 방식 때문에 종종 알파벳순으로 정렬된다. 이러한 도구는 다이얼로그 규격 문서와 같은 문서에서 파일 이름과 관련 텍스트를 추출한 다음 결과를 정렬하도록 디자인됐다. 그러나 알파벳순은 항목이 서로 관련되는 방식에 대한 성우의 맥락 지식을 항상 촉진하는 것은 아니다.

아이템 넘버	녹음된 텍스트	주석	파일명
15	I *think* you said goodbye, but I'm not sure. So, are we done for now? (작별 인사를 했다고 생각하지만 잘 모르겠습니다. 이제 끝났습니까?)	System needs to verify before signing off. (시스템이 종료하기 전에 확인해야 한다.)	confirm_goodbye_ini
16	Okay, now how *much* do you want to pay? (알겠습니다, 얼마를 지불하고 싶으신가요?)	Previous prompt was "What bill do you want to pay?" (이전의 프롬프트는 "어떤 청구서를 지불하시겠습니까?"였다.)	get_amount_ini
17	You don't *have* any messages. (메시지가 없습니다.)	Caller just said "Get my messages." (호출자가 방금 말했다. "내 메시지를 알려줘.")	no_messages
18	Is *that* right? (그게 맞습니까?)	To confirm 2nd or 3rd item on N-best list: "What about 'Texas'? Is that right?" N-베스트 목록에서 두 번째 또는 (세 번째 항목을 확인하려면: " '텍사스'는? 그게 맞습니까?")	

그림 17-9 이 스크립트는 이탤릭체를 사용해 대조적인 강세를 나타낸다.

첫째, 쉼표를 고려해본다. 예를 들어 (5)의 메시지의 운율은 (6)의 메시지와 다르다.

(5)

죄송합니다. 이해하는 데 문제가 있습니다. 다시 시작하겠습니다.

(6)

이해하는 데 문제가 있어서 죄송합니다. 다시 시작하겠습니다.

구체적으로 (5)에서 "이해하는 데 문제가 있습니다"는 문구는 "불행히" 또는 "유감스럽게"와 같은 문장 초기 분리 부사와 유사한 뚜렷한 전환 요소인 "죄송합니다"로 앞면을 장식하고 있다. 그래서 여기에는 세 가지 운율적인 그룹이 있다. "죄송합니다", "이해하는 데 문제가 있습니다", "다시 시작하겠습니다"이다. 이와는 대조적으로 (6)은 그러한 두 가지 운율적인 그룹으로 구성돼 있는데, 첫째는 "이 어려움에 대해 죄송합니다", 둘째는 "다시 시작하겠습니다"이다.

대수롭지 않게 보일지 모르지만 운율의 본질적인 측면인 사고 그룹에 대한 쉼표가 전달에 어떤 영향을 미칠 수 있는지, 듣는 사람의 인식에 어떤 영향을 미칠 수 있는지를 보여주는 예일 뿐이다. 쉼표를 생략하거나 속하지 않는 곳에 삽입하는 것은 또한 독자나 청자에게 이해할 수 없거나 문법에 맞지 않는 결과를 초래할 수 있다. "등록번호가 무엇인지 말해주세요"라는 프롬프트는 마치 영어가 모국어가 아닌 학생이 쓰거나 말하는 것처럼 문법에 맞지 않는 것 같다. 작가가 실제로 의도한 것은 "말해보세요, 등록번호가 몇 번이지?"라는 말이었다. 쉼표가 없다면 문법에 맞지 않는다.

기간은 "최종" 억양을 제안한다. 즉, 상대적으로 낮은 음조로 떨어지는 멜로디를 제안하므로 적절하게 사용하고 있는지 확인해야 한다. 예를 들어 (7)의 각 항목 다음에 마침표가 뒤따르며, 따라서 하강-최종 음조 곡선과 함께 전달된다.

(7)

. . . 2001.
. . . 2002.
. . . 보잉 727.
. . . MD-11.

습관적인 힘 때문인지 최종 음조 곡선이 의도하지 않은 경우에도 각 스크립트의 끝에 마침표를 붙이는 경향이 있는 것 같다. 우리는 그 관행에 반대하는 것을 추천한다. 적절한 경우에만 마침표를 사용해야 한다.

콜론 역시 운율적으로 의미가 있다. (9)와 (11)의 콜론 효과와 (8)과 (10)의 콜론 부족 효과를 각각 비교한다. 대괄호는 (10)과 (11)에 텍스트 음성 변환 자료를 표시한다.

(8)

당신의 선택은 핌코 단기 펀드, 핌코 안정 가치 펀드 또는 핌코 외국 펀드입니다.

(9)

당신의 선택은: 핌코 단기 펀드, 핌코 안정 가치 펀드 또는 핌코 외국 펀드입니다.

(10)

거리 주소는 [1313 모킹버드 레인]입니다.

(11)

거리 주소는: [1313 모킹버드 레인]입니다.

이 예제에서 각 시작 구문의 끝에 있는 콜론(:)은 자연스럽게 녹음된 오디오의 연결된 목록 또는 TTS보다 우아하게 전달된다. 이 콜론은 성우에게 스스로 그 항목을 단일 호흡 그룹으로 처리하도록 지시하고 자연스러운 멈춤을 요청한다. 이는 다시 첫 번째 연결 중단과 일치한다.

아마도 분명해 보이지만 괄호는 괄호 안에 있는 함수를 나타내는 정보를 나타내는 가장 좋은 방법이므로 (12), (13), (14)에서와 같이 괄호 안에 전달할 것을 요구한다.

(12)

다음번에 전화할 때 음성을 알아볼 수 있도록 몇 번이나 음성을 녹음해야 합니다(이것은 오늘 한 번만 하면 됩니다).

(13)

알겠습니다. 여기에 재무 보고서가 있습니다. …(기억해주세요. 모든 시장 데이터는 최소 20분 지연됩니다.)

(14)

> 언제든지 "메인 메뉴" 또는 "고객 서비스"라고 말할 수 있습니다(끝나면 언제든지 전화를 끊어
> 도 좋습니다). 그럼, 무엇을 원하십니까?

괄호는 일관성 있게 사용해야 하므로 지침 노트를 구분하는 데 사용하면 안 된다(예: "Friendly"). 혼란을 피하기 위해 대괄호와 같이 노트를 넣을 수 있다. 또는 17장에서 설명한 바와 같이 프롬프트 텍스트로부터 모두 분리하고 해당 열로 구분할 수 있다.

예를 들어 "영업 시간은 EST로 월요일–금요일, 오전 8시 30분–오후 8시 30분입니다"의 대시(–)와 같이 여러 가지 방법으로 읽을 수 있는 기호를 피해야 한다. 이 메시지는 "영업 시간은 동부 표준시로 월요일부터 금요일, 오전 8시 30분에서 오후 8시 30분입니다"로, 첫 번째 대시는 "~부터(through)"로, 두 번째 대시는 "~에서(to)"로 대체됐다. 또한 "EST"는 명확성을 위해 "동부 표준시"로 다시 작성됐다.

때때로 인쇄상으로는 의미가 있지만 큰소리로 읽히는 데는 도움이 되지 않는 프롬프트를 발견한다. 예를 들어 "대리인/상담원에 연결하려면 0을 누르십시오." 이 프롬프트의 저자는 어떻게 성우가 "대리인/상담원"을 읽도록 의도하는가? 성우는 "대리인 '슬래시(/)' 상담원"이라고 해야 하는가? "대리인 및/또는 상담원"? 아니면 어쩌다가 수정을 피하기 위해 적은 메모인가? 어떤 경우든 "고객 서비스 담당자와 통화하려면 0번을 누르십시오"와 같은 것을 추천한다.

실질적인 가이드라인 준수

마지막으로 스크립트를 준비할 때 명심해야 할 몇 가지 실질적인 가이드라인이 있다.

- 큰 글꼴을 사용한다.
- 1.5배 또는 2배의 간격을 사용한다.
- 가로 모드로 스크립트를 인쇄한다(긴 것보다 넓다). 가로 모드는 우리가 추천한 칼럼들을 수용할 것이다. 특히 성우의 눈이 몇 마디 말마다 끊임없이 줄에서 줄

까지 뛰어야 하는 것에 지치지 않도록, 성우의 관심의 중심인 프롬프트 텍스트 칼럼을 가능한 한 넓게 만들어 보도록 노력한다.

- 프롬프트 간 페이지를 방해하지 않고 구분한다.
- 스크립트 및 페이지에 항목의 번호를 지정한다.
- 스테이플러로 고정하지 않는다. 대부분의 성우는 한 번에 한 페이지씩 작업하는 것을 선호한다. 스테이플러로 고정된 스크립트는 다루기 힘들다.
- 최신의 스크립트를 유지한다. 나중에 버전 관리 문제를 피하는 데 도움이 될 것이다.

17.2 성우 선택

성우를 신중하게 선택하는 것은 성공적인 브랜드 사용자 경험을 만드는 데 필요한 요소다. 다음은 애플리케이션에 적합한 성우를 선택하기 위한 중요한 고려 사항이다.

17.2.1 전문성과 경험

라디오, 애니메이션, CD-ROM, 다큐멘터리 영화, 산업 훈련 비디오, 공항 안내, 정보 동영상 등 다양한 분야로 구성된 보이스 오버Voice Over[1] 산업은 광대하다. 그러나 VUI는 독특하고 중요한 과제를 제시한다. 예를 들어 성우가 기내 안전 및 비상 절차에 대한 교육용 비디오를 녹음할 때, 각 발화의 의미와 맥락이 자명하기 때문에 대부분의 성우들은 큰 방향성을 필요로 하지 않을 것이다. 그러나 음성 애플리케이션의 경우 주어진 녹음이 시스템과 사용자 사이의 더 큰 인터랙션에 어떻게 적합할지는 종종 명확하지 않다. 성우는 각 발화의 맥락을 내면화하기 위해 의식적인 노력을 해야 하며, 항상 "이

---

1 영화나 텔레비전 프로그램 등에서 화면에 나타나지 않는 인물이 들려주는 정보나 해설 등을 말한다. – 옮긴이

녹음은 맥락에 따라 어떻게 들릴까?"라고 생각해야만 한다.

또한 VUI는 서로 다른 많은 정보를 포함하는 길고 복잡한 도움말 프롬프트로 악명 높다. 성우는 그러한 별로 안 좋은 정보 묶음을 힘들이지 않는 태도로 사용자에게 전달할 수 있어야 한다. 음성 시스템에 익숙한 성우들은 이러한 긴 프롬프트의 의미를 빠르게 파악하고 올바른 억양으로 전달해 청자를 원활하게 안내할 수 있다.

음높이 및 리듬과 같은 운율 변수를 조작하는 능력은 연결 집약적 VUI의 성공과 매우 관련이 있다. 성우는 다른 억양 음조 곡선을 구별할 수 있을 뿐만 아니라 원하는 에너지, 음색, 분위기 또는 페르소나를 해치지 않고 그것을 생산할 수 있는 귀를 가져야 한다. 또한 숙련된 성우는 "SEVENTeen" 대 "sevenTEEN"과 같이 독립적으로 강세 변화를 수행할 수 있어야 한다.

숙련된 성우는 다양한 종류의 발음에 민감하다. 적절한 지시를 받은 숙련된 성우는 음성 진행을 유지해야 한다. 페르소나 디자인은 사회경제적, 지역적, 민족적 다양성 또는 문체 다양성에 기초해 발음 차이를 지시할 수 있다.

17.2.2 코치 능력

일부 음악가들은 자신이 연주하는 음악과 연주하는 악기에 대해 기술적인 이해력을 갖고 있지만, 다른 음악가들은 여전히 피아노로 "연주하다"라고 말할 수 있다. 성우들 사이에는 비슷한 이분법이 존재한다. 특히 VUI가 연결에 의존할 경우 자신의 악기에 대한 기술적 지식과 통제력을 갖고 있으며 기술적 방향을 잘 취하는 성우를 찾는 것은 시간을 들일 가치가 있다. 음성 통제력이 불량하거나 억양 음조 곡선에 맞출 수 없거나 방향을 잘 잡지 못하는 성우는 간단한 3시간에서 4시간 정도의 녹음 세션을 추가로 편집하는 데 걸리는 시간을 포함해 하루 종일 걸릴 수 있다. 물론 단순히 오디션을 개최하면 성우가 코치 가능한지 알 수 있다(잠시 후에 논의한다).

17.2.3 페르소나에 맞추기

애플리케이션에 대해 원하는 페르소나를 포착하고 그 캐릭터를 전화상으로 일관되고 효과적으로 투영할 수 있는 성우를 선택한다. 성우의 특정 페르소나에 대한 적합성은 짧은 오디션에서 결정될 수 있다.

17.2.4 데모 테이프(또는 CD)와 오디션

데모 테이프나 CD는 음성 선택 범위를 좁히기 위해 필수적이지만 오디션을 대신할 수는 없다. 몇 가지 주요 연기 영역을 심사하는 것은 성우의 기술 수준과 음성 애플리케이션에 대한 적합성을 정확하게 보여주는 것이어야 한다.

- "최상의 경로" 및 오류 시나리오를 포함한 몇 개의 샘플 다이얼로그를 녹음해 성우의 페르소나를 해석할 수 있는 능력을 결정한다. 이러한 페르소나 샘플을 녹음할 때 성우가 예상한 것보다 더 깊이 있는 캐릭터를 발견할 수도 있다.

- 날짜, 시간대, 금액, 여행 일정, 운전 경로 등을 포함한 연결 집약적 메시지의 방향을 결정하는 성우의 능력을 판단한다.

- 누구나 큰 소리로 한 구절을 읽을 때마다 듣는 사람은 그 내용을 얼마나 잘 이해하고 있는지를 알 수 있다. 어떤 사람, 심지어 성우도 자신이 잘 이해하지 못하거나 전혀 이해하지 못하는 구절을 읽을 때, 이 역시 명백하다. 그러므로 더 어려운 언어적 상황에서 성우가 페르소나의 의미를 전달하는 능력을 테스트하는 것이 중요하다. 성우가 도움말 프롬프트나 튜토리얼과 같은 더 긴 정보 메시지를 연습하도록 한다.

- 전화상으로 뚜렷한 장애물, 과도한 "입 소음", "떨림"과 같은 음성 컨트롤 부족 또는 좋지 않게 받아들여질 수 있는 기타 음성 특성 등을 주의 깊게 들어본다.

17.3 녹음 세션 실행

성공적인 녹음 세션은 절차에 대한 숙련도와 더불어 성우와의 의사소통 방법에 달려 있다.

17.3.1 절차상 고려 사항

세션을 더욱 원활하게 진행하고 성우를 좋은 컨디션으로 유지하는 여러 가지 절차적 고려 사항이 있다. 성우는 기계가 아니라 사람이라는 것을 기억해야 한다. 사람들은 때로는 특별한 개인적 혹은 환경적 요구 사항을 수행해야 한다.

성우 준비

성우가 애플리케이션의 목적, 목표 또는 기능 영역에 관한 개요를 받지 않고 스크립트를 받자마자 메시지를 녹음하기 시작하기를 기대하면 안 된다. 앞에서 권장한 바와 같이 개별 프롬프트에 지역적 맥락을 제공하는 것 외에도, 6장에 제시된 페르소나 디자인 체크리스트에 설명된 대로 적절한 애플리케이션별 페르소나 설정에 관련이 있다고 간주된 것과 동일한 포괄적인 이슈를 성우에게 알리는 것이 중요하다.

성우가 관련 비즈니스 문제뿐만 아니라 인구 통계, 자주 호출할지 여부, 알맞은 사고방식 등과 같은 일반적인 사용자에 대한 모든 정보를 알고 있는지 확인해야 한다. 가능하면 세션 하루 전에 성우에게 녹음 스크립트 사본과 인터페이스의 페르소나 설명을 전달한다.

녹음 절차

세션이 시작되기 전에 녹음 절차를 결정하고 성우와 음향 엔지니어에게 계획을 알려야 한다. 성우가 스크립트의 각 항목을 몇 번 말해야 하는지 미리 결정해야 한다.

녹음 절차를 계획할 때 녹음 중인 콘텐츠의 특성과 애플리케이션의 작동 방식을 생각해야 한다. "1분"에서 "50분"까지, 모두 같은 억양 음조 곡선을 가지고 있거나 100개 이상의 비교적 단순한 도시와 주(예: "프로비던스, 로드아일랜드")의 목록을 녹음하고 있다고 가정하자. 이 경우 성우에게 각 항목별로 간단히 한 번 녹음하도록 지시하고, "재시도 신호가 없다면, 다음 도시로 이동하세요"와 같은 말을 덧붙인다. 이 절차는 녹음이 가능한 한 빠르고 효율적으로 도출되도록 보장할 것이다.

이 접근법은 녹음할 항목을 자주 듣지 않고, 목록이 길고 반복적이지만 단순할 때 가장 적절하다. 이때 필요한 경우가 아니면 각 시·도의 토큰을 하나 이상 끌어낼 가치는 없다. 반면 더 복잡하거나 더 많은 정보를 제공하는 메시지를 녹음하고 있거나 자주 듣게 되는 메시지를 녹음하고 있다면 성우가 각각의 메시지를 3~5번씩 녹음하도록 한다.

환영 프롬프트 또는 시스템 인사말과 함께 녹음 세션을 시작하는 것은 바람직하지 않다. 이는 모든 사용자들이 들을 수 있는 하나의 메시지로, 모든 사용자들이 가장 먼저 느낄 수 있는 인상을 줄 것이다. 그런 중요한 메시지를 읽기 전에 성우가 충분히 준비됐는지 확인하고 싶다. "계좌 번호가 어떻게 되십니까?", "죄송합니다, 이해하지 못했어요"와 같은 트래픽이 많은 다른 메시지뿐만 아니라, 연결 조각을 포함한 어렵거나 까다로운 메시지도 마찬가지다.

계획 팁

세션을 계획할 때 다음 가이드라인을 명심한다.

- **지속 시간**: 세션은 주어진 날에 4시간을 초과해서는 안 된다. 목소리 생성은 근육 활동이며, 근육은 반복적인 사용으로 피로해진다.
- **시간대**: 하루 종일 목소리가 바뀐다. 며칠 동안 녹음이 이루어진다면 일정표를 일관되게 작성한다.
- **음료**: 음료에 대한 참고 사항은 사소한 것처럼 보일 수 있지만, 이 문제는 성대에 직접적으로 영향을 미치고 녹음 음향에 영향을 주기 때문에 이 문제를 제기

한다. 음료를 마실 수 있지만 성대를 수축시키는 얼음처럼 차가운 음료는 피한다. 목을 막고 음성을 굵게 만드는 경향이 있는 유제품과 걸쭉한 주스도 피한다.

- **휴식**: 당신과 성우가 순조롭게 진행되는 느낌과 기세를 깨고 싶지 않다면, 매시간마다 짧은 휴식을 취한다.

- **앉기 대 서기**: 성우의 개인적 취향에 따른 문제지만, 녹음실에는 적당한 뒤쪽 받침대가 있는 편안한 좌석이 갖춰져야 한다. 많은 성우들이 횡격막의 통제된 관여와 더 활기찬 전달과 충만함을 촉진하기 때문에 서 있는 것을 선호한다.

17.3.2 음성 코치하기

사용자와 시스템 사이의 원활한 흐름과 편안한 대화는 부분적으로 녹음실에서 성우가 무엇을 알고 느끼는가에 달려 있으며, 음성 코치가 지식과 느낌에 영향을 준다. 음성 코치의 역할은 VUI 제작 시 매우 중요하며 과소평가돼서는 안 된다.

첫째, 애플리케이션의 목표와 기능, 사용자 인구 통계 및 심리 정보 그리고 녹음할 프롬프트의 맥락 전달을 코치하는 것이다. 게다가 코치하는 것은 일반적으로 언어에 대해 잘 알고 있어야 한다. 예를 들어 "계좌 번호가 어떻게 되십니까?"와 같은 wh-의문문[2]이 초기 요청 또는 반복 요청인지를 알고 있어야 한다. 그러한 차이가 질문의 억양 음조 곡선을 결정한다는 것을 (적어도 암묵적으로) 알아야 한다. 이 성우가 녹음실에서 느끼는 많은 부분은 음성 코치의 사회적 지능, 대인 관계 기술, 감정 민감도에 달려 있다.

일반적으로 코치는 스튜디오에서 프롬프트를 수정하면 안 된다. 아마 성우의 녹음을 들었을 때 명백히 이상하게 느껴지는 문구가 있을 수 있다. 변경해야 할 강력한 이유가 있는 경우, 변경 사항을 문서화하고 문법 작성자와 대화 상자 디자이너에게 알려야 한다.

---

2 who, where, when, what, why, how로 시작되는 의문문 — 옮긴이

프롬프트는 사용자가 들을 순서대로 녹음되지는 않으므로 녹음 세션 내내 일관성을 유지하는 것이 중요하다. 이는 마이크와의 볼륨, 거리, 에너지, 페르소나 해석의 일관성을 의미한다. 앞에서 말한 바와 같이 세션의 지속 시간, 시간대, 특정 음료의 소비 등에 유의함으로써 음질의 대부분의 불일치를 방지할 수 있다.

세션 초기에 원하는 분위기, 에너지 수준 및 페르소나를 포착하는 데 특히 성공적이라고 생각되는 하나 또는 두 개의 주요 녹음을 식별한다. 세션 전체에 걸쳐 다시 들을 수 있도록 이 녹음 파일을 유용하게 보관해야 한다. 추가 녹음 세션이 있을 경우 먼저 성우가 이전 세션에서 "음성 찾기"를 할 수 있도록 이러한 주요 녹음을 청취하게 하는 것으로 시작한다.

음성 코치는 편안하고 쾌적하고 따뜻하며 힘이 되는 환경을 조성하도록 노력해야 한다. 아울러 성우에게 긍정적인 피드백을 많이 제공해야 한다. 자신의 긍정적인 바디랭귀지를 통해 칭찬과 격려를 전달한다. 고개를 끄덕이거나 엄지손가락을 위로 추켜올리는 등의 미묘한 제스처는 녹음의 흐름을 방해하지 않고 효과적으로 안심시켜준다.

성우에게 제공할 방향의 유형과 양도 숙지해야 한다. 지나치게 지적해서는 안 된다. 다시 말해서 사물이 어떻게 들리는지 노골적이거나 기술적인 지시를 내리지 않도록 하라. 그렇지 않으면 성우를 지나치게 자의적으로 만드는 위험을 감수해야 하며, 어색하거나 부자연스럽게 들릴 수 있는 프롬프트를 초래할 수 있다. 스크립트의 특정 항목이 진전을 보이지 않는다면 좋은 원칙은 세션 후에 문제 항목으로 돌아가도록 하는 것이다.

음성 코치는 어투와 구어체 발음의 차이를 알아야 한다. 엉성한 발음은 습관적인 말투나 고립되고 의도하지 않은 말실수에 의해 야기되는 중얼거리는 말투 또는 왜곡된 말을 말한다. 어투는 명료성을 떨어뜨리고 듣기 문제를 야기할 수 있기 때문에 음성 인터페이스에서는 피해야 한다. 또한 낮은 상품 가치의 인상을 주므로 브랜딩 노력에 손상을 줄 수 있다. 형식적이고 신중한 "going to", "want to", "let me"와는 대조적으로, "gonna", "wanna", "lemme"와 같은 구어 발음은 일상적인 대화 방식이다. 성우의 발음은 언어학적으로나 사회적으로 친숙한 페르소나를 불러일으킨다는 점을 기억해야 한다. 다이얼로그와 페르소나 맥락에 적합한 발음 변형을 사용해야 한다.

무엇보다 좋은 음성 코치는 좋은 청취자다. 음성 코치는 성우가 녹음을 하는 동안 주의 깊게 듣고 있어야 한다. 코치는 운율, 모음과 자음의 특성, 바람직하지 않은 입 소음과 볼륨, 에너지, 분위기, 페르소나의 일관성에 유의해야 한다. 결론적으로 훌륭한 음성 코치는 한 번에 여러 단계를 듣고, 성우에게 맥락에 맞게 작업하고 애플리케이션의 비즈니스와 사용자 요구 사항을 충족시킬 수 있는 녹음을 제작하도록 지시한다.

17.4 결론

성공적인 음성 사용자 인터페이스가 잠재적인 사용자를 염두에 두고 디자인된 것과 마찬가지로, 녹음 스크립트는 사용자를 고려한 상태로 디자인돼야 한다. 즉, 스크립트 준비를 기본적으로 사용성 과제로 생각해야 한다. 성공적인 녹음을 전달하기 위해 성우가 알아야 할 사항을 고려한다. 맥락에서 각각의 녹음을 들을 때 호출자가 어떻게 들을지 고려한다. 따라서 스크립트는 성우의 맥락에 맞는 지식을 구축해야 하며, 가독성과 성우의 편의성을 위해 구성한다.

좋은 감독은 스크립트에 익숙할 뿐만 아니라 세션 관리의 특정 절차상 세부 사항을 숙지해야 한다. 더 중요한 것은 감독이 페르소나와 다이얼로그 디자인의 토대가 되는 비즈니스 목표와 사용자 요구 사항을 성우에게 전달해야 한다는 점이다. 또한 감독은 애플리케이션이 전체적으로 어떻게 작동하는지와 각 프롬프트를 녹음하는 방식을 맥락에 맞게 파악해야 한다. 결국 성우가 프롬프트를 녹음하는 순서는 분명히 호출자가 듣는 순서가 아닐 것이다.

단순히 비즈니스, 사용자 및 애플리케이션 요구 사항을 "이해하는 것"만으로는 충분하지 않다. 또한 감독은 이 정보를 성우에게 효율적이고 효과적으로 전달할 수 있는 능력이 있어야 한다. 좋은 감독은 성우의 최고치를 이끌어내기 위해 지지적이고 위협적이지 않은 분위기를 연출하며 세션의 어조를 설정하는 방법을 알고 있다. 마지막으로, 성공적인 감독은 예리한 청취 기술을 보유하고 있으며 맥락과 함께 사용자는 최적의 이해와 사회적으로 적합한 페르소나로서 인식할 수 있는 많은 청각적 뉘앙스로 처리할 수 있다.

18

샘플 애플리케이션: 개발, 테스트, 튜닝

우리는 현재 렉싱턴 증권사 프로젝트의 실현 단계에 있다. 구현과 통합 후 애플리케이션은 디자인이 기존 요구 사항을 충족하고 정확도가 최적인지, 다이얼로그가 효과적인 사용자 환경에 맞게 조정됐는지 확인하기 위해 테스트 및 튜닝을 거친다.

18.1 개발

개발 단계는 정의와 디자인에 이르는 모든 생각을 코드, 문법, 오디오 녹음 등 구체적인 결과물로 전환한다.

18.1.1 애플리케이션 개발

렉싱턴은 이 애플리케이션을 VoiceXML로 개발해야 한다고 결정한다. 경영진은 Voice XML의 음성 중심적 특성을 살려 향후 유연성을 확보하기 위해 독점적인 언어를 피하고 싶어 한다. 결국 애플리케이션을 스스로 업데이트할 수 있기를 원하기 때문에, VoiceXML에 대해 개발 팀의 일부 구성원을 교육시키고 있다.

개발자는 각 다이얼로그 상태에 대한 문법 슬롯과 샘플 문구의 정의를 바탕으로 문법 개발이 완료되기 전에 모듈의 단위 테스트를 위해 사용할 수 있는 간단한 스텁^{stub} 문법을 만든다. 또한 모든 백엔드 통합을 완료하기 전에 테스트를 수용하기 위해 데이터베이스 반환 값에 대한 스텁을 생성한다.

백엔드와 CTI 통합은 간단하며, 렉싱턴에 의해 구현된다. 회사는 터치톤 시스템에 최대한의 통합을 다시 사용하기로 결정한다. 고객 계정 데이터베이스는 시스템에 대한 호출 추적과 같은 개인화 기능을 수용하도록 업데이트돼, 필요한 정보를 적시적 지침에 사용할 수 있다. 더 많은 개인화를 위한 미래의 추가 사항을 수용하기 위해 쉽게 확장 가능한 프레임워크로 변경한다.

개발하는 동안 개발 팀 구성원은 VUI 디자이너와 수시로 만나 다이얼로그 사양을 완전히 이해하는지 확인한다. 개발자 중 한 명은 이러한 프롬프트를 다시 표시해 다이얼로그 상태에 대한 다중 입력 프롬프트의 필요성을 제거할 것을 제안한다. 개발과 테스트 노력을 계산할 때 이틀 간의 개발 시간을 절약할 수 있을 것으로 추정한다. 변경 사항으로 인해 다이얼로그 흐름의 자연스러움이 현저히 감소하고 호출자의 명확성이 감소될 위험이 있기 때문에 이 아이디어는 거부된다.

일반적으로 애플리케이션 개발은 일정에 따라 순조롭게 진행된다.

18.1.2 문법 개발

다양한 종류의 문법을 개발해야 한다. 규칙 기반 문법은 유도된 다이얼로그의 일부인 다이얼로그 상태에 필요하다. SLM은 더 유연한 입력을 허용하는 상태에 필요하다. 인식 문법을 위해 SLM을 사용하는 상태의 의미적 해석에는 탄탄한 자연어 문법이 필요하다.

특정 다이얼로그 상태의 규칙 기반 문법 작업을 시작할 때 해당 상태에 대해 정의된 슬롯 정의와 샘플 구문을 살펴본다. 또한 프롬프트 표현을 살펴본다. 이는 호출자가 프롬프트에 응답할 수 있는 다양한 방법을 상상하는 출발점을 제공한다.

문법을 구체화하기 전에 초기 테스트 그룹을 작성한다. 단순히 문법이 적용되는지 확인하고 싶은 구절과 문장의 목록이다. 그런 다음 문법의 정의를 구체화하고 테스트 그룹에 항목을 추가한다. 다음은 GetAccountNumber 상태의 첫 번째 문법 버전이다.

```
.GetAccountNumber
    (?Uh
     [(?Prefiller AccountNumber:number)
                        {<account_number $number>}
      Unknown {<unknown true>}
     ]
    )


Uh [uh hm um]

Prefiller [( [my the] ?account number is )
          [ it's (it is) ]
          ]


AccountNumber
    (Digit:d1 Digit:d2 Digit:d3 Digit:d4 Digit:d5 Digit:d6
     Digit:d7 Digit:d8 Digit:d9 Digit:d10 Digit:d11 Digit:d12)
    {return (strcat($d1 strcat($d2 strcat($d3 strcat($d4
            strcat($d5 strcat($d6 strcat($d7 strcat($d8
            strcat($d9 strcat($d10 strcat($d11 $d12)))))))
                                            ))))))}


Unknown [( ?i [ (do not) don't ] know ?[it (what it is) ] )
        ( ?i dunno )
        ( ?i [ (do not) don't ] remember ?it )
        ( ?i [ (do not) don't ] have it ?(with me) )
        ( [i'm (i am)] not sure )
        ( i have no idea )
        ]
```

```
Digit [   [oh zero]    {return(0)}
          one          {return(1)}
          two          {return(2)}
          three        {return(3)}
          four         {return(4)}
          five         {return(5)}
          six          {return(6)}
          seven        {return(7)}
          eight        {return(8)}
          nine         {return(9)}
      ]
```

(strcat은 GSL에서 문자열을 연결시키는 함수이며, AccountNumber 하위 문법은 12자리의 연속 문자열을 반환하는 방법을 보여준다.)

비슷한 방식으로, 유도된 다이얼로그를 사용해 모든 상태를 위한 문법을 만든다.

다음 이슈는 SLM의 부트스트래핑으로 좋은 출발점이다. 메인 메뉴에서 사용할 수 있는 것과 동일한 기능을 가지고 과거에 유사한 프로젝트를 여러 번 수행했기 때문에, 초기 SLM을 훈련하는 데 사용할 수 있는 데이터를 가지고 있다. 애플리케이션별 데이터로 훈련한 후 성능이 향상될 것으로 예상한다. 하지만 이 초기 모델은 파일럿 작업을 할 수 있을 만큼 충분해야 하며, 그 시점에는 작동 중인 애플리케이션으로 많은 데이터를 수집할 것이다. 테스트 그룹으로 사용하기 위해 데이터의 일부를 분리했다.

다음으로 SLM을 사용하는 상태를 위한 탄탄한 자연어 문법을 만든다. 이러한 상태를 위한 슬롯과 샘플 문구의 정의를 보는 것 외에도, SLM을 훈련시키기 위해 사용되는 스크립트를 살펴본다. 이는 문법에서 다뤄야 할 문구에 아이디어를 준다. 삽입어가 아닌 핵심 슬롯 채우기 문구만 다루면 된다는 점에서 문법의 개발은 간단하다. 탄탄한 문법을 위한 테스트 그룹의 규칙 기반 문법과 동일한 방식으로 하나씩 개발한다. 또한 SLM 테스트 세트의 스크립트를 추가한다.

18.1.3 오디오 제작

오디오 제작에는 성우의 선정, 녹음 세션 코칭, 프롬프트 녹음 후처리, 비언어 오디오 생성이 포함된다. 14장에서 논의한 바와 같이, 이 프로젝트의 경우 세부 디자인 단계에서 수행한 반복적 사용성 테스트로부터 페르소나에 대한 피드백을 얻을 수 있도록 조기에 성우를 선택했다. 또한 성우가 선정되자마자 회사 이름 프롬프트를 녹음하기 시작했다. 이렇게 해서 몇 주 동안 일련의 녹음 세션에서 1만 5천 개의 이름을 모두 녹음할 수 있는 시간을 가졌다.

성우를 선정하기 위해 10명의 남성 성우의 사례를 포함해 자주 작업하는 인력 대행사로부터 CD를 받았다. 페르소나 정의를 염두에 두고 두 가지 목소리로 선택의 폭을 좁힌다. 렉싱턴은 CD를 듣고 선정에 동의하며, 실시간 오디션을 위해 두 배우를 데려오기로 결정한다.

두 오디션 모두 동일한 과정을 따른다. 성우가 도착하면 페르소나 정의의 사본을 주고 애플리케이션과 페르소나에 관해 상의한다. 그런 다음 간단한 녹음 세션을 거친다. 세션은 로그인, 거래 및 회사 이름의 모호성 제거를 포함한 몇 가지 샘플 다이얼로그에 관한 프롬프트를 녹음하는 것으로 시작한다. 여러 가지 복잡한 도움말 프롬프트와 적시 지시 사항을 포함한다. 그런 다음 거래 확인 프롬프트에 중점을 두고 운율에 대한 각 성우의 지도 능력을 테스트한다. 몇 개의 회사 이름, 주식 수, 주가, 기타 거래 확인서(예: "확인: 당신은 매수를 원합니다.") 세션이 끝나면 녹음을 사용해 몇 가지 확인 메시지를 결합한다. 마지막으로 전화로 모든 자료를 들어본다.

오디션 후, 확실히 선택해야 할 후보가 눈에 띈다. 렉싱턴 팀은 오디션 녹음을 듣고 동의한다. 계약서에 서명하고 녹음 세션의 일정을 정한다. 첫 번째 세션은 첫 사용성 테스트에 필요한 자료를 다룬다. 그다음 몇 주 동안 1만 5천 개의 회사 이름을 점차적으로 다루면서 일련의 녹음 세션을 시작한다. 각각의 녹음 세션이 시작될 때, 성우에게 이전 세션의 녹음을 듣게 해 다시 캐릭터로 되돌아가 음성을 일치시킨다.

18.2 테스트

애플리케이션 코드가 마침내 완성되고 여러 차례의 버그 수정을 거친다. 이 프로세스의 일부로, 다이얼로그 디자이너는 다이얼로그 순회 테스트를 수행해 시스템에 호출하고 모든 다이얼로그 상태를 완전히 순회시키고 애플리케이션 동작이 다이얼로그 사양에 정의된 로직과 일치하지 않는 영역을 식별한다. 애플리케이션은 또한 QA 테스트 및 부하 테스트를 통해 문제가 없는지, 완전히 통합된 시스템이 올바르게 배치됐는지 확인한다.

애플리케이션 테스트 후 소수의 직원들이 음성 인식 성능을 확인하기 위해 시스템에 전화를 걸게 된다. 지원자들에게 시스템에 할 말들의 목록을 제공하고 또한 체계적인 스크립트 없이 말할 수 있도록 한다. SLM을 사용해 상태 인식의 성능을 테스트하기 위해, 이전에 따로 설정했던 테스트 세트를 사용한다. 인식 성과가 대체적인 범위에 있다면 특별한 문제는 없다.

스펙의 모든 다이얼로그 상태에 관해 문법을 작성한 후 테스트할 준비가 돼 있다. 첫째, 우리가 의도한 모든 것을 문법에 포함시켰는지 확인하기 위해 우리가 만든 테스트 그룹을 사용한다. 또한 각각의 발화가 정확한 슬롯 값을 반환하는지 확인한다. 다른 문법 테스트 도구를 사용해 문법에 "소유 주식에 대한 견적을 원한다"와 같이 무의식 중에 호출자가 결코 말하지 않은 발언이 포함돼 있지 않은지 확인한다. 또한 시스템이 처리할 수 없는 문법의 모호성을 제거한다.

마지막으로 회사 이름에 대한 발음 테스트를 실시해 사전 항목이 적절한지 확인한다. 많은 회사 이름을 고려해 이 테스트에 회사 이름의 프롬프트 녹음을 사용하기로 결정했다. 우리는 회사 이름의 문법을 이용해, 일괄 처리 모드로 운영되는 인식기에 회사 이름을 제공한다. 몇몇 회사 이름은 인식이 거부됐지만, 사전을 빠르게 수정하면 문제가 해결된다.

18.2.1 평가용 사용성 테스트

평가용 사용성 테스트를 실행한다. 이번에는 WOZ 접근법을 사용하는 대신에 완전히 통합된 실제 시스템을 사용해 테스트를 실행한다. 사람들이 실제 시스템을 사용하는 것을 관찰할 수 있는 첫 번째 기회다.

테스트 형식은 이전의 반복적 사용성 테스트 형식과 유사하다. 참가자들이 실행할 일련의 과제 시나리오를 디자인한다. 이번에는 관심 목록을 설정하고 기존의 미결 주문을 변경하는 등 추가적인 기능을 사용하도록 안내한다. 사용자들이 사용할 가짜 고객 계정을 만든다. 정확성에 관한 질문을 추가하고 이전 테스트에서 사용된 것과 동일한 질문을 사용할 것이다. 다시 말하지만, 집에 있는 피험자 호출을 전화상으로 테스트 실시할 것이다.

테스트 첫날, 우리는 7명의 참가자를 운영한다. 7명의 참가자 중 5명이 문제를 일으키는 타이밍 문제를 발견한다. 계정 번호를 입력한 후 시스템 응답에 상당한 지연 시간이 있는 것으로 나타났다. 이 지연 시간은 데이터베이스 지연 시간뿐만 아니라 N-best 목록의 항목에 대한 체크섬 테스트의 결과물이다. 지연은 5초 가까이 된다. 참가자들은 지연으로 인해 혼란스러워했고, 시스템이 자신의 발화를 들었는지 확신하지 못했다. 몇 초 동안 침묵이 흐른 후 참가자 중 몇몇은 "여보세요?"라고 말하고, 다른 참가자들은 그들의 계정 번호를 반복한다. 일반적으로 이런 타이밍 문제는 실제 시스템으로 테스트하기 전에는 발견되지 않았을 것이다.

"당신의 계정에 접속하는 동안 잠시 기다리세요"라는 프롬프트를 추가하기로 결정했는데, 이 프롬프트는 호출자의 발화를 마치면 바로 재생될 것이다. 다음날 성우가 와서 녹음하고, 재빨리 시스템을 변경한다. 이틀 뒤 7명의 참가자를 더 운영한다. 그들 중 누구도 문제를 가지고 있지 않다. 추가 프롬프트는 참가자들에게 시스템이 무엇을 하고 있는지 명확하게 하는 데 성공했다. 게다가 모든 피험자들은 모든 작업을 성공적으로 완수하고 설문에 매우 긍정적인 반응을 보인다.

애플리케이션은 이제 좋은 상태가 됐다. 구현 버그는 수정됐고, 인식 정확도는 예상 범위에 있으며, 시스템은 평가용 사용성 테스트에서 좋은 점수를 얻었다. 그 시스템이 파일럿 테스트를 할 준비가 됐다는 고객에 동의한다.

18.3 튜닝

튜닝 단계의 목표는 실제 고객이 시스템과 상호작용하도록 하고 문법(규칙 기반 및 SLM 모두), 인식 매개변수, 사전 및 다이얼로그 흐름을 조정할 수 있도록 충분한 데이터를 제공하는 것이다. 파일럿 연구는 고객들에게 Catch-22 딜레마를 도입할 수 있다. 고객이 조정되지 않은 시스템과 상호작용하도록 하는 것을 꺼려 하지만, 시스템을 조정하기 위해서는 실제 고객 데이터가 필요하다. 렉싱턴 임원은 인식 테스트와 평가용 사용성 결과에 만족했기 때문에 파일럿과 함께 전진할 준비가 돼 있다. 우리는 애플리케이션별 훈련 데이터를 확보한 후 궁극적으로 달성하게 될 만큼 SLM의 정확도가 조기 파일럿에서 높지 않을 것이라고 예상한다.

파일럿은 8주 동안 운영될 예정이다. 처음 4주 동안 렉싱턴은 터치톤 트래픽의 10%를 음성 시스템으로 전용할 것이며, 그 결과 일주일에 약 2만 건의 전화가 걸려 올 것이다. 모든 일이 잘되면 앞으로 4주 동안 20%로 늘릴 것이다. 3주 후반에 사용자 조사를 보낼 것이고, 8주 후반에 다른 사용자들에게 다시 사용자 조사를 보낼 것이다. 그 시점에서 시스템 성능에 대한 정량 측정과 사용자 조사의 주관적 결과가 모두 성공 척도를 달성한다면, 시스템은 완전히 구축될 것이다.

모든 파일럿 데이터가 기록되고 모든 사용자 발화에 대한 파형이 저장된다. 전사 팀은 준비됐으므로 호출 시점부터 기록되고 분석 준비가 될 때까지 하루가 지체된다.

18.3.1 다이얼로그 튜닝

다이얼로그의 성능을 평가해 튜닝 과정을 시작한다. 우선 호출 모니터링 도구를 사용해 무작위로 선정된 약 100건의 호출을 청취하는 것으로 시작한다. 다음으로 어떤 호출을 듣는지 판단하기 위한 기준을 설정할 수 있는 도구를 사용하고, 프롬프트의 녹음과 함께 발화 재생함으로써 로그로부터의 호출을 재구성한다.

여러 거래가 이루어진 호출을 선택한다. 사용성 테스트의 결과는 실제 호출 데이터를 통해 뒷받침된다. 최초 호출자는 종종 첫 거래를 단계별로 수행하는 경우가 많아 시스템이 주식 수, 가격 등의 요구를 통해 이끌 수 있게 된다. 그런 다음 더 효율적인 거래 방법을 설명하는 적시적 지시를 들은 후 더 복잡한 문장을 사용해 다음 거래를 더 효율적으로 한다. 30건의 호출을 듣고, 이 가운데 28건은 첫 거래를 단계별로 진행한다. 28건 중 22건은 두 번째 거래에 더 복잡한 문장을 사용한다.

파일럿의 셋째 주까지 8,142건의 반복 호출자(최소한 두 번 이상 호출한 고객)가 있다. 이 중 863건은 첫 번째와 두 번째 호출 모두에서 거래를 했다. 다시 한 번, 적시적 지시는 효과가 있었다. 첫 번째 호출에서 41건만 거래한 반면, 그중 748건의 호출자가 두 번째 호출에서 거래하기 위해 복잡한 문장을 사용한다. 적시적 지시는 호출 내외부에서 모두 작동한다고 결론짓는다.[1]

다음으로 핫스팟을 분석한다. 높은 거부율, 시간 초과 또는 도움 요청 비율을 가진 다이얼로그 상태를 찾는다. GetPIN 상태는 거부율이 높다. 실제로 많은 호출자들이 GetPIN 상태에서 한두 번 거부를 당한 후 전화를 끊고 있다. GetPIN 상태에서 거부된 25건의 호출에 대해 로그인 다이얼로그를 듣는다. 이 가운데 21건은 호출자가 비밀번호를 기억하지 못하는 경우인 것으로 나타났다. 예를 들어 일부 입력에는 "모른다", "음, 생각이 안 난다", "기억이 나지 않는다" 등이 있다. 일부는 추측하고 있는 것 같다. 호출자들은

---

1   렉싱턴 증권사의 샘플 애플리케이션에 관한 결과들은 애플리케이션 디자인과 튜닝 과정을 설명하기 위해 만들어졌으며, 문제들이 발견됐을 때 해결 방법이 제시됐다. 이러한 결과는 실제 유효한 과학적 연구 또는 특정 실제 배포의 구체적인 결과로 해석해서는 안 된다. – 지은이

일치하지 않는 한두 개의 숫자를 시도한 후 전화를 끊는다.

로그인 하위 다이얼로그의 호출 흐름 디자인을 돌아보면 디자인의 문제점을 알 수 있다 (14장의 그림 14-2). "모른다" 등의 입력을 인식하고, 계정에 들어갈 수 있는 대체 수단을 제공할 수 있는 상담원에게 계정 번호를 알 수 없는 호출자를 수용했지만, PIN을 모르는 사람에게는 동일한 기능을 제공하지 않았다. 파일럿 데이터는 이것이 PIN에도 문제가 있다는 것을 보여준다.

따라서 그림 18-1과 같이 로그인 하위 다이얼로그의 호출 흐름을 변경하고, PIN을 모르는 사람을 도와줄 수 있는 상담원에게 전송하는 경로를 추가한다. GetAccountNumber 상태에 대한 문법의 앞부분에 표시된 알 수 없는 하위 문법을 GetPIN 상태에 추가한다. 또한 GetPIN 상태의 첫 번째 거부 메시지 또는 도움말 요청에 대한 응답으로 일치하지 않는 PIN을 테스트한 후 호출자가 상태로 다시 들어오면 호출자에게 "모르겠습니다"라고 말할 수 있고, 도움을 줄 수 있는 사람과 연결될 수 있다고 말한다. 변경이 구현되고 파일럿 시스템에 배포된 후 더 많은 데이터를 수집하고 핫스팟 분석을 반복한다. 데이터는 문제가 해결됐음을 보여준다.

얼마나 많은 비율의 호출자들이 자신의 계정 번호를 알고 있지만 PIN은 기억하지 못하는지 알고 놀랐다. 렉싱턴 팀도 깜짝 놀랐다. 다음 버전의 시스템에서 화자 검증을 우선순위가 높은 기능으로 만드는 것에 동의한다. 그렇게 하면 고객들은 PIN을 기억할 필요가 없을 것이다. 대신에 호출자의 성문이 보안을 제공할 것이다. GetPIN 상태의 단점에 대한 교훈은 실제 호출자의 실제 사용법을 통해서만 배울 수 있었다. 지어낸 작업을 사용한 사용성 연구는 이러한 문제를 발견하지 못했을 것이다.

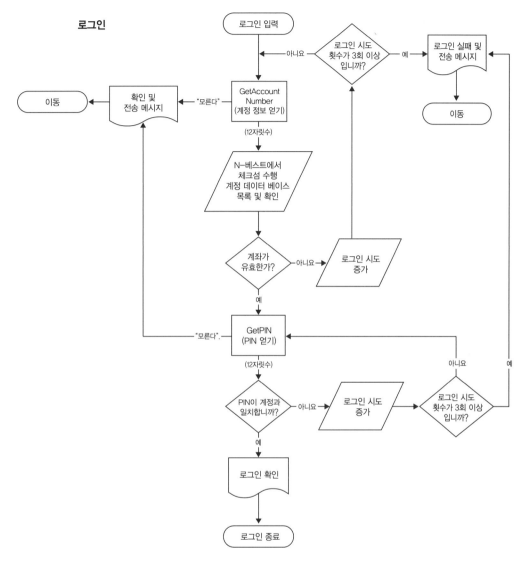

그림 18-1 로그인 하위 다이얼로그에 대한 수정된 호출 흐름은 알 수 없는 PIN을 처리하는 새로운 방법을 보여준다.

대화 튜닝 프로세스의 다음 단계는 오류 복구 및 도움말 메시지에 대한 평가다. 거부율이 10% 이상인 모든 상태를 찾기 위해 핫스팟 분석을 사용한다. 각각의 상태에 대해, 거부됐던 많은 인터랙션을 경청한다. 우리가 배운 한 가지는 거래의 유도된 다이얼로그

부분에서 호출자들이 사고 싶은 주식의 수에 대한 질문에 답할 때, 종종 자신의 잔고를 확인하거나 "아, 내 계좌에 얼마가 있는지 봐야겠어"와 같은 말을 한다는 것이다. 따라서 상태의 문법에 균형 질의를 위한 문구를 추가한다. 또한 도움말에 추가하고 "잔고가 얼마냐고 물을 수도 있습니다"라고 묻는 메시지를 거부한다. 호출자의 기본 계정 금액과 같은 요청에 응답하기 위해 호출 흐름에 로직이 추가되며, 주식 수에 내한 리프롬프트가 뒤따른다.

18.3.2 인식 튜닝

규칙 기반 문법을 사용하는 각 상태에 대해 데이터를 문법 내 세트와 문법 외 세트로 나눈다. 문법 내 세트에서 올바른 수락, 잘못된 수락, 잘못된 거부 비율을 측정한다. 문법 외 세트에서 올바른 거부와 잘못된 수락을 측정한다.

인식 매개변수를 튜닝하기 위해 매개변수 스위프$^{Parameter\ Sweep}$를 실행한다. 즉, 일련의 인식 테스트, 배치 모드에서 튜닝 중인 매개변수를 변경한다. 거래 하위 다이얼로그에서 GetNumberofShares 상태에 대한 일련의 인식 테스트를 실행하며, 각각 다른 제거 임곗값을 가진다. 정확성과 시간 사이의 절충을 최적화하는 값을 선택하기 위해, 올바른 수락율과 평균 인식 시간 측면에서 결과를 본다. 거래 확인 상태를 튜닝하기 위해 거부 임곗값의 매개변수 스위프를 사용하고, 임곗값을 선택하면 "예"라는 잘못된 수락을 받을 가능성이 거의 없다.

회사 이름 인식이 예상했던 것만큼 높지 않다는 사실과 추가 분석을 통해 거의 제대로 인식된 적이 없는 12개의 회사가 있다는 것을 알았다. 모두 외국어를 기반으로 하는 회사 이름이었다. 많은 발화를 듣고 사전 항목을 조정한다. 추가 테스트는 해결책이 효과가 있었다는 것을 보여준다.

18.3.3 문법 튜닝

우리는 각 규칙 기반 문법에 대한 OOG[Out-of-Grammar](문법 외)의 발화를 살펴보고 문법 튜닝을 시작한다. GetAccountNumber 상태에는 꽤 많은 OOG를 가지고 있다. 데이터를 분석한 결과 OOG는 다음과 같은 세 가지 문제의 결과로 나타났다.

1. 많은 호출자들은 4와 5자리 숫자 사이 그리고 8과 9자리 숫자 사이에 "대시"를 말한다. 빠른 확인은 호출자가 단순히 자신의 계정 명세서에 보이는 형식을 복제하고 있다는 것을 보여준다. 12자리 계좌 번호는 각각 4자리 숫자의 세 그룹으로 인쇄되며, 대시로 구분된다.

2. 호출자들은 4자리 숫자의 모든 그룹 뒤에 잠시 멈추는 경향이 있다. 경우에 따라 일시 정지가 발화 종료 탐지기가 트리거하기에 충분히 길어서 인식기가 청취를 중지하고, 마지막 4자리 또는 마지막 8자리를 놓치는 경우도 있다.

3. 일부 호출자들은 자연수를 사용하고 있다. 예를 들어 4자리 숫자 순서 2347의 경우 일부 호출자는 "twenty-three forty-seven"이라고 하고, 3400을 "thirty-four hundred"라고 하고, 5000을 "five thousand"라고 말한다. 이 문법은 숫자만 수용할 수 있다.

호출자가 "대시"라고 말하는 OOG의 문제를 해결하기 위해, 4와 5 사이의 문법과 8과 9 사이의 문법에 선택적으로 "대시"라는 단어를 추가한다. 여기에 대한 AccountNumber 하위 문법의 새로운 버전이 있다. GetAccountNumber 문법은 다음과 같다.

```
AccountNumber
    (Digit:d1 Digit:d2 Digit:d3 Digit:d4 ?dash Digit:d5
     Digit:d6 Digit:d7 Digit:d8 ?dash Digit:d9 Digit:d10
     Digit:d11 Digit:d12)
    {return (strcat ($d1 strcat($d2 strcat($d3 strcat($d4
            strcat ($d5 strcat($d6 strcat($d7 strcat($d8
            strcat ($d9 strcat($d10 strcat($d11 $d12))))))
                                            ))))))}
```

호출자가 실제로 완료되기 전에 엔드포인터가 발화 종료를 감지하도록 하는 일시 중지 문제를 해결하기 위해, 호출자의 발화가 끝났다고 가정하기 전에 더 긴 일시 중지 시간을 듣기 위해 발화 종료의 시간 초과 매개변수를 조정한다.

일부 호출자가 자연수를 사용하는 문제에 대한 두 가지 해결책을 고려한다. 가능한 첫 번째 해결책은 자연수를 포함하도록 문법을 강화하는 것이다. 두 번째 해결책은 문법을 그대로 두고 첫 번째 거부 프롬프트에서 호출자가 자신의 계정 번호의 "숫자"를 말해야 한다는 것을 분명히 하는 것이다. 두 번째 접근법을 사용하기로 결정했다. 계정 숫자에 대한 매우 높은 인식 정확도를 달성하고자 하는 우리의 열망을 고려할 때, 인식을 어렵게 만드는 자연수들을 문법에 추가하고 싶지 않다.

변경 사항이 파일럿 시스템에 구현되고 설치되면, 더 많은 데이터를 수집한다. 계정 번호 OOG 문제에 대한 세 가지 해결책이 효과적인지 검증할 수 있다.

GetAccountNumber 상태에 대한 OOG 문제의 처리는 초기에 "문법" 문제로 보이는 것을 해결하기 위해 가질 수 있는 다양한 접근법을 보여주는 좋은 예다. 어떤 경우에는 문법을 확장했고, 다른 경우에는 인식 매개변수를 조정했으며, 마지막 경우에는 오류 프롬프트의 표현을 변경했다. 일반적으로 OOG가 관찰되면 문제의 근본 원인을 먼저 결정해야 한다. 어떤 경우에는 일단 원인을 파악하면 해결책이 분명해질 것이다. 다른 경우에는 해결책 간의 절충을 고려해야 할 수 있다.

나머지 문법 튜닝은 순조롭게 진행된다. 특정 회사를 지칭하는 몇 가지 대안을 발견한다. 예를 들어 일부 호출자는 IBM을 "빅 블루Big Blue"라고 부르기 때문에 문법에 추가된다.

파일럿의 첫 번째 상태부터 데이터를 수집할 때, SLM을 사용하는 상태에 대한 인식 정확도를 측정한다. 그것은 대략 우리가 기대하는 것이다. 파일럿의 남은 기간 동안 파일럿 데이터의 양이 증가하면서 2주마다 새로운 SLM을 훈련하고 시스템에 설치한다. 첫 번째 달에는 SLM에 대한 훈련 데이터가 증가함에 따라 상당한 개선이 이루어졌으며, 두 번째 달에는 더 작지만 개선은 계속된다.

18.3.4 사용자 설문 조사

렉싱턴은 설문 조사를 통해 고객들의 주관적인 데이터를 2단계로 수집할 계획이다. 첫 번째 설문 조사는 파일럿의 3주차가 끝날 때 보내진다. 두 번째 설문 조사는 동일한 질문을 가지고, 파일럿의 8주 후반에 다른 고객 세트로 보내진다.

설문 조사에는 성공 기준과 관련된 일련의 리커트 척도 질문과 개방형 피드백을 수집하기 위한 몇 가지 질문이 포함된다. 7장에서 논의한 바와 같이 본 조사는 회사가 터치톤 시스템을 평가하는 데 사용한 조사에 기초하며, 정확성에 관한 질문을 추가했다. 파일럿 종료 및 최종 조사까지 모든 성공 기준을 충족한 후 전체 배포를 진행하는 것이 목표다.

파일럿 3주차 후반에 렉싱턴은 처음으로 시스템에 호출한 5천 명의 고객에게 설문 조사를 보낸다. 그러한 방식으로 SLM을 개선하고 재훈련한 후 처음으로 시스템을 경험하게 될 것이다. 2주 후, 1,254명의 고객으로부터 응답을 받았다.

일반적으로 응답은 매우 긍정적이며, 한 가지 예외는 다음과 같다. 정확성에 대한 주관적인 인상은 예상했던 것만큼 높지 않다. 시스템에서 수집하는 데이터에 대해 측정하고 있는 높은 정확도를 고려하면 놀라운 결과다. 정확도를 낮게 평가한 많은 응답자들은 공개 질문에서 이 문제에 대해 언급했다. 호출자들의 의견은 그 문제를 밝혀내는 데 도움이 된다. 다음 예제에서는 이 문제를 보여준다.

> 한 회사의 견적을 받고 시세대로 매매 주문하고 시세가 무려 8%나 바뀌었다는 것을 깨달았다. 견적은 늦었지만 실시간 가격을 기준으로 거래가 이뤄졌다.

시스템이 제공하는 견적은 20분 정도 지연된다. 결과적으로 고객은 기대하는 시세에 거래를 하지 않고 있다. 이 결과에서 중요한 교훈은 최종 사용자에게 정확성은 전체 서비스 개념이라는 것이다. 시스템은 고객이 기대하는 바를 일관되게 수행할 때 정확해 보인다. 실험실에서 하는 측정이나 문법 내 발화에 대한 올바른 수용률 같은 것은 이야기의 일부일 뿐이다. 호출자의 요청을 충실히 이행하는 시스템의 기능에 기여하는 다른 모든 요소는 호출자의 시스템 정확성과 신뢰성에 대한 인식에 기여한다.

우리는 그 문제를 렉싱턴과 상의한다. 견적 피드를 사용하는 회사는 실시간 견적과 더 저렴한 견적서, 두 가지 견적 체계를 제공한다. 렉싱턴은 중개인의 책상에 있는 실시간 견적을 사용하고 있으며, 터치톤 시스템을 위해 지연된 견적을 사용해왔다. 터치톤 시스템에서는 거래가 가능하지 않기 때문에 과거에는 결코 문제가 되지 않았다. 다행히도 통합은 실시간으로 라이선스를 부여하든, 아니면 지연된 견적을 사용하는 경우에도 동일하다. 1주일 이내에 음성 시스템이 실시간 견적과 함께 운영된다.

파일럿 8주 후반에 렉싱턴은 다른 5천 명의 고객에게 설문 조사를 보낸다. 이번에는 8주 만에 처음으로 시스템을 사용한 고객을 선정한다. 따라서 응답자는 완전히 조정된 시스템을 경험했다. 2주 후, 1,139명의 고객으로부터 응답을 받았다. 결과는 매우 긍정적이다.

조사 결과를 기다리는 동안 파일럿의 마지막 주 동안 수집된 데이터를 기록하고 모든 튜닝 테스트를 실행한다. 최종 튜닝 보고서는 렉싱턴에 제출된다. 후속 회의에서 모두 조정 보고서의 객관적 측정과 조사의 주관적 측정 모두 시스템이 잘 작동하고 있음을 보여준다는 데 동의한다. 요구 사항 정의 중에 확립된 모든 성공 기준을 충족시켰다. 렉싱턴은 이 시스템을 완전히 배포할 준비가 됐다고 느낀다. 우리 모두는 축하하고 앞으로의 프로젝트에 대해 논의하기 위해 저녁을 먹으러 나간다!

19

결론

라디오 렉스의 가장 흥미로운 점은 상업적인 성공을 거둔 것이다. 수십 년 동안 음성 기술의 세계에서 반복되지 않았던 위업이다. 사실은 라디오 렉스의 성공을 검토하는 것만으로 이 책에 있는 많은 원칙을 얻을 수 있다. 첫째, 비즈니스 사례를 제대로 처리했다. 1911년에 텔레비전은 아직 발명되지 않았고, 라디오 렉스는 아이들을 행복하게 할 수 있었다. 그것은 중요한 가치다.

둘째, 사용자의 능력, 한계, 언어적 행동 및 관심사에 대한 깊은 이해를 바탕으로 사용자 인터페이스를 올바르게 만들었다. 사용법을 배우는 것은 간단했다. "렉스"라고만 말하면 됐다. 그리고 페르소나 디자인도 옳았다. 아이들은 이 작은 개를 좋아했다.

셋째, 라디오 렉스가 기술을 확보했다. 단순하고 한 단어로 된 인식만으로도 충분했다. 거부 기술이 제한됐던 것은 사실이다. 렉스는 종종 "렉스"라는 단어뿐만 아니라 어떤 큰 소리에 반응한다. 하지만 개에게 그것은 아마도 자연스럽고 현실적인 행동일 것이다. 어쨌든 슈왑 시스템의 끈기는 첫 번째 사용성 주제에 어필했듯이, 그 개의 열렬함은 무분별하지만 어린 사용자에게 큰 히트를 쳤다.

그럼에도 VUI 디자인은 여전히 신생의 분야다. 원칙적인 방법으로 규율의 근본적인 기초를 제시하고 모범 사례를 도출하기 위해 노력해왔으며, 가능한 한 구체적인 데이터로 지원하고 많은 경험을 토대로 모든 사례를 기반으로 했다. 우리가 제시하는 방법론은 다음과 같은 여러 가지 원칙에 의해 추진된다.

- 최종 사용자 입력을 통해 디자인 결정을 알린다.
- 비즈니스와 사용자 목표를 결합한 솔루션을 찾는다.
- 철저한 조기 작업에 주력해 큰 비용을 초래하는 후속 단계에서의 변경을 피한다.
- 디자인 경험을 사용자 경험에 가깝게 이동시켜 디자이너가 대화형 디자인 요소를 생각하도록 한다.
- 맥락을 적절하게 고려해 모든 디자인 결정을 내린다.

디자인 결정을 위한 접근 방식은 다음과 같은 원칙에 의해 유도된다.

- 인지 부하를 최소화한다.
- 대화 기대치를 부응한다.
- 효율을 극대화한다.
- 명확성을 극대화한다.
- 높은 정확도를 보장한다.
- 오류로부터 정상적으로 복구한다.

효과적인 방법론 내에서 적용할 수 있는 유용한 모범 사례를 이제 확보했기를 바란다. 아마도 더 중요한 것은 새로운 상황이 발생할 때 적용할 수 있는 기본 사항도 이해해야 한다는 것이다.

우리 모두가 제대로 업무를 수행한다면 언젠가 오늘날 라디오 렉스를 되돌아보는 방식으로 오늘날의 시스템을 되돌아볼 수 있을 것이다. 기술, 비즈니스 가치 그리고 가장 중요한 것은 사용자 가치 측면에서 엄청난 잠재력을 암시하는 위대한 시작이다.

부록

컴퓨터 음성 알파벳^{CPA, Computer Phonetic Alphabet}은 언어의 음성 세그먼트를 정의하기 위한 기호 집합이다. 표준 키보드로 기호를 쉽게 입력할 수 있도록 국제 음성 알파벳^{IPA}과 유사하다. 표 A-1은 뉘앙스가 미국 영어에 사용하는 CPA 기호 집합을 정의한다. 이 기호는 이 책의 발음을 정의하는 데 사용된다.[1]

표 **A-1** 미국 영어의 CPA 기호

범주	음소	예	음소	예
모음	i	fleet	u	blue
	I	dimple	U	book
	e	date	o	show
	E	bet	O	caught
	a	cat	A	father, cot
	aj	side	aw	couch
	Oj	toy	*r	bird
	^	cut	*	alive

---

1   이 표는 뉘앙스 문법 개발 가이드 8.0 버전에서 재현한 것이다. - 지은이

범주	음소	예	음소	예
자음	p	put	b	ball
	t	take	d	dice
	k	catch	g	gate
단전음	!	butter		
비음	m	mile	g~	running
	n	nap		
마찰음	f	friend	v	voice
	T	path	D	them
	s	sit	z	zebra
	S	shield	Z	vision
	h	have		
파찰음	tS	church	dZ	judge
접근음	j	yes	w	win, which
	r	row	l	lame

참고 문헌

인용된 작품

- Abbott, K. 2002. Voice enabling Web applications: VoiceXML and beyond. Berkeley, CA: Apress.

- Allen, J. 1995. Natural language understanding. Redwood City, CA: Benjamin Cummings.

- Baber, C. 1997. Beyond the Desktop. San Diego, CA: Academic Press.

- Bailey, C.J. 1999. "You and your English grammar." In M. Celce-Murcia and D. Larsen-Freeman, eds., The grammar book. 2nd edition. Boston: Heinle and Heinle Publishers.

- Balentine, B. 1999. Re-engineering the speech menu: A "Device" approach to interactive list-selection. In D. Gardner-Bonneau, ed., Human factors and voice interface systems, 213–215. Norwell, MA: Kluwer Academic Publishers.

- Balogh, J. 2002. Methodologies and best practices: An overview. Usability Workshop. SpeechTek 2002, New York.

- Balogh, J., N. LeDuc, and M. Cohen. 2001. "Navigating the voice Web." Proceedings of UAHCI (Universal Access for Human Computer Interaction) 2001.

- Boyce, S. 1999. Spoken natural language dialogue systems: User interface issues for the future. In D. Gardner-Bonnea, ed., Human factors and voice interface systems, 205–235. Norwell, MA: Kluwer Academic Publishers.

- Bransford, J.D., and M.K. Johnson. 1973. Considerations of some problems of comprehension. In W.G. Chase, ed., Visual information processing. Orlando, FL: Academic Press.

- Broadbent, D.E. 1975. The magic number seven after fifteen years. In A. Kennedy and A.Wilkes, eds., Studies in long term memory. London:Wiley.

- Campbell, J. 1997. Speaker recognition: A tutorial. Proceedings of the IEEE 85: 1437–1462.

- CCIR-1. 1999. Attitudes to recognition accuracy. Technology Report, Dialogues Spotlight Research, Centre for Communication Interface Research, University of Edinburgh. http://spotlight.ccir.ed.ac.uk/

- CCIR-2. 1999. Dialogues for speaker verification and operator hand-over. Technology Report, Dialogues Spotlight Research, Centre for Communication Interface Research, University of Edinburgh. http://spotlight.ccir.ed.ac.uk/

- CCIR-3. 1999. The effects of speaker state (tone of voice) and speaker style (fast track) in dialogue prompts. Technology Report, Dialogues Spotlight Research, Centre for Communication Interface Research, University of Edinburgh. http://spotlight.ccir.ed.ac.uk/

- CCIR-4. 1999. The priming effects of telephone tutorials. Technology Report, Dialogues Spotlight Research, Centre for Communication Interface Research, University of Edinburgh. http://spotlight.ccir.ed.ac.uk/

- CCIR-5. 1999. User attitudes towards real and synthetic speech. Technology Report, Dialogues Spotlight Research, Centre for Communication Interface Research, University of Edinburgh. http://spotlight.ccir.ed.ac.uk/

- Celce-Murcia, M., and D. Larsen-Freeman. 1999. The grammar book. 2nd edition. Boston: Heinle and Heinle Publishers.

- Chu-Carroll, J., and J. Nickerson. 2000. Evaluating automatic dialogue strategy adaptation for a spoken dialogue system. Proceedings of NAACL (North American Chapter of the Association for Computational Linguistics) 2000, Seattle,WA.

- Chu-Carroll, J., and M. Brown. 1998. User modeling and user adapted interaction. Special Issue on Computational Models of Mixed Initiative Interaction 8(3+4): 215–253. Also appeared in S. Haller, S.McRoy, and A. Kobsa, eds., Computational models of mixed-initiative interaction, 49–87. Boston: Kluwer Academic Publishers, 1999.

- Cohen, M. 1991. Combining linguistic knowledge with statistical pattern recognition techniques for speech recognition. Keynote talk and Proceedings of Expert Systems and Their Microcomputer Applications, Ankara, Turkey.

- Cohen, M. 2000. Surfing the voice Web: Issues in the design of a voice browser. Keynote talk, ASR2000, Paris.

- Cohen, M. 2001. VUI design under the microscope: User centered design methodology. V-World 2001, San Diego, CA.

- Cohen, M., Z. Rivlin, and H. Bratt. 1995. Speech recognition in the ATIS domain using multiple knowledge sources. Proceedings of the Spoken Language Systems Technology Workshop, ARPA, Austin, TX.

- Crystal, D. 1992. The Cambridge encyclopedia of language. Cambridge, UK: The Cambridge University Press.

- Crystal, David. 1995. The Cambridge encyclopedia of the English language. Cambridge, UK: The Cambridge University Press.

- Daneman, M., and P.A. Carpenter. 1980. Individual differences in working memory and reading. Journal of Verbal Learning & Verbal Behavior 19(4): 450–466.

- Dumas, J., and J. Redish. 1999. A practical guide to usability testing. Revised edition. Exeter, UK: Intellect.

- Dutoit, T. 1997. An introduction to text-to-speech synthesis. Boston: Kluwer Academic Publishers.

- Dutton, R., J. Foster, and M. Jack. 1999. Please mind the doors: Do interface metaphors improve the usability of voice response services? BT Technological Journal 17(1): 172–177.

- Edgington M., A. Lowry, P. Jackson, A. Breen, and S. Minnis. 1998a. Overview of current text-to-speech techniques, part I: Text and linguistic analysis. In F.A. Westall, D. Johnston, and A. Lewis, eds., Speech technology for telecommunications. New York: Chapman & Hall.

- Edgington M., A. Lowry, P. Jackson, A. Breen, and S. Minnis. 1998b. Overview of current text-to-speech techniques, part II: Prosody and speech generation. In F.A.Westall, D. Johnston, and A. Lewis, eds., Speech technology for telecommunications. New York: Chapman & Hall.

- ETSI (European Telecommunications Standards Institute). 2002. Generic spoken command vocabulary for ICT devices and services. ETSI DES/HF-00021 v 0.0.40 (2002-05-27). www.etsi.org.

- Fraser, J., and G. Gilbret. 1991. Simulating speech systems. Computer, Speech, and Language 5: 81–99.

- Furui, S. 1996. An overview of speaker recognition technology. In C.F. Lee and F. Soong, eds., Automatic speech and speaker recognition, 31–66. Boston: Kluwer Academic.

- Gardner-Bonneau, D.J. 1992. Human factors in interactive voice response applications: "Common sense" is an uncommon commodity. Journal of the American Voice I/O Society 12: 1–12.

- Giangola, J. 2000. Building naturalness into prompt design. V-World 2000, Scottsdale, AZ.

- Giles, H., and P. Powesland. 1975. Speech style and social evaluation. (European Monographs in Social Psychology). New York: Harcourt Brace.

- Giles, H., and P. Smith. 1979. Accommodation theory: Optimal levels of convergence. In H. Giles and R. St Clair, eds., Language and social psychology, 45–65. Oxford: Blackwell.

- Gold, B., and N.Morgan. 2000. Speech and audio signal processing: Processing and perception of speech and music. New York: John Wiley & Sons.

• Grice, H. P. 1975. Logic and conversation. In P. Cole and J.L.Morgan, eds., Speech acts, 41–58. New York: Academic Press.

• Halliday, M.A.K. 1994. An introduction to functional grammar. 2nd edition. London: Edward Arnold.

• Ishihara, R. 2003. Enhancing TTS performance. Proceedings of Telephony Voice User Interface Conference, San Diego.

• Jackson, E., D. Appelt, J. Bear, R.Moore, and A. Podlozny. 1991. A template matcher for robust NL interpretation. Proceedings of the Fourth DARPA Workshop on Speech and Natural Language, Pacific Grove, CA.

• Jelinek, F. 1997. Statistical methods for speech recognition. Cambridge, MA: MIT Press.

• Jurafsky, D., and J.Martin. 2000. Speech and language processing: An introduction to natural language processing, computational linguistics, and speech recognition. Upper Saddle River, NJ: Prentice Hall.

• Kamm, C., D. Litman, and M.A.Walker. 1998. From novice to expert: The effect of tutorials on user expertise with spoken dialogue systems. Proceedings of ICSLP (International Conference on Spoken Language Processing) 1998, Sydney, Australia.

• Kamm, C., M.A.Walker, and D. Litman. 1999. Evaluating spoken language systems. Proceedings of AVIOS (Applied Voice Input/Output Association) 1999, San Jose, CA.

• Kramer, G., ed. 1994. Auditory display: Sonification, audification, and auditory interfaces. Proceedings Volume XVIII, Santa Fe Institute, Studies in the Sciences of Complexity. Reading, MA: Addison-Wesley.

• Labov,W. 1966. The social stratification of English in New York City. Washington, DC: Center for Applied Linguistics.

• Larson, J. 2003. VoiceXML: Introduction to developing speech applications. Upper Saddle River, NJ: Prentice Hall.

- Manning, C., and H. Schutze. 1999. Foundations of statistical natural language understanding. Cambridge, MA: MIT Press.

- McClelland, I., and F. Brigham. 1990. Marketing ergonomics: How should ergonomics be packaged? Ergonomics 33(5): 519–526.

- McConnell, S. 1996. Rapid development: Taming wild software schedules. Redmond, WA: Microsoft Press.

- Melrose, S. L. 1999. Must and its periphrastic forms in American English usage. M.A. Thesis, UCLA. In Celce-Murcia and Larsen-Freeman, The grammar book. 2nd edition. Boston: Heinle and Heinle Publishers.

- Miller, G. 1956. The magical number seven, plus or minus two: Some limits on our capacity for processing information. Psychological Review 63: 81–97.

- Nielsen, J. 1993. Usability engineering. San Diego, CA: Morgan Kaufman.

- Norman, D.A. 2002. The design of everyday things. New York: Basic Books.

- Norman, D.A., and S.W. Draper, eds. 1986. User centered system design: New perspectives on human-computer interaction. Hillsdale, NJ: Lawrence Erlbaum Associates.

- Nowlin, R. 2001. VUI design under the microscope: Requirements definition. VWorld 2001, San Diego, CA.

- Nowlin, R. 2001. VUI design under the microscope: Tuning and validation. VWorld 2001, San Diego, CA.

- Oviatt, S. 1996. User-centered modeling for spoken language and multimodal interfaces. IEEE Multimedia 3(4): 26–35.

- Page, J., and A. Breen. 1998. The Laureate text-to-speech system: Architecture and applications. In F.A.Westall, D. Johnston, and A. Lewis, eds., Speech technology for telecommunications. New York: Chapman & Hall.

- Pierrehumbert, J. 1980. The phonetics and phonology of English intonation. Doctoral dissertation, MIT.

- Preece, J., Y. Rogers, and H. Sharp. 2002. Interaction design: Beyond human-computer interaction. New York: John Wiley and Sons.

- Quirk, R., and S. Greenbaum. 1973. A concise grammar of contemporary English. New York: Harcourt Brace Jovanovich.

- Rabiner, L. 1989. A tutorial on hidden Markov models and selected applications in speech recognition. Proceedings of the IEEE 77: 257–286.

- Rabiner, L., and B. Juang. 1993. Fundamentals of speech recognition. Englewood Cliffs, NJ: Prentice Hall.

- Raman, T. 1997. Auditory user interfaces. Boston: Kluwer Academic.

- Raskin, J. 2000. The humane interface. Boston: Addison-Wesley.

- Reeves, B., and C. Nass. 1996. The media equation. Stanford, CA: Center for the Study of Language and Information.

- Reynolds, D., and L. Heck. 2001. Speaker verification: From research to reality. International Conference on Acoustics, Speech, and Signal Processing. Tutorial. Salt Lake City, Utah.

- Richards, J. 1980. Conversation. TESOL Quarterly XIV(4).

- Rubin, J. 1994. Handbook of usability testing. New York: John Wiley and Sons.

- Rudnicky, A., and W. Xu. 1999. An agenda-based dialog management architecture for spoken language systems. IEEE Automatic Speech Recognition and Understanding Workshop, Keystone, CO.

- Schiffrin, D. 1987. Discourse markers. Cambridge, UK: Cambridge University Press.

- Schiffrin, D. 1998. Approaches to discourse. Cambridge, MA: Blackwell Publishers.

- Schumacher, R.M., Jr., M.L. Hardzinski, and A.L. Schwarz. 1995. Increasing the usability of interactive voice response systems: Research and guidelines for phone-based interfaces. Human Factors 37(2): 251–264.

- Selkirk, E. 1995. Sentence prosody: Intonation, stress, and phrasing. In John A. Goldsmith, ed., Phonological theory. Cambridge, MA: Blackwell Publishers.

- Seneff, S., and J. Polifroni. 2000. Dialogue management in the Mercury flight reservation system. Presented at Satellite Dialogue Workshop, ANLPNAACL, Seattle.

- Sharma, C., and J. Kunins. 2002. VoiceXML: Strategies and techniques for effective voice application development with VoiceXML 2.0. New York: John Wiley and Sons.

- Sheeder, T. 2001. VUI design under the microscope: Detailed design. V-World 2001, San Diego, CA.

- Sheeder, T. 2001. VUI design under the microscope: High-Level design. V-World 2001, San Diego, CA.

- Sheeder, T., and J. Balogh. 2003. Say it like you mean it: Priming for structure in caller responses to a spoken dialog system. International Journal of Speech Technology 6(3): 103–111.

- Shneiderman, B. 1998. Designing the user interface: Strategies for effective human-computer interaction. 3rd Edition. Reading, MA: Addison-Wesley.

- Soukup, B. 2000. Y'all come back now, y'hear: Language attitudes in the United States towards Southern American English. MA thesis, University of Vienna.

- TSSC (Telephone Speech Standards Committee). 2000. Universal commands for telephony-based spoken language systems. Telephone Speech Standards Committee: Common Dialog Tasks Subcommittee. www.acm.org/sigchi/ bulletin/ 2000.2/telephonepaper.pdf

- van Santen, J., R. Sproat, J. Olive, and J. Hirschberg. 1997. Progress in speech synthesis. New York: Springer Publishers.

- Weinschenk, S., and D. Barker. 2000. Designing effective speech interfaces. New York: John Wiley & Sons.

- Weintraub, M., H.Murveit, M. Cohen, P. Price, J. Bernstein, G. Baldwin, and D. Bell. 1989. Linguistic constraints in hidden Markov based speech recognition. International Conference on Acoustics, Speech and Signal Processing, Glasgow, Scotland.

- Wickelgren,W.A. 1974. Size of rehearsal group and short-term memory. Journal of Experimental Psychology 68: 413–419.

- Yankelovich, N., G.A. Levow, and M.Marx. 1995. Designing SpeechActs: Issues in speech user interfaces. In I.R. Katz, R.Mack, and L.Marks, eds., Human Factors in Computing Systems. CHI 1995 Conference Proceedings, 369–376.

참고한 작품

- Anderson, J.R. 1990. Cognitive psychology and its implications. New York, NY:W.H. Freeman, 167–170.

- Attwater, D.J., and S.J.Whittaker. 1999. Large-vocabulary data-centric dialogues. BT Technology Journal 17(1) 149–159.

- Balentine, B. 2003. The power of the pause. Speech Recognition Update 118.

- Balogh, J. 2001. Strategies for concatenating recordings in a voice user interface: What we can learn from prosody. Extended Abstracts, CHI (Computer Human Interface) 2001, 249–250.

- Bowen, J. 1975. Patterns of English pronunciation. Rowley, MA: Newbury House Publishers.

- Cowley, C., and D. Jones. 1992. Synthesized or digitized? A guide to the use of computer speech. Applied Ergonomics Jun. 23 (3): 172–176.

- Delogu, C., S. Conte, and C. Sementina. 1998. Cognitive factors in the evaluation of synthetic speech. Speech Communication 24(2): 153–168.

- Francis, A., and H. Nusbaum. 1999. The effect of lexical complexity on intelligibility. International Journal of Speech Technology 3(1): 15–25.

- Fucci, D.,M. Reynolds, R. Bettagere, and M. Gonzales. 1995. Synthetic speech intelligibility under several experimental conditions. AAC: Augmentative & Alternative Communication Jun. 11 (2): 113–117.

- Gong, L., and J. Lai. 2001. Shall we mix synthetic speech and human speech? Impact on users' performance, perception, and attitude. Proceedings of CHI (Computer-Human Interface) 2001, Seattle,WA. 158–165.

- Higginbotham, D., A. Drazek, K. Kowarsky, and C. Scally. 1994. Discourse comprehension of synthetic speech delivered at normal and slow presentation rates. AAC: Augmentative & Alternative Communication Sept. 10 (3): 191–202.

- Hoover, J., J. Reichle, D. Van Tasell, and D. Cole. 1987. The intelligibility of synthesized speech: ECHO II versus VOTRAX. Journal of Speech & Hearing Research Sep. 30 (3): 425–431.

- Hudson, R. 1980. Sociolinguistics. London: Cambridge University Press.

- James, F. 1996. Presenting HTML structure in audio: User satisfaction with audio hypertext. Proceedings of ICAD (International Conference on Auditory Display) 1996, Palo Alto, CA, 97–103.

- Kangas, K., and G. Allen. 1990. Intelligibility of synthetic speech for normal-hearing and hearing-impaired listeners. Journal of Speech & Hearing Disorders Nov. 55(4): 751–755.

- Lai, J., D.Wood, and M. Considine. 2000. The effect of task conditions on the comprehensibility of synthetic speech. Proceedings of CHI 2000, 321–328. The Hague, Netherlands. New York: ACM.

- Lamel, L., S. Rosset, J. Gauvain, S. Bennacef, M. Garnier-Rizet, and B. Prouts. 1998. The LIMSI ARISE system. Proceedings of IVTTA (Interactive Voice Technology for Telecommunication Applications) 1998, Turin, Italy, 209–214.

- Lavelle, C-A., M. de Calmes, and G. Perennou. 1998. A study of users' behaviors in different states of a spontaneous oral dialogue with an automatic inquiry system. IEEE, Proceedings of IVTTA (Interactive Voice Technology for Telecommunication Applications) 1998, Turin, Italy, 118–123.

- McInnes, F.R., D.J. Attwater, D. Edgington, M.S. Schmidt, and M.A. Jack. 1999. User attitudes to concatenated natural speech and text-to-speech synthesis in an automated information service. Eurospeech 1999, Proceedings of Speech Technology Symposium, Budapest.

- Nass, C., Y. Moon, and N. Green. 1997. Are machines gender neutral? Genderstereotypic responses to computers with voices. Journal of Applied Social Psychology May 27 (10): 864–876.

- Oshrin, S., and J. Siders. 1987. The effect of word predictability on the intelligibility of computer synthesized speech. Journal of Computer-Based Instruction 14(3): 89–90.

- Paris, C., M. Thomas, R. Gilson, and J. Kincaid. 2000. Linguistic cues and memory for synthetic and natural speech. Human Factors 42(3): 421–431.

- Paris, C., R. Gilson, M. Thomas, and N. Silver. 1995. Effect of synthetic voice intelligibility on speech comprehension. Human Factors 37(2): 335–340.

- Pinker, Steven. 1994. The language instinct. New York:William Morrow.

- Potjer, J., A. Russel, L. Boves, and E. den Os. 1996. Subjective and objective evaluation of two types of dialogues in a call assistance service. Proceedings of IVTTA (Interactive Voice Technology for Telecommunications Applications) 1996, Basking Ridge, NJ, 89–92.

- Ralston, J., D. Pisoni, S. Lively, and B. G. Greene. 1991. Comprehension of synthetic speech produced by rule:Word monitoring and sentence-by-sentence listening times. Human Factors 33(4): 471–491.

- Reynolds, M., C. Isaacs-Duvall, B. Sheward, and M. Rotter. 2000. Examination of the effects of listening practice on synthesized speech comprehension. AAC: Augmentative & Alternative Communication 16(4): 250–259.

- Reynolds, M., Z. Bond, and D. Fucci. 1996. Synthetic speech intelligibility: Comparison of native and non-native speakers of English. AAC: Augmentative & Alternative Communication 12(1): 32–36.

- Rosch, E. 1976. Classification of real-world objects: Origins and representations in cognition. In S. Erlich and E. Tulvings, eds., La Mémoire sémantique. Paris: Bulletin de Psychologie.

- Rosenthal, M. 1974. The magic boxes: Pre-school children's attitudes toward black and standard English. Florida F. L. Reporter 210: 55-93.

- Schwab, E., H. Nusbaum, and D. Pisoni. 1985. Some effects of training on the perception of synthetic speech. Human Factors 27(4): 395–408.

- Smither, J. 1993. Short term memory demands in processing synthetic speech by old and young adults. Behaviour & Information Technology 12(6): 330–335.

- Stern, S., J. Mullennix, C. Dyson, and S.Wilson. 1999. The persuasiveness of synthetic speech versus human speech. Human Factors 41(4): 588–595.

- Stifelman, L.J., B. Arons, C. Schmandt, and E. Hulteen. 1993. VoiceNotes: A speech interface for a hand-held voice notetaker. Proceedings of INTERCHI 1993, ACM, New York.

- Sutton, B., J. King, K. Hux, and D.R. Beukelman. 1995. Younger and older adults rate performance when listening to synthetic speech. AAC: Augmentative & Alternative Communication 11(3): 147–153.

- Venkatagiri, S. 1994. Effect of sentence length and exposure on the intelligibility of synthesized speech. AAC: Augmentative & Alternative Communication 10(2): 96–104.

- Vromans, B., R.J. van Vark, B. Rueber, and A. Kellner. Extending the SUSI System with negative knowledge. Proceedings of Eurospeech 1999, Budapest.

- Waterworth, J.A. 1983. Effect of intonation form and pause durations of automatic telephone number announcements on subjective preference and memory performance. Applied Ergonomics 14(1): 39–42.

- Whalen, D., C. Hoequist, and S. Sheffert. 1995. The effects of breath sounds on the perception of synthetic speech. Journal of the Acoustical Society of America 97(5, pt. 1): 3147–3153.

- Yankelovich, N. (in press). Using natural dialogs as the basis for speech interface design. In S. Luperfoy, ed., Automated spoken dialog systems. Cambridge, MA: MIT Press.

찾아보기

ㅇ

음성 인터페이스 디자인 기본 원칙

효과적인 VUI 디자인

발 행 | 2020년 4월 21일

지은이 | 마이클 코헨 · 제임스 지앤골라 · 제니퍼 발로
옮긴이 | 박 은 숙

펴낸이 | 권 성 준
편집장 | 황 영 주
편 집 | 조 유 나
디자인 | 박 주 란

에이콘출판주식회사
서울특별시 양천구 국회대로 287 (목동)
전화 02-2653-7600, 팩스 02-2653-0433
www.acornpub.co.kr / editor@acornpub.co.kr

한국어판 ⓒ 에이콘출판주식회사, 2020, Printed in Korea.
ISBN 979-11-6175-408-6
http://www.acornpub.co.kr/book/voice-ui-design

이 도서의 국립중앙도서관 출판시도서목록(CIP)은 서지정보유통지원시스템 홈페이지(http://seoji.nl.go.kr)와
국가자료공동목록시스템(http://www.nl.go.kr/kolisnet)에서 이용하실 수 있습니다.(CIP제어번호: CIP2020014241)

책값은 뒤표지에 있습니다.